Edition <kes>

Herausgegeben von
Peter Hohl, Ingelheim, Deutschland

Mit der allgegenwärtigen Computertechnik ist auch die Bedeutung der Sicherheit von Informationen und IT-Systemen immens gestiegen. Angesichts der komplexen Materie und des schnellen Fortschritts der Informationstechnik benötigen IT-Profis dazu fundiertes und gut aufbereitetes Wissen.

Die Buchreihe Edition <kes> liefert das notwendige Know-how, fördert das Risikobewusstsein und hilft bei der Entwicklung und Umsetzung von Lösungen zur Sicherheit von IT-Systemen und ihrer Umgebung.

Herausgeber der Reihe ist Peter Hohl. Er ist darüber hinaus Herausgeber der <kes> – Die Zeitschrift für Informations-Sicherheit (s. a. www.kes.info), die seit 1985 im SecuMedia Verlag erscheint. Die <kes> behandelt alle sicherheitsrelevanten Themen von Audits über Sicherheits-Policies bis hin zu Verschlüsselung und Zugangskontrolle. Außerdem liefert sie Informationen über neue Sicherheits-Hard- und -Software sowie die einschlägige Gesetzgebung zu Multimedia und Datenschutz.

Weitere Bände in dieser Reihe
http://www.springer.com/series/12374

Heinrich Kersten • Gerhard Klett

Der IT Security Manager

Aktuelles Praxiswissen für IT Security
Manager und IT-Sicherheitsbeauftragte in
Unternehmen und Behörden

4. Auflage

herausgegeben von Heinrich Kersten und
Klaus-Dieter Wolfenstetter

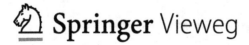 Springer Vieweg

Heinrich Kersten
CE-Consulting
Meckenheim/Bonn
Deutschland

Gerhard Klett
GK IT-Security Consulting
Battenberg
Deutschland

Edition <kes>
ISBN 978-3-658-09973-2
DOI 10.1007/978-3-658-09974-9

ISBN 978-3-658-09974-9 (eBook)

Die Deutsche Nationalbibliothek verzeichnet diese Publikation in der Deutschen Nationalbibliografie; detaillierte bibliografische Daten sind im Internet über http://dnb.d-nb.de abrufbar.

Springer Vieweg
© Springer Fachmedien Wiesbaden 2005, 2008, 2012, 2015

Gedruckt auf säurefreiem und chlorfrei gebleichtem Papier

Springer Fachmedien Wiesbaden ist Teil der Fachverlagsgruppe Springer Science+Business Media
(www.springer.com)

Vorwort

Das vorliegende Buch richtet sich an Leser, die

- die Rolle eines IT-Sicherheitsbeauftragten oder IT Security Managers übernommen haben bzw. in Kürze übernehmen werden,
- in einer Sicherheitsabteilung oder im IT-Bereich tätig sind,
- generell für Sicherheitsbelange einer Organisation verantwortlich sind, oder
- sich einfach nur in das interessante Gebiet der Informationssicherheit einarbeiten möchten.

Die Informationssicherheit als Fachgebiet ist z. T. unter anderen Überschriften wie

- IT-Sicherheit (IT Security),
- Datensicherheit oder
- Informationsschutz

bekannt und berührt auch Themen wie den Datenschutz, den Geheimschutz (mit dem Unterthema Data Leakage Prevention, DLP), das Qualitätsmanagement, das Compliance Management bzw. die Ordnungsmäßigkeit der Datenverarbeitung, d. h. Informationssicherheit ist ein *interdisziplinäres* und *querschnittliches* Thema.

Die Informationssicherheit entwickelt sich beinahe ebenso schnell wie die IT insgesamt, da sie sich permanent auf neue technologische Gegebenheiten, deren Anwendungen und Bedrohungen einstellen muss. Wer in dieses dynamische Gebiet einsteigt, kann deshalb schnell den Überblick verlieren – aber auch nach vielen Jahren Berufserfahrung immer wieder Neues entdecken. Dennoch gilt es gerade zu Beginn, sich auf das Wesentliche zu konzentrieren.

Im Grunde muss sich heute jede Organisation[1], die schützenswerte Informationen besitzt und Daten sicher verarbeiten will, mit diesen Fragen beschäftigen: Informationssicherheit ist zu einem wichtigen Faktor der *Vorsorge* geworden. Dabei hat jede Organisation mehr oder weniger eigene Erfahrungen mit diesem Thema gemacht – oft in der Rolle

---

[1] Unternehmen, Behörde, Verband, Verein usw.

des Geschädigten. Aus diesem Grund muss man für Informationssicherheit nicht mehr besonders werben; wir ersparen uns deshalb auch, alle möglichen Horror-Szenarien zu beschreiben – man kennt sie hinlänglich aus entsprechenden Publikationen. Vorrangig sollen hier die Fragen behandelt werden,

- mit welcher Strategie man das Thema angeht,
- wie viel Sicherheit[2] wirklich benötigt wird,
- wie man die gewünschte Sicherheit erreichen, überprüfen und aufrechterhalten kann,
- wie man die Sicherheit laufend an die Geschäftserfordernisse anpasst,
- wie man gegenüber Partnern, Kunden, Aufsichtsbehörden und Banken die eigene Sicherheit nachweisen kann,
- ob es einen *Return on Security Investment* (RoSI) gibt und wie man ihn ggf. erreicht.

In vielen Organisationen haben solche Fragestellungen dazu geführt, dass ein Sicherheitsmanagement eingerichtet worden ist, das sich in Gestalt eines *IT Security Managers* bzw. *IT-Sicherheitsbeauftragten* oder eines entsprechenden *Sicherheitsgremiums* der Thematik annehmen soll.

Eine zentrale Funktion übernimmt dann neben der *Sicherheitsleitlinie* das so genannte *Sicherheitskonzept*, in dem alle Analysen und Entscheidungen, die die Informationssicherheit betreffen, enthalten sind. Um dieses meist umfangreiche Dokument rankt sich in der Praxis ein ganzes Bündel von begleitenden Dokumenten – sehr zum Leidwesen der Beteiligten, da „Paperware" einerseits Schwerstarbeit ist und andererseits allein noch gar nichts bringt.

Inzwischen sind mit der Normenreihe ISO 27000 und dem IT-Grundschutz zwei Vorgehensmodelle für die Sicherheitskonzeption quasi gesetzt, d. h. in den meisten Fällen fällt die Wahl auf eine der beiden Methoden, die bei genauer Betrachtung viele Gemeinsamkeiten haben.

In der Praxis bleibt das Erstellen von aussagekräftigen, anwendbaren und zielführenden Sicherheitskonzepten dennoch ein Kardinalproblem: Individuelle Risiken, die Wirksamkeit von Gegenmaßnahmen und das verbleibende Restrisiko können meist nicht berechnet, sondern bestenfalls aus der Erfahrung *geschätzt* werden.

Dass bei den Gegenmaßnahmen eine schier unerschöpfliche Auswahl besteht, sogar umfangreiche Kataloge existieren, in denen die Bereiche Recht, Organisation, Personal, Technik und Infrastruktur akribisch behandelt werden, macht die Sicherheitskonzeption nicht unbedingt leichter – vor allem, wenn es darum geht, die Eignung, Wirksamkeit und Wirtschaftlichkeit einzelner Maßnahmen *in einem speziellen Einsatzszenario* zu bewerten.

„Alle" Sicherheitsmaßnahmen umfassend und detailliert zu behandeln würde den Rahmen dieses Buches sprengen. Es musste deshalb eine Auswahl getroffen werden: Als

---

[2] Wir verwenden der einfacheren Lesbarkeit wegen das Wort *Sicherheit* stellvertretend für IT-Sicherheit, Informationssicherheit etc. – solange keine Missverständnisse zu befürchten sind.

Orientierung dienten mehrtägige Seminare zum Thema Informationssicherheit, die die Autoren in den vergangenen Jahren zahlreich durchgeführt haben und noch durchführen. Das Feedback der Teilnehmer hat dabei vielfältige Anregungen zur Überarbeitung von Methodik und Didaktik gegeben.

Aktualisierungen Für diese vierte Auflage wurden die aktuellen Entwicklungen der ISO 2700-Reihe, insbesondere die Neufassung der ISO 27001, berücksichtigt. Diese Normenreihe ist für viele international agierende Unternehmen inzwischen unverzichtbar geworden; ihre Umsetzung und Einhaltung wird im internationalen Wettbewerb oft schon vorausgesetzt.

Neben einer Aktualisierung aller Kapitel wurde als neues Thema die Verhinderung von unerlaubten Datenabflüssen (Data Leakage Prevention) aufgenommen (Kap. 12) sowie an vielen Stellen Sicherheitsaspekte beim Einsatz mobiler IT-Systeme berücksichtigt.

Eine größere Überarbeitung hat auch das Kapitel „Grundstrukturen" erfahren, das jetzt als Kapitel 2 vor allem dem schwierigen, aber unerlässlichem Arbeitsschritt der *Inventarisierung* gewidmet ist.

Danksagung In dieses Buch sind viele Kritiken und Vorschläge der Leser früherer Auflagen eingeflossen: hierfür herzlichen Dank.

Dem Springer-Verlag und seinem Lektorat danken die Autoren für die professionelle Unterstützung bei der Neuauflage dieses Buches.

Im Juli 2015   Dr. Heinrich Kersten, Dr. Gerhard Klett

Verwendete Abkürzungen

ACL	Access Control List
AES	Advanced Encryption Standard
AnSVG	Anlagenschutzverbesserungsgesetz
ARP	Address Resolution Protocol
ARPANET	Advanced Research Projects Agency Network
ASCII	American Standard Code for Information Interchange
BDSG	Bundesdatenschutzgesetz
BNetzA	Bundesnetzagentur (früher: RegTP)
BS	British Standard
BSI	Bundesamt für Sicherheit in der Informationstechnik
CBT	Computer Based Training
CC	Common Criteria
CERT	Computer Emergency Response Team
CPU	Central Processing Unit
CSP	Certification Service Provider
DAC	Discretionary Access Control
DAkks	Deutsche Akkreditierungsstelle
DES	Data Encryption Standard
DIN	Deutsche Institut für Normung e. V.
DLP	Data Leakage/Loss Prevention/Protection
DNS	Domain Name System
DoS	Denial of Service
EAP	Extensible Authentication Protocol
EN	European Norm
ENISA	European Network and Information Security Agency
ETSI	European Telecommunications Standards Institute
GdPdU	Grundsätze zum Datenzugriff und Prüfbarkeit digitaler Unterlagen
GoBS	Grundsätze ordnungsmäßiger DV-gestützter Buchführungssysteme
GSM	Global System for Mobile Communications
HF	Hochfrequenz
HTTP	Hypertext Transfer Protocol

IC	Integrated Circuit
ICMP	Internet Control Message Protocol
ICV	Integrity Check Value
ID	Identifikation(sname)
IDEA	International Data Encryption Algorithm
IEEE	Institute of Electrical and Electronics Engineers Inc.
IDS	Intrusion Detection System
IP	Internet Protocol
IPS	Intrusion Prevention System
ISF	Information Security Forum
ISMS	Information Security Management System
ISO	International Organization for Standardization
IT	Informationstechnik, informationstechnisches…
ITIL	Information Technology Infrastructure Library
ITSEC	Information Technology Security Evaluation Criteria
ITSEM	Information Technology Security Evaluation Manual
IV	Informationsverarbeitung, informationsverarbeitendes…
KMU	Kleines, mittelständisches Unternehmen
KonTraG	Gesetz zur Kontrolle und Transparenz im Unternehmensbereich
LAN	Local Area Network
MAC	Mandatory Access Control
MDStV	Mediendienste-Staatsvertrag
MTBF	Mean Time between Failure
NDA	Non Disclosure Agreement
NTP	Network Time Protocol
PDCA	Plan-Do-Check-Act
PDF	Portable Document Format
PIN	Personal Identification Number
PTB	Physikalisch-Technische Bundesanstalt
PUK	Personal Unblocking Key
QM	Quality Management
RAID	Redundant Array of Inexpensive (Independent) Disks
RCx	Rivest Cipher
RFC	Request for Comments
RFID	Radio Frequency Identity Tags
RIPEMD	RACE Integrity Primitives Evaluation Message Digest
RoSI	Return on Security Investment
RSA	Rivest-Shamir-Adleman (Kryptoalgorithmus)
RZ	Rechenzentrum
SAK	Signaturanwendungskomponente
SARP	Self Assessment Risk Profiler
SD	Single Density

SHA	Secure Hash Algorithm
SigG	Signaturgesetz
SLM	Service Level Management
SOX	Sarbanes Oxley Act
SPAM	synonym für: unerwünschte Werbung (z. B. per E-Mail)
SSID	Service Set Identifier (Network Name)
SSL	Secure Socket Layer
SW	Software
TCP	Transmission Control Protocol
TCSEC	Trusted Computer Evaluation Criteria
TDDSG	Teledienstedatenschutzgesetz
TK	Telekommunikation(s-)
TKG	Telekommunikationsgesetz
TKIP	Temporal Key Integrity Protocol
TransPuG	Transparenz- und Publizitätsgesetz
UDP	User Datagram Protocol
UMTS	Universal Mobile Telecommunications System
USB	Universal Serial Bus
USV	unterbrechungsfreie Stromversorgung
VdS	Verband der Sachversicherer
VoIP	Voice over IP
WAF	Web Application Firewall
WBT	Web-based Training
WECA	Wireless Ethernet Compatibility Alliance
WEP	Wired Equivalent Privacy
WK	Widerstandsklasse
WLAN	Wireless LAN (Local Area Network)
WPA	Wi-Fi Protected Access
WWW	World Wide Web
ZDA	Zertifizierungsdiensteanbieter

Inhaltsverzeichnis

Abbildungsverzeichnis

Tabellenverzeichnis

Zur Motivation und Einführung 1

Zusammenfassung

Ziel dieses Kapitels ist es, sich zunächst einen groben Überblick über das Sicherheits-thema zu verschaffen und den roten Faden zu erkennen.

Insgesamt ist es nämlich eine nicht zu unterschätzende Herausforderung, die Infor-mationssicherheit qualifiziert zu managen und gute IT-Sicherheitskonzepte zu schrei-ben. Man kann sich diese Aufgabe aber auch unnötig schwer machen: Betrachten wir einige Erfahrungen aus der Praxis von Sicherheitsberatern und die Erkenntnisse, die daraus abzuleiten sind.

1.1 Management-Prozess

Die Realität in Organisationen ist oft, dass zu irgendeinem Zeitpunkt eine gewisse Be-geisterung für das Sicherheitsthema vorhanden war, folglich einige wichtige Schritte unternommen wurden – dann aber die Motivation abflaute und im Grunde alles im Sande verlaufen ist.

Hier muss man einhaken und von vorneherein deutlich machen: Sicherheit ist kein Zu-stand, den man irgendwann erreicht und dann vergessen kann, sondern eine permanente Aufgabe. Sie sollte sogar als formeller Management-*Prozess* aufgesetzt werden, wodurch sich einerseits die Permanenz der Aufgabe gut darstellen lässt, andererseits die Teilpro-zesse alle wesentlichen Aktivitäten des Sicherheitsmanagements widerspiegeln können.

Die Aufgaben dieses Management-Prozesses bestehen darin,

- ein akzeptables Sicherheitsniveau zu konzipieren und erstmalig zu erreichen,
- dieses solange aufrechtzuerhalten, wie die Anforderungen gleich bleiben,

© Springer Fachmedien Wiesbaden 2015
H. Kersten, G. Klett, *Der IT Security Manager,* Edition <kes>,
DOI 10.1007/978-3-658-09974-9_1

1

- bei Änderungen der Anforderungen die Sicherheit entsprechend anzupassen,
- sie insgesamt weiterzuentwickeln bzw. zu verbessern.

Das *Verbessern* der Sicherheit kann unterschiedliche Punkte betreffen:

- Verbreitung der Sicherheit: Man „sichert" beispielsweise zunächst nur bestimmte Teile der Organisation und nimmt dann sukzessive weitere hinzu, bis man die gewünschte Ausbaustufe erreicht hat.
- Anpassung des Sicherheitsniveaus: Man beginnt mit einem bestimmten Sicherheitsniveau und passt dieses von Zeit zu Zeit an die aktuelle Gefährdungslage an; dabei kann es um ein Erhöhen oder Verringern des Sicherheitsniveaus gehen.
- Awareness: Zum Verbessern zählt auch die Erhöhung der Sensibilität für die Sicherheit in der Organisation.

1.2   Verantwortlichkeit

Will man Sicherheit *managen*, müssen zunächst entsprechende Verantwortlichkeiten etabliert und hinreichende Ressourcen bereitgestellt werden. Diese Erkenntnis gilt im Grunde für jeden Prozess: Es ist die Forderung nach dem *Prozessverantwortlichen* – auch als Prozesseigentümer oder Process Owner bezeichnet.

Unklare Verantwortlichkeiten bezüglich der Informationssicherheit sowie eine schwammige Abgrenzung zu anderen Aufgaben erschweren ein zielführendes Sicherheitsmanagement. Kommen dann noch die immer zu knappen Ressourcen dazu, dann bewegt sich wenig bis nichts, Informationssicherheit hat dann oft nicht mehr als die Funktion eines Feigenblatts.

Abhilfe schafft hier eine klare Aufgabenbeschreibung für das Management der Informationssicherheit, in der auch die Schnittstellen zu anderen Verantwortlichkeiten festgelegt sind, und – vor allem zu Beginn – eine Planung der erforderlichen Aktivitäten und dafür notwendiger Ressourcen (die man sich tunlichst genehmigen lassen sollte).

1.3   Umfang

Wenn man sich über den Umfang der Verantwortung bzw. Tätigkeit des Sicherheitsmanagements Klarheit verschaffen will, ist es hilfreich, sich eine wichtige Funktion jeden Managements zu verdeutlichen: Ein Management gibt Ziele vor bzw. macht Vorgaben, delegiert die operative Umsetzung, kontrolliert dann aber die Ergebnisse bzw. die Einhaltung der Vorgaben. Für uns hat dies eine wichtige Anforderung zur Folge: Das Sicherheitsmanagement muss Vorgaben für die Sicherheit entwickeln *und* deren Einhaltung bzw. Beachtung überwachen.

Macht das Sicherheitsmanagement *nur* Vorgaben, ohne die Einhaltung derselben zu kontrollieren, hat man eine klassische Management-Aufgabe nicht erfüllt und damit grob fahrlässig gehandelt. Es sind also interne Audits, Inspektionen, Tests etc. zu planen und regelmäßig durchzuführen.

Dabei kann auch die Einführung von Kennzahlensystemen helfen – etwa in der Form, dass für wesentliche Sicherheitsmaßnahmen Kennzahlen für deren Wirksamkeit festgelegt und regelmäßig „gemessen" werden.

Leider zeigen einschlägige Untersuchungen, dass die *Überprüfung* der Einhaltung von (Sicherheits-)Vorgaben meist sträflich vernachlässigt wird – selbst dort, wo ansonsten von der Vorgabenseite her alles in Ordnung ist. Statistiken weisen für Deutschland einen Anteil von ca. 15 % derjenigen Unternehmen aus, die die Einhaltung ihrer Vorgaben auch umfassend prüfen.

1.4   Betrachtungsebene

Eine wichtige Entscheidung, die recht früh zu treffen ist, behandelt die Frage, auf welcher Ebene man mit der Sicherheitsdiskussion in der Organisation einsteigen möchte.

Grundsätzlich geht es um die Sicherheit der *Informationsverarbeitung*, für die die IT einschließlich der Netze und Anwendungen nur ein *Werkzeug* darstellt. Es *unterstützt* die Geschäftstätigkeit – das eigentliche Problem ist damit aber die Sicherheit der Geschäftstätigkeit, d. h. der geschäftlichen Abläufe, also der Geschäftsprozesse.

In aller Regel ist es vorteilhaft, sich an diesen Geschäftsprozessen der Organisation zu orientieren und hierfür Sicherheit zu konzipieren und zu realisieren. Bei der Analyse der Prozesse kommt man natürlich automatisch auch zur klassischen IT-Sicherheit von Daten, IT-Systemen, Netzwerken und IT-Anwendungen – sofern man solche Werkzeuge für die Geschäftstätigkeit nutzt.

Letzteres ist aber nicht immer der Fall – man denke an einen kleinen Handwerksbetrieb, der möglicherweise noch *ohne IT*, d. h. mit Aktenordnern, Karteikästen und (PC als) Schreibmaschine arbeitet: Auch hier wird Sicherheit der Information – in Vertraulichkeit, Verfügbarkeit, Integrität ausgedrückt – geboten sein. Unser Thema hängt also nicht allein an dem Grad der IT-Nutzung.

Spezielle Fälle stellen das *Outsourcing* und *Cloud Services*dar, bei dem Teile der IT oder die gesamte IT oder einzelne Funktionen von einem Dienstleister bereit gestellt und betrieben werden. Auch hierbei ist der Auftraggeber, der Outsourcing-Geber, nicht frei von Verantwortung für *seine* Informationen und Daten, d. h. auch hierbei ist ein eigenes Sicherheitsmanagement vonnöten.

Man beachte, dass auch andere Management-Prozesse zum Betrachtungsgegenstand der Informationssicherheit werden können: Prozesse zu den Themen Qualität, Umweltschutz und Compliance können Sicherheitsprobleme aufweisen – man denke bspw. an die Frage nach der Vertraulichkeit und Verfügbarkeit (einschl. Archivierung) von Unterlagen aus diesen Themenbereichen.

1.5   Vorgehensmodell

Verwendet man im Rahmen des Sicherheitsmanagements Vorgehensmodelle, die hoch-wissenschaftlich angelegt oder im Gegenteil zu banal gestrickt sind, ist das Ergebnis pra-xisfern, nutzlos und bestenfalls für die „Schublade" geeignet. Dies gilt nicht zuletzt auch für das Verfahren der Risikoanalyse und -bewertung, bei dem man in der Praxis häufig unsägliche Zahlenspielereien vorfindet, deren Interpretation beinahe beliebig ist.

Inzwischen gibt es einige Jahrzehnte an Erfahrung auf den Gebieten der der Informa-tionssicherheit, so dass anzuraten ist, praktisch erprobte, publizierte Vorgehensmodelle heranzuziehen und die Erfahrungen anderer nutzbringend anzuwenden.

Hierzu zählen auch offizielle Standards der einschlägigen Normen- und Vorschriften-geber.

1.6   ISO 27000

Eine zentrale Normenreihe zum Sicherheitsmanagement bildet die *ISO 27000*; die wich-tige Norm 27001 dieser Reihe erschien erstmalig im Jahre 2005 (in deutscher Sprache 2008) und ist 2013 aktualisiert worden. Eine deutsche Fassung ist im März 2015 veröf-fentlicht worden.

Ein Vergleich zeigt, dass viele Elemente dieses Prozesses auch in anderen Manage-ment-Standards wie z. B. ISO 9000 (Qualitätsmanagement) und ISO 14000 (Umwelt-schutz-Management) auftreten. Dazu zählt unter anderem das Prinzip der *kontinuierlichen Verbesserung*. Eine mögliche Umsetzung dieses Prinzips besteht in der Anwendung des so genannten *PDCA-Modells*. Mit beiden werden wir uns noch näher beschäftigen.

Andere Elemente sind z. B. das *Änderungsmanagement* (Change Management), die *Lenkung bzw. Steuerung* der Dokumentation und der Aufzeichnungen. Bei Letzterem kann man in der Praxis leicht den Überblick verlieren, wenn man hier ohne eine gute Struktur und Planung einsteigt.

Aus solchen Gemeinsamkeiten von Management-Standards ergibt sich die Möglich-keit, *gemeinsame* Strukturen für diese Themen aufzubauen. Damit leistet man einen ersten Beitrag zur Kosteneinsparung, da nicht für jedes Thema anders gedacht und gearbeitet werden muss.

Konkrete Sicherheitsmaßnahmen findet man dagegen in ISO 27001 nicht: Zwar wer-den im Anhang der Norm Maßnahmenziele und Anforderungen formuliert – die Auswahl von dazu passenden konkreten Einzelmaßnahmen bleibt jedoch weitgehend dem Anwen-der überlassen. Beispiele zu jedem Maßnahmenziel werden allerdings in der ISO 27002 behandelt.

1.7   IT-Grundschutz

Mit dem vom BSI[1] Anfang der 90'er Jahre entwickelten *IT-Grundschutz* liegt ein Quasi-Standard vor, der im deutschen Sprachraum recht bekannt ist. Der Anwender wird dabei mit wenigen Schritten zur Auswahl geeigneter *Bausteine* für seine IT-Landschaft geführt. Diese Bausteine stehen jeweils für eine Gruppe von Standard-Sicherheitsmaßnahmen, die man im Maßnahmenkatalog des IT-Grundschutzes findet.

Die Realisierung solcher *Katalogmaßnahmen* wird vom BSI für den *normalen Schutzbedarf* als ausreichend erachtet; bei höherem Schutzbedarf schließt sich eine ergänzende Analyse an, um die Eignung und Wirksamkeit der ausgewählten Maßnahmen individuell zu beurteilen und ggf. stärkere Maßnahmen vorzusehen. Kern des IT-Grundschutzes ist letztlich die *Maßnahmen-orientierte* Sichtweise, wobei der Schwerpunkt auf technischen Maßnahmen liegt.

Allerdings ist der IT-Grundschutz in den letzten Jahren einem Re-Design unterworfen worden: Die Zielrichtung war dabei, eine gewisse *Kompatibilität* zu ISO 27000 zu erreichen und damit auch im internationalen Kontext besser punkten zu können – vielleicht an einigen Stellen sogar mehr anbieten zu können als die ISO 27001.

1.8   Mentalitäten

Bei den Sicherheitsverantwortlichen findet man in diesem Zusammenhang generell zwei unterschiedliche Mentalitäten vor: Während die eine im Schwerpunkt sehr Maßnahmen-orientiert denkt, sieht die andere mehr den Sicherheitsprozess und sein Management im Vordergrund.

Es ist in der Praxis zu beobachten, dass bei der Auswahl einer Vorgehensweise die Maßnahmen-orientierten Security Manager eher dem Grundschutz zuneigen, während die Prozess-orientierten ein generisches Modell nach ISO 27000 favorisieren.

Dies ist eigentlich gar kein Gegensatz – die „Wahrheit" ist: Man braucht natürlich beides.

1.9   Ganzheitliches Vorgehen?

Bei der steigenden Komplexität heutiger IT-Landschaften ist an vielen Stellen ein Trend zu *selektiver* Sicherheit zu beobachten:

- Ausschließliche Konzentration auf die IT, d. h. auf die Informations*technik*. Informations*verarbeitung* hängt aber nicht an der Technik, sie findet auch ohne IT und ggf. außerhalb der eigenen IT statt.

---

[1] Bundesamt für Sicherheit in der Informationstechnik.

- Insellösungen: Miteinander agierende IT-Infrastrukturen werden separat abgesichert, allerdings z. T. auf unterschiedlichem Sicherheitsniveau bzw. ohne Kenntnis über das jeweilige andere Sicherheitsniveau. Bei standort- oder organisationsübergreifenden Anwendungen ergeben sich daraus Sicherheitslücken, inkompatible Maßnahmen u.v.m.
- Thematische Isolierung: Fragen der rechtlichen, organisatorischen und personellen Sicherheit, der Infrastruktursicherheit, der Sicherheit der IT-Systeme und Netze werden oft *isoliert* betrachtet und in separaten „Konzepten" behandelt, ohne auf die Synergie der Maßnahmen zu achten.

Die Folgerung hieraus ist sehr simpel: Wir brauchen eine *ganzheitliche* Sicht der Informationssicherheit.

1.10   Erfahrungen

Wenn man nun an die Aufgabe herangeht, ein Sicherheitskonzept zu entwickeln, sollte man sich über einige Punkte im Klaren sein:

▶   Eine absolute Sicherheit gibt es in der Realität nicht.

Man ist von diesem Idealzustand immer ein gutes Stück entfernt. Wir sprechen deshalb von einem akzeptablen, angestrebten, gewünschten bzw. erreichten Sicherheitsniveau, d. h. Sicherheit ist immer eine Frage von „mehr" oder „weniger".

Man kann es auch anders formulieren: Risiken wird man nie gänzlich ausschließen können, es bleiben immer Restrisiken. Man kann versuchen, diese immer mehr zu reduzieren – allerdings mit dem Effekt, dass die Kosten für diese Sicherheit progressiv ansteigen und irgendwann nicht mehr tragbar sind.

▶   Ein erreichtes Sicherheitsniveau bleibt nicht auf Dauer bestehen.

Die Ursache liegt z. B. darin, dass in schöner Regelmäßigkeit Sicherheitslücken bzw. Schwachstellen in der Technik aufgedeckt werden und neue Angriffstechniken entstehen – aber auch neue Sicherheitsvorkehrungen entwickelt werden. Sicherheit ist also zeitabhängig: Was heute als sicher angesehen wird, kann unter Umständen in Kürze als unsicher gelten.

▶   Ein erreichtes Sicherheitsniveau gilt nur für ein genau abgegrenztes Szenario.

Wenn man Sicherheit konzipiert, geht man so vor, dass zunächst der Gegenstand festgelegt wird, auf den sich das Konzept beziehen soll, d. h. die zu betrachtenden Systeme, Netze, Geschäftsprozesse werden angegeben (Inventarisierung). Zusätzlich spielen Aspekte der Organisation, des Personals und der Infrastruktur eine Rolle.

Für ein solchermaßen beschriebenes Szenario verwendet man vor allem in Standards den Begriff *Anwendungsbereich* oder das englische Wort *Scope*. Beim Grundschutz spricht man vom *Informationsverbund* oder *IT-Verbund*.

Änderungen des Anwendungsbereiches sind in der Praxis an der Tagesordnung: Hinzunahme oder Entfallen von Geschäftsfeldern, Migration auf andere IT-Landschaften und Anwendungen, Outsourcing und Cloud Nutzung, Integration von mobilen Systemen in die Geschäftsprozesse, Eingliederung in die Strukturen neuer Unternehmenseigner usw.

Solche Änderungen machen es den Sicherheitsverantwortlichen nicht leicht: Ändert man den Anwendungsbereich – und sei es nur marginal – kann dies jede denkbare Auswirkung auf die Sicherheit haben: Sie kann sich erhöhen, gleich bleiben, aber auch verringern.

▶   Sicherheit und Sicherheitsmanagement funktionieren nur in einem sensibilisierten Umfeld.

Das beste Sicherheitskonzept und die teuersten Maßnahmen kommen nicht richtig zum Zug, wenn es bei den Mitarbeitern und der Leitungsebene an Awareness, d. h. an Problembewusstsein – und Problemwissen – fehlt. Zur Erreichung dieser Ziele sind Awareness-Pläne mit geeigneten Maßnahmen auf- und umzusetzen.

Inventarisierung

2

Zusammenfassung

Unter dem Stichwort *Inventarisierung* versteht man die Erfassung aller für die Sicherheit der Informationsverarbeitung grundlegenden Elemente und Informationen. Darunter fallen die sensiblen Daten, die verwendeten IT-Systeme und Netze, die darauf aufbauenden IT-Anwendungen, die begleitenden Organisationsstrukturen und Rollen. Eng verbunden damit ist der Prozess des Änderungsmanagements (Change Management). In diesem Kapitel wollen wir den Aufbau einer Inventarisierung und den Pflegeprozess behandeln.

2.1 „Inventar" der Begriffe

In den internen Besprechungen zum Thema Sicherheit operiert man häufig mit unklaren Begriffen: So versteht jeder Beteiligte etwas anderes und es gibt langwierige, ineffektive Diskussionen; das führt oft zu „unscharfen" Analysen in Leitlinien und Konzepten; Ergebnisse werden unterschiedlich interpretiert und sind wenig belastbar, in alle Richtungen auslegbar und damit nichtssagend – letztlich also überflüssig.

Die dringende Empfehlung lautet, ein einheitliches Begriffsverständnis zwischen allen Beteiligten herzustellen und dieses schriftlich festzuhalten – etwa in Form eines Glossars, auf welches alle anderen Dokumente verweisen oder das allen anderen Dokumenten vorangestellt wird. Es sollte stets Basis aller Diskussionen sein. In diesem und den folgenden Kapiteln werden wir deshalb wichtige Grundbegriffe vorstellen und im Zusammenhang erläutern. Hieraus lässt sich ein Glossar aufbauen – eine erste Liste könnte auch aus den Begriffen im Anhang (Fachbegriffe deutsch/englisch) zusammengestellt werden.

Ausgehend von diesem Glossar kann man daran gehen, wichtige Arbeitsschritte zu präzisieren und zu dokumentieren. Ein typisches Beispiel hierfür ist der Ablauf der

© Springer Fachmedien Wiesbaden 2015
H. Kersten, G. Klett, *Der IT Security Manager,* Edition <kes>,
DOI 10.1007/978-3-658-09974-9_2

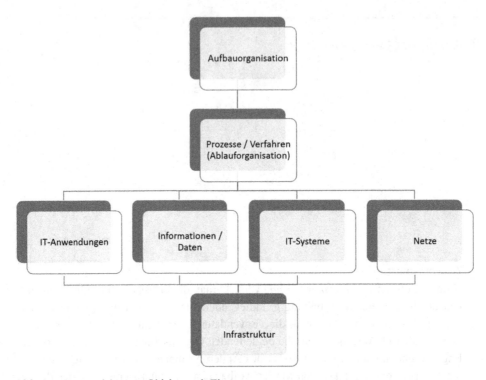

Abb. 2.1 Inventarisierungs-Objekte und -Ebenen

Risikoanalyse und -bewertung. Ohne ein klares, nachlesbares Schema hierfür wird man schnell Schiffbruch erleiden. Solche Beschreibungen kann man in einem z. B. Verfahrenshandbuch ablegen – beim Beispiel der Risikoanalyse und -bewertung könnte man einen entsprechenden Text als einführendes Kapitel einem Sicherheitskonzept voranstellen.

Im Folgenden starten wir mit der Erfassung der organisatorischen und personellen Gegebenheiten und wenden uns dann klassischen Elementen wie IT-Anwendungen, Daten, IT-Systemen, Netzen und der Infrastruktur zu (Abb. 2.1).

Eine wichtige Anmerkung vorweg: In den folgenden Abschnitten beschreiben wir eine sehr umfassende Form der Inventarisierung, die auch einen gewissen Aufwand bedingt. In der Praxis kann man dieses Modell natürlich an die eigenen Wünsche anpassen, verkürzen oder ausbauen. Lesen Sie dazu auch die Zusammenfassung am Ende dieses Kapitels.

2.2   Organisation und Rollen

2.2.1   Grundsätzliches

Als *Organisation* bezeichnen wir im Folgenden Unternehmen, Behörden, Verbände und andere Institutionen, deren Sicherheit analysiert und konzipiert werden soll.

Die innere Gliederung einer Organisation in Organisationseinheiten (Bereiche, Abteilungen, Referate etc.) nennen wir die *Aufbauorganisation*. Sie ist meist in einem entsprechenden Organisationsplan oder Organigramm dargestellt.

Dies gilt sinngemäß auch für größere Verbünde von Organisationen, etwa bei Konzernen, bei denen die Aufbauorganisation des Unternehmensverbunds in einzelne Gesellschaften in entsprechenden Plänen und Übersichten skizziert ist.

Als *Rolle* bezeichnen wir eine Funktion, der bestimmte Aufgaben und damit verbundene Rechte und Pflichten zugewiesen sind. Eine solche Rolle kann im Organisationsplan auftauchen – was aber nicht zwangsläufig ist.

Jede Rolle kann durch eine Person, durch mehrere Personen bzw. eine Gruppe oder durch eine Organisationseinheit als Ganzes besetzt sein. Bei der Besetzung durch eine Person – z. B. als Sicherheitsbeauftragte(r) oder Datenschutzbeauftragte(r) – ist stets eine Vertretung erforderlich, um die Kontinuität der Aufgabenwahrnehmung beispielsweise im Urlaubs- oder Krankheitsfall gewährleisten zu können. Daraus schließen wir, dass eine Rolle mit mindestens zwei Personen zu besetzen ist. Ein klassisches Beispiel die Rollenbesetzung durch eine größere Gruppe stellt die Rolle *System-Administration* dar, in der alle IT-Administratoren einer Organisation zusammengefasst sein können.

Wir wollen einige weitere typische Rollen in einer Organisation aufzählen:

- Ein *Asset Manager* hat die Aufgabe, die Werte (Assets[1]) einer Organisation zu erfassen und zu verwalten – darunter auch die *Information Assets*.
- Ein *Sicherheitskoordinator* arbeitet stellvertretend für eine Organisationseinheit beim Sicherheitsmanagement bzw. in entsprechenden Gremien mit.
- Der *Datenschutzbeauftragte* ist zuständig für die Einhaltung der Datenschutzvorschriften (im Rahmen der Datenerfassung, -verarbeitung und -weitergabe).
- Der *IT-Sicherheitsbeauftragte* bzw. das *IT-Sicherheitsmanagement* ist in einer Organisation für das IT-Sicherheitsthema verantwortlich; die genaue Aufgabenbeschreibung und Abgrenzung unterscheidet sich aber von Organisation zu Organisation (siehe Abschn. 2.2.5).
- Einige weitere Rollen als Stichwörter: Leitung (der Organisation), IT-Leiter bzw. RZ-Leiter, Beauftragter für die Infrastruktur, Werkschutz, Personalvertretung, Backup Manager, IT-Notfallbeauftragter.

Die aufgeführten Beispiele sind *nicht* so zu verstehen, dass alle genannten Rollen bei jeder Organisation vorhanden und besetzt sein müssen:

- Wenn z. B. keine besonderen Anforderungen an die Ausfallsicherheit von IT-Anwendungen bestehen, kann man ggf. auf die Rolle des IT-Notfallbeauftragten verzichten.

---

[1] Neben den *Information* Assets, die sich auf Informationen und die Informationsverarbeitung beziehen, gibt es andere Typen von Assets – etwa Grundstücke, Gebäude, Anlagen, Maschinen, Personal, Organisationsmittel, Know-how, finanzielle Ressourcen, Kreditwürdigkeit, Image.

- Wenn Rollen nicht explizit vorhanden sind, aber die Aufgaben dennoch wahrzunehmen sind, müssen sie von anderen Rollen übernommen werden. Typisches Beispiel: Die Verwaltung der *Information Assets* (Daten, Systeme, Netze, Anwendungen) gehört zum Asset Management; ist dies jedoch nicht eingerichtet worden, muss z. B. das IT-Sicherheitsmanagement diese Aufgaben übernehmen.

Es kann Rollen geben, die miteinander unverträglich sind, d. h. sie sollten bzw. dürfen nicht von der gleichen Person besetzt sein. Zwei Beispiele dazu:

- RZ-Leiter und IT-Sicherheitsbeauftragter: Hier können sich Interessenkonflikte ergeben, wenn der RZ-Leiter vorrangig den ununterbrochenen „Normalbetrieb" des Rechenzentrums im Auge hat, der Sicherheitsbeauftragte aber aufgrund einer bestimmten Risikolage oder eines Sicherheitsvorfalls bestimmte Anwendungen unterbrechen will.
- IT-Sicherheitsbeauftragter und Datenschutzbeauftragter: Die Beurteilung möglicher Rollenkonflikte ist hier sehr unterschiedlich; z. B. finden sich in [1] in der abschließenden Tabelle Kommentierungen von „empfehlenswert" bis zu „i.d. R unzulässig".

Sind solche Konstellationen von Rollenkonflikten möglich, ist ein *Rollenausschluss* vorzusehen und für Konfliktfälle festzulegen, wer das „Sagen" hat.

Es kommt vor, dass Personen z. B. aufgrund von Personalengpässen mehrere Rollen übernehmen müssen. Solange dies keine Rollenausschlüsse tangiert, ist alles in Ordnung – bleibt noch die Frage, ob diese Situation vom Arbeitsumfang her leistbar ist.

Bei besonderen Situationen – Urlaubs- und Krankheitsfälle, Notfalleintritt – kommt es gelegentlich zu einer temporären *Rollenhäufung*, weil unter dem gegebenen Zeitdruck bestimmte Funktionen oder Aufgaben von dazu eigentlich nicht vorgesehenen Rollen übernommen werden müssen. In der Praxis stellt man dann oft später fest, dass temporär eingerichtete Berechtigungen nicht mehr zurückgenommen worden sind; dann wird aus der *temporären* eine sich schleichend *stabilisierende* Rollenhäufung. Dass diese sogar festgelegten Rollenausschlüssen widersprechen kann, findet dann oft keine Beachtung mehr.

2.2.2   Inventarisierung

Nach dieser langen Vorrede kommen wir zu einem sehr praktischen Punkt, nämlich der *Inventarisierung* aller für die Informationssicherheit relevanten Informationen aus den Bereichen der Aufbau- und Ablauforganisation. Was gehört alles dazu?

1. Es sind Übersichten über den Organisationsaufbau bzw. Organigramme zu inventarisieren.
2. Es sind alle vorhandenen, für die Sicherheit relevanten Rollen zu erfassen – etwa unter Berücksichtigung unserer Beispiele oben.

Tab. 2.1 Rollen-Inventarisierung

Rollen-bezeichnung	Rollen-beschreibung	Arbeits-anweisung	Checklisten	Rollen-ausschlüsse	Rolleninhaber

Beim Arbeitsschritt 1 kann man meist auf Vorhandenes zurückgreifen. Den Arbeitsschritt 2 erledigt man am einfachsten mit einer Tabelle, die natürlich auch Teil einer umfassenden, elektronisch geführten Inventar-Datenbank sein kann. Wie könnte eine solche Tabelle aussehen? Die folgende Tab. 2.1 gibt dazu einen Vorschlag, deren Spalten wir anschließend erläutern.

Eine Rolle erschließt sich nicht immer allein durch ihre Bezeichnung (Spalte 1): Es ist deshalb wünschenswert, für jede Rolle in unserer Tabelle eine *Rollenbeschreibung* zur Verfügung zu haben. Darin sollten folgende Informationen enthalten sein:

- eine Übersicht über die der Rolle zugewiesenen Aufgaben und Verantwortlichkeiten
- damit verbundene Rechte und Pflichten
- Verweise auf Arbeitsanweisungen und Checklisten für die jeweilige Rolle (sofern notwendig und vorhanden)

Zumindest bei Rollen, die *sicherheitsrelevante* Aufgaben haben, sollte zusätzlich in der Rollenbeschreibung oder an anderer Stelle festgelegt werden,

- welche Anforderung an Rolleninhaber betreffend Ausbildung, Berufserfahrung und Spezialkenntnisse gestellt werden (*Anforderungsprofil*),
- wie diese Qualifikationen aufrechterhalten bzw. weiterentwickelt werden sollen (*Schulung und Training*).

Solche Informationen sind insbesondere für die *Besetzung* von Rollen, aber auch für Vertretungs-, Ressourcen- und Schulungspläne wichtig.

Unsere Rollentabelle bauen wir dementsprechend aus und fügen jeweils einen Link auf die entsprechende Rollenbeschreibung ein (Spalte 2).

Für jede sicherheitsrelevante Tätigkeit sollte eine entsprechende *Arbeitsanweisung* vorliegen, in der die Aufgaben Schritt für Schritt zumindest soweit präzisiert sind, dass eine korrekte und nachvollziehbare Abwicklung der Tätigkeiten gewährleistet ist. Jede Arbeitsanweisung wird ggf. weitere Rollen aufführen, die bei den Tätigkeiten zu beteiligen sind, und die entsprechenden Schnittstellen erläutern.

Bei besonders sicherheits*kritischen* Tätigkeiten sieht man ergänzend eine *Checkliste* vor, die bei jeder Durchführung dieser Tätigkeiten ausgefüllt und unterschrieben wird.

Solche Nachweise sind z. B. bei der Installation und Konfiguration von IT-Systemen und anderen Administrationsarbeiten, Update-Prozessen, dem Backup und Recovery notwendig; besonders prädestiniert für Checklisten sind auch Tätigkeiten an sensiblen Systemen wie z. B. Konfigurationsarbeiten an Firewalls.

Die Existenz einer Arbeitsanweisung und ggf. von Checklisten vermerken wir in unserer Rollentabelle (Spalte 2 und Spalte 3) wieder mit einem entsprechenden Link auf das jeweilige Dokument.

Mögliche Rollenausschlüsse lassen sich in einer weiteren Spalte unserer Tabelle eintragen. Man kann hier aber auch einen Verweis auf eine separate Tabelle eintragen, bei der in der ersten Spalte und in der ersten Zeile alle festgelegten Rollen aufgeführt sind; dann markiert man in den Kreuzungspunkten die Rollenausschlüsse (X) oder trägt bestimmte Bedingungen für die Rollenverträglichkeit (z. B. temporär zulässig, falls...) ein.

Man kann in der Tab. 2.1 in weiteren Spalten die Namen der aktuellen Rolleninhaber und Vertreter eintragen sowie entsprechende Kontaktdaten hinzuzufügen. Die Alternative wäre hier wieder, eine separate Besetzungsliste zu erstellen.

Auf diese Weise haben wir eine umfassende Datenbasis über alle für die Sicherheit relevanten Funktionen in unserer Organisation angelegt und können uns über die jeweiligen Aspekte einer Rolle schnell informieren.

2.2.3 Change Management

Nun kommen wir zum Änderungs- und Pflegeprozess: Organisationsdiagramme, die Tabelle der Rollen und Rollenausschlüsse, die verlinkten Rollenbeschreibungen, Arbeitsanweisungen und Checklisten sowie die Besetzungsliste sind nur dann hilfreich, wenn sie stets *aktuelle* Informationen beinhalten.

Änderungen kommen aber in der Praxis sehr häufig vor, weil neue Rollen erforderlich oder vorhandene obsolet werden, Rollenbesetzungen geändert werden, der Aufgabenzuschnitt einer Rolle angepasst wird, eine Arbeitsanweisung wegen neuer technischer Gegebenheiten verändert werden muss u.v.m.

Diese Problematik bekommt man nur mit einem geordneten *Change Management* in den Griff: Eine Änderung an den genannten Daten darf nur auf Antrag und nach Genehmigung vorgenommen werden. Jede Änderung ist zu dokumentieren, die geänderte Dokumentation ist einem Freigabeverfahren zu unterziehen, allen betroffenen Personen zur Kenntnis zu geben und sodann in Kraft zu setzen.

Je nach Art der Änderung wird es unterschiedliche Zuständigkeiten geben: Das Anlegen neuer Rollen (auch deren Löschung) erfolgt ggf. erst nach Zustimmung durch die Leitung oder die Personalabteilung. IT-spezifische Arbeitsanweisungen werden vermutlich in der IT-Abteilung erstellt und vom IT-Leiter in Kraft gesetzt. Die Verteilung dieser Aufgaben wird in jeder Organisation unterschiedlich sein – wichtig ist, dass es klare Zuständigkeiten und einheitliche Verfahren gibt. Dies macht im Kern das Change Management aus.

Eine grundsätzliche Aufgabenverteilung könnte darin bestehen,

- die Rollentabelle zentral zu erstellen und zu pflegen, und zwar durch die für die Aufbauorganisation zuständige Stelle,
- Rollenbeschreibungen und Arbeitsanweisungen dezentral in derjenigen Abteilung zu bearbeiten, in der die betreffende Rolle angesiedelt ist.

Haben Rollenbeschreibungen auch die arbeitsrechtliche Bedeutung einer *Tätigkeitsdarstellung*, so wird man bei Änderungen die Personalabteilung beteiligen müssen.

2.2.4 Organisation der IT-Sicherheit

Immer wieder wird die Frage gestellt, wie die IT-Sicherheit selbst zu organisieren ist: Soll es eine eigene Sicherheitsabteilung geben? Vielleicht ein Querschnittsgremium oder ein Sicherheitsforum? Oder ist die Sicherheitsthematik nur einer bestimmten Person zuzuweisen?

Zunächst ist festzuhalten, dass die Informationssicherheit eine *Vorsorgeaufgabe* und damit grundsätzlich bei der Leitung der Organisation angesiedelt ist. Diese wird die Verantwortung vor allem nach außen wahrnehmen, intern aber die Zuständigkeit delegieren, d. h. eine Rolle für dieses Thema festlegen – das *IT-Sicherheitsmanagement* – und ihr diese Aufgabe (formell) übertragen.

Es ist deshalb anerkannte Praxis und auch in Standards niedergelegt, dass das IT-Sicherheitsmanagement direkt der Leitung der Organisation unterstellt sein soll, zumindest aber einen direkten Berichtsweg zur Leitungsebene haben sollte.

Grundsätzlich sollte das IT-Sicherheitsmanagement nicht Weisungen anderer Fachabteilungen unterstellt sein – natürlich aber den Weisungen der Leitung der Organisation. Bei Letzterem muss dennoch geklärt sein, dass das IT-Sicherheitsmanagement seine fachlichen Ansichten unabhängig präsentieren kann; die Entscheidung über seine Vorschläge liegt aber letztlich bei der Leitung.

Wie bei allen Rollen kann auch das Sicherheitsmanagement entweder durch eine Person (plus Vertreter) – mit der Bezeichnung *(IT-)Sicherheitsbeauftragter* oder *IT Security Manager* – oder durch eine größere Gruppe repräsentiert werden.

Bei den Gruppen ist zunächst die klassische Sicherheitsabteilung zu nennen, die allerdings meist nur in größeren Unternehmen vorhanden ist. In dieser Abteilung könnte der IT-Sicherheitsbeauftragte angesiedelt sein.

Moderner ist die Form einer *Arbeitsgruppe* für IT-Sicherheit oder des *Information Security Forums* (ISF): Falls es einen IT-Sicherheitsbeauftragten gibt, könnte er dieses Forum moderieren oder leiten. Alternativ könnte die Gruppe gemeinschaftlich Verantwortung tragen.

Wer ist sinnvollerweise sonst noch an einer solchen Gruppe zu beteiligen? Im Grunde Vertreter (IT-Koordinatoren) aus solchen Organisationseinheiten, die von dem Thema IT-Sicherheit betroffen sind und damit auch Beiträge zur Sicherheit leisten können. Dazu

dürften in aller Regel gehören: die einzelnen Abteilungen der Organisation, ggf. Verantwortliche für wichtige Geschäftsprozesse, der Datenschutzbeauftragte, der Notfallbeauf-
tragte, die Personalvertretung (Betriebs- oder Personalrat).

Vor allem im deutschen Sprachraum ist es üblich, das IT-Sicherheitsmanagement zunächst in Form eines *IT-Sicherheitsbeauftragten* als Rolle festzulegen. Selbst in diesem
Fall sollten die Arbeiten in einer der genannten (Arbeits-)Gruppen durchgeführt, zumindest aber koordiniert werden.

Man findet vor allem in Behörden einen übergeordneten *IT-Koordinierungsausschuss*,
dessen Aufgabe die IT als Ganzes ist und der damit geeignet wäre, sich ebenfalls der
Sicherheitsthematik anzunehmen. Der IT-Sicherheitsbeauftragte müsste dann Mitglied
dieses Ausschusses sein.

Wie ist nun die Tätigkeit des IT-Sicherheitsmanagements einzuordnen und abzugrenzen? Besteht die Aufgabe darin, die Leitungsebene in Sachen Informationssicherheit zu
beraten? Oder ist das IT-Sicherheitsmanagement intern *verantwortlich* für die Informationssicherheit der Organisation?

Die Praxis zeigt, dass alle Formen vorkommen – von einer reinen Beratungsfunktion
(vielfach z. B. bei Behörden) bis hin zur vollen Übernahme der Verantwortung (häufig in
straff organisierten Unternehmen). Die Übernahme der Verantwortung kann dabei so weit
gehen, dass die Informationssicherheit in Zielvereinbarungen der Beteiligten auftaucht
und Auswirkungen auf das individuelle Gehalt hat. Konsequenzen bei „schlechtem" Sicherheitsmanagement – was das auch immer heißen mag und wie es gemessen wird – sind
dann ähnlich wie bei Umsatzverantwortlichen mit einem zu geringen Jahresumsatz.

Grundsätzlich sollte die Funktion natürlich so angelegt sein, dass mehr Verantwortung
auch mehr Entscheidungsfreiheit bedeutet.

Bereits erwähnt wurde die dringende Empfehlung, für alle sicherheitsrelevanten Rollen
entsprechende *Rollenbeschreibungen* zu erstellen. Dies gilt zuvorderst natürlich für das
Sicherheitsmanagement bzw. den IT-Sicherheitsbeauftragten selbst. Neben den grundsätzlichen Anforderungen an Rollenbeschreibungen sollte hier schriftlich festgehalten werden,

- wie das Sicherheitsmanagement aufgestellt ist (Person, Gruppe, Forum etc.),
- wie die Aufgabe verstanden wird (Beratung bzw. Grad der Verantwortung),
- wie weit die Zuständigkeit inhaltlich reicht: z. B. zuständig nur für einen Teil der IT
  oder für einige benannte Geschäftsprozesse oder Standorte – oder für die gesamte IT,
- welche zeitlichen und inhaltlichen Ziele gesetzt sind.

2.2.5 Aufgaben des Sicherheitsmanagements im Überblick

Wir wollen hier einen ersten Überblick über die Aufgaben des IT-Sicherheitsmanagements
geben.

Fall 1: Wir betrachten dazu zunächst eine in sich geschlossene Organisation mit einzelnen Abteilungen und einem IT-Sicherheitsbeauftragten:

- In Abstimmung mit und nach Vorgaben der Leitung ist ggf. die IT-Sicherheitsleitlinie der Organisation zu erstellen, die anschließend von der Leitung in Kraft zu setzen ist (vgl. Kap. 6).
- Aus der Sicherheitsleitlinie sind das Sicherheitskonzept und alle dazu gehörenden Begleitdokumente zu entwickeln, in der Organisation abzustimmen und der Umsetzung zuzuführen (vgl. Kap. 8).
- Der Themenbereich *Sensibilisierung, Schulung, Training* ist zu planen und umzusetzen (vgl. Abschn. 3.2).
- Ein zentrales Sicherheits-Informationssystem ist einzurichten und aktuell zu halten (zumindest in größeren Unternehmen).
- Dokumentation und Aufzeichnungen sind zu lenken (vgl. Abschn. 3.3 und Abschn. 3.4).
- Die korrekte Einhaltung des Sicherheitskonzeptes ist kontinuierlich zu prüfen (vgl. Abschn. 16.1).
- Sicherheitsvorfälle müssen geeignet behandelt werden (vgl. Abschn. 16.3).
- Es ist ein Berichtswesen aufzubauen und zu betreiben – unter Berücksichtigung der Verfahren zur Generierung von Nachweisen (vgl. Abschn. 16.4).
- Eine Wartung aller Sicherheitselemente – Dokumentation, Maßnahmen, Prozesse – ist regelmäßig zu planen und durchzuführen (vgl. Abschn. 3.1).

Fall 2: Etwas differenzierter sieht es bei größeren Organisationen, etwa Konzernen aus. Gehen wir zunächst von einer *zweistufigen* Hierarchie aus. In der obersten Konzernebene (Holding etc.) wird ein *zentraler IT-Sicherheitsbeauftragter* anzusiedeln sein, dessen Aufgaben insbesondere darin bestehen,

- die Sicherheitsleitlinie des Konzerns aktuell zu halten und für den gesamten Konzern verbindlich zu machen,
- gewisse Vorgaben zur Interoperabilität bei der Sicherheit zwischen den Konzerntöchtern herzustellen (z. B. Vorgaben über einheitlich anzuwendende Verschlüsselungsverfahren),
- ein zentrales Sicherheits-Informationssystem für den Konzern einzurichten und zu betreiben,
- ggf. das Thema *Sensibilisierung, Schulung, Training* übergreifend zu organisieren,
- sich von den IT-Sicherheitsbeauftragten der einzelnen Konzerntöchter die Einhaltung der Sicherheitsleitlinie regelmäßig nachweisen zu lassen.

Darüber hinaus wird dieser IT-Sicherheitsbeauftragte ggf. für die Sicherheit der Holding selbst zuständig sein.

In den *einzelnen Konzerntöchtern* wird es eigene IT-Sicherheitsbeauftragte geben. Ihre Tätigkeit haben wir im „Fall 1" oben schon umrissen. In Relation zur Holding werden sie

- die „von oben" kommende Sicherheitsleitlinie ggf. um für ihre Gesellschaft spezifische Dinge ergänzen,

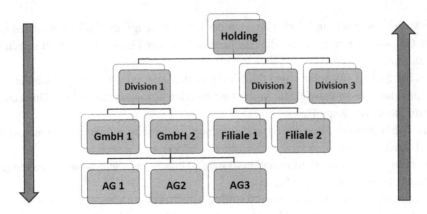

Abb. 2.2 Mehrstufiger Konzernverbund

- diese erweiterte Leitlinie in ihrer Gesellschaft in Kraft setzen (lassen) und
- sie durch ein Sicherheitskonzept für ihre Gesellschaft konkretisieren,
- das Sicherheitskonzept umsetzen und
- Nachweise generieren, die zeigen, dass insbesondere die Konzern-Sicherheitsleitlinie korrekt umgesetzt wurde.

Ergänzen bzw. *erweitern* meint, dass der von oben kommenden Leitlinie für die Gesellschaft spezifische Regelungen hinzugefügt werden können, Regelungen und Vorgaben der Konzernleitlinie aber weder explizit, noch implizit außer Kraft gesetzt werden dürfen.

Fall 3: Besitzt ein Konzern mehr als zwei Ebenen (siehe Abb. 2.2), so wird dies wie folgt zu organisieren sein:

- Die jeweils von der nächst höheren Ebene kommende Leitlinie wird ggf. mit spezifischen Ergänzungen in Kraft gesetzt, durch ein Sicherheitskonzept konkretisiert und umgesetzt.
- Es werden entsprechende Nachweise über die Einhaltung der Leitlinie erzeugt und „nach oben" weitergeleitet.
- Die (ggf. ergänzte) Leitlinie wird „nach unten" an die nächst tiefere Ebene durchgereicht (sofern eine solche existiert), dabei werden regelmäßige Nachweise die Einhaltung der Leitlinie betreffend gefordert.

2.3 Geschäfts- und Verwaltungsprozesse

2.3.1 Grundsätzliches

Man verwendet den Begriff der *Ablauforganisation*, um auszudrücken, wie die Abläufe in einer Organisation festgelegt sind. Statt von Abläufen ist auch von *Verfahren* oder *Prozessen* die Rede: bei Unternehmen von *Geschäftsprozessen*, bei Behörden eher von

Verwaltungsverfahren. Diese Bezeichnungen finden vor allem dann Anwendung, wenn solche Prozesse bzw. Verfahren in geregelter, einheitlicher, quasi standardisierter Form abgewickelt werden. Dies bedingt, dass man sie in Verfahrens- oder Prozessbeschreibungen darstellt und diese dann als verbindlich festlegt. Damit werden wir uns bei der Inventarisierung von Geschäftsprozessen näher befassen.

Gelegentlich trifft man auf Organisationen, bei denen sich Ablauforganisation und Aufbauorganisation in gewisser Weise entsprechen, weil es eine eindeutige Zuordnung von Prozessen zu Organisationseinheiten gibt, d. h. jede Organisationseinheit ist für bestimmte Geschäftsprozesse *allein* zuständig. Ein solches Organisationsmodell ist aber nicht typisch: Der eine oder andere Geschäftsprozess kann zwar vollständig innerhalb einer Organisationseinheit abgewickelt werden, meist sind aber mehrere Organisationseinheiten und sogar externe Stellen (Kooperationspartner, Kunden, auch: Aufsichtsbehörden/Prüfer) an einem Geschäftsprozess beteiligt.

Dann stellt sich natürlich die Frage, wer die Gesamtverantwortung für einen solchen Geschäftsprozess trägt. Dazu wird meist ein *Prozessverantwortlicher* (Process Owner) benannt; er ist für die Abwicklung eines Geschäftsprozesses verantwortlich, aber auch für die Ermittlung bestehender Risiken sowie deren Behandlung – in diesem Zuschnitt offensichtlich eine sicherheitsrelevante Rolle. Integriert kann auch die Übernahme der Risiken bzw. Verantwortlichkeit für die Risiken sein, was aber nicht zwangsläufig ist. Gelegentlich findet man hier eine weitere Rolle – den *Risk Owner*. Bei der ISO 27001 wird z. B. für einen Geschäftsprozess zwischen Process Owner und Risk Owner unterschieden.

Im Zusammenhang mit der *Ablauforganisation* kommen wir zu einem kritischen Punkt: Viele Organisationen denken *nicht* in Prozessen, d. h. es gibt für die Aufgaben bzw. Tätigkeiten keine dokumentierten Verfahrensvorgaben, sondern stattdessen eine „gelebte" Praxis – mit allen Problemen wie unzureichender Genauigkeit, uneinheitlicher Abwicklung, unklaren Verantwortlichkeiten, fehlenden Nachweisen etc. Das *kann* funktionieren, muss aber meist als Organisationsdefizit angesehen werden.

Auch wenn es Aufwand und Schwierigkeiten verursacht: Die Umstellung auf eine prozessorientierte Sicht der Arbeitsabläufe ist von hohem Nutzen – sowohl für Fragen der Qualitätssicherung, der Revision(sfähigkeit) als auch der IT-Sicherheit.

Was ist ein Prozess? Ein *Prozess* ist eine Abfolge miteinander vernetzter Aktivitäten, die maschinell (ggf. IT-unterstützt) und von Personen ausgeführt werden. Jeder Prozess hat eine Aufgabe und dafür Zielvorgaben (beabsichtigte Leistung bzw. ein gewünschtes Ergebnis). Besonders im engeren IT-Umfeld wird die Aufgabe von Prozessen oft so verstanden, dass sie Eingangsdaten nach einer Vorschrift (abgebildet in Software) in Ausgangsdaten umwandeln.

In der Praxis können Prozesse

* der unmittelbaren Aufgabenabwicklung in einer Organisation dienen (Kernprozesse),
* andere Prozesse unterstützen, steuern und überwachen (Support-Prozesse).

In dem Beispiel der Abb. 2.3 ist die komplette Informationsverarbeitung als Support-Prozess („Informationstechnologie") betrachtet worden. Ein IT-Dienstleister dagegen wird

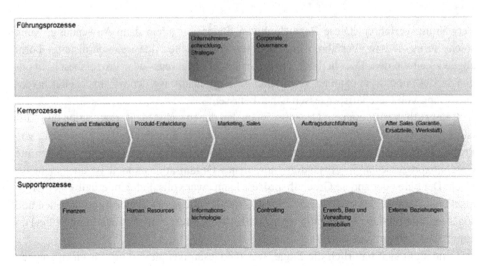

Abb. 2.3 Prozesslandschaft (www.bpm-plus.de/tag/prozesslandkarte/)

seine IT Services, d. h. die Geschäftsprozesse mit Außenwirkung, als Kernprozesse sehen und als Support-Prozesse beispielsweise Einrichtung und Betrieb, Patch- und Update-Management, Konfigurations- und Änderungsmanagement betrachten. Jede Organisation muss die Zuordnung seiner Prozesse in die Kategorien Kern-, Führungs- und Supportprozesse individuell vornehmen.

Bei der Sicherheitsanalyse wird man sich zunächst der Kernprozesse annehmen, um hierfür Risiken zu bestimmen, Sicherheitsziele und -maßnahmen zu erarbeiten. Aber auch die Support-Prozesse dürfen nicht außer Acht gelassen werden. Hierunter könnte z. B. auch das Mobile Device Management fallen, um die mobilen Geräte in einer Organisation zu verwalten – ein absolut sicherheitskritischer Support-Prozess.

Falls Sie dennoch lieber bei der klassischen Sicht der Informationsverarbeitung bleiben wollen und nicht so sehr an Geschäftsprozessen interessiert sind, dann sind zumindest die *IT-Anwendungen* Ihrer Organisation der Ausgangspunkt aller weiteren Schritte: Lesen Sie weiter in Abschn. 2.4!

2.3.2 Prozess- und Verfahrensbeschreibung

Ein unerlässliches Dokument für die Sicherheitsanalyse eines Geschäftsprozesses (oder eines Verfahrens) ist seine *Prozessbeschreibung (oder Verfahrensbeschreibung)*. Diese sollte aus Sicht der Sicherheit insbesondere folgende Informationen enthalten:

- die am Prozess beteiligten Rollen
- die vorgesehenen Abläufe
- maßgebliche Vorgaben, darunter auch Vorgaben die Sicherheit betreffend
- die genutzten bzw. erforderlichen Arbeitsmittel/Ressourcen (z. B. Daten, IT-Anwendungen, IT-Systeme, Netze, Infrastruktur; aber auch Anlagen und Maschinen)

- Schnittstellen zu anderen Geschäftsprozessen und entsprechende Abhängigkeiten
- Vorgaben hinsichtlich erforderlicher Aufzeichnungen

Einige Anmerkungen zu diesen Aufzählungspunkten:

Bei den *Rollen* verweist man auf die bereits behandelte Rollen-Inventarisierung. Im vorherigen Abschnitt haben wir schon ausgeführt, dass für jeden Geschäftsprozess die Rolle eines Verantwortlichen festzulegen ist, der für die Dokumentation, den Betrieb des Geschäftsprozesses und die Erbringung der Leistung sowie für Änderungen zuständig ist – letztlich auch für die *Sicherheit* des Geschäftsprozesses (Ermittlung bestehender Risiken sowie deren Behandlung). Einzelne Teilaufgaben können in der Praxis natürlich an andere Personen bzw. Rollen delegiert werden.

Was die Beschreibung der *Abläufe* anbetrifft, können Ablaufdiagramme, eine textuelle Beschreibung oder eine Mischform zur Anwendung kommen. Wenn man hier noch eingreifen kann: Wichtig ist, dass der Grad der Detaillierung so gewählt wird, dass er auch für eine Sicherheitsanalyse ausreichend ist. Zumindest muss man sich im Rahmen der Pflegeprozesse an eine entsprechende Detailtiefe herantasten.

Es kann der Fall vorliegen, dass für die einzelnen Geschäftsprozesse gesetzliche Bestimmungen, Verträge und Vereinbarungen mit Auftraggebern bzw. Kunden usw. maßgebend sind. Darunter werden sich Vorgaben zum Gegenstand der Leistungserbringung und der Leistungsnachweise, möglicherweise auch implizit oder explizit Vorgaben zur Sicherheit befinden. Solche *maßgeblichen Vorgaben* sind natürlich für die Sicherheitsanalyse und -konzeption unverzichtbar. In der Regel werden die relevanten Sicherheitsvorgaben für den betreffenden Geschäftsprozess in der Verfahrensbeschreibung aufgeführt. Alternativ können diese aber auch erst im späteren Sicherheitskonzept enthalten sein.

Die genutzten bzw. für den Ablauf eines Geschäftsprozesses erforderlichen Arbeitsmittel (Ressourcen) sind anzugeben. Hierzu sind folgende Alternativen denkbar:

a. Eine entsprechende Liste wird als Anhang der Verfahrensbeschreibung hinzugefügt. Dies ist allerdings nicht besonders pflegefreundlich, weil davon auszugehen ist, dass diese Liste häufig Änderungen unterworfen ist und die Verfahrensbeschreibung nach jeder Änderung den Genehmigungs- und Freigabeprozess durchlaufen muss.
b. Man erfasst zunächst – unabhängig von den Prozessen – alle zur Verfügung stehenden Arbeitsmittel/Ressourcen separat. Danach wird jedes Arbeitsmittel auf jeden Prozess „gemappt", der dieses Arbeitsmittel nutzt.

In der folgenden Abb. 2.4 ist dies in der Tabelle bei jedem eingetragenen Prozess GP1, GP2 und GP3 durch „X" angedeutet.

c. Am elegantesten geht es mit einer Inventar-Datenbank[2], in der wie unter b. alle Arbeitsmittel erfasst sind: Man verknüpft dann im Sinne einer Datenbank-Relation jeden Geschäftsprozess mit den Arbeitsmitteln, die benötigt werden.

---

[2] Beispiele: GS-TOOL des BSI, VERINICE oder vergleichbare.

Ressourcen	GP1	GP2	GP3
Dienstleister X	X	-	-
Dienstleister 2	X	-	X
Server A	X	-	-
Server B	-	X	-
ISDN-Anbindung	-	-	X
Drucker	X	X	-
Internet	X	X	-
Archiv	X	-	X
Datenbank	X	X	X
Stromversorgung	X	X	X
Klimatisierung	X	X	X
...			

Abb. 2.4 Ressourcen-Tabelle

Die für die Informationsverarbeitung wesentlichen Arbeitsmittel werden wir in weiteren Abschnitten behandeln. Sie werden unter anderem in der ISO 27000-Normenreihe und beim Grundschutz als zu schützende Objekte betrachtet.

Die Abläufe in einem Geschäftsprozess können von Funktion und Ergebnissen anderer Geschäftsprozesse abhängen (bspw.: Teilschritt x aus Geschäftsprozess A wird erst dann ausgeführt, wenn das Ergebnis von Teilschritt y aus Geschäftsprozess B eine bestimmte Bedingung erfüllt). Solche Bedingungen „verzahnen" Geschäftsprozesse miteinander – manchmal „verhaken" sie sich oder blockieren sich gegenseitig. Die Analyse solcher Abhängigkeiten ist insofern extrem wichtig und sollte in der Prozessbeschreibung enthalten sein.

Zu einem Geschäftsprozess gehören in aller Regel *Aufzeichnungen* über die

- *tatsächlichen* Ergebnisse bzw. die *tatsächliche* Leistungserbringung des Geschäftsprozesses,
- den Nutzungsgrad (z. B. Nutzer, Nutzungsdauer, -häufigkeit etc.) sowie
- Beanstandungen, Fehlerzustände, Sicherheitsvorfälle und deren Behebung.

Diese Informationen dienen Nachweis- bzw. Beweiszwecken, aber auch der stetigen Verbesserung und zielgerichteten Anpassung eines Geschäftsprozesses. In der Prozessbeschreibung sollte auch dargestellt werden, ob und wenn ja welche Aufzeichnungen erforderlich sind, wer diese auswertet usw.

Tab. 2.2 Prozess-Inventarisierung

Prozess-Bezeichnung	Process Owner	Verfahrens-beschreibung	Aufzeich-nungen	...	...

2.3.3   Inventarisierung

Aus Sicht der Inventarisierung geht es darum, die Prozesse einer Organisation mit allen wesentlichen Begleitdaten zu erfassen. Dazu kann man sich ggf. vorhandener grafischer Darstellungen (Prozesskarte/Prozesslandschaft) bedienen oder das Ganze tabellarisch erfassen. Wir orientieren uns an dem Vorschlag der Tab. 2.2

Neben einer eindeutigen Bezeichnung für jeden Prozess (Spalte 1) tragen wir in Spalte 2 den Process Owner ein.

In der Spalte 3 fügen wir je Geschäftsprozess einen Link auf eine diesbezügliche Verfahrensbeschreibung ein. Möglicherweise kann das so eingerichtet werden, dass der Link angeklickt werden kann, wodurch sich die für den betreffenden Prozess relevante Verfahrensbeschreibung öffnet.

Nicht zuletzt für Auswertungen, Audits und ähnliche Überprüfungen ist es extrem hilfreich, wenn die vorgesehenen Aufzeichnungen für einen Geschäftsprozess an einem bestimmten (Speicher-)Ort – z. B. ein Dateiverzeichnis – zusammengeführt werden. In der Spalte 4 unserer Tab. 2.2 wäre ggf. ein (anklickbarer) Link auf ein entsprechendes Verzeichnis hilfreich.

Bestimmte Inhalte der Prozessbeschreibung aus Abschn. 2.3.2 könnte man auch in weitere Spalten der Tab. 2.2 eintragen – hier muss man abwägen, was die Übersichtlichkeit verbessert bzw. verschlechtert.

2.4   IT-Anwendungen

IT-Anwendungen unterstützen eine Organisation bei der Abwicklung von Geschäftsprozessen oder Verwaltungsverfahren, um Dienstleistungen für sich selbst oder seine Kunden zu erbringen: z. B. Gehaltsabrechnung, Software-Produktion und -Verteilung, Bereitstellung von Datenbanken, Abwicklung von Online-Transaktionen, Shop-Anwendungen.

IT-Anwendungen laufen – meist verteilt – auf IT-Systemen des Betreibers oder auf solchen bei Dienstleistern (Outsourcing, Clouds etc.) und nutzen Intranet und Internet.

IT-Anwendungen verlassen sich oft auf Sicherheitseigenschaften der IT-Systeme, Netzwerke und der Infrastruktur, realisieren vielfach aber auch eigene, anwendungsbezogene Sicherheitsfunktionen. Typische Beispiele sind Datenbank-Managementsysteme (DBMS), die zusätzlich zur Zugriffskontrolle des Betriebssystems einen eigenen Zugriffsschutz bis auf einzelne Felder von Datenbanken realisieren können.

2.4.1   Dokumentation

Falls Sie bereits Ihre Geschäftsprozesse bzw. Verwaltungsverfahren inventarisiert haben, wird dieser Abschnitt für Sie nichts wesentlich Neues bringen – im Grunde behandelt er nur eine Übertragung der Sachverhalte aus Abschn. 2.3 auf den technischen Teil von Geschäftsprozessen – die IT-Anwendungen.

Jede IT-Anwendung sollte mit ihren charakteristischen Eigenschaften in einer entsprechenden Dokumentation beschrieben sein. Dazu gehören:

- Zweck bzw. Aufgabe der IT-Anwendung
- maßgebliche Vorgaben (darunter ggf. auch Vorgaben die Sicherheit betreffend)
- die für die IT-Anwendung relevanten Rollen
- Art und Umfang der Schnittstellen zu anderen IT-Anwendungen, Angaben zu Datenflüssen und Abhängigkeiten
- technische Voraussetzungen für die Installation, den Betrieb und die Wartung der IT-Anwendung (darunter die Manuale der Hersteller/Lieferanten)
- die genutzten bzw. erforderlichen Ressourcen (z. B. Daten, andere IT-Anwendungen, IT-Systeme, Netze, Infrastruktur, ...)
- Vorgaben hinsichtlich erforderlicher Aufzeichnungen

Einige Hinweise zu diesen Punkten:

Wenn es in Ihrer Organisation die Prozess-Sicht gibt, könnten *Zweck und Aufgabe* einer IT-Anwendung durch einen Verweis (oder mehrere) auf einen Geschäftsprozess in der Tab. 2.2 angegeben werden, für den die IT-Anwendung maßgebend ist. Dies kann bereits ausreichend sein – andernfalls muss man hier den Zweck textuell (auch mit grafischen Übersichten) näher beschreiben. Wichtig ist, dass der Grad der Detaillierung so gewählt wird, dass er auch für eine Sicherheitsanalyse ausreichend ist.

Es mag für einzelne IT-Anwendungen gesetzliche Bestimmungen, Verträge und Vereinbarungen mit Auftraggebern bzw. Kunden geben, in denen *Vorgaben* zur Leistungserbringung, zu Leistungsnachweisen und möglicherweise auch implizit oder explizit zur IT-Sicherheit enthalten sind. Solche Vorgaben für die IT-Sicherheit kann man in die Anwendungsbeschreibung übernehmen – oder alternativ erst in das spätere Sicherheitskonzept einfließen lassen.

Für jede IT-Anwendung ist die *Rolle* eines Verantwortlichen festzulegen, der für die Dokumentation, den Betrieb der Anwendung und die Erbringung der Leistung sowie für

Änderungen zuständig ist – letztlich auch für die *Sicherheit* der Anwendung (Ermittlung bestehender Risiken sowie deren Behandlung). Einzelne Teilaufgaben kann man in der Praxis natürlich an andere Personen bzw. Rollen delegieren. Der für die IT-Anwendung Verantwortliche sowie alle weiteren für diese Anwendung relevanten Rollen (Administration, Operating, Revision,…) sollten bereits bei der Rollen-Inventarisierung aufgeführt sein – insofern kann immer auf dieses Inventar verweisen.

IT-Anwendungen können von Funktion und Ergebnissen anderer Anwendungen oder auch von Systemzuständen abhängen (bspw.: Anwendung A läuft nur dann weiter, wenn Anwendung B ein bestimmtes Datenpaket geliefert hat oder einen bestimmtes System-Flag gesetzt hat). IT-Anwendungen werden in der Regel über externe Speicher oder direkt über Inter-Prozess-Kommunikation Daten austauschen. Solche Abhängigkeiten, Schnittstellen und Datenflüsse müssen nicht zuletzt deshalb dokumentiert sein, um Sicherheitsaspekte analysieren und Schwachstellen beheben zu können.

Gegenstand der Dokumentation müssen auch alle Vorgaben für die Installation, Konfiguration (System- und Anwendungsparameter), die Zuordnung von Protokollen und Ports usw. sein.

Welche Ressourcen (Daten, Systeme, Netzwerkelemente und –strecken,…) nutzt bzw. benötigt eine IT-Anwendung? Für diese Erfassung kann man ähnlich wie in Abschn. 2.3 zwischen folgenden Alternativen wählen:

a. Eine entsprechende Liste von Ressourcen wird als Anhang der Anwendungsbeschreibung beigefügt.

Dies ist allerdings nicht besonders pflegefreundlich, weil davon auszugehen ist, dass diese Liste häufig Änderungen unterworfen ist und die Anwendungsbeschreibung dann jedes Mal den Genehmigungs- und Freigabeprozess durchlaufen muss.

b. Man erfasst zunächst unstrukturiert alle von IT-Anwendungen genutzten Ressourcen. Danach wird jede einzelne Ressource auf jede IT-Anwendung „gemappt", die diese Ressource nutzt.

Man erhält dann Verknüpfungen ähnlich wie in Abb. 2.4.

c. Technisch moderner geht es mit einer Inventar-Datenbank, in der wie unter b. alle Ressourcen erfasst sind: Man verknüpft dann im Sinne einer Datenbank-Relation jede IT-Anwendung mit den Ressourcen, die benötigt werden.

Die für solche IT-Anwendungen wesentlichen Ressourcen werden wir in weiteren Abschnitten behandeln. Sie werden unter anderem in der ISO 27000-Normenreihe und beim Grundschutz als zu schützende Objekte betrachtet.

Über die Installation, Konfiguration und Wartung sind in der Regel Aufzeichnungen anzulegen. Außerdem erfolgen im laufenden Betrieb einer IT-Anwendung normalerweise

Protokollierungen – über erfolgte Transaktionen, auch z. B. über Fehlerzustände. In der Anwendungsbeschreibung sollte aufgeführt werden, welche Aufzeichnungen bzw. Protokolle benötigt werden und wie mit ihnen zu verfahren ist.

2.4.2 Inventarisierung

Im Hinblick auf die Inventarisierung benötigen wir ein qualifiziertes Verzeichnis der von einer Organisation betriebenen IT-Anwendungen – mit allen wesentlichen Begleitdaten. Wir orientieren uns an dem Vorschlag der Tab. 2.3

Neben einer eindeutigen Bezeichnung für jede Anwendung (Spalte 1) tragen wir in Spalte 2 den für die Anwendung Verantwortlichen ein – hier könnte man ggf. noch unterscheiden nach Asset Owner und Risk Owner.

In der Spalte 3 fügen wir je Anwendung einen Link auf eine diesbezügliche Anwendungsbeschreibung nach Abschn. 2.4.1 ein – am besten so, dass der Link angeklickt werden kann, wodurch sich die entsprechende Verfahrensbeschreibung öffnet.

Nicht zuletzt für Auswertungen, technische Audits und ähnliche Überprüfungen ist es extrem hilfreich, wenn die für eine Anwendung vorgesehenen Aufzeichnungen an einem bestimmten Speicherort zusammengeführt oder zumindest dort verlinkt sind. In der Spalte 4 wäre dann ein (anklickbarer) Link auf ein entsprechendes Verzeichnis einzutragen.

In der Systematik könnten weitere Spalten angelegt und mit Daten gefüllt werden:

• eine Spalte „Geschäftsprozess" mit Angabe aller Geschäftsprozesse, die die betreffende IT-Anwendung nutzen – ggf. durch Verweise auf die Tabelle der Geschäftsprozesse

Dabei handelt es sich um keine 1:1-Beziehung! Ein Geschäftsprozess kann mehrere IT-Anwendungen benötigen, manche IT-Anwendungen können für unterschiedliche Geschäftsprozesse zum Einsatz kommen.

• eine Spalte „Abhängigkeiten" mit Angabe der abhängigen IT-Anwendungen

Möglichweise differenziert man hier nach „ist abhängig von" und „wird benötigt für". Das Mitführen der Abhängigkeiten in einer Spalte der Tabelle ist besonders für das Thema

Tab. 2.3 Inventarisierung der IT-Anwendungen

Bezeichnung	Verantwortlicher	Anwendungsbeschreibung	Aufzeichnungen	...	...

Notfallmanagement nützlich, um einen schnellen Überblick über zu beachtende Abhängigkeiten bei Wiederanlaufverfahren zu bekommen.

Bestimmte Inhalte der Anwendungsbeschreibung aus Abschn. 2.4.1 könnte man alternativ in weitere Spalten der Tab. 2.3 eintragen – hier gilt es wieder abzuwägen, was die Übersichtlichkeit verbessert bzw. verschlechtert.

Bisher haben wir noch nicht erfasst, auf welchen IT-Systemen eine IT-Anwendung tatsächlich läuft und welche Netzwerkstrecken sie tatsächlich nutzt. Man könnte dies in entsprechende Spalten der Tabelle eintragen. Denkbar wären Spalten mit den

- von der IT-Anwendung genutzte Daten (Verweise auf eine Inventarliste der Daten),
- von der IT-Anwendung genutzte Server und Netzwerkverbindungen (Verweise auf entsprechende Inventarlisten)

Je nach Komplexität wird das die Tabelle jedoch erheblich vergrößern, insoweit empfehlen wir, dieses nicht umzusetzen. Das bringt zudem den Vorteil, dass die z. B. Zuordnung Anwendung ® Server und Anwendung ® Netzwerkstrecken zunächst variabel bleibt und erst als Ergebnis der Sicherheitsanalysen (und anderer Aspekte) optimal festgelegt werden kann. Dabei könnte sich z. B. ergeben, dass IT-Anwendungen mit vergleichbar hohem Sicherheitsbedarf am besten auf wenigen, besonders gesicherten Servern betrieben werden oder nur ausgewählte Netzwerkstrecken nutzen sollten.

▶   Wenn Sie sowohl eine Inventarisierung Ihrer Geschäftsprozesse als auch der IT-Anwendungen vornehmen, sollten Sie folgender Empfehlung folgen: Führen Sie in der Prozessbeschreibung (Abschn. 2.3.2) jeweils nur die benötigten IT-Anwendungen auf, verzichten aber auf Angabe der Server, Netzwerkverbindungen etc. Diese Ressourcen tragen Sie erst bei der Anwendungsbeschreibung (Abschn. 2.4.1) ein.
Damit vermeiden Sie Redundanzen in Ihrer Dokumentation, was den Pflegeaufwand reduziert, aber auch die Eindeutigkeit von Sicherheitsanalysen verbessert.

2.5   Information und Daten

Was ist eine Information? Man findet z. B. eine Definition der folgenden Art: Eine Information ist eine Teilmenge an Wissen, die einem Empfänger mittels Signalen über ein bestimmtes Medium vermittelt werden kann. Als Medium kommen die uns bekannten elektronischen Medien, aber natürlich auch klassische Medien wie Papier und Sprache in Frage.

Informationen begegnen uns in der Praxis fast immer als *Daten*: Jede Darstellung bzw. Wiedergabe einer Information in codierter Form bezeichnen wir als *Daten*. Eine Codierung in diesem Sinne ist beispielsweise die Wiedergabe einer Information in gedruckter Form, als textuelle oder grafische Anzeige auf einem Bildschirm, als magnetische oder optisch lesbare Aufzeichnung auf Datenträgern, in elektrischen oder optischen Signalen z. B. bei der Datenübertragung. Bei diesen Beispielen ist auch sofort das vermittelnde (Träger-)Medium erkennbar.

Software-Programme in der Darstellung als Quell- und Object-Code sind Daten in unserem Sinne, da sie Informationen über den geplanten Ablauf einer Verarbeitung beinhalten. Bei manuellen, d. h. von Personen durchzuführenden Abläufen dagegen spricht man eher von Arbeitsanweisungen, in denen Arbeitsvorgänge Schritt für Schritt dargelegt sind. Auch hier handelt es sich um *Daten* in unserem Sinne.

Grob gesagt bezieht sich *Information* eher auf den Inhalt, während *Daten* mögliche Darstellungen einer Information sind – meist gewählt zum Zwecke der Verarbeitung.

Man beachte, dass anhand der Daten die dahinter stehende Information nicht immer rekonstruiert werden kann; dies ist nur dann möglich, wenn man den Kontext kennt, auf den sich die Daten beziehen.

Datenträger
Daten benötigen immer ein Trägermedium. Während die historischen Datenträger Lochstreifen und Lochkarten sowie Disketten nur noch in Ausnahmefällen Verwendung finden, haben wir es heute zu tun mit

- Papier (für Ausdrucke und Schriftstücke allgemein),
- CDs/DVDs und anderen optischen Datenträgern,
- (eingebauten oder mobilen) Festplatten, Magnetbändern und -Kassetten,
- USB-Sticks, Speicherkarten und Smartcards,
- Speichern in Form von Arbeitsspeicher, temporär genutzten Speichern in Tastaturen, Laufwerken und vielen mobilen Geräten,
- Leitungen und anderen Übertragungsstrecken (z. B. Funk, WLAN), auf denen Daten transportiert werden.

Datenstrukturen
Auf den genannten Datenträgern sind Daten meist in für das Medium typischen Datenstrukturen organisiert: Sie können in Dateien, Sätzen und Feldern einer Datenbank, in Datenpaketen bei der Kommunikation, in Betriebssystem-internen Strukturen wie Puffern und Warteschlangen und auf Datenträgern in Blöcken usw. gespeichert sein – aber natürlich auch seitenweise auf Papier ausgedruckt und z. B. als Dokument in einem Ordner abgeheftet worden sein. Einige Beispiele liefert die folgende Tab. 2.4:

Datenverarbeitung
Unter *Verarbeitung* von Daten fällt alles, was man mit Daten tun kann, insbesondere

- die Erhebung von Daten,
- die Eingabe von Daten in ein technisches System per Tastatur, Scanner etc.,
- die Speicherung in Datenstrukturen bzw. Dateien,

Tab. 2.4 Beispiele für Daten und Datenstrukturen

Nachrichtenaustausch	Nachrichteninhalt	Nachricht als ASCII-Zeichen	E-Mail-Format
Kundenverwaltung	Kundenname	Kundenname als ASCII-Zeichen	Feld einer Datenbank
Schriftwechsel	Kundenmitteilung	Ausdruck in normaler Schrift	Seiten in einer Akte
Software-Anwendung	Programmablauf	Programm als Object-Code	EXE-Datei unter MS Windows
Verfahren	Verfahrens- bzw. Programmablauf	Beschreibung	Dokument

- die Verknüpfung, Berechnung und Auswertung von Daten z. B. durch Programme,
- die Anzeige und die Ausgabe von Ergebnissen (z. B. Ausdruck),
- das Duplizieren von Daten,
- die Übertragung und Weitergabe von Daten,
- die Archivierung von Daten,
- das Löschen von Daten,
- das Ausführen von Daten (etwa des Object Codes eines Programms).

Eine Verarbeitung von Daten findet auch statt, um komplexe technische Vorgänge zu überwachen und zu steuern: Messen – Steuern – Regeln.

Einige der genannten Verarbeitungsformen beziehen sich weniger auf Daten als auf komplette *Datenträger*:

- das Vervielfältigen von Datenträgern
- die Weitergabe von Datenträgern
- die Archivierung von Datenträgern
- das Löschen und das Vernichten von Datenträgern

Daten können mit oder ohne IT verarbeitet werden – ein kurzer, aber wichtiger Hinweis, der klarstellt, dass wir wichtige Daten einer Organisation möglicherweise selbst dort schützen sollten, wo sie sich außerhalb der IT der Organisation „befinden" bzw. wo gar keine IT vorhanden ist.

Was bringt nun die Unterscheidung zwischen Informationen und Daten? Fokussiert man nur auf die *elektronisch gespeicherten* Daten, dann läuft man Gefahr, hierfür umfangreiche und teure Sicherheitsmaßnahmen vorzusehen, während zu schützenden Informationen leicht

- von Personen z. B. in Gesprächen auf Dienstreisen weitergeben werden können,
- etwa in privaten IT-Systemen oder Mobile Devices gespeichert und verarbeitet werden können,
- als Papierausdruck oder über andere Datenlecks (Data Leakage) die eigene IT quasi „verlassen" und über keinen weiteren Schutz verfügen.

Macht man sich dagegen klar, um welche *Informationen* es letztlich geht und wo und in welcher Darstellung die entsprechenden Daten tatsächlich vorliegen, lassen sich im nächsten Schritt zielgerichtet Sicherheitsmaßnahmen ergreifen, um die Daten zu schützen – man erreicht ein *ganzheitliches* Konzept der Sicherheit.

Bei den drei Aufzählungspunkten oben sind als Bestandteil eines ganzheitlichen Konzeptes Regelungen über Gespräche vertraulichen Inhalts mit Externen bzw. Unbefugten, die Speicherung von Daten in privaten Geräten und den Umgang mit dem Datenträger Papier (und weiteren Datenlecks) zu treffen – alles Maßnahmen, die über die IT im engeren Sinne hinausgehen.

► Im Weiteren wollen wir die genaue Unterscheidung zwischen Information und Daten nur dann besonders herausstellen, wenn es inhaltlich etwas bringt. Ansonsten verwenden wir die Begriffe praktisch synonym.

Inventarisierung

Nun stellt sich die Frage, ob eine Organisation ein *Verzeichnis* ihrer wesentlichen Daten braucht. Da unser Ziel darin besteht, bestimmte Daten der Organisation schützen zu wollen, wird es sich nicht vermeiden lassen, diese in irgendeiner Form zu erfassen.

Welche Tiefe ist hierbei angemessen? Es kann sich um eine grobe Übersicht oder – anderes Extrem – um eine detaillierte Liste einzelner „Dateien" handeln.

Eine grobe Übersicht würde beispielsweise aus der Zuordnung von Daten zu Organisationseinheiten oder zu Geschäftsprozessen entstehen. Eine Organisation könnte insofern nach Daten der Verwaltung, Daten der Entwicklungsabteilung, Daten des Vertriebs usw. gruppieren – oder Datengruppen im Zusammenhang mit den sie verwendenden Geschäftsprozessen bilden. Möglicherweise reicht dies bereits aus, um damit die Sicherheitsprobleme ausreichend behandeln zu können. Hier hielte sich dann der Aufwand zur Inventarisierung in Grenzen.

Ist jedoch **innerhalb** der genannten Gruppen z. B. für einzelne Daten ein unterschiedlicher bzw. differenzierter Schutz erforderlich, muss auch das Inventarverzeichnis differenzierter ausfallen und diese Daten jeweils besonders ausweisen.

Vor diesem Hintergrund wird klar, welche Grenze bei der Inventarisierung der Daten zu ziehen ist: Sie muss ausreichend detailliert sein, um Unterschiede beim Sicherheitsbedarf einzelner Daten erkennen, beschreiben und analysieren zu können.

Dies scheint zunächst eine Zirkeldefinition zu sein, weil wir zum Zeitpunkt der Erfassung der Informationen/Daten den Sicherheitsbedarf noch gar nicht betrachtet haben.

► Man erkennt, dass man sich bei der Inventarisierung an den passenden Detaillierungsgrad herantasten muss – man startet mit einer Übersicht wie oben erläutert und führt dann die Sicherheitsanalysen an den festgelegten Datengruppen durch. Zeigt sich dabei, dass zu grob „geclustert" wurde, muss man zumindest die fraglichen Datengruppen zerlegen und ihre Bestandteile in die Inventarisierung aufnehmen.

Bevor wir uns mit der Gestaltung eines entsprechenden Inventarverzeichnisses beschäftigen, wollen wir mit folgenden Hinweisen etwas vorgreifen:

- Beim IT-Grundschutz des BSI werden Daten *nicht* separat inventarisiert; sie werden vielmehr den sie nutzenden IT-Anwendungen zugeordnet – mit der Folge, dass „nur" diese IT-Anwendungen als *Schutzobjekte* inventarisiert werden müssen. Dies geschieht beim IT-Grundschutz im Rahmen der sogenannten *Strukturanalyse*.
- Bei der Orientierung an ISO 27001 ist es dagegen durchaus üblich, Informationen/Daten eigenständig – unabhängig von Geschäftsprozessen oder Anwendungen – zu betrachten und zu inventarisieren. Das kann sinnvoll sein, um datenspezifische Risiken genauer beschreiben und spezifische Gegenmaßnahmen festlegen zu können.

Wie sieht nun ein Inventarverzeichnis für die Daten einer Organisation aus? Im einfachsten Fall verwendet man eine Tabelle, in der zunächst die relevanten Daten(gruppen) erfasst werden und jeweils eine eindeutige Bezeichnung erhalten.

In weiteren Spalten trägt man ein,

- wer für die jeweilige Datengruppe verantwortlich ist (eine benannte Person, eine Rolle oder eine Organisationseinheit),
- welche Verwendungszwecke bestehen bzw. vorgesehen sind (z. B. durch Angabe der Geschäftsprozesse, in denen diese Daten genutzt werden; in der Praxis als Verweis auf die Prozesstabelle),
- ob für diese Daten besondere Regelwerke zu beachten sind (z. B. Regelwerke zur Einstufung bzw. Klassifizierung von Daten etwa nach der VSA [2]),
- welche Speicherorte (Datenträger, Laufwerke, Storage Systeme, Clouds etc.) für diese Daten zulässig bzw. vorgesehen sind,
- ob besondere Aufzeichnungen erforderlich sind.

Es kann eine Vorgabe bestehen, dass protokolliert werden soll, wenn mit einer Datengruppe bestimmte Aktionen ausgeführt worden sind. Beispielsweise könnte dies zutreffen für die Übernahme in ein Datenarchiv, die Verlagerung in eine Cloud oder die Löschung der Datengruppe.

Die Tab. 2.5 zeigt eine mögliche Ausgestaltung unseres Inventarverzeichnisses für die Daten. Natürlich kann man diese Tabelle zu einer elektronisch geführten Datenbank ausbauen bzw. in eine solche integrieren, um weitergehende Verknüpfungen und Auswertungen zu ermöglichen.

Datenträgerverwaltung

Mit diesem Inventarverzeichnis und seinen Angaben zu den Datenträgern in Spalte 5 lässt sich bereits analysieren, ob für den Umgang mit bestimmten *Datenträgern* in der Organisation besondere Vorkehrungen zu treffen sind. Typische Beispiele hierfür sind Regelungen

Tab. 2.5 Daten-Inventarisierung

Datengruppe	Verantwort- licher	Verwendungs- zwecke	Vorgaben	Zulässige Speicherorte	Aufzeich- nungen

- zum Umgang mit CD/DVD und Speicher-Sticks betreffend Mitnahme bzw. Herein-bringen von Fremd-Datenträgern, die zentrale Ausgabe und Vernichtung solcher Me-dien,
- zur Reparatur und Außerbetriebnahme von Festplatten mit sensiblem Inhalt,
- über den Umgang mit mobilen Geräten (Laptops, Notebooks, Handys/Tablets usw.) und ihren Speichern,
- zur Nutzung bestimmter Übertragungsstrecken – abhängig von der Sensibilität bzw. Klassifizierung der übertragenen Daten.

Kurzum: Hier geht es um das umfangreiche Thema der Datenträgerverwaltung, das wir noch behandeln werden.

2.6   IT-Systeme

Als *IT-System* bezeichnen wir jedes technische System, das Daten und Datenträger in einer der zuvor beschriebenen Formen verarbeiten kann. Zu den IT-Systemen zählen wir somit

- Rechner wie PC, Workstations, Server, Mainframes, Mobile Devices,
- Spezialsysteme wie Gateways, Router und Firewalls,TK-Anlagen,
- Systeme zum Messen, Steuern, Regeln,
- heute meist intelligente Systeme wie Drucker, Scanner, Kopiergeräte,
- Storage- und Archivsysteme, Band-Roboter.

Einige Kommentare zu diesen Punkten:

Bei allen IT-Systemen wollen wir Firmware und Betriebssystem sowie weitere Be-triebssystem-nahe Software stets als zum IT-System gehörig betrachten.

Kopiergeräte sind intelligent in dem Sinne, dass sie heute meist netzwerkfähig sind und mit Festplatten (zur Speicherung der letzten x Kopien) ausgerüstet sind – was selbst an dieser Stelle schon zu beträchtlichen Sicherheitsproblemen führen kann.

In unsere ganzheitliche Betrachtungsweise können wir zum Stichwort *Storage-Systeme* auch

- Aktenschränke für das „Speichern" von gedruckten Daten und
- Datentresore zum Aufbewahren von Sicherungsdatenträgern

ebenso einbeziehen wie

- Aktenvernichter zur Vernichten von gedruckten Daten und
- (auch nicht-intelligente) Kopiergeräte zum Duplizieren von gedruckten Daten.

Wem dies zu abstrakt erscheint, kann diese Objekte auch unter „Infrastruktur" einsortieren und bei der Inventarisierung derselben (s. Abschn. 2.8) erfassen.

Es führt kein Weg daran vorbei: Die IT-Systeme unserer Organisation sind in einem zentralen Inventarverzeichnis zu erfassen. Dies hat mehrere Gründe:

- Es ist ein Aspekt der Ordnungsmäßigkeit, Kenntnis über alle eingesetzten Betriebsmittel zu besitzen.
- Für den Ausbau der IT (oder auch eine Reduzierung, etwa im Rahmen von Outsourcing oder Cloud Computing) braucht man Daten über die vorhandene IT.
- Nicht zuletzt muss sich die Sicherheitsanalyse mit allen vorhandenen IT-Systemen beschäftigen, um Risiken, Wege möglichen Datenabflusses und vorhandene Sicherheitslücken erkennen zu können.

2.6.1   System-Dokumentation

Jedes IT-System ist durch eine Vielzahl von Informationen charakterisiert, die wir unter *System-Dokumentation* einordnen.

Als Bestandteil der *System-Dokumentation* sehen wir folgende Informationen (soweit im Einzelfall sinnvoll) vor:

- Angaben über die Hardware-Ausstattung
- Angaben zur Firmware, zum Betriebssystem und zur Betriebssystem-nahen Software
- Verweise auf die Hersteller-Manuale (mit den Zielgruppen *Benutzer* und *System-Administratoren*)
- einzuhaltende Umgebungsbedingungen (Netzwerk, Strom, Klimatisierung, bauphysikalische Daten[3])

---

[3] z. B. Gewicht, zum Abgleich mit zulässigen Deckenlasten

- Verweise auf Support- und Management-Prozesse, die für das betreffende IT-System maßgebend sind (darunter auch Konfigurationsvorgaben und –daten), ggf. weitere Rollen für die Betreuung des IT-Systems
- Beschreibung erforderlicher Aufzeichnungen

Ähnlich wie bei den Daten kann es von Interesse sein, für jedes IT-System erforderliche *Aufzeichnungen* (z. B. über Installation/Konfiguration, Fehler- und Störungsfälle, Wartung und Außerbetriebnahme) anzugeben. Vielfach wird es sich dabei um automatische Aufzeichnungen des IT-Systems handeln, denkbar wäre aber auch das manuelle Führen von Maschinenhandbüchern, in denen besondere Wartungs- und Änderungsvorgänge erfasst werden.

Diese Informationen zum Stichwort *System-Dokumentation* sollten möglichst an einer Stelle zusammengeführt werden, damit sie leicht auffindbar und zugänglich sind (s. Abschn. 2.6.2).

Bei IT-Produkten (und IT-Systemen) spricht man häufig von der *Einsatzumgebung* und meint damit die Informationen aus unserer obigen „System-Dokumentation". Darin sind auch die Vorgaben zur Einrichtung und zum Betrieb eines IT-Produktes enthalten.

Die Einsatzumgebung umfasst auch die so genannte *IT-Umgebung*, also die Vorgaben, welche weiteren IT-Komponenten (Hardware, Software) zur Verwaltung und zum Betrieb des IT-Produktes vorhanden sein müssen. Die IT-Umgebung ist besonders wichtig, wenn es darum geht,

- ein IT-Produkt nach Sicherheitskriterien zu evaluieren und zu zertifizieren[4],
- ein zertifiziertes IT-Produkt exakt so einzusetzen, wie es bei der Zertifizierung zugrunde lag.

2.6.2 Inventarisierung

Im Inventarverzeichnis (Vorschlag in der Tab. 2.6) müssen die einzelnen IT-Systeme mit einer eindeutigen Bezeichnung aufgeführt werden.

In weiteren Tabellenspalten sind sinnvollerweise folgende Daten zu erfassen:

- Angabe eines Verantwortlichen für das IT-System (z. B. die Rolle *Admin*)
- Physischer Standort des IT-Systems (Raum, Rack, Position…)
- logische Adressen (z. B. IP-Adressen)
- Angabe des Einsatzzwecks (z. B. Standard-Server, Office-System, Firewall,…)
- Verweis auf eine spezifische System-Dokumentation
- Angaben zum Speicherort verlangter Aufzeichnungen

---

[4] z. B. nach den ITSEC oder den Common Criteria (CC)

Tab. 2.6 System-Inventarisierung

Bezeichnung	Verantwortlicher	Standort	Log. Adressen	Einsatzzweck	Dokumentation	Aufzeichnungen

Der Speicherort der System-Dokumentation könnte mit einem Link in der Spalte „Dokumentation" angegeben werden. In der letzten Spalte würde man einen Link bereitstellen, über den sich das Verzeichnis mit den zusammengeführten Aufzeichnungen erreichen lässt.

Natürlich ist auch diese Inventarisierung der IT-Systeme in das Change Management einzubeziehen, d. h. ein Pflegeprozess aufzusetzen. Grundsätzliches dazu haben wir schon im Abschnitt über die Organisation dargestellt: Eine Änderung an einem IT-System darf nur nach einem Antrags- und Genehmigungsprozess durchgeführt werden und muss nach Ausführung aufgezeichnet werden.

2.7 Netzwerk

In aller Regel sind IT-Systeme heutzutage vernetzt, sei es als Rechner in einem LAN (Intranet, ggf. mit Übergängen zum Internet), per WLAN oder per WAN über öffentliche Leitungen, Mietleitungen, Mobilfunk etc.

2.7.1 Dokumentation

Nun stellt sich die Frage, wie man ein Netzwerk im *Detail* beschreibt.

Ein Netzwerk ist im Grunde nichts anderes als die Zusammenfassung seiner Verbindungsstrecken. Bei einem leitungsgebundenen LAN verbinden die einzelnen Kabelstücke jeweils zwei Knoten (Rechner, Router, Switches etc.) miteinander. Bei Funkverbindungen – z. B. in einem WLAN – würde man die Verbindung von Clients zu einem Access Point – ggf. auch mehreren – erfassen.

Wählt man für die Knoten Abkürzungen wie S1, S2,... (Server) und R1, R2,... (Router) usw., dann kann man die Verbindungsstrecken wie folgt eindeutig bezeichnen: Beispielsweise bekommt die Verbindung zwischen S1 und R2 die Bezeichnung „S1-R2", d. h. die Bezeichnung der Verbindung liefert direkt auch Informationen über die damit verbundenen Knoten. Sind zwischen zwei Knoten mehrere Verbindungen geschaltet, hängt man eine weitere Kennung an, in unserem Beispiel etwa S1-R2-a, S1-R2-b usw. Auf diese Weise lassen sich alle Verbindungen eindeutig kennzeichnen.

Bei leitungsgebundenen Verbindungen kann man hiermit eine Kennzeichnung der Kabel durchführen, in dem z. B. der Code „S1-R2-b" auf einem am Kabel bzw. Stecker angebrachten Klebestreifen notiert wird. Die Bezeichnungen für die Knoten können über Klebeschilder auch an diesen angebracht werden. Ein solches Vorgehen erleichtert jede Art von Wartung und Reparatur (nicht nur) am Leitungsnetz erheblich.

Eine spezifische technische/administrative Dokumentation einzelner Netzwerkstrecken existiert meist nicht – bestenfalls für ganze Segmente, eingerichtete VPNs, genutzte Clouds – oder für das Netzwerk als Ganzes. Vorhandene Unterlagen sind zusammenzustellen (s. Abschn. 2.7.2).

2.7.2 Inventarisierung

Ziel der Netzwerk-Inventarisierung ist es, alle bestehenden Konnektivitäten vollständig zu erfassen, um darauf aufbauend die Sicherheitsanalyse und -konzeption durchführen zu können.

Fängt man mit einer solchen Netzwerk-Inventarisierung bei Null an, hat man einiges zu tun. Viele schrecken vor dem Aufwand zurück. Man beachte aber, dass unter dem Sicherheitsaspekt jede einzelne Netzwerkverbindung Anlass zu Risiken, Angriffspunkte für Attacken usw. geben kann, also separat analysiert werden muss.

Ein weiterer, nicht zu unterschätzender Nutzen der vollständigen Netzwerkerfassung ergibt sich beim Incident Management bzw. dem IT-Notfallmanagement, wenn es um die Behandlung und schnelle Lösung von Verbindungsproblemen geht.

Das Verfahren der *Gruppierung*, d. h. der Zusammenfassung sicherheitstechnisch „gleichwertiger" Verbindungen kann den Aufwand in der Dokumentation etwas reduzieren. Hierbei muss darauf geachtet werden, dass gruppierte Verbindungen eine „sprechende" Bezeichnung erhalten.

Wir verkürzen unsere Darstellung und kommen sofort zu einem Vorschlag für eine entsprechende Tabelle.

Diese Tab. 2.7 enthält – soweit im Einzelfall sinnvoll und anwendbar – folgende Informationen zu den erfassten Verbindungsstrecken:

- Bezeichnung der Verbindung (ggf. Name für eine gruppierte Verbindung)
- Angabe eines Verantwortlichen
- Netzwerk-Segment, dem die Verbindung angehört
- Angaben über verwendete Netzwerkprotokolle
- Dokumentation
- Aufzeichnungen

In der Spalte „Dokumentation" sollen die vorhandenen technischen/administrativen Unterlagen über das Netzwerk (Segmente, Strecken, Übergänge) verlinkt werden. Darin sollen

Tab. 2.7 Netzwerk-Inventarisierung

Bezeichnung	Verantworlicher	Netzwerk-Segment	genutzte Protokolle	Dokumentation	Aufzeich-nungen

auch Informationen über die für Installation, Administration, Betrieb und Wartung usw. zuständigen Support-Prozesse (inkl. diesbezüglicher Rollen), Verweise auf die Hersteller-Manuale für die Benutzer und System-Administratoren auftauchen (soweit existent).

Man könnte in die Verbindungstabelle für jede Verbindungsstrecke auch bereits Informationen darüber aufnehmen, welche IT-Anwendung diese Strecke nutzt, d. h. darüber Daten sendet bzw. empfängt. Wir empfehlen jedoch, diese Festlegung erst im späteren Sicherheitskonzept vorzunehmen. Die Zuordnung IT-Anwendung ↔ Verbindungsstrecke(n) könnte dann als Ergebnis der Analysen in einem solchen Konzept festgelegt werden, um sie operativ (z. B. die Auslastung betreffend) und sicherheitstechnisch (z. B. Einsatz geeigneter Verschlüsselung) noch optimieren zu können. Dies gilt auch für weitere sicherheitstechnische Vorgaben bzw. Angaben über bereits vorhandene Sicherungseinrichtungen (Verschlüsselung, VPN, Netzübergänge) und deren Konfiguration.

Alle erfassten Informationen sind in den Pflegeprozess (Change Management) aufzunehmen.

2.8 Infrastruktur

Jeder Geschäftsprozess bzw. jedes Verwaltungsverfahren läuft in einer bestimmten physischen Infrastruktur ab. Hierzu rechnen wir (soweit anwendbar)

- die genutzten Räumlichkeiten (Büroräume, Server-Räume, Rechenzentrum, Produktionsräume, Archivräume, Versorgungsräume usw.) mit ihren begrenzenden Decken und Mauern, Fenstern und Türen,
- die darin vorhandenen technischen Einrichtungen (Server-Racks, Klimageräte, Datentresore, Archive, Schaltschränke etc.) und Schnittstellen nach außen (Stromanschlüsse, Netzwerkverkabelung, vorhandene bzw. nutzbare WLANs),
- die Melde- und Überwachungseinrichtungen wie z. B. Feuermelder und Löscheinrichtungen, andere Melde- und Warnsysteme, Zutrittskontrollanlagen,
- sowie die meist zentral vorhandenen Einrichtungen zur Stromversorgung, Klimatisierung, Internet-Zugang usw.

Die für die Abwicklung der Geschäftsprozesse und Verfahren erforderliche Infrastruktur ist insofern ziemlich komplex, ihr Management ist aufwendig.

Die Ressourcen der Infrastruktur werden bei vielen, wenn nicht sogar allen Geschäftsprozessen und Verfahren gleichermaßen genutzt werden. Statt nun diese Ressourcen einzeln jedem Prozess bzw. jedem Verfahren zuzuordnen, ist zu überlegen, ob man nicht einen separaten Support-Prozess „Management der Infrastruktur" einführt und diesen als Ganzes bei der Inventarisierung der Prozesse (Abschn. 2.3.2) erfasst. Bei allen Prozessen und Verfahren, die diesen Support-Prozess nutzen, wird „Management der Infrastruktur" insgesamt als benötigte Ressource eingetragen – womit wir ein klassisches Beispiel für eine Prozessabhängigkeit vorliegen haben.

Erfahrungsgemäß ist ein solches Vorgehen von Vorteil, weil es die ohnehin umfangreichen Ressourcen-Tabellen verkürzt und übersichtlicher gestaltet, bei bestimmten Fragestellungen wie etwa dem Notfallmanagement sofort wichtige Prozess-Abhängigkeiten verdeutlichen kann.

Unabhängig davon ist natürlich eine Inventarisierung dieses besonderen Prozesses erforderlich. Wir verzichten auf die Angabe eine konkreten Tabellen-Layouts, sondern geben einige wichtige Hinweise zur Gestaltung:

- Raumverzeichnis – Als Top Level Dokument benötigen wir ein Verzeichnis aller Räume, die zur Abwicklung von Prozessen/Verfahren benötigt werden, insbesondere solcher Räume, in denen Datenverarbeitung stattfindet oder diese unterstützt wird.
- Raumbeschreibung – Je genutzter Räumlichkeit sollten wir folgende Informationen bereitstellen:
  - Beschreibung der baulichen Gegebenheiten: Beschaffenheit von Wänden, Decken, Türen und Fenster
  - Beschreibung der vorhandenen Schnittstellen wie z. B. Strom-Zuführung, Netzwerk-Anschlüsse und Kabelführungen, ggf. Wasseranschlüsse – jeweils mit Angabe der Grenzlasten
  - Beschreibung bzw. Manuale der vorhandenen Ausstattungselemente wie z. B. die schon genannten Warn-, Melde- und Löschsysteme, die Zutrittskontrolle
  - Benennung der Support-Prozesse und Rollen, die für die Infrastruktur zuständig sind – z. B. für die Störungsannahme, Alarmzentrale, Feuerwehr – und entsprechende Kontaktangaben
- Art und Umfang der Aufzeichnungspflichten

Das Raumverzeichnis umfasst auch alle Infrastrukturräume, die für den Betrieb der IT erforderlich sind, z. B Räume mit Notstromaggregaten, Batterien, Klimageräten etc. Das Raumverzeichnis sollte jeden Raum mittels einer Raumnummer und ggf. Verweis auf einen Bauplan kennzeichnen.

Die ersten drei Elemente der Raumbeschreibung sind meist detaillierten Baubeschreibungen bzw. -plänen enthalten. Für jede Schnittstelle und jedes Ausstattungselement benötigen wir einen Verweis auf weiterführende Manuale, in denen dieses Element beschrieben sind. Bei den baulichen Gegebenheiten, den Schnittstellen und sonstigen Ausstattungen benötigen wir vor allem auch eine Angabe über die Grenzlasten, z. B. max. zulässige Gewichte, Netzbelastbarkeit usw.

Es ist weiterhin festzulegen, ob Aufzeichnungen über bestimmte Aktivitäten und Ereignisse bei der Infrastruktur zu erstellen sind, etwa die Inbetriebnahme, Fehlerzustände und Störungen, Wartungsvorgänge betreffend.

2.9 Zusammenfassung

In den vorausgegangenen Abschnitten dieses Kapitels haben wir die bei der Informationsverarbeitung wesentlichen Elemente einer Organisation erfasst. Dabei haben wir uns von einer Hierarchie nach der Abb. 2.1 leiten lassen. Entsprechende Verzeichnisse – in Form von Tabellen oder Datenbanken – sind unverzichtbar für alle Analysen in punkto Sicherheit.

Planen Sie eine solche Inventarisierung zeitlich und vom Ablauf her wie ein normales Projekt. Dabei muss man nicht alles gleich im ersten Schritt erledigen – eine Inventarisierung kann man auch über einen längeren Zeitraum planen und umsetzen. Wichtig ist, einen Plan zu haben und nicht planlos zu arbeiten.

Denken Sie allerdings gleich am Anfang daran, auch die erforderlichen Pflegeprozesse einzurichten – andernfalls sind Ihre erfassten Daten schnell veraltet und der Aufwand war vergebens.

Um IT-Systeme in einem Netzwerk einschließlich bestimmter Konfigurationsdaten und installierter Software *automatisch* zu erfassen, können entsprechende Inventarisierungs-Tools zur Anwendung kommen. Dies gilt auch bis zu einem gewissen Grad für die Erfassung von Netzwerkstrecken. Je nach Komplexität Ihrer IT könnte sich der Einsatz solcher Tools lohnen.

Bei der Vielzahl von zu erfassenden Objekten ist man immer auf der Suche nach „Vereinfachungen". Ein wichtiges Verfahren haben wir schon erwähnt: die Gruppierung. Objekte gleicher Art müssen nicht separat erfasst werden, sondern können im Verzeichnis als ein Objekt erscheinen Beispielsweise könnten zwei IT-Systeme, die sicherheitstechnisch sehr ähnlich oder sogar identisch zu behandeln sind, gruppiert werden. Für beide Systeme ergäbe sich in der Sicherheitsanalyse praktisch kein Unterschied – was im Grunde das Kriterium für die Gruppierung darstellt.

Unsere Tabellen-Vorschläge in diesem Kapitel sind ein erster Ansatz und können natürlich auf die eigenen Bedürfnisse angepasst werden. Beim Vergleich der verschiedenen Tabellen werden Sie feststellen, dass eine gewisse Ähnlichkeit besteht: Mit etwas Abstraktion in den Spaltenüberschriften kann man sogar ein identisches Layout für alle Tabellen verwenden – und ist damit eigentlich schon beim Entwurf einer einheitlichen Inventar-Datenbank.

Literatur

1. Datenschutz-Wiki, www.bfdi.bund.de/bfdi_wiki/index.php/Interessenkonflikte_nebenamtlicher_
   Datenschutzbeauftragter
2. Allgemeine Verwaltungsvorschrift des Bundesministeriums des Innern zum materiellen und
   organisatorischen Schutz von Verschlusssachen (VS-Anweisung – VSA) vom 31. März 2006,
   www.bmi.bund.de/SharedDocs/Downloads/DE/Themen/Sicherheit/SicherheitAllgemein/VSA.
   html

Wesentliche Elemente des Sicherheitsprozesses

3

Zusammenfassung

Im ersten Teil hatten wir schon von der Betrachtungsweise der Informationssicherheit als Management-Prozess gesprochen und dargestellt, dass dieser Prozess eine Reihe von Prozesselementen und Teil-Prozessen besitzt. Wir werden in diesem Kapitel solche grundlegenden Elemente kennenlernen.

3.1 Die kontinuierliche Verbesserung

Hierbei handelt es sich um ein Grundprinzip der Informationssicherheit, nämlich vorhandenes Verbesserungspotenzial sukzessive auszuschöpfen und so der gewünschten Sicherheit Schritt für Schritt näher zu kommen. Die praktische Erfahrung zeigt, dass es in aller Regel nicht gelingt, diese Sicherheit schon in einem ersten Schritt zu erreichen.

Eine praktische Umsetzung dieses Prinzips bietet das so genannte *PDCA-Modell*. Die Buchstaben stehen für die englischen Wörter **P**lan, **D**o, **C**heck, **A**ct (Abb. 3.1).

Dahinter verbirgt sich ein Management-Modell, mit dem man

- die Erreichung von Zielen (hier die gewünschte Sicherheit) zunächst plant bzw. konzipiert (*plan*),
- die Planung bzw. Konzeption realisiert (*do*),
- über eine gewisse Zeit Erfahrungen mit der Realisierung macht, d. h. überprüft, ob die Konzepte sich in der Praxis bewähren bzw. wo es Probleme gibt (*check*),
- aus den gewonnen Erkenntnissen und neuen zwischenzeitlich gestellten Anforderungen notwendige Veränderungen ableitet (*act*).

© Springer Fachmedien Wiesbaden 2015
H. Kersten, G. Klett, *Der IT Security Manager,* Edition <kes>,
DOI 10.1007/978-3-658-09974-9_3

Abb. 3.1 PDCA-Modell

Diese 4 Phasen des PDCA-Zyklus sind als *Regelkreis* zu verstehen:

- Zunächst steigt man nach der Phase *act* wieder in die Phase *plan* ein, um die als notwendig erkannten Änderungen zu planen, danach in die Phasen *do, check usw.*, d. h. man läuft sozusagen im *Kreis*.
- Was wird dabei *geregelt*? Im Grunde soll das Modell so funktionieren wie ein Heizungsthermostat, der mit einem Temperaturfühler den IST-Wert misst und bei Abweichung vom eingestellten SOLL-Wert die Heizleistung reduziert oder erhöht – solange bis der SOLL-Wert erreicht ist. Unser SOLL-Wert ist die gewünschte bzw. *geplante* Sicherheit, der IST-Wert ist die *reale* Sicherheit. Dadurch, dass festgestellte Abweichungen und Defizite immer wieder einer Behandlung zugeführt werden, funktioniert das PDCA-Verfahren ähnlich wie der Thermostat.

Bei der Phase *act* werden neben den Erkenntnissen der Phase *check* auch andere zwischenzeitlich gestellte neue Anforderungen berücksichtigt. Hiermit reagiert man auf die Erfahrung, dass im laufenden Prozess oft der Anwendungsbereich oder das Sicherheitsniveau angepasst werden soll oder auch nur neue Sicherheitserkenntnisse zu berücksichtigen sind.

Man erkennt sofort, dass dieses Modell im Grunde für das Management jedes Themas geeignet ist. Es findet deshalb in zunehmendem Maße in vielen Management-Standards Anwendung – z. B. beim Quality Management (ISO 9000 Reihe), Umweltschutz-Management (ISO 14000 Reihe), Sicherheitsmanagement (ISO 27000 Reihe); es findet aber auch implizit Anwendung beim Management von sicherheitskritischen Organisationseinheiten; ein Beispiel hierfür sind Vorgaben zum Sicherheitsmanagement beim Betrieb von Trust Centern, etwa gemäß der Standards ETSI 101. 456 und ETSI 102. 042.

Wie und wo soll nun das PDCA-Modell angewendet werden? Die Idee ist, dass grundsätzlich *alle* am Sicherheitsprozess beteiligten Rollen nach diesem Schema vorgehen. Betrachten wir dazu zunächst die beiden Rollen *Leitung(sebene)* und *Sicherheitsmanagement*.

Leitungsebene
Für die Leitungsebene einer Organisation besteht *plan* darin, eine Zielvorgabe für die Sicherheit zu geben; dies muss schriftlich geschehen, und zwar mit der so genannten *Sicherheitsleitlinie*.

Die Phase *do* besteht darin, das Sicherheitsmanagement einzurichten und damit zu beauftragen, die Sicherheitsleitlinie umzusetzen.

In der Phase *check* prüft die Leitung aufgrund der Berichte des Sicherheitsmanagements und ggf. eigener Erkenntnisse, ob die Zielvorgabe umgesetzt worden ist und ob es Probleme in der Praxis gegeben hat.

Aus dem Ergebnis werden Schlüsse über notwendige Anpassungen der Sicherheitsleitlinie getroffen (*act*).

Praktisch geschieht dies alles dadurch, dass die Leitung den PDCA-Zyklus in regelmäßigen Sitzungen abarbeitet und über die Ergebnisse entsprechende Aufzeichnungen macht. Themen dieser Sitzungen sind die Berichte des Sicherheitsmanagements, eigene Erkenntnisse – oder von Dritten – über die Sicherheit der Organisation, ebenso wesentliche Änderungen der Gesetzeslage oder neue geänderte Sicherheitsanforderungen aus aktuellen Kundenverträgen.

Der zentrale Besprechungspunkt ist dabei regelmäßig die *Bewertung* der Sicherheitslage der Organisation und die *Bewertung* der Wirksamkeit des Sicherheitsmanagements, weshalb im Standard ISO 27001 auch von einer *Management-Bewertung* die Rede ist.

Im Ergebnis dieser Sitzungen kann eine Entlastung des Sicherheitsmanagements erfolgen oder es werden Vorgaben hinsichtlich durchzuführender Änderungen und Anpassungen übermittelt. Dies kann auch z. B. eine zu ändernde Sicherheitsleitlinie beinhalten.

Sicherheitsmanagement
Auf der Ebene des Sicherheitsmanagements wird ebenfalls nach PDCA gearbeitet: Mit der Zielvorgabe der Sicherheitsleitlinie als Input wird die gewünschte Sicherheit konzipiert (*plan*), d. h.

- es entsteht ein *Sicherheitskonzept*, oder
- es werden Anpassungen an einem existierenden Sicherheitskonzept vorgenommen.

Die Umsetzung dieses (ggf. geänderten) Konzeptes geschieht in der Phase *do*.

Alle Erfahrungen aus der Praxis und aus regelmäßigen Überprüfungen werden aufgezeichnet (*check*).

In der Phase *act* werden die gesammelten Aufzeichnungen – in Verbindung mit sonstigen Erkenntnissen – ausgewertet und Handlungsvorschläge zur Verbesserung der Sicherheit abgeleitet. Das Ergebnis wird der Leitung mitgeteilt.

Stimmt diese dem Ergebnis zu, plant das Sicherheitsmanagement die Umsetzung der Verbesserungsvorschläge und steigt damit wieder in die Phase *plan* ein.

Auch beim Sicherheitsmanagement sollte man sich konsequent am PDCA-Modell orientieren, folglich regelmäßig Sitzungen mit den Beteiligten anberaumen, um sukzessive die vier Phasen abzuarbeiten. Gegenstand der Besprechungen sind u. a. neue Sicherheitserkenntnisse und eventuelle Sicherheitsvorkommnisse, die analysiert und bewertet werden müssen. Die Ergebnisse solcher Besprechungen sind natürlich aufzeichnen!

In welchem Abstand sind solche Besprechungen durchzuführen? Sie könnten z. B. quartalsweise durchgeführt werden mit dem Ziel, den vollen PDCA-Zyklus einmal pro Jahr abgearbeitet zu haben – das ist die Vorstellung der ISO-Normen. Je nach Erfordernissen kann man diese Abstände aber auch verlängern – wenn die Verhältnisse sehr stabil sind – oder verkürzen – etwa bei der Aufnahme neuer Geschäftsprozesse oder nach gravierenden Sicherheitsvorfällen.

Man erkennt, dass durch Einhaltung dieses Vorgehensmodells das Verbesserungspotenzial sukzessive ausgeschöpft und somit die Sicherheit bei jedem Durchlauf verbessert werden kann (Tab. 3.1).

Konkretisierung
Das PDCA-Modell wollen wir nun konkretisieren, indem wir die relevanten Tätigkeiten für die Leitung und das Sicherheitsmanagement zusammenstellen. Wir beginnen mit der Leitungsebene.

Einige Anmerkungen zu den einzelnen Punkten:

Plan1/2
Als Teil der Phase *plan* haben wir zwei neue Aktivitäten eingezogen – nämlich

- die Sensibilisierung der Leitungsebene für die Informationssicherheit,
- die Beschaffung weiterer Informationen, um die folgenden Schritte qualifiziert angehen zu können.

Dies erscheint notwendig, weil oft nur ein rudimentäres Verständnis für das Thema und seine Strukturen gegeben ist. Weitere Informationen hierzu finden Sie im Abschn. 3.2.

Plan3
Die Sicherheitsleitlinie ist das zentrale Vorgaben-Dokument der Leitungsebene für die Informationssicherheit in der Organisation. Es stellt einerseits den wichtigen Input für

Tab. 3.1 PDCA für die Leitungsebene

Phase	Erst-Aktivitäten	Folge-Aktivitäten
Plan		
Plan1	Sensibilisierung (wenn nötig)	
Plan2	Informationen beschaffen	
Plan3	Sicherheitsleitlinie als Zielvorgabe erstellen (lassen)	Sicherheitsleitlinie ggf. anpassen/überarbeiten (lassen)
Plan4	Sicherheitsleitlinie formell in Kraft setzen	ggf. geänderte Sicherheitsleitlinie formell in Kraft setzen
Do		
Do1	Sicherheitsmanagement einrichten	ggf. Sicherheitsorganisation anpassen
Do2	Ressourcen bereitstellen	Ressourcen ggf. anpassen
Do3	Auftrag an das Sicherheitsmanagement: Sicherheitsleitlinie umsetzen, regelmäßig Berichte für die Leitungsebene erstellen	
Check		
Check1	Berichte des Sicherheitsmanagements prüfen	
Check2	sonstige Erkenntnisse einbringen und prüfen	
Act		
Act1	Informationen auswerten	
Act2	Verbesserungspotenzial feststellen	
Act3	Vorschläge des Sicherheitsmanagements prüfen/genehmigen bzw. ablehnen, oder neue Ziele vorgeben	

das vom Sicherheitsmanagement zu erstellende Sicherheitskonzept dar, andererseits ist es auch eine Zielvorgabe für alle Mitarbeiter. Weitere Informationen finden Sie im Kap. 6.

Plan4
Die Sicherheitsleitlinie ist erstmalig und ebenso nach Änderung per Unterschrift in Kraft zu setzen. Sie muss anschließend allen Mitarbeitern bekannt gegeben werden. Dies unterstellt, dass die Sicherheitsleitlinie sich auf die gesamte Organisation bezieht; ist das nicht der Fall, reicht die Bekanntgabe an die Betroffenen.

Check2
In dieser Teilphase geht es um sonstige Erkenntnisse der Leitungsebene – z. B. aus eigenen Beobachtungen und Sicherheitsvorfällen oder Mitteilungen Dritter.

Kommen wir nun zu den PDCA-Aktivitäten des Sicherheitsmanagements (Tab. 3.2):

Plan3
Eher selten kommt der Fall vor, dass die Leitungsebene die Sicherheitsleitlinie selbst erstellt, vielmehr erhält das Sicherheitsmanagement den Auftrag, einen Entwurf zu erstellen.

Tab. 3.2 PDCA für das Sicherheitsmanagement

Phase	Erst-Aktivitäten	Folge-Aktivitäten
Plan		
Plan1	eigene Sensibilisierung (wenn nötig)	
Plan2	Informationen beschaffen, ggf. eigene Schulung	
Plan3	Sicherheitsleitlinie und sonstige Vorgaben der Leitungsebene identifizieren	die geänderte Sicherheitsleitlinie und sonstige Vorgaben der Leitungsebene identifizieren
Plan4	Sicherheitskonzept und Begleitdokumente erstellen (lassen)	Sicherheitskonzept und Begleitdokumente ggf. anpassen und überarbeiten (lassen)
Plan5	Abstimmung und Genehmigung des Sicherheitskonzeptes und der Begleitdokumente	Abstimmung und Genehmigung der Änderungen bzw. Neuerungen
Do		
Do1	Sicherheitskonzept (resp. Änderungen) durch zuständige Fachabteilungen umsetzen lassen	
Do2	Umsetzung überwachen	
Do3	Maßnahmen aus den Bereichen Sensibilisierung, Schulung, Training umsetzen	
Do4	Sicherheitskonzept in Kraft setzen	
Do5	Sicherheitsvorfälle managen	
Check		
Check1	Praxis der Sicherheit überprüfen	
Check2	Sicherheitsvorfälle auswerten	
Check3	sonstige Erkenntnisse einbringen	
Act		
Act1	Material analysieren, Verbesserungspotenzial feststellen	
Act2	Berichte an die Leitung	

Wesentlich ist aber, dass die Leitung die Sicherheitsleitlinie in Kraft setzt. Erst dann sollte sie als Input für das Sicherheitsmanagement gelten.

Plan4

Das Sicherheitskonzept ist das zentrale Dokument für das Sicherheitsmanagement. Es sollte vollständig, in sich konsistent und nachvollziehbar sein. Weitere Informationen zum Sicherheitskonzept finden Sie im Kap. 8. Hinweise zu den Begleitdokumenten und zum Aufbau der Sicherheitsdokumentation finden Sie im Abschn. 3.3.

Plan5

Dieser Punkt *Plan5* muss bei der Planung der Schritte berücksichtigt werden, weil er erfahrungsgemäß immer einen hohen zeitlichen Verzug mit sich bringt.

Do1/Do2

Nach der Genehmigung des Sicherheitskonzeptes müssen die dort aufgeführten Maßnahmen sukzessive umgesetzt werden. Dabei ist es *nicht* die Aufgabe des Sicherheitsmanagements, die Umsetzung ganz oder in Teilen selbst vorzunehmen. Vielmehr ist dies
die Aufgabe der zuständigen Fachabteilungen, etwa der Personalabteilung für personelle
Maßnahmen, der IT-Abteilung für IT-bezogene Maßnahmen, der Haustechnik für die Infrastruktur usw.

Das Sicherheitsmanagement überwacht diese Umsetzungen in dem Sinne, dass eine
genaue Übereinstimmung zwischen Sicherheitskonzept und Praxis erzielt wird. Um dies
zu erreichen ist es sinnvoll, die ausführenden Fachabteilungen für jede einzelne umzuset-
zende Maßnahme mit einem Formular auszustatten, in dem

- die Maßnahme beschrieben ist,
- entweder die korrekte Umsetzung bestätigt wird,
- oder ggf. aufgetretene Probleme mit entsprechenden Lösungsvorschlägen an das Sicherheitsmanagement berichtet werden.

Do3

Hier geht es um Maßnahmen für die *Mitarbeiter* als Zielgruppe: Es muss eine ausreichende Sensibilität für die Informationssicherheit vorhanden sein und aufrechterhalten
werden. Schulungsmaßnahmen betreffen die vorgesehenen Sicherheitsmaßnahmen und
deren Nutzung bzw. Einsatz. Training bezieht sich auf die Tätigkeiten sicherheitskritischer Rollen. Nähere Informationen finden Sie im Abschn. 3.2.

Do5

Beim Management von Sicherheitsvorfällen geht es um die drei Aktivitäten *Erkennen*,
Melden und *Bearbeiten* von Sicherheitsvorfällen.

- Das Erkennen geschieht auf der Ebene von Mitarbeitern oder auch Externen, ggf. auch
  durch automatische Systeme (Alarmfunktionen, Intrusion Detection).
- Sobald ein vermeintlicher oder tatsächlicher Sicherheitsvorfall erkannt worden ist,
  muss eine Meldung an das Sicherheitsmanagement erfolgen. Dazu muss der Meldeweg
  dokumentiert sein.
- Läuft eine Meldung beim Sicherheitsmanagement auf, so besteht dessen Aufgabe u. a.
  darin, eine Bewertung des Vorfalls vorzunehmen und entsprechende Aktionen abzuleiten.

Nähere Informationen zu diesem Thema finden Sie im Abschn. 16.3.

Check1

Die Einhaltung des Sicherheitskonzeptes in der Praxis zu garantieren ist eine der Kernaufgaben des Sicherheitsmanagements. Dies verlangt eine entsprechende Überprüfungstätigkeit. Dazu zählen Aktivitäten wie

- Informationsgespräche mit Mitarbeitern führen,
- Vorgaben stichprobenartig auf Einhaltung prüfen,
- technische Untersuchungen (z. B. Penetrationstests) durchführen (lassen),
- Konfigurationen und Einstellungen technischer Systeme überprüfen,
- Checklisten kontrollieren,
- Log-Protokolle prüfen (lassen),
- interne und externe Audits veranlassen.

Dabei sollte es die Regel sein, von allen Aktivitäten dieser Art Aufzeichnungen zu machen. Andernfalls hat das Sicherheitsmanagement kein Material für die Phase *act* und keine objektiven Nachweise für seine Tätigkeiten.

Check2

Eine wichtige Quelle von Informationen sind Sicherheitsvorfälle: Auch wenn ihr Eintreten meist mit einem Schaden verbunden ist, sind sie für das Sicherheitsmanagement geradezu der Paradefall, an dem man erkennen kann, wie es um die reale Sicherheit der Organisation und die Praxisnähe ihrer Verfahren bestellt ist.

Scherzhaft wird oft gesagt: „Wenn es diesen Vorfall nicht gegeben hätte, hätten wir ihn geradezu herbeiführen müssen...". Sicherheitsvorfälle sind einerseits wichtig, um daraus lernen zu können, andererseits „beflügeln" sie oft Entscheidungen, die vorher nicht zu bekommen waren.

Check3

Jeder IT-Sicherheitsbeauftragte erhält wichtige Informationen durch das Studium von Artikel in Fachzeitschriften bzw. aus dem Internet. Unter Umständen hat man CERT-Dienste abonniert und wird mit „heißen" Meldungen versorgt (s. Abschn. 5.2). Solche Informationen sind dahingehend zu prüfen, ob sie für die eigene Organisation relevant sind.

Act1/2

Bei diesen Punkten geht es darum, die Gesamtheit zwischenzeitlich aufgelaufener Informationen auszuwerten, um ggf. Korrektur- und Vorbeugemaßnahmen abzuleiten. Dabei müssen stets mögliche Rückwirkungen auf die Sicherheitsdokumente geprüft werden. Änderungen an der Dokumentation sind zu planen, und zwar in der nächsten Runde mit der Phase *plan*.

Information Security Forum

Wir haben die Vorgehensweise nach PDCA in einem Organisationsmodell vorgestellt, in dem das *IT-Sicherheitsmanagement* der *Leitung* direkt berichtet und von dort seine Vorgaben bekommt. Dies entspricht dem Fall 1 aus Abschn. 2.2.5 und mag für kleine Organisationen einfacher Struktur voll ausreichend sein.

Bei mittlerer Komplexität der Organisation kann es sinnvoll sein, ein Entscheidungsgremium einzurichten, in dem zunächst die Leitung *und* das IT-Sicherheitsmanagement vertreten sind, damit eine Beschlussfähigkeit gegeben ist. In diesem Gremium sollten aber auch weitere für die Sicherheit relevante Rollen vertreten sein: Das sind zunächst Vertreter (sog. IT-Koordinatoren) der einzelnen Fachabteilungen der Organisation – aber z. B. auch der Datenschutzbeauftragte oder der Betriebs- bzw. Personalrat.

Solche Gremien sind unter unterschiedlichen Bezeichnungen bekannt, wie etwa *Management Forum für Informationssicherheit*, *Information Security Forum* (ISF) oder *IT-Koordinierungsausschuss*.

Bei sehr großen, kompliziert strukturierten Organisationen, die vielleicht sogar in vielen Ländern vertreten sind, ist eine solche Organisationsform aber nicht mehr zielführend. Lesen für diesen Fall die weiteren Ausführungen am Ende von Abschn. 2.2.5 zum Stichwort „Konzerne".

3.2   Unverzichtbar: Sensibilisierung, Schulung, Training

Beschäftigen wir uns zunächst mit den Begriffen unter der Überschrift *Awareness*:

- Sensibilisieren heißt, auf ein für die Organisation wichtiges Problem aufmerksam machen.
- Schulen meint, Lösungen für das Problem vermitteln.
- Training hat den Sinn, Lösungen in der Praxis zu üben.

Wir behandeln diese drei Ebenen in den folgenden Abschnitten.

Sensibilisierung

Wer Sicherheit in seiner Organisation vorantreiben möchte, macht oft die Erfahrung, dass die Leitungsebene vom Thema Informationssicherheit nicht gerade begeistert ist. Das geringe Interesse tendiert sogar gegen Null oder provoziert negative Emotionen, wenn man zur Behandlung des Themas Kompetenzen und Ressourcen einfordert. Selbst wenn man die gewünschten Ressourcen nach intensivem Bemühen bekommt, wird man sich immer wieder der Situation ausgesetzt sehen, dass „oben" kein Verständnis für die Aufgabe der Informationssicherheit herrscht und man folglich auch keine Bestätigung oder gar Förderung erwarten darf.

Diese Situation ist grundsätzlich von Übel. Informationssicherheit lässt sich ohne Mitwirkung und Unterstützung der Leitung nicht erreichen. Was hier offensichtlich fehlt, ist eine ausreichende Sensibilität für unser Thema. Wie kann man dem abhelfen?

Als mehr technisch orientierter Mensch denkt man sich, eine überzeugende Argumentationskette müsste es doch bringen: Man betrachtet also

- mögliche Verluste durch unzureichende Informationssicherheit,
- Anforderungen aus Gesetzen (Stichwort: Risikovorsorge) und Kundenverträgen

und leitet daraus ab, dass Informationssicherheit notwendig ist. Schafft man es auch noch, potenzielle Verluste durch ein vergleichbar geringes Investment in Sachen Informationssicherheit abwenden oder reduzieren zu können, ist man am Ziel … glaubt man jedenfalls!

Die Erfahrung zeigt, dass es in hartnäckigen Fällen so nicht geht: Alle Argumente fruchten nichts – aus einem simplen Grund: Es kommt darauf an, *wer* die Argumente vorträgt.

Engagieren Sie einen – vielleicht in letzter Zeit in den Medien sehr präsenten – Sicherheitsexperten und lassen Sie ihn die gleichen Argumente vortragen – plötzlich funktioniert es. Die Psychologie dahinter ist einfach das bekannte Phänomen des „Propheten im eigenen Lande…".

Security Briefing
In diesem Zusammenhang hat es sich auch bewährt, nicht von Vortrag oder Präsentation zu sprechen, sondern vom *Security Briefing* für die Leitungsebene. Das Briefing sollte kurz, „knackig" und zahlenorientiert präsentiert werden und möglichst mit Beispielen aus der gleichen Branche aufwarten können. Von der Dauer her sollte man maximal 30 min plus Diskussion einplanen. Wichtig ist auch die Nachbereitung: Erstellen Sie ein Protokoll und verbinden Sie die Inhalte mit Vorschlägen zur weiteren Behandlung der Informationssicherheit, fügen Sie die Folien des Briefings zur Unterstützung Ihrer Vorschläge bei.

Eine andere bekannte Strategie besteht darin, den ersten schadenträchtigen Sicherheitsvorfall abzuwarten (er kommt bestimmt!), diesen objektiv mit entsprechenden Zahlen aufzuarbeiten und daran Vorschläge zu knüpfen. In diesem Moment sind Management-Entscheidungen und Ressourcen oft sehr viel leichter zu bekommen.

Fehlende Sensibilität ist natürlich nicht nur ein Thema für die Leitungsebene. Auch unter den Mitarbeitern trifft man oft auf die Situation, dass Personen mit „Sicherheit" nicht viel anfangen können, sich bei ihrer Arbeit gestört oder behindert fühlen, vielleicht sogar einen besonderen Reiz darin sehen, bestehende Sicherheitsvorkehrungen bewusst zu unterlaufen. Auch hier gilt es, die Sensibilität zu erhöhen. Man sollte dies auf drei Ebenen angehen, nämlich

- regelmäßig (z. B. monatlich) interessante Sicherheitsinformationen bereit stellen,
- regelmäßig (z. B. ein- bis zweimal jährlich) eine interessante interne Veranstaltung zum Thema Informationssicherheit durchführen, dabei z. B. über reale Schadenvorfälle be-

richten und ihre Auswirkungen auf die Organisation darstellen, vielleicht einen professionellen Hacker für eine Live-Demo einladen,

- in hartnäckigen Fällen Mitarbeiter persönlich ansprechen und Überzeugungsarbeit leisten.

Dort, wo Veranstaltungen aus verschiedenen Gründen nicht möglich sind, kann man auch im Intranet entsprechende Inhalte präsentieren.

Eine wichtige grundsätzliche Erkenntnis in Sachen Sensibilisierung ist, dass sie periodisch aufgefrischt werden muss: Ohne „Nachschub" nimmt die Sensibilisierung mit der Zeit ab.

Schulung

Sobald eine Sicherheitsleitlinie vorliegt und spätestens, wenn ein Sicherheitskonzept erstellt worden ist, geht es darum, die Inhalte in *geeigneter Weise* an die Mitarbeiter zu vermitteln.

Grundsätzliches Ziel der Schulung ist es, das notwendige Sicherheitswissen zu vermitteln, und zwar bezogen auf den jeweiligen Arbeitsplatz und dessen Anforderungen. Jeder Mitarbeiter muss deshalb die Sicherheitsziele und Sicherheitsmaßnahmen kennen, die für seinen Arbeitsplatz und die von ihm bekleideten Rollen wichtig sind.

- Je nach Thema kann man Schulungsmaßnahmen extern beauftragen oder intern selbst durchführen.
- Manche Organisationen verwenden Computer-Based-Training (CBT) oder Web-Based-Training (WBT), um die Schulungsinhalte durch die Betroffenen selbst erarbeiten zu lassen. Aber auch klassische Frontal-Schulungen sollte man nicht ausschließen.
- Personen mit sicherheitskritischen Aufgaben wie z. B. System- und Firewall-Administratoren, Operator und Backup-Verantwortliche brauchen weitergehende Schulungen, und zwar zu den rollenspezifischen Abläufen und möglichen Kontrollen, aber natürlich auch zu den Systemen und Produkten, die sie bei ihren sicherheitskritischen Tätigkeiten nutzen. Schulungen der letzteren Art werden durch die Hersteller der Systeme oder durch einschlägige Schulungsveranstalter angeboten.

Ein Bedarf an *neuen* Schulungsmaßnahmen ergibt sich stets bei gravierenden Änderungen an den geschäftlichen Prozessen oder deren Sicherheitsziele, auch bei Systemwechsel oder Einsatz neuer IT-Produkte und Anwendungen.

Training

Für sicherheitskritische Rollen reichen Sensibilisierung und Schulung oft nicht aus: Hier geht es zusätzlich darum, die sicherheitskritischen Tätigkeiten durch wiederholtes Üben so im Bewusstsein zu verankern, dass die kritischen Arbeitsvorgänge im Bedarfsfall routiniert und fehlerfrei ausgeführt werden können.

Regelmäßige Übungen der Feuerwehr finden nicht etwa statt, um das Verfahren der Löschung von Bränden kennen zu lernen, sondern um im Brandfall aus dem Unterbewusstsein heraus genau das Richtige zu tun. Das gleiche Ziel verfolgen wir im Grunde auch bei der Informationssicherheit. In unserem Kontext betrifft die Notwendigkeit von Training z. B. jede Art von Notfallbehandlung wie z. B. bei Virenbefall, beim Einbruch durch Hacker, beim Versagen kritischer Systeme, bei Backup und Recovery, beim Umschalten auf Ausweichrechenzentren und beim Zurückschalten.

Planung

Bei der Vielzahl von Aspekten zu diesem wichtigen Thema muss eine gute Planung dringend angeraten werden. Am besten wird jedes Jahr ein *Awareness-Plan* aufgestellt, in dem alle vorgesehenen Maßnahmen zu diesem Themenkomplex erfasst und vom Aufwand her beziffert sind. Diesen Plan sollte man sich von der Leitung und dem Personaleinsatz genehmigen lassen.

Nachweise

Wichtig ist auch die Nachweisführung über umgesetzte Maßnahmen. Hierzu zählen Schulungsnachweise, Teilnehmerlisten von internen Veranstaltungen, Archivieren von bereit gestellten Sicherheitsinformationen, Aufzeichnungen über Trainingsmaßnahmen einschließlich entsprechender Auswertungen.

Mit solchen Nachweisen lassen sich auch Kennzahlen über den Stand der Awareness ableiten bzw. messen; lesen Sie hierzu den Abschn. 16.2.

Zum Abschluss: Manche Sicherheitsexperten sagen, dass die beschriebenen personellen Maßnahmen bereits 50 % der Informationssicherheit bringen…

3.3 Lenkung der Dokumentation

In der neuen Fassung der ISO 27001 werden Dokumentation und Aufzeichnungen unter dem Begriff *dokumentierte Informationen* zusammengefasst. Wir wollen in der Darstellung jedoch beide Bereiche unterscheiden.

Im Laufe des Sicherheitsprozesses entstehen viele Dokumente wie z. B.

- die Sicherheitsleitlinie,
- Beschreibungen zu Geschäftsprozessen und Verfahren (zusammenfassende Darstellung der Abläufe, der verwendeten Technik und der beteiligten Rollen),
- das Sicherheitskonzept oder dem entsprechende Dokumente gemäß ISO 27001 oder IT-Grundschutz,
- spezielle Sicherheitsrichtlinien zu wichtigen Themen bzw. für bestimmte Gruppen (meist Extrakte aus dem Sicherheitskonzept in anderer Formulierung),

Abb. 3.2 Dokumentenpyramide

- Arbeitsanweisungen mit Checklisten – zumindest für alle sicherheitsrelevanten Rollen,
- die Inventarisierungsdaten (Tabellen, Datenbank, s. Kap. 2) und die technischen Handbücher für die inventarisierten Objekte[1].

Umso wichtiger ist es, von vorneherein eine tragfähige Struktur aufzubauen, um den Überblick behalten und auch die Auswirkungen von Änderungen leichter analysieren zu können.

Als sehr nützlich hat sich die Vorstellung von einer *Dokumentenpyramide* erwiesen, die jeweils von oben nach unten (Abb. 3.2)

- die Hierarchie der Dokumente visualisiert (vom Allgemeinen zum Speziellen),
- ihre Änderungshäufigkeit charakterisiert (eher stabil bis häufig zu ändern).

Die grundsätzlichen Anforderungen an Dokumente dieser Art lauten:

- Aktualität, Vollständigkeit und Genauigkeit des Inhalts
- klare Freigabeprozesse, so dass der Status eines Dokuments erkennbar ist (Entwurf, in Kraft gesetzt, in Überarbeitung, veraltet etc.)
- Verfügbarkeit für die jeweils Berechtigten
- Geheimhaltung (wo erforderlich)

---

[1] IT-Anwendungen, IT-Systeme, Netzwerkkomponenten, physische Sicherheitseinrichtungen, Raum- und Verkabelungspläne usw.

Berechtigungen

Manche Dokumente werden für *alle* Mitarbeiter zugänglich sein müssen – etwa die Sicherheitsleitlinie und manche Sicherheitsrichtlinien. Andere Unterlagen werden nur im Kreis der für die Sicherheit unmittelbar Verantwortlichen bleiben (etwa das Sicherheitskonzept). Möglicherweise gibt es auch Unterlagen (z. B. einzelne Berichte), die nur für die Leitung gedacht sind.

Vor diesem Hintergrund ist klar, dass man eine *Klassifizierung* der Dokumente nach Adressatenkreis bzw. Verteiler vornehmen muss:

- Stellen Sie sicher, dass jeder Adressatenkreis über die für ihn wichtigen Dokumente, und zwar in der jeweils aktuellen Fassung, verfügt.
- Stellen Sie sicher, dass andere Personen, die *nicht* zum Adressatenkreis gehören, *keinen* Zugriff auf das entsprechende Dokument haben.

Das klassische Vorgehen besteht darin, das jeweilige Dokument zu drucken und an die Adressaten auszuhändigen – wobei dann ältere Fassungen manuell aus dem Verkehr gezogen werden müssen.

Die modernere Lösung besteht in der Nutzung des Intranets der Organisation: Hier könnten die aktuellen Sicherheitsdokumente auf einer entsprechende Web-Seite zur Verfügung gestellt werden. Dabei muss aber das Problem der unterschiedlichen Zugriffsrechte je nach Adressatenkreis gelöst werden. Darüber hinaus ist zu bedenken, dass bei einem Sicherheitsvorfall die Verfügbarkeit der Web-Seite oder des gesamten Intranets nicht mehr gegeben sein kann. In einem solchen Fall stehen wichtige Sicherheitsinformationen nicht mehr zur Verfügung.

Vor diesem Hintergrund kommt man in der Praxis meist zu einer *gemischten Vorgehensweise*, bei der die für Notfälle wichtigen Informationen klassisch in Papierform übermittelt werden, während im Intranet der Gesamtbestand verfügbar ist.

Zentrales Verzeichnis

Für die Erstellung und Weiterentwicklung sowie den Umgang mit Sicherheitsdokumenten gelten folgende Empfehlungen:

- Führen und pflegen Sie ein zentrales Verzeichnis aller gültigen Sicherheitsdokumente mit Angabe des Versionsstandes und des Ausgabedatums. Das Verzeichnis selbst kennzeichnen sie mit einem Datum, das den letzten Stand charakterisiert.
- Führen und pflegen Sie eine zentrale Liste sonstiger Dokumente, die Sie verwenden oder verwendet haben, wie z. B. Standards, Gesetze und Verordnungen, Maßnahmen-Kataloge, Internet-Links. Die Liste selbst kennzeichnen Sie mit einem Datum.

Verweisen Sie in allen anderen Dokumenten auf diese Listen mit dem Zusatz „aktuelle Fassung“: Verwenden Sie hierfür und für die Referenz auf Dokumente aus diesen Listen keine Versions- und Datumsangaben – sonst müssen Sie bei jeder Änderung irgendeiner Version oder irgendeines Datums alle Dokumente aktualisieren!

Dokumentvorlagen

Nutzen Sie einheitliche Vorlagen für die anfallenden Dokumente. Bereiten Sie die Vorlagen so vor, dass auf dem Titelblatt folgende Angaben verlangt werden:

- Titel und ggf. Untertitel
- Kennzeichnung als Entwurf oder als in Kraft gesetztes Dokument
- Adressatenkreis (wer das Dokument lesen darf oder soll)
- Angaben zum aktuellen Stand des Dokumentes (Version und Datum)
- Autoren des Dokumentes
- Prüf- und Freigabevermerke: Name des Freigebenden, Datum der Freigabe

Das Dokument sollte auf einer der weiteren Seiten eine Dokumentenhistorie enthalten, in der festgehalten wird, weshalb die Vorläufer und die aktuelle Fassung jeweils herausgegeben wurden.

Glossar

Wir sind in Kap. 2 schon darauf eingegangen, wie wichtig ein genaues Verständnis von bestimmten *Begriffen* für den Sicherheitsprozess ist. Erstellen Sie deshalb am besten gleich zu Beginn ein Glossar, stimmen es unter den Beteiligten ab und legen Sie es für die folgenden Arbeitsschritte als verbindlich zugrunde. In allen anderen Sicherheitsdokumenten verweisen Sie auf dieses Glossar mit dem Hinweis „aktuelle Fassung". Den Stand des Glossars kennzeichnen sie mit einem Datum.

Sie können das Glossar auch in weitere Dokumente einbinden, um später per Knopfdruck Aktualisierungen durchführen zu können. Wenn Sie dies tun: Ein Glossar gehört an den *Anfang* eines Dokumentes – steht es am Ende, wird es meist übersehen und verfehlt seinen Zweck.

ISO 9000

Falls in der Organisation ein Qualitätsmanagement etwa gemäß der ISO 9000 Normreihe eingerichtet ist, kann es sein, dass die zuvor beschriebenen Empfehlungen längst umgesetzt worden sind und nur noch für die Zwecke der Informationssicherheit adaptiert bzw. übernommen werden müssen.

Bei dieser Gelegenheit: Es könnte generell von Nutzen sein, die Informationssicherheit als einen QM-Prozess in das Qualitätsmanagement einzuordnen…

3.4 Steuerung der Aufzeichnungen

Einer Steuerung bzw. Lenkung bedarf eine weitere Gruppe von Informationen – die so genannten *Aufzeichnungen.*

Was versteht man darunter? Hierbei handelt es sich um alle Daten, die die Sicherheit betreffen und im laufenden Betrieb erfasst und zur späteren Auswertung gespeichert werden.

Darunter fallen (meist manuelle) Aufzeichnungen wie

- Besucherbücher bzw. Besucherlisten,
- Inspektions- und Auditberichte,
- Nachweise jeder Art (z. B. über durchgeführte Schulungen),
- Teilnehmerlisten an (für die Sicherheit wichtigen) Meetings und die Besprechungsprotokolle,
- Beschlüsse und Anweisungen der Leitung,
- Berichte zur Sicherheitslage, zu Sicherheitsvorkommnissen,

sowie (meist automatisierte) Aufzeichnungen wie

- Log-Protokolle,
- Protokolle der Zutrittskontrollanlage,
- Protokolle und Tickets des Incident Managements,
- Meldungen bzw. Alarme, die Fehlerzustände oder Sicherheitsprobleme anzeigen.

Dabei geht es *nicht* darum, möglichst viele Daten zu sammeln (und im Archiv verstauben zu lassen), sondern darum, sich zu überlegen, zu welchem Zweck eine bestimmte Gruppe von Aufzeichnungen tatsächlich benötigt wird. In aller Regel besteht der Grund darin, später anhand der Aufzeichnungen

- Vorkommnisse nachvollziehen oder analysieren zu können,
- Nachweise für eigene Zwecke oder auf Anforderung von Dritten erbringen zu können und
- Aufzeichnungspflichten gesetzlicher oder vertraglicher Art genügen zu können.

Aus diesen Zielen ergeben sich wichtige Anforderungen an die Methode, mit der Aufzeichnungen erfolgen: Sie muss gewährleisten, dass im Rahmen der Vorgaben

- Vollständigkeit und Genauigkeit gewährleistet sind,
- Daten ausreichend lange *verfügbar* sind (Archivierung) und
- eine Manipulationssicherheit gegeben ist.

Insbesondere, wenn Aufzeichnungen später für *Beweiszwecke* genutzt werden könnten, müssen sie manipulationssicher und dauerhaft gespeichert werden. Nicht nur hieraus ergibt sich die Forderung, den Zugriff zu Aufzeichnungen restriktiv zu regeln und zu kontrollieren. Dies gilt sowohl im elektronischen Kontext (Zugriffskontrolle) wie auch bei physischen Aufzeichnungen, die unter Verschluss zu halten, z. B. in Tresoren zu archivieren sind.

Bei der langfristigen Speicherung (Archivierung) sind ggf. gesetzliche *Aufbewahrungsfristen* für bestimmte Datenarten zu beachten! Sind solche Fristen nicht vorhanden oder bereits abgelaufen, geht es um die sichere *Vernichtung* von Aufzeichnungen. Das Ziel muss dabei sein, die unbefugte Kenntnisnahme zu verhindern.

Alles, was in unserem Kontext manuell oder automatisch aufgezeichnet wird, sollte der einfacheren Kontrolle wegen

- an zentraler Stelle zusammengeführt bzw. verlinkt sein,
- nach Plan ausgewertet und
- im Einklang mit den Vorgaben gesichert archiviert werden.

3.5 Interne Audits

Die Aufgabe interner Audits ist die – möglichst objektive – Beurteilung der Sicherheitslage.

Stellt man sich vor, wie komplex die IT-Sicherheit mit ihren Management-Elementen und Maßnahmen in der Realität aussieht, so ist klar, dass ein *vollständiges* Überprüfen einen hohen Aufwand nach sich ziehen würde. Insofern beschränkt man sich bei Audits meist auf bestimmte Teilgebiete oder geht nicht bei jedem Punkt in die Tiefe. Gelegentlich spricht man davon, dass deshalb ein Audit eine Art *Snapshot* darstellt, bei dem die Sicherheit (nur) für den Zeitpunkt des Audits beurteilt wird und inhaltlich als Stichprobe angesehen werden kann.

Mit diesen Einschränkungen dauern Audits in der Regel zwischen 1 bis 5 Tage. Verlängern kann sich die Dauer z. B. in dem Fall, dass mehrere Standorte zu berücksichtigen sind.

Interne Audits durchzuführen ist Pflicht sowohl im Zusammenhang mit der Erfüllung von ISO 27001 wie auch bei Anwendung des Grundschutzes. Mehr Management-orientierte ISO-Audits bewegen sich von der Dauer eher am unteren Rand, Maßnahmen-orientierte Audits mit Vollständigkeitsanspruch können sich zeitlich erheblich ausdehnen.

Auditplanung

Wie an vielen anderen Stellen im Sicherheitsprozess ist es auch hier sinnvoll, Pläne zu entwickeln und umzusetzen: Erstellen Sie eine längerfristige Auditplanung!

Planen Sie dabei die *Zeit* für die Vorbereitung, ggf. einen Probelauf, für die Durchführung des Audits und seine Auswertung ein. Planen Sie auch *inhaltlich*, d. h. nehmen Sie sich vor, dass in einem bestimmten Zeitrahmen – z. B. innerhalb von drei Jahren – alle Management- und Maßnahmenbereiche abgedeckt sein sollten (so planen in der Regel auch externe Auditoren).

Für die Detailplanung eines internen Audits kann es sehr hilfreich sein, sich die Normen ISO 19011 und ISO 27007 zu besorgen, die genau diesen Fragenkreis ansprechen.

Auditoren

Wer kommt als Auditor in Frage? Da sind die Vorgaben der Standards recht klar: Es darf sich nur um solche Personen handeln, die nicht selbst in der Sicherheit operativ tätig sind. Andernfalls würde es dazu führen, dass sie sich letztlich selbst auditieren – da dürfte das Ergebnis klar sein.

Eine gute Idee wäre es, wenn z. B. der Qualitätsbeauftragte oder jemand aus der Revisionsabteilung das Audit durchführt – ggf. auch ein extern bestellter Auditor. Dann ist gebotene Trennung meist leicht einzuhalten.

Auditbericht

Wichtig ist dabei,

- einen schriftlichen Auditbericht zu bekommen, in dem alle festgestellten Defizite aufgeführt und hinsichtlich ihrer Schwere bewertet sind,
- aufgrund dieses Auditberichts Aktionen abzuleiten, mit denen die Feststellungen in zu vereinbarender Zeit behoben werden,
- den termingerechten Abschluss dieser Korrekturen zu überwachen.

Denken Sie daran, dass jeder (interne oder externe) Auditbericht Input für die im Anschluss erläuterte *Management-Bewertung* ist, die von der Leitungsebene durchzuführen ist.

Schaut man in die Praxis, kann man zu den internen Audits als klassische Defizite feststellen, dass sie gar nicht oder in zu langen Abständen durchgeführt werden, nicht geplant oder nicht ausreichend vorbereitet sind, nicht fachgerecht durchgeführt werden, vom Sicherheitspersonal selbst durchgeführt, oder nicht konsequent ausgewertet werden.

3.6   Die Management-Bewertung

Auf diese Aktivität sind wir schon kurz in Abschn. 3.1 beim PDCA-Modell eingegangen. Sie ist von der Leitung regelmäßig durchzuführen und hat das Ziel,

- die fortdauernde Eignung, Angemessenheit und Wirksamkeit des Sicherheitsmanagements zu überprüfen,
- der Leitungsebene eine Bewertung der Gesamtsicherheit zu ermöglichen.

„Regelmäßig" wird im Zusammenhang mit dem PDCA-Modell meist als *einmal jähr-lich* interpretiert. Es mag Faktoren geben, die eine häufigere oder seltenere Durchführung rechtfertigen.

Input für die Bewertung bilden alle Fakten, die die Ausgestaltung der Sicherheit beein-flussen können:

- wesentliche Änderungen der Gesetzeslage oder neue bzw. geänderte Sicherheitsanfor-derungen aus aktuellen Kundenverträgen
- Ergebnisse aus Audits und früheren Management-Bewertungen
- Status von Korrekturmaßnahmen aus früheren Inspektionen, Audits oder Bewertungen
- Status von Vorbeugemaßnahmen für bekannte Sicherheitsprobleme
- Sicherheitsvorfälle seit der letzten Management-Bewertung und daraus gezogene Schlussfolgerungen
- bisher nicht angemessen adressierte Risiken und Schwachstellen
- von Mitarbeitern oder Dritten eingereichte Vorschläge zur Verbesserung der Sicherheit

Hier gilt es, diesen Input rechtzeitig bereit zu stellen – was meist als Aufgabe auf das Si-cherheitsmanagement zukommt.

Im Ergebnis kann die Management-Bewertung in Form eines Berichtes, eines Memos oder eines Sitzungsprotokolls verfasst werden – wesentlich ist, dass sie *schriftlich* vorliegt und dem Sicherheitspersonal gegenüber kommuniziert wird.

Inhaltlich muss zum Ausdruck kommen, ob aufgrund der vorliegenden Erkenntnisse

- die Einschätzung und Behandlung von Risiken zu aktualisieren ist,
- die Sicherheit angepasst, verändert oder verbessert werden soll.

Unter den letzten Aufzählungspunkt fallen sowohl die Management-Seite als auch einzel-ne Sicherheitsmaßnahmen.

3.7   Grundsätzliches zum Compliance Management

In größeren Organisationen ist Compliance Management oft als eigene Zuständigkeit de-finiert. Unabhängig von der Größe ist in jedem Fall eine Funktion zu etablieren, die die aktuellen, für die Organisation relevanten Gesetze und Richtlinien – z. B. von Aufsichts-behörden, Banken, Versicherungen –, wesentliche Vertragswerke mit Partnern und Kun-den sowie wichtige eigene Vorgaben im Auge behält und Nachweise darüber erstellt, ob und wie diese Vorgaben umgesetzt werden.

Eigene Vorgaben – etwa in großen Konzernen – sind meist Forderungen nach administ-rativer Vereinheitlichung und technischer Interoperabilität. Man schreibt z. B. einheitliche Verschlüsselungsverfahren für den gesamten Konzern vor.

Insbesondere mit Gesetzen haben wir oft das Problem, dass sie nicht *unmittelbar* erkennen lassen, was sie für Konzeption und Praxis der Informationssicherheit bedeuten. Einen wichtigen Schritt stellt deshalb die Analyse solcher Vorgaben dar, um die Anforderungen für die Informationssicherheit herauszufiltern. Am günstigsten ist es, dies gemeinsam mit einem Experten für IT-Recht zu tun, der die aktuelle Gesetzeslage und die momentan gültigen Interpretationen kennt.

Als Ergebnis der Analyse solcher Anforderungen können sich Gefährdungen, Bedrohungen, Sicherheitsziele, Angriffspotenziale (vgl. Abschn. 5.3) und gar konkrete Maßnahmen ergeben. Als Beispiel sei das deutsche Signaturgesetz [1] genannt, das für die Nutzer von Signaturtechnik und Betreiber von Trust Centern Forderungen nach konkreten Maßnahmen stellt, implizit auch Gefährdungen und Bedrohungen andeutet, sogar standardmäßig ein hohes Angriffspotenzial unterstellt.

Die konkrete Vorgehensweise beim Compliance Management sieht so aus, dass man zunächst eine Tabelle erstellt, in der alle Vorgaben und die Art der Umsetzung erfasst sind. Neben einer Nummerierung sollten die Spalten der Tabelle folgende Informationen enthalten:

- die Quelle der jeweiligen Vorgabe
- die (einzelne) Vorgabe selbst
- wenn erforderlich Hinweise zu deren Interpretation
- ggf. Hinweise zu deren Relevanz für die Organisation
- die getroffenen Maßnahmen zur Erfüllung der Anforderung
- die Art des Nachweises

Bei komplexeren Anforderungen und Maßnahmen kann man auf Sekundär-Dokumente verweisen.

Als Nachweise kommen Aufzeichnungen und Protokolle, interne und externe Audits (Berichte), andere Gutachten, Testate von Wirtschaftsprüfern, Revisionsberichte oder Testprotokolle in Frage.

Setzt man nun noch einen PDCA-Zyklus auf und verlangt ein regelmäßiges Überprüfen und Aktualisieren der Tabelle, so hat im Grunde bereits ein Compliance Management organisiert.

Bei international aufgestellten Organisationen ist Compliance Management sehr viel aufwendiger, weil in jedem Land, in dem man vertreten ist, eine andere Gesetzeslage gegeben ist. Man erkennt sofort, dass hierin eine besondere Herausforderung für das Compliance Management besteht.

Das so skizzierte Compliance Management ist auf einer sehr hohen Ebene angesiedelt; im Zusammenhang mit der IT kann es wünschenswert sein, ein separates Management für die *IT Compliance* aufzusetzen. Lesen hierzu das Kap. 17.

Existiert ein solches Compliance Management (noch) nicht, ist es vom Sicherheitsmanagement zumindest für Zwecke der Informationssicherheit einzurichten, d. h. die oben genannte Tabelle muss erstellt (und gepflegt) werden; sie sollte zumindest alle Vorgaben für die Informationssicherheit beinhalten.

Literatur

1. Gesetz über Rahmenbedingungen für elektronische Signaturen und zur Änderung weiterer Vorschriften, www.bundesnetzagentur.de, unter: Qualifizierte elektronische Signatur, Gesetze und Bestimmungen

Sicherheitsziele auf allen Ebenen

4

Zusammenfassung

Ziele, die sich auf die Sicherheit unserer Assets beziehen, nennen wir einfach *Sicherheitsziele*. Welche Ziele das sein können und wie sie sich im Einzelnen darstellen, behandeln wir jetzt.

4.1 Informationen und Daten

Auf der Ebene von *Informationen* und *Daten* werden üblicherweise drei grundlegende Sicherheitsziele genannt: Vertraulichkeit, Verfügbarkeit, Integrität – etwas präziser:

- die Vertraulichkeit von Informationen
- die Integrität von Daten
- die Verfügbarkeit von Daten(trägern)

Wer glaubt, dass man mit dieser Aufzählung schon alles erledigt hat, irrt! Diese Aufzählung ist zu oberflächlich, um darauf etwa ein Sicherheitskonzept aufbauen zu können. Insbesondere fehlt ein wichtiges Ziel! Schauen wir uns die Begriffe deshalb etwas genauer an!

4.1.1 Vertraulichkeit von Informationen

Die Eigenschaft einer *Information*, nur dem vorgesehenen bzw. autorisierten Personenkreis – den Befugten – bekannt zu sein, bezeichnen wir als *Vertraulichkeit*.

Es ist klar, dass die Vertraulichkeit eine Eigenschaft oder ein Attribut einer *Information* ist; liegt eine Information in Datenform vor, so kann sich die Forderung nach Vertraulich-

© Springer Fachmedien Wiesbaden 2015
H. Kersten, G. Klett, *Der IT Security Manager,* Edition <kes>,
DOI 10.1007/978-3-658-09974-9_4

keit natürlich sinngemäß auch auf die Daten (und Datenträger) übertragen – dies ist aber nicht zwingend, wie man am Beispiel verschlüsselter Informationen leicht erkennen kann: Die sich als Ergebnis der Verschlüsselung ergebenden Daten beinhalten die fragliche Information, müssen nicht mehr „vertraulich" bleiben.

DAC, MAC

Wie man unschwer erkennt, setzt dies voraus, dass jemand den Kreis der Befugten festlegt und diese autorisiert. Hierfür gibt es im Wesentlichen die folgenden Alternativen:

- der Urheber oder Eigentümer der Information (derjenige, bei dem die Information entsteht, der sie als Erster „besitzt") oder
- eine zentrale Stelle, der die Informationen zur Festlegung der Befugten *vor* einer möglichen Verarbeitung bzw. Weitergabe vorgelegt werden.

Im ersten Fall spricht man von einer *benutzerbestimmbaren Zugriffskontrolle*[1], im zweiten Fall von einer *vorgeschriebenen Zugriffskontrolle*[2].

Bei Letzterer findet eine solche Festlegung oft in Form einer *Einstufung* statt: Informationen werden als OFFEN oder FIRMEN-VERTRAULICH oder NUR FÜR MITARBEITER DES PROJEKTES XYZ klassifiziert; im staatlichen Geheimschutzbereich sind dafür Klassen wie VERTRAULICH, GEHEIM und STRENG GEHEIM festgelegt. Zugriff zu den Informationen mit einer solchen Einstufung haben nur Subjekte mit einer Freigabe (*Ermächtigung, Clearance*) für eine solche Stufe.

Berechtigungskonzept

In der Praxis gibt es eine Reihe von Mischformen dieser beiden grundsätzlichen Formen der Zugriffskontrolle. Wir wollen dieses Thema hier nicht näher behandeln, halten jedoch fest, dass wir bei der Konzeption der Sicherheit diesbezügliche Vorüberlegungen anstellen müssen. Man spricht hier von einem *Berechtigungskonzept*. Mehr zum Management von Berechtigungen erfahren Sie im Abschn. 13.3.

Verlust der Vertraulichkeit

Vom *Verlust der Vertraulichkeit* sprechen wir, wenn vertrauliche Informationen Unbefugten zur Kenntnis gelangen. Drei Beispiele:

- In einem Netzwerk werden Datenpakete auf dem Übertragungsweg von Unbefugten abgehört.
- Bei einem ansonsten vor Verlust der Vertraulichkeit geschützten IT-System wird täglich ein Backup der Daten ausgeführt, die unverschlüsselten Backup-Medien werden jedoch nicht sicher aufbewahrt, d. h. Unbefugte können diese leicht entwenden bzw. sich Kopien erstellen.

---

[1] Im Englischen: *Discretionary Access Control*, abgekürzt: DAC.
[2] Im Englischen: *Mandatory Access Control*, abgekürzt: MAC.

- Durch Sicherheitslücken in einem IT-System können Hacker dieses IT-System penetrieren und vertrauliche Daten in großer Menge stehlen.

Ein Grundproblem der Vertraulichkeit ist, dass man Informationen und Daten einen Verlust der Vertraulichkeit nicht ansehen kann. Es kann also leicht passieren, dass die Vertraulichkeit längst nicht mehr gegeben ist, die Befugten bzw. Verantwortlichen dies jedoch nicht wissen.

Was kommt als Ursache für den Verlust der Vertraulichkeit in Frage? Hier ist zu unterscheiden zwischen

- *Schwachstellen* in Systemen oder Verfahren, aufgrund derer Unbefugte an vertrauliche Informationen gelangen,
- der Weitergabe von vertraulichen Informationen durch *Befugte* an Unbefugte.

Zum Thema *Schwachstellen* finden Sie Informationen in Abschn. 5.2.

Bei der Weitergabe an Unbefugte muss man unterscheiden, ob dies

- unbeabsichtigt – wenn auch vielleicht fahrlässig – oder
- beabsichtigt geschieht.

Über *Fahrlässigkeit* finden Sie Informationen am Ende von Abschn. 5.3

Beabsichtigte Handlungen wollen wir stets unter *Missbrauch* einordnen, d. h. hier handelt es sich um die missbräuchliche Weitergabe von Informationen oder Daten – ein eigener Tatbestand, mit dem wir uns noch in diesem Abschn. 4.1 beschäftigen werden.

4.1.2 Integrität von Daten

Die *Integrität* ist die Eigenschaft von *Daten*, nur in zulässiger Weise durch Befugte geändert worden zu sein.

Unter *Ändern* verstehen wir das Abändern vorhandener Daten, das teilweise oder vollständige Löschen[3] von Daten, das Hinzufügen neuer Daten.

Die obige Definition von Integrität setzt voraus, dass die betrachteten Daten zu einem bestimmten Zeitpunkt

- als *integer* festgestellt,
- die zulässigen Änderungen als solche definiert wurden und
- der Kreis der Befugten festgelegt wurde.

---

[3] Gemeint ist hier immer das Löschen von Daten in einer Datenstruktur (etwa einer Datei), ohne die Datenstruktur selbst zu löschen. Integrität ist also genau genommen eine Eigenschaft des *Inhalts* einer Datenstruktur.

Für diese Festlegungen gibt es ähnliche Alternativen wie bei der Vertraulichkeit: Man überlässt sie dem Eigentümer der Daten oder einer zentralen Instanz. Auch diese Überlegungen finden ihren Niederschlag im Berechtigungskonzept.

In einem IT-System können *Unbefugte z. B.* mit Mitteln der Zugriffskontrolle davon abgehalten werden, Daten zu ändern. Schwierig wird es, *Befugte* so zu überwachen, dass sie nur *zulässige* Änderungen vornehmen. Hier greifen Mechanismen unter den Überschriften Vier-Augen-Prinzip, schriftliche Nachweise und Plausibilitätskontrollen.

Verlust der Integrität

Ein Verlust der Integrität liegt dann vor, wenn die Daten entweder a) durch Befugte in *un*zulässiger Weise oder b) durch andere Ursachen (unzulässig) geändert worden sind.

a. Bei der unzulässigen Änderung von Daten durch *Befugte* muss man wieder danach unterscheiden, ob dies unbeabsichtigt (durch Bedienungsfehler, auch vielleicht fahrlässig) oder beabsichtigt geschieht. Letzteres wollen wir als *missbräuchliche Änderung* von Daten bezeichnen.
b. Zu den anderen Ursachen zählen wir mehr zufällige Ursachen wie Fehlfunktionen der IT-Systeme oder Störungen bei der Datenübertragung sowie die Manipulation durch Unbefugte.

Typisch für Computer-Viren und Computer-Würmer ist die Verletzung der Integrität von *Software*. Somit helfen Maßnahmen unter der Überschrift *Virenschutz*, die Integrität von Software zu wahren.

Weitere wichtige Maßnahmen sind solche, die die Verletzung der Integrität von Daten *erkennen* lassen – ein Ziel, dass mit Verschlüsselungsverfahren, insbesondere mit Signaturen erreicht werden kann.

Fehlerkorrigierende Codes sind Verfahren, um z. B. *störungsbedingte* Änderungen an Daten auf dem Übertragungsweg oder am Speicherort erkennen und in beschränktem Maße automatisch beheben zu können.

Widmen wir uns noch der Frage, wann eine Verletzung der Integrität von Daten bemerkt wird: offensichtlich *frühestens* dann, wenn man sie erneut verwenden will; eine besonders „raffinierte" Daten-Manipulation kann möglicherweise erst zu einem sehr späten Zeitpunkt erkannt werden – etwa anhand von untypischem Verhalten von Software oder bei unsinnigen Ergebnissen.

4.1.3   Verfügbarkeit von Daten

Unter *Verfügbarkeit* wird die Eigenschaft von Daten verstanden, für Befugte bei Bedarf und dann in akzeptabler Zeit zur Verfügung zu stehen.

Ein *Bedarf* liegt immer dann vor, wenn ein Zugriff als Teil der zulässigen Verarbeitung erfolgen soll. *In akzeptabler Zeit* meint, dass die gewünschten Daten mit einer noch als zulässig akzeptierten Verzögerung bereitstehen.

Auch hier ist es möglich, dass die gerade noch akzeptierte Verzögerung durch den Eigentümer der Daten oder von einer zentralen Instanz festgelegt wird. In der Praxis liegt meistens der zweite Fall vor.

Da Daten stets auf Datenträgern vorliegen, ist die Verfügbarkeit von Daten immer an die Verfügbarkeit von Datenträgern gebunden. Andererseits ist dies nicht hinreichend: Ein Datenträger (z. B. eine Festplatte) kann im gewünschten Umfang verfügbar sein, aber die gewünschten Daten sind – z. B. durch irrtümliche Löschung – nicht mehr verfügbar.

Typische Maßnahmen, um einen bestimmten Grad an Verfügbarkeit zu erreichen und aufrechtzuerhalten, sind

- Redundanzmaßnahmen (mehrfache Vorhaltung von Daten auf dem gleichen oder verschiedenen Datenträgern) und
- bestimmte Verfahren von Betriebssystemen zur Verwaltung konkurrierender Zugriffe, um Deadlocks beim Zugriff zu vermeiden.

Mehrfache Vorhaltung von Daten erreicht man im einfachsten Fall durch Erzeugen von Kopien auf dem gleichen Datenträger, regelmäßiges Backup der Daten auf separaten Datenträgern, parallele Speicherung auf mehreren Festplatten sowie Nutzung von Systemen für die Langzeitarchivierung.

Man beachte hierbei auch wieder den Verfügbarkeitsaspekt der Daten*träger*.

Verlust der Verfügbarkeit
Die Ursachen für einen Verlust der Verfügbarkeit von Daten können vielfältig sein:

1. Der Verlust kann dadurch begründet sein, dass die gewünschten Daten für den Nutzer nicht mehr vorhanden sind, d. h. entweder gelöscht bzw. vernichtet wurden oder kein ausreichendes Zugriffsrecht mehr vorhanden ist.
   Haben zu dieser Situation *absichtliche* Handlungen von *Befugten* geführt, sprechen wir von *missbräuchlicher Vorenthaltung* von Daten – ein eigener Missbrauchs-Tatbestand, den wir später separat behandeln.
   Somit verbleiben als Ursachen für den Verlust der Verfügbarkeit von Daten noch
   - unbeabsichtigte Handlungen von Personen (Befugte oder Unbefugte) wie z. B. Bedienungsfehler, Fehler bei den Wartungsmaßnahmen, Fahrlässigkeit,
   - technische Defekte und
   - Manipulationen durch Unbefugte.
2. Eine andere Form des Verlustes der Verfügbarkeit von Daten liegt vor, wenn die Daten zwar vorhanden, aber nicht in akzeptabler Zeit zur Bearbeitung bereitgestellt werden können. Dies kann an nicht ausreichender Verfügbarkeit des IT-Systems oder anderer

Prozesse – z. B. der zu zeitaufwendigen Daten-Wiederherstellung vom Backup-Medium – liegen: Mit diesen Fällen der *Verfügbarkeit von Systemen* beschäftigen wir uns später.

Bitte beachten Sie, dass es bei der Verfügbarkeit *nicht* darauf ankommt, ob die bereitgestellten Daten unverändert sind – dies wäre ein Integritätsaspekt, im Extremfall: Wird unzulässigerweise der *Inhalt* einer Datei gelöscht (z. B. durch Überschreiben mit Nullen), bleibt aber die Datenstruktur als Datei erhalten, dann wurde die Integrität der Daten verletzt. Wird die Datenstruktur „Datei" gelöscht[4], ist die Verfügbarkeit der Daten verletzt. Diese Gegenüberstellung macht deutlich, dass wir vielfach die Verfügbarkeit von Datenstrukturen meinen.

Der Verlust der Verfügbarkeit wird meist recht schnell entdeckt – *spätestens* dann, wenn die Daten wieder bearbeitet werden sollen.

Authentizität von Daten
Gelegentlich wird ein Sicherheitsziel *Authentizität von Daten* definiert und so verstanden, dass

- ihre Herkunft (Absender, Erzeuger) sicher nachgewiesen werden kann und
- die Übereinstimmung der Daten mit ihrem Original (beim Absender, Erzeuger) gewahrt bleibt.

Man erkennt leicht, dass der zweite Anstrich unser bekanntes Sicherheitsziel der Integrität beschreibt. Der erste Anstrich dagegen ist ein bisher nicht formuliertes Sicherheitsziel. Wir werden es im Zusammenhang mit Sicherheitszielen für Geschäftsprozesse (s. Abschn. 4.3) behandeln.

4.1.4   Vermeidung von Missbrauch von Informationen/Daten

Schlussendlich tragen wir noch als wichtiges Sicherheitsziel die *Vermeidung von Missbrauch* nach: Ein Missbrauch von Informationen bzw. Daten liegt vor, wenn diese durch *Befugte*

- an Unbefugte weitergegeben,
- in unzulässiger Weise geändert oder
- anderen Befugten unzulässig vorenthalten werden.

---

[4] Damit ist ja nicht zwingend die Löschung der Daten verbunden: Man denke an die „Löschung" von Dateien in Windows-Systemen, bei der die eigentlichen Daten auf dem Speicher auch noch nach dem „Löschen der Datei" vorhanden sind, teilweise sogar als Datei wiederhergestellt werden können.

Innentäter

Vor dem Hintergrund der bekannten Innentäter-Problematik, die heutzutage immer noch den größten Anteil an der Schadenstatistik[5] trägt, ist es unabdingbar, den Missbrauch in die Risikoanalyse und Risikobewertung aufzunehmen, jedenfalls ihn nicht in der üblichen Aufzählung von Verlust der Vertraulichkeit, Integrität und Verfügbarkeit zu verstecken.

Einen Missbrauch von Daten durch technische Maßnahmen *in einem IT-System* abfangen oder auch nur entdecken zu wollen, ist schwierig, teilweise gar unmöglich, da es sich ja immer um Aktionen von Befugten handelt. Außerhalb der IT-Systeme gilt dies umso mehr: Es gibt keine absolut wirksame Sicherheitsmaßnahme, um z. B. eine mündliche Weitergabe von geheimen Informationen an Unbefugte auszuschließen. Man kann zwar arbeitsvertragliche Regelungen mit Strafandrohungen vorsehen – die Wirksamkeit ist jedoch sehr begrenzt.

Gerade weil dies sehr pessimistisch klingt, ist es wichtig, die Risiken des Missbrauchs von Daten genau zu beleuchten. Diese Risiken zu ignorieren heißt, sich nur auf Nebenkriegsschauplätzen zu tummeln – wozu dann der Aufwand?

4.1.5 Entdeckung, Skalierung, Gruppierung

Entdeckung

Unsere Anmerkungen zum Zeitpunkt der Entdeckung der verschiedenen Verluste können wir in der Abb. 4.1 zusammenfassen:

Skalierung

Für die nunmehr vier Sicherheitsziele bei Informationen bzw. Daten – Vertraulichkeit, Integrität, Verfügbarkeit, Missbrauchsschutz – reicht es oft nicht aus, sie im Sinne von „ja" oder „nein" zu fordern. Vielmehr kann es Abstufungen bzw. Skalierungen geben:

Dies ist besonders leicht bei der *Verfügbarkeit* einsehbar, die in Prozent der betrachteten Zeit angegeben wird. Daten sollen z. B. in 99,75 % der Zeit verfügbar sein, was einen Ausfall von ca. 20 h pro Jahr erlaubt. Gelegentlich wird die Berechnung dadurch „geschönt", dass sich die Prozentzahlen nur auf *ungeplante* Ausfälle, nicht aber auf geplante Ausfälle (etwa regelmäßige Wartungsfenster) beziehen.

Bei der *Vertraulichkeit* von Informationen ist es nicht ganz so einfach: Unsere Sprache legt uns nahe, dass etwas entweder vertraulich oder nicht vertraulich ist. Stufungen sind nicht erkennbar. Denkt man jedoch an Beispiele für Informationen einer Organisation, so stellt man fest: Es gibt sicher bestimmte Informationen, bei denen der *Verlust* der Vertraulichkeit einen höheren Schaden verursacht als bei anderen Informationen. Aus dieser Überlegung zu den *Folgen des Verlustes* könnte jede Organisation für sich Stufen der Vertraulichkeit ableiten: Man gibt sich beispielsweise drei Stufen für den verursachten Schaden vor (KEIN SCHADEN, TOLERIERBARER SCHADEN, NICHT MEHR TOLERIERBARER SCHADEN)

---

[5] Genauer gesagt: am Schadenvolumen; man geht von einem Anteil von 60–85 % aus.

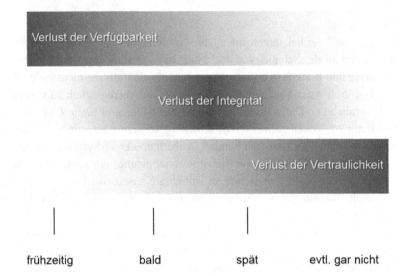

frühzeitig   bald   spät   evtl. gar nicht

Abb. 4.1 Zeitpunkt der Entdeckung eines Verlustes

und ordnet diesen Klassen Stufen der Vertraulichkeit zu – etwa: OFFEN, FIRMEN-VERTRAU-
LICH, TOP SECRET. Diese Stufen sind aufsteigend angeordnet.

Man kann jedoch auch ganz anders vorgehen und Informationen nach Sachgebieten
oder den Befugten klassifizieren: VORSTANDSINFORMATION, KUNDENDATEN, ENTWICKLUNGSGE-
HEIMNIS. Diese Klassen kann man nicht unbedingt aufsteigend anordnen, sie stehen eventuell sogar beziehungslos nebeneinander. Für jede Klasse können aber eigene Vorschriften
zur Geheimhaltung existieren.

Bei Behörden bzw. bei staatlichen Verschlusssachen nutzt man eine Kombination dieser beiden Methoden: Es werden

• hierarchische Stufen wie OFFEN, VERTRAULICH, GEHEIM, STRENG GEHEIM festgelegt, die sich
  an dem durch einen Bruch der Vertraulichkeit verursachten Schaden orientieren,
• Informationen bei Bedarf zusätzlich klassifiziert nach den Befugten oder nach Sachgebieten.

Solche Einstufungen und Klassifizierungen machen nur Sinn, wenn es praktikable Vorschriften bzw. Sicherheitsrichtlinien gibt, wie mit den entsprechenden Informationen
umzugehen ist. Aus solchen Vorschriften müssen sich Maßnahmen ableiten lassen. Als
Beispiel sei die Stufe VERTRAULICH bei staatlichen Verschlusssachen genannt, ab der eine
Verschlüsselung von Daten bei der Übertragung zwingend ist; die Verschlüsselung darf
nur mit einem von einer zentralen Stelle zugelassenen Verfahren erfolgen.

Bei der *Integrität* von Daten wird es mit Stufen noch schwieriger: Auch hier kann man
keine direkte Stufung angeben, auch eine Betrachtung von Schäden bei Verlust der Integrität ist eher unhandlich. Bei der Integrität von Daten hat man auf der Maßnahmenseite oft

nur die *Entdeckung* von Integritätsverlusten zur Verfügung. Dabei geht es um störungsbedingte, unbefugte und unzulässige Änderungen. Hieran könnte man drei Integritätsstufen orientieren:

- NORMAL: Entdeckung störungsbedingter (Bit-)Fehler
- MITTEL: Entdeckung jeder Art von unbefugter Änderung
- HOCH: Entdeckung jeder Art von unzulässiger Änderung

Für NORMAL würde dann unsere übliche Datenspeicherung auf Speichermedien ausreichen, für MITTEL könnten etwa Methoden der elektronischen Signatur eingesetzt werden, bei HOCH würde man zusätzlich eine Zugriffskontrolle und das Vier-Augen-Prinzip bei der Bearbeitung der Daten verlangen, um auch Aktionen von Befugten erkennen zu können.

Es sei hier angemerkt, dass man Integritätsklassen auch auf andere Weisen definieren kann, z. B. durch *Einstufungen* ähnlich wie beim staatlichen Geheimschutz.

Bei der Vermeidung von *Missbrauch*, die sich ja auf Vertraulichkeit, Verfügbarkeit und Integrität bezieht, koppelt man die zuvor festgelegten Einzelmaßstäbe.

Fazit: Im Grunde kann man für jede Information bzw. jedes Datum ein eigenes *Profil mit abgestuften Sicherheitszielen* aufstellen.

Gruppierung zu Objekten

Für ein Sicherheitskonzept würde dies aber einen enormen Aufwand nach sich ziehen. Man denke nur an den Umfang der Daten und Dateien einer Organisation. Besser ist es, Informationen bzw. Daten mit gleichem oder vergleichbarem Profil zu *gruppieren*: Dazu eignet sich meist die Zusammenfassung nach Organisationseinheiten – also etwa die Daten der Entwicklungsabteilung, die Daten der Personalabteilung usw., nach Kunden oder Projekten – oder auch nach der Zugehörigkeit zu Geschäftsprozessen. Dennoch wird es immer einzelne Informationen und Daten geben, die individuell zu behandeln sind. Mit *Informations*- bzw. *Datenobjekten* meinen wir entweder solche individuell zu behandelnde Informationen bzw. Daten oder eben entsprechende Gruppen von Informationen bzw. Daten.

4.1.6 Datensicherheit und Datenschutz

Datensicherheit

Wir sprechen von *Datensicherheit* in einer Organisation, wenn für jedes betrachtete Informations- bzw. Datenobjekt die Sicherheitsziele Vertraulichkeit, Integrität, Verfügbarkeit und Verhinderung von Missbrauch in der gewünschten Zusammenstellung und Abstufung erreicht und aufrechterhalten werden.

Man erkennt hier, dass diese Definition keine absolute Sicherheit fordert, sondern eine individuelle: Der Grad der Sicherheit kann nach den Erfordernissen der Organisation angepasst und abgestuft sein.

Datenschutz

Man beachte an dieser Stelle, dass Datensicherheit in diesem Sinne zunächst nichts mit *Datenschutz* zu tun hat: Hierunter verstehen wir den Schutz von *personenbezogenen* Daten als Teil der Privatsphäre, wie sie in entsprechenden Datenschutzgesetzen (z. B. BDSG) gefordert wird.

Die Anforderungen des BDSG kann man grob zusammenfassen als

- Gebot der Datensparsamkeit und Datenvermeidung: Daten sollen nur in dem Umfang erhoben werden, wie es für den vorgesehenen Zweck notwendig ist, sowie
- Forderung nach Zweckbindung von Daten: Erhobene Daten dürfen ausschließlich für den beabsichtigten Zweck verwendet werden.

Als *Zwecke* sind dabei zulässig

- entweder gesetzlich definierte Zwecke (z. B. durch die Steuer- und Sozialgesetzgebung) oder
- solche, bei denen die Betroffenen der Verwendung ihrer personenbezogenen Daten zugestimmt haben.

Solche Anforderungen lassen sich nicht immer und nicht allein als Forderungen an die Datensicherheit im obigen Sinne interpretieren.

4.2 IT-Systeme

In diesem Abschnitt diskutieren wir Sicherheitsziele für ein *IT-System*. Eine Vertraulichkeit als Ziel gibt es nicht, da dies ein informationsbezogenes Ziel ist. Anders sieht es mit Integrität, Verfügbarkeit und Vermeidung von Missbrauch aus.

4.2.1 System-Verfügbarkeit

Mit *Systems-Verfügbarkeit* bezeichnen wir die Eigenschaft eines IT-Systems, die beabsichtigte bzw. zugesicherte Funktion für jeden befugten Nutzer bei Bedarf und in akzeptabler Zeit zur Verfügung stellen zu können.

Welche Zeit akzeptabel ist, kann sich von Funktion zu Funktion, von Nutzer zu Nutzer unterscheiden, wird aber meist zentral festgelegt.

Der Verlust der Verfügbarkeit eines IT-Systems kann folgende Ursachen haben:

- zu geringe Leistungsfähigkeit (Performance)
- Elementarereignisse mit der Folge von Systemausfall

- technisches Versagen aufgrund minderer Qualität, ungeeigneter Umgebungsbedingungen oder Alterung – mit der Folge von Systemausfall oder reduzierter Performance
- bewusste oder zumindest fahrlässige Handlungen von Personen wie Manipulation, Sabotage bzw. Zerstörung des Systems, DoS-Attacken[6]

Beispiel: Die Verfügbarkeit eines Routers kann durch technische Defekte oder Störungen, durch betriebsbedingtes hohes Datenaufkommen, aber auch durch DoS-Attacken gemindert sein.

Die Klasse möglicher Gegenmaßnahmen ist sehr groß und reicht von zuverlässigen und ausfallsicheren IT-Systemen, über Maßnahmen zur Fehlererkennung und Fehlerüberbrückung, bis hin zur Zugriffskontrolle zur Abwehr illegaler Aktionen und zur Begrenzung von Betriebsmitteln – z. B. das Load Balancing.

4.2.2 System-Integrität

Die *Integrität eines IT-Systems* ist dann gegeben, wenn dessen beabsichtigte bzw. zugesicherte Funktionen nicht unzulässig geändert wurden.

Wie bei der Daten-Integrität setzt dies voraus, dass zu einem bestimmten Zeitpunkt das IT-System als *integer* festgestellt wurde und jede Änderung grundsätzlich entweder als zulässig oder unzulässig klassifiziert werden kann.

Die System-Integrität bezieht sich auf die Hardware und Firmware wie auch auf die laufenden, von der Software gesteuerten Prozesse[7].

Der Verlust der Integrität eines IT-Systems kann z. B. durch folgende Ursachen bedingt sein:

- Elementarereignisse mit der Folge von Systemausfall
- technisches Versagen aufgrund minderer Qualität, ungeeigneter Umgebungsbedingungen oder Alterung
- bewusste oder zumindest fahrlässige Handlungen von Personen

Diese Ursachen können zur Folge haben, dass sich das IT-System anders als beabsichtigt oder zugesichert verhält.

---

[6] Denial of Service: Attacken, durch die Dienste so überlastet werden, dass sie von den normalen Nutzern nur noch beschränkt oder gar nicht mehr abgerufen werden können.

[7] Hier wird es jetzt schwierig: Die Änderung gespeicherter Software (Software sind Daten!) haben wir schon bei der Datenintegrität behandelt. Wird aber ein Programm gestartet und initiiert man damit einen *Prozess*, geht es nicht mehr um die Datendarstellung des Programms, sondern um sein Verhalten.

Unbefugte können die System-Integrität verletzen, indem sie sich z. B. physischen Zugang zu dem System verschaffen und entsprechende Änderungen, z. B. Austausch von Hardware, vornehmen. Im Zuge der Anbindung an das Internet oder über Fernwartungs-systeme können Unbefugte solche Integritätsverletzungen auch *aus der Ferne* begehen: in laufende Prozesse eingreifen, bis auf die Ebene von Firmware Änderungen vornehmen, damit bestimmte Einrichtungen aktivieren oder deaktivieren – wenn auch nicht direkt Hardware austauschen.

Zugriffskontrolle und Zutrittskontrolle sind hier wichtige Sicherheitsmaßnahmen zur *Verhinderung* des Integritätsverlustes; Maßnahmen zur *Entdeckung* von Integritätsver-letzungen sind Funktionskontrollen, Systeminspektionen, Hardware- und Software-Ab-gleich.

4.2.3   System-Missbrauch

Die missbräuchliche Verwendung, insbesondere die unbefugte Nutzung eines IT-Systems sind Tatbestände, die wir als *System-Missbrauch* bezeichnen. Die Vermeidung eines sol-chen Missbrauchs kann ein Sicherheitsziel für ein IT-System sein.

Gruppierung zu Objekten
Ähnlich wie für die Daten gilt auch für die IT-Systeme einer Organisation, dass für sie unterschiedliche Sicherheitsziele – und diese in unterschiedlicher Abstufung – festgelegt werden können. Auch hier bedienen wir uns des Verfahrens der Gruppierung und fas-sen IT-Systeme mit gleichen Sicherheitszielen zusammen. Solche Gruppen nennen wir *System-Objekte*.

4.2.4   System-Sicherheit

Wir nennen ein IT-System bzw. ein System-Objekt *sicher,* wenn

- die Sicherheitsziele System-Integrität, System-Verfügbarkeit und Vermeidung von Sys-tem-Missbrauch in der gewünschten Zusammenstellung und Abstufung erreicht und aufrechterhalten werden und
- die Datensicherheit der mit dem System(-Objekt) verarbeiteten Daten im Sinne unserer früheren Definition gegeben ist.

Diese Definition ist so gestaltet, dass ein sicheres IT-System stets auch die Sicherheit der verarbeiteten Daten gewährleistet (solange es sie verarbeitet) – aber natürlich gilt nicht die Umkehrung!

4.2.5 Ergänzendes

Die Definition von System-Sicherheit lässt sich beinahe wortgleich auf ein IV-System übertragen. Die System-Integrität eines IV-Systems wäre verletzt, wenn z. B. durch Manipulation einer Überwachungskamera für die Zutrittskontrolle deren Funktion unzulässig geändert würde. Die Kamera ist hier nicht Bestandteil des IT-Systems, wohl aber des IV-Systems, und zwar in der „Abteilung" Infrastruktur.

Im Zusammenhang mit der Integrität eines IT-Systems begegnen wir dem eher grundsätzlichen Problem, die beabsichtigte oder zugesicherte Funktion eines komplexen IT-Systems überhaupt so *beschreiben* zu können, dass sich die Frage nach dem korrekten Ablauf sinnvoll beantworten lässt – womit wir insbesondere beim Thema *korrekte Software* angelangt sind.

Inkorrektheit von Software
Vor allem im Bereich der *Safety* – vereinfacht: Schutz von Personen vor Maschinen – ist es üblich, die Inkorrektheit von Software als eine Bedrohung für Personen aufzufassen. Um die Konfusion komplett zu machen, wird dabei sogar von der *Integrität der Software* im Sinne des korrekten Funktionierens gesprochen.

Im Bereich der *IT Security* treffen wir auf dieses Problem des korrekten Funktionierens immer dann, wenn es um die *korrekte Realisierung von Sicherheitsfunktionen* in Hard- und Software geht. Beispielsweise würde eine Zugriffskontrolle keinen Sinn machen, wenn sie nicht nachweisbar korrekt funktioniert.

Evaluierung/Zertifizierung
Die *Korrektheit von Software* nachzuweisen ist ein Ziel von Evaluierungen und Zertifizierungen nach internationalen Standards. Die Möglichkeit, Software in manipulativer Absicht inkorrekt zu machen – auch z. B. das Einfügen von undokumentierten Nebenfunktionen –, wird dabei als Bedrohung aufgefasst und bei der Evaluierung unter folgenden Überschriften abgehandelt:

* *Sicherheit in der Entwicklungsumgebung*: Wird die Bedrohung bei der *Entwicklung* von Software gesehen, muss sie durch Vorkehrungen in der Entwicklungsumgebung abgefangen werden.
* *Sicherheit im operationellen Betrieb*: Wird die Bedrohung bei der *Nutzung* von Software gesehen, müssen geeignete Vorkehrungen in der IT-Umgebung der SW und in der Einsatzumgebung des IT-Systems getroffen werden. Sie sind in entsprechenden *Sicherheitsvorgaben* zu beschreiben.

Diese Sachverhalte muss man berücksichtigen, wenn man zertifizierte IT-Produkte oder IT-Systeme einsetzen will.

4.3   Geschäftsprozesse

Die Integrität und die Verfügbarkeit von Geschäftsprozessen definiert man praktisch wortgleich wie bei den IT-Systemen.

Betrachten wir deshalb noch zwei Sicherheitsziele, die für Geschäftsprozesse typisch
und spezifisch sind.

4.3.1   Verbindlichkeit

Personen und Institutionen kommunizieren im Rahmen von Geschäftsprozessen miteinander. Dabei tritt ein neues Sicherheitsproblem auf: die *Verbindlichkeit* der Kommunikation.
Dabei geht es darum, dass

- Kommunikationspartner ihre Identität einerseits nachweisen (*Authentizität*) und andererseits nicht bestreiten können *(Non Repudiation)*,
- Daten korrekt und zuverlässig zwischen Kommunikationspartnern übertragen werden
  können (*Integrität* der Daten beim Transport und *Verfügbarkeit* des Transportdienstes),
- der Empfang und das Absenden von Daten nicht geleugnet werden kann *(Non Repudiation)*.

Eine verbindliche Kommunikation zeichnet sich für jeden Partner dadurch aus, dass er
sicher weiß, mit wem er es auf der anderen Seite zu tun hat, und davon ausgehen kann,
dass gesendete Daten auch beim Empfänger korrekt und nachweisbar ankommen – Eigenschaften, die durch Manipulation wie auch durch technische Unzulänglichkeiten beeinträchtigt sein können.

Um den Verlust der Integrität bei der Datenübertragung und vorgetäuschte Identitäten
erkennen zu können, sind als Sicherheitsmaßnahmen vor allem die elektronische Signatur
mit Zertifikaten eines Trust Centers bzw. eines Zertifizierungsdiensteanbieters[8] einsetzbar
(s. Abschn. 13.7).

Mit der garantierten Zustellung und der Nichtabstreitbarkeit des Sendens und Empfangens haben wir bei der Nutzung des Internets, gelinde gesagt, ein Problem, weil dieses
Netz solche Eigenschaften nicht aufweist. Ein Empfangsnachweis bei E-Mails kann zwar
in den bekannten Mail-Systemen durch eine Empfangsquittung realisiert werden – allerdings nicht, wenn der Empfänger diese Maßnahme (gleich, aus welchen Motiven) ab-
schaltet. Ein *beweisbares* Zustellen der E-Mail liegt also nicht vor.

---

[8] im Englischen: Certification Service Provider (CSP).

4.3.2 Rechtssicherheit

Bei vielen Geschäftsprozessen ist die *Rechtssicherheit* ein weiteres wichtiges Ziel: Eine gegen geltendes Recht verstoßende Datenverarbeitung könnte z. B. im Zusammenhang mit personenbezogenen Daten auftreten: Wenn die Grundziele des Datenschutzes – die Datenvermeidung bzw. Datensparsamkeit, die Zweckbindung – missachtet werden. Ein anderes Beispiel wäre der Betrieb von öffentlichen Online-Diensten, ohne die einschlägige Gesetzgebung zu berücksichtigen. Schlussendlich muss es sich nicht immer um Gesetze handeln – auch Verträge, die mit Kunden geschlossen werden, sind unter dem Stichwort Rechtssicherheit zu betrachten.

Rechtssicherheit besteht dann, wenn alle maßgeblichen Gesetze und Verträge eingehalten werden und dies nachgewiesen werden kann – Ziele, die wir bereits im Zusammenhang mit dem Compliance Management (s. Abschn. 3.7) beschrieben haben.

Gruppierung zu Objekten
In aller Regel wird ein Unternehmen nicht nur *einen* Geschäftsprozess – eine Behörde nicht nur ein Verwaltungsverfahren – betreiben, womit sich wieder die Überlegung anschließt, Geschäftsprozesse und Verfahren mit gleichen Sicherheitszielen zu gruppieren und in der Folge von *Prozess-Objekten* zu sprechen.

4.3.3 Sicherheit eines Geschäftsprozesses

Alle folgenden Überlegungen gelten gleichermaßen für Geschäftsprozesse eines Unternehmens und Verwaltungsverfahren von Behörden.

Wir nennen einen Geschäftsprozess (bzw. ein Prozess-Objekt) *sicher*, wenn in der gewünschten Zusammenstellung und Abstufung jeweils

- die Sicherheitsziele Rechtssicherheit und Verbindlichkeit sowie (Prozess-)Integrität und (Prozess-)Verfügbarkeit erreicht und aufrechterhalten werden,
- die ggf. unterstützenden IT-Systeme bzw. System-Objekte sicher sind (in Sinne der früheren Definition der System-Sicherheit),
- die Sicherheit der im Geschäftsprozess genutzten und verarbeiteten Daten gegeben ist.

Soweit die Verarbeitung nur durch die unterstützenden IT-Systeme geschieht, ist die letzte Forderung schon in dem vorhergehenden Aufzählungspunkt enthalten (s. Begriff *Datensicherheit*). Man beachte aber, dass diese Definition auch papiergebundene und sonstige, nicht in IT-Systemen verarbeitete bzw. gespeicherte Daten einschließt.

Diese Definition der Sicherheit für einen Geschäftsprozess lässt sich beinahe wortgleich auf ein IT-Verfahren (= Anwendung nach IT-Grundschutz) übertragen – auch wenn es keinen Sinn macht, Sicherheitsziele hierfür *separat* zu betrachten, da sie immer vom übergeordneten Geschäftsprozess quasi *vererbt* werden.

4.3.4   Ordnungsmäßigkeit eines Geschäftsprozesses

Ein anderes Ziel für Geschäftsprozesse – wenn auch kein Sicherheitsziel – ist die *Ordnungsmäßigkeit*. Hierunter versteht man die Eigenschaft des Geschäftsprozesses, die beabsichtigte Leistung bzw. das erwartete Ergebnis korrekt zu liefern und dies durch Aufzeichnungen nachweisen zu können.

Es hat eben alles seine Ordnung, wenn die zugesicherte Leistung erbracht wird und man dies auch noch nachweisen kann: Der ordnungsgemäße Geschäftsprozess „tut (nachweislich) das, was er soll". Analog definiert man die *ordnungsgemäße Datenverarbeitung*. Auch hier verweisen wir auf den Abschn. 3.7.

Es ist leicht einzusehen, dass ordnungsgemäße Geschäftsprozesse noch keine sicheren Geschäftsprozesse sein müssen – und umgekehrt ein sicherer Geschäftsprozess nicht automatisch ordnungsgemäß ist. Ein erstrebenswerter Zustand wäre es offensichtlich, wenn ein Geschäftsprozess tut, was er soll (Ordnungsmäßigkeit) – und nichts tut, was er nicht soll (Sicherheit).

Revisionsfähigkeit

Bei der Rechtssicherheit und der Ordnungsmäßigkeit stellt sich gleichermaßen das Problem der Nachweise: Nachweise führt man durch das Erstellen von aussagefähigen Aufzeichnungen. Man protokolliert bzw. sichert Beweise (Sicherheitsfunktion Protokollierung bzw. *Beweissicherung*, im Englischen: *Accounting*). *Sichern* heißt dabei, dass die Aufzeichnungen

- alle Informationen enthalten, die für eine Beweisführung notwendig sind,
- nicht nachträglich manipuliert werden können und
- so lange verfügbar sind, wie sie benötigt werden.

Notwendig für eine Beweisführung werden in aller Regel Datum und Uhrzeit eines aufgezeichneten Ereignisses sein. Hierbei ist zu bedenken, dass man sich nicht auf die Systemzeit eines IT-Systems verlassen sollte, sofern diese nicht regelmäßig mit der gesetzlich anerkannten Zeit synchronisiert wird. Diese Zeitbasis wird von Atomuhren der PTB in Braunschweig erzeugt und über NTP-Zeitserver bereitgestellt; sie kann über das Internet abgerufen werden.

Werden solche Bedingungen eingehalten, wird ein Geschäftsprozess *revisionsfähig*.

Analysen   5

Zusammenfassung

Bei den vielen unterschiedlichen Analysen, die im Rahmen des Sicherheitsprozesses zur Anwendung kommen können, verliert man schnell den Überblick. Falls Sie sich die Frage stellen, ob so viele Analysen notwendig sind: Unsere gesamte Sicherheitskonzeption fußt darauf, dass wir die Anforderungen und Gefahren richtig analysieren und mit den resultierenden Risiken verantwortlich umgehen; diesem Punkt gebührt deshalb extreme Aufmerksamkeit und sorgfältige Vorgehensweise.

Die *Verantwortung* für die Richtigkeit der Analysen ist nicht zu unterschätzen – es kann deshalb sinnvoll sein, diese Verantwortung zu teilen, d. h. das Vorgehen in einzelne Schritte zu zerlegen und diese jeweils durch andere Personen ausführen zu lassen.

Als Einstiegsmethode behandeln wir den *IT-Grundschutz*. Danach stellen wir Informationen über die Schwachstellenanalyse bereit, die wir für alle weiteren Analysemethoden benötigen.

Auf dieser Basis behandeln wir dann drei Vorgehensmodelle:

- Analysemodell auf der Basis der ISO 15408 [1]
- Risikoanalyse nach der älteren ISO 13335 [2]
- Risikoanalyse und -bewertung nach ISO 27005 [3]

Im Grunde ist man frei, sich eine Vorgehensweise auszusuchen, die den eigenen Vorstellungen und Vorlieben am nächsten kommt. Dabei mögen Faktoren wie eine leichte Vermittelbarkeit und Akzeptanz in der Organisation, die Skalierbarkeit und die Anpassbarkeit bei neuen und geänderten Risiken eine Rolle spielen. In der neuen ISO 27001 wird auch für weitere Vorgehensmodelle auf den Standard ISO 31000 [4] verwiesen.

© Springer Fachmedien Wiesbaden 2015   79
H. Kersten, G. Klett, *Der IT Security Manager,* Edition <kes>,
DOI 10.1007/978-3-658-09974-9_5

5.1   Analyse nach IT-Grundschutz

Zuvor ein kurzer Blick auf die aktuelle Situation beim IT-Grundschutz.

100-1

Vor allem vor dem Hintergrund, die Vorgehensweise zu der Norm ISO 27001 konform zu gestalten, wurden die Management-Elemente aus dem alten IT-Grundschutzhandbuch herausgelöst und in Form des BSI-Standards 100-1 veröffentlicht.

100-2

Eine separate Anleitung zur Anwendung der Grundschutzmethode wurde als BSI 100-2 veröffentlicht. Hierin findet man alles über Strukturanalyse, Schutzbedarfsfeststellung, Modellierung, Basis-Sicherheits-Check und Umsetzungsplanung. Dabei steht der *normale* Schutzbedarf im Vordergrund.

100-3

Als dritte Publikation wurde mit BSI 100-3 eine Vorgehensweise für eine individuelle Risikoanalyse veröffentlicht, die für die Schutzbedarfsstufen HOCH und SEHR HOCH angewendet werden soll.

Kataloge

Gefährdungs-, Baustein- und Maßnahmenkatalog [5] sind nunmehr eigenständig; letzterer kann auch dabei unterstützen, für die Maßnahmenziele aus dem Anhang A der ISO 27001 geeignete Einzelmaßnahmen zu finden.

Auch wenn nach Meinung der Autoren eine vollständige Kompatibilität zu ISO 27001 noch weiterer Entwicklung bedarf, muss man feststellen, dass die Betrachtungsweise der ISO 27000 als *Überbau* und des IT-Grundschutzes als *eine mögliche Konkretisierung* der Norm Vorteile bietet und für den Anwender zumindest den Einstieg erleichtert. Andere Konkretisierungen sind natürlich möglich.

Gehen wir nun über zum Thema *Analysen*. Der IT-Grundschutz unterscheidet hierbei zwei Vorgehensweisen:

- die klassische schnelle Methode, die für „normale" Fälle gedacht ist und auf detaillierte Analysen weitgehend verzichtet, und
- die ergänzende Sicherheitsanalyse für die Fälle, in denen hohe und sehr hohe Schadenauswirkungen denkbar sind.

Schutzbedarf Ausgangspunkt des IT-Grundschutzes ist dabei der so genannte *Schutzbedarf*. Wir wollen uns diesem Begriff schrittweise nähern.

Betrachten wir ein zu schützendes Objekt – z. B. eine Anwendung im Sinne des IT-Grundschutzes – und ein Sicherheitsziel für dieses Objekt. Man kann nun sagen:

Tab. 5.1 Schutzbedarf

Schadenauswirkung		Schutzbedarf[a]
Geringfügig/tolerabel	→	NORMAL
Beträchtlich	→	HOCH
Existenziell bedrohend	→	SEHR HOCH

[a] Streng genommen müsste man den Schutzbedarf HOCH so definieren, dass die Schadenauswirkung zwar beträchtlich, aber nicht mehr geringfügig/tolerabel sein darf; bei SEHR HOCH: existenziell bedrohend, aber nicht mehr nur beträchtlich

- Das Erreichen des Sicherheitsziels hat für die Organisation einen bestimmten Wert, oder
- die Verletzung des Sicherheitsziels fügt der Organisation einen bestimmten Schaden zu.

Ob man nun positiv (Wert) oder negativ (Schaden) bilanziert, spielt keine Rolle. Man sollte sich jedoch der Durchgängigkeit wegen für eine Alternative entscheiden. Wir verwenden die Schadenbetrachtung.

Man beachte, dass der Schaden stets abhängig von der konkreten Organisation ist, d. h. für ein vergleichbares Objekt in Verbindung mit demselben Sicherheitsziel kann bei Organisation A eine ganz andere Schadenhöhe in Betracht kommen als bei Organisation B. Damit eignet sich die Schadenhöhe als solche nicht direkt für die Ableitung von allgemeinverbindlichen Maßnahmen, wir können aber stattdessen die *Auswirkung* des Schadens auf die Organisation klassifizieren. Die Auswirkung eines finanziellen, Image- oder sonstigen Schadens auf die Organisation kann

- begrenzt und überschaubar,
- beträchtlich[1] sein oder gar
- die Organisation existenziell bedrohen bzw. katastrophale Auswirkungen haben.

Durch die Verwendung solcher Vokabeln wie *begrenzt/überschaubar, beträchtlich, existenziell bedrohend/ katastrophal* klassifiziert man die Schaden*auswirkungen* – und hat sich von der konkreten Schadenhöhe als Maßstab gelöst.

Nun haben wir das Ziel praktisch schon erreicht: Hat man beispielsweise die drei zuvor genannten Stufen von Schadenauswirkungen festgelegt, dann ordnet man diesen Stufen einen entsprechenden *Schutzbedarf* zu (Tab. 5.1).

Grundwert Es bleibt noch anzumerken, dass der Schutzbedarf bei dem gleichen Objekt je nach Sicherheitsziel – beim IT-Grundschutz als *Grundwert* bezeichnet – unterschiedlich sein kann: Es kann beispielsweise vorkommen, dass die Vertraulichkeit eines Objektes

---

[1] *Beträchtlich* meint, dass man Schäden nicht außer Betracht lassen, d. h. vernachlässigen darf.

einen sehr hohen Schutzbedarf rechtfertigt, die Verfügbarkeit aber mit normalem Schutzbedarf bestens versorgt ist.

Bei der Ableitung von Maßnahmen zum Schutz bestimmter Objekte orientiert man sich
am Schutzbedarf für diese Objekte, d. h. an der diesbezüglichen Auswirkung von Schäden
auf die betrachtete Organisation.

Vererbungsprinzip Als zu schützende Objekte werden nach der Grundschutzmethode
zunächst die dort so genannten *Anwendungen*[2] betrachtet; diesen ordnet man nach subjek-
tiver Einschätzung einen Schutzbedarf zu.

Danach geht es im Grunde mit dem *Vererbungsprinzip* weiter:

- IT-Systeme, die für die Anwendung benötigt werden, erben deren Schutzbedarf.
- Räume, in denen diese IT-Systeme aufgestellt sind, erben den Schutzbedarf der IT-
  Systeme entsprechend.

Nun dürfte man selten den Fall haben, dass nur eine einzige Anwendung betrachtet wird.
Was passiert, wenn mehrere Anwendungen die gleiche technische Infrastruktur nutzen?

Zunächst gilt der Grundsatz „Die kritischste Anwendung bestimmt das Sicherheitsniveau". Das bedeutet:

Maximumprinzip Die Schutzbedarfe mehrerer Anwendungen, die auf dem gleichen IT-
System laufen, vererben sich so: Der höchste vorkommende Schutzbedarf – das Maxi-
mum – bestimmt den Schutzbedarf des IT-Systems.

Analog geht man hinsichtlich der Räume vor, d. h. IT-Systeme vererben ihren Schutzbedarf nach diesem *Maximumprinzip* auf die Räumlichkeiten, in denen sie aufgestellt sind.

Von diesem einfachen Prinzip kann es Abweichungen in zweierlei Hinsicht geben:

Kumulationseffekt Es kann sich ein *Kumulationseffekt* einstellen, durch den der resultierende Schutzbedarf höher ist als der sich aus dem Maximumprinzip ergebende: Die
Vielzahl von Anwendungen, die konzentriert auf einem IT-System laufen und z. B. hohen
Schutzbedarf haben, kann dazu führen, dass sich der Schutzbedarf des IT-Systems quasi
potenziert und bei SEHR HOCH landet.

Verteilungseffekt Umgekehrt kann sich durch Verteilung des Schutzbedarfs einer
Anwendung auf mehrere IT-Systeme ein *Verteilungseffekt* ergeben, d. h. es wird ein gerin-
gerer Schutzbedarf angesetzt, als laut Vererbungsprinzip anzusetzen wäre.

Ein typisches Beispiel hierfür sind vorhandene Redundanzen. Hat man bei einer Anwendung redundante IT-Systeme, bei denen ein ausgefallenes System nahtlos in seiner
Funktion durch ein anderes ersetzt wird, würde nach den bisherigen Regeln jedes redun-

---

[2] in unserem Sinne der über IT-Systeme abgewickelte Teil von Geschäftsprozessen bzw. Verwaltungsverfahren

dante System den Schutzbedarf der Anwendung erben; in Sachen Verfügbarkeit macht das aber keinen Sinn, vielmehr ist ja gerade der Sinn der Redundanz, Ausfälle eines Systems kompensieren zu können, d. h. man kann den Schutzbedarf der Anwendung *verteilen* – jedes genutzte redundante System käme mit einem geringeren Schutzbedarf aus.

Diese drei Regeln bilden das Grundgerüst der Feststellung des Schutzbedarfs. Was folgt aus ihnen?

Im nächsten Schritt wird der betrachtete Informationsverbund *modelliert*, d. h. die vorkommenden Systeme, Anwendungen, Räumlichkeiten werden mit dem Bausteinkatalog abgeglichen. Beispielsweise werden alle im Informationsverbund vorkommenden Unix-Server durch den Baustein *Unix-Server* sowie durch einen generell anzuwendenden Baustein *Allgemeiner Server* modelliert. Dies bedeutet, dass die in diesen Bausteinen angegebenen Maßnahmen umgesetzt werden sollen.

Ist der Schutzbedarf einer Anwendung NORMAL, werden – nach dieser Modellierung – die in den gewählten Bausteinen angegebenen Maßnahmen durch das BSI als *ausreichend* eingeschätzt.

Für einen Schutzbedarf höher als NORMAL wird der Hinweis gegeben,

- zunächst für alle Anwendungen die Modellierung wie für die Stufe NORMAL durchzuführen und die entsprechenden Maßnahmen laut Bausteinkatalog zu erfassen,
- eine *ergänzende Sicherheitsanalyse* durchzuführen.

Der vom BSI herausgegebene Leitfaden [6] unterstützt bei dieser Sicherheitsanalyse:

- Dabei geht man von den zu schützenden Objekten (Anwendungen, Systeme, Räume) aus und streicht alle, bei denen als Schutzbedarf höchstens NORMAL vorkommt.
- Dann entfernt man alle Bausteine aus der Modellierung, für die nach der Streichaktion aus Schritt 1 kein zu schützendes Objekt mehr vorhanden ist.
- Bei den verbleibenden Bausteinen entnimmt man dem Gefährdungskatalog die als relevant angesehenen Gefährdungen; eigene, bisher nicht abgedeckte Gefährdungen können hinzugefügt werden.
- Es ist anschließend zu prüfen, ob die Maßnahmen aus den (verbleibenden) Bausteinen bereits ausreichend sind, um die im vorherigen Schritt zusammengestellten Gefährdungen ausreichend abzudecken; ist dies nicht der Fall, sind die vorhandenen Maßnahmen geeignet zu verstärken oder neue Maßnahmen festzulegen.
- Die resultierenden Maßnahmen werden nach verschiedenen Faktoren validiert[3]: Eignung, Zusammenwirken, Benutzerfreundlichkeit, Angemessenheit.

Damit ist die Analyse nach IT-Grundschutz beendet.

---

[3] vgl. Abschn. 7.2 für weitere Details zur Validierung

Anmerkungen Zu dem Analysemodell des IT-Grundschutzes wollen wir einige ergänzende Betrachtungen anstellen:

1. Bei der Feststellung des Schutzbedarfs ist von den Schaden*auswirkungen* die Rede – dabei bleibt unklar, ob jeweils *ein* Schadenfall gemeint ist oder es um *alle* Schadenfälle z. B. innerhalb eines Jahres geht. Offensichtlich drückt der Schutzbedarf *kein* Risiko aus, bei dem stets Schadenhöhe *und* Häufigkeit zusammenkommen.
2. Es stellt sich bei der ergänzenden Sicherheitsanalyse die Frage, welchen Beitrag die Katalogmaßnahmen für die Stufe NORMAL zur Reduktion der *individuellen* Risiken leisten. Diese Frage wird durch den IT-Grundschutz (leider) nicht beantwortet – ebenso wenig wie die Frage, warum die in den Katalogen aufgeführten Maßnahmen für einen Schutzbedarf NORMAL ausreichend[4] sein sollen.
3. Die Methode, den Schutzbedarf an der Schaden*auswirkung* zu orientieren, führt zu einer interessanten Frage, die wir an einem Beispiel erläutern: Betrachten wir einen Geschäftsprozess in einem kleinen Unternehmen **A**, für das ein Verlust von 10.000 € ein Schaden darstellt, dessen Auswirkung gerade noch als NORMAL eingestuft wird; als zweites betrachten wir einen Geschäftsprozess bei einem großen Unternehmen **B**, für das die Grenze von NORMAL erst bei 10 Mio. € liegt. Nach der Grundschutz-Methode ergibt sich für beide Unternehmen die Aussage, dass die Katalogmaßnahmen für den Schutzbedarf NORMAL als ausreichend erachtet werden: Sowohl **A** wie auch **B** würden die gleiche Qualität von Maßnahmen umsetzen. Nehmen wir nun an, dass die Analyse insoweit korrekt wäre, als dass bei Unternehmen **B** – ohne weitere Maßnahmen – tatsächlich Schäden in der Höhe von bis zu 10 Mio. € auftreten könnten. Dann wäre es doch sicherlich für Unternehmen **B** ein „gutes Geschäft", einen gewissen Prozentsatz dieser Summe in bessere bzw. stärkere Sicherheitsmaßnahmen zu investieren. Richtig angewendet würde dies zu einem realen *Return on Security Investment* (RoSI) im Sinne von Verlustminderung führen. Dies ist vor allem dann sinnvoll und wirtschaftlich, wenn es um einen Geschäftsprozess geht, der einen hohen Wert für das Unternehmen darstellt. Warum sollte **B** es dann also bei den Katalogmaßnahmen für den Schutzbedarf NORMAL bewenden lassen? Der vorstehende Fall zeigt, dass die absolute Schadenhöhe *und* der Wert des betroffenen Geschäftsprozesses in die Betrachtung einfließen sollten.

Fazit Vor diesem Hintergrund ist festzuhalten, dass der IT-Grundschutz, was sein Analysemodell anbetrifft, eher Einstiegscharakter hat und viele Fragen offen lässt.

Diese kritischen Anmerkungen sollen nicht den Wert dieser Methode relativieren, sondern vielmehr transparent machen, dass der IT-Grundschutz methodisch erhebliches Verbesserungspotenzial besitzt; in der Praxis wird er deshalb vielfach nicht als Methode angewendet, sondern als umfangreiche Quelle für konkrete Gefährdungen und Maß-

---

[4] Aufgrund gewisser Vorgaben zur Definition eigener Bausteine kann man schließen, dass die in den Bausteinen des Grundschutzes aufgeführten Maßnahmen mit der ihnen eigenen Schutzwirkung eher „rückwärts" den Schutzbedarf festlegen.

Tab. 5.2 Mehrfaktoren-Modell

		Potenzial		
		1	2	3
Sicherheitsziel	1	1	2	3
	2	2	4	6
	3	3	6	9

nahmenvorschlägen genutzt, deren Sinnhaftigkeit für jeden konkreten Anwendungsfall durchdacht werden muss.

Mehr-Faktoren-Modell Die durchaus interessante Idee des Schutzbedarfs wollen wir etwas weiter entwickeln und dabei den Schutzbedarf nicht nur „Pi mal Daumen" festlegen – in der Hoffnung, er sei NORMAL.

Offensichtlich sind alle Anwendungen schützenswert, wenn hierfür Sicherheitsziele bestehen und diese Sicherheitsziele bedroht sind. Wenn z. B. aus Kundenverträgen oder anderen Vorgaben Anforderungen an die Verfügbarkeit (Sicherheitsziel!) von Anwendungen gestellt werden *und* die Verfügbarkeit real „bedroht" ist[5], sind die Anwendungen offensichtlich schützenswert.

Der Bedarf an Schutz für eine einzelne Anwendung muss sich also für jede Kombination von Sicherheitsziel und Bedrohung durch die „Höhe" des Sicherheitsziels (z. B. mit Stufen 1=GERING, 2=MITTEL, 3=HOCH) und das Potenzial[6] der Bedrohung (z. B. mit den Stufen 1=NIEDRIG, 2=MITTEL, 3=HOCH) ausdrücken lassen.

Durch Produktbildung kann man aus diesen beiden Faktoren den Schutzbedarf charakterisieren (Tab. 5.2).

Wir haben die möglichen Ergebnisse (als Beispiel) in vier Klassen eingeteilt (angedeutet durch die Schattierung) und geben diesen sprechende Namen:

1 Punkt	nur geringer Schutz erforderlich
2–3 Punkte	mittlerer Schutz erforderlich
4–6 Punkte	hoher Schutz erforderlich
9 Punkte	sehr hoher Schutz erforderlich

Führt man diese Abschätzung für alle Bedrohungen eines Sicherheitsziels durch, so ist die höchste vorkommende Bewertungszahl ein Maß für den Schutzbedarf des betreffenden Objektes und das betrachtete Sicherheitsziel.

---

[5] In den allermeisten Fällen ist zumindest die *technische* Verfügbarkeit *immer* bedroht, und zwar durch technische Defekte oder durch Defizite in der Systemumgebung (Stromausfall, Versagen der Klimatisierung etc.).

[6] Schadenpotenzial für Bedrohungen vom Typ 1, Bedrohungspotenzial für Bedrohungen vom Typ 2, s. Abschn. 5.3.

Dabei kommt es nicht so sehr auf die Zahlen selbst an, sondern darauf, dass dieses Schema *einheitlich* für alle Objekte angewandt wird. Nur so lässt sich der Schutzbedarf einheitlich und nachvollziehbar festlegen.

Dies Modell aus *zwei* Faktoren kann man um weitere Faktoren ergänzen. Es wäre z. B. für ein Dienstleistungsunternehmen denkbar und sinnvoll, als dritten Faktor den Umsatzanteil zu skalieren, der mit einem Kunden – als Eigentümer eines zu schützenden Objektes – erzielt wird. Die drei Faktoren multipliziert man und teilt die möglichen Ergebnisse wieder in Klassen für den Schutzbedarf ein. Hierdurch erreicht man eine Klassifizierung des Schutzbedarfs, bei der die Objekte von Kunden mit hohem Umsatzanteil höher bewertet werden als solche mit niedrigerem Umsatzanteil – eine für Dienstleister legitime und sinnvolle Sichtweise.

5.2   Die Schwachstellenanalyse

Uns ist hinlänglich bekannt, dass im Grunde jedes System und jede Maßnahme Schwachstellen aufweist. Dies gilt nicht nur für technische Systeme und Maßnahmen, sondern z. B. auch für organisatorische Maßnahmen, an deren Ausführung bzw. Beachtung Menschen beteiligt sind.

Was ist eine Schwachstelle? Das typische Verständnis dieses Begriffes liefert die folgende Aussage:

Schwachstelle   Eine *Schwachstelle* ist eine Gegebenheit bei einer Organisation, durch die Sicherheitsziele der Organisation verletzt werden können.

Eine Schwachstelle kann darin bestehen, dass bestimmte Sicherheitsmaßnahmen fehlen oder eine Bedrohung nicht vollständig abdecken. Schwachstellen können auch bei Sicherheitsmaßnahmen selbst auftreten und stellen dann ein Defizit in den Prinzipien oder der Umsetzung der Maßnahme dar.

Wie kommt es zu solchen Schwachstellen? Sie können *operativ* oder *konstruktiv* bedingt sein.

Operative Schwachstellen   Bei Schwachstellen operativer Natur liegen die Mängel in der *Anwendung*. Ursachen hierfür können z. B.

- die fehlerhafte Installation bzw. Konfiguration bei Systemen,
- die fehlerhafte Umsetzung von Maßnahmen,
- der fahrlässige Umgang mit Maßnahmen oder
- die mangelnde Praktikabilität von Maßnahmen (s. Abschn. 7.2) sein.

Konstruktive Schwachstellen   Schwachstellen in der *Konstruktion* findet man bei fast allen Maßnahmen, insbesondere bei den Sicherheitsvorkehrungen in IT-Systemen. Die Liste der Schwachstellen bei den heute bekannten Betriebssystemen ist meist schon sehr lang und wird immer länger. Wichtig ist, möglichst *frühzeitig* verlässliche Informationen über solche Schwachstellen zu bekommen.

CERT-Dienste Hierzu sei dringend angeraten, sich einschlägiger Informationsdienste[7] zu bedienen, die Schwachstellen-Informationen, Risikoeinschätzungen und Vorschläge zur Behebung von Schwachstellen liefern. Zusätzlich werden oft auch Mehrwertdienste wie z. B. Seminare, Analystentage, Ansprechpartner bei Notfällen angeboten.

Es kommt aber durchaus vor, dass man mit gewissen Schwachstellen leben muss, weil es kurzfristig nicht möglich ist, sie zu beheben. Erst mit größerem zeitlichem Verzug werden ggf. von den Herstellern der Systeme entsprechende Updates oder Patches angeboten, die das Problem lösen sollen – und hoffentlich nicht neue „Löcher" aufreißen.

Schwachstellen haben leider die unangenehme Eigenschaft, sich nicht zum Zeitpunkt ihrer Entstehung, sondern meist erst nach einiger Zeit zu enttarnen. Solange man Schwachstellen aber nicht kennt, ist das Risiko besonders hoch: Man kann keine spezifischen Gegenmaßnahmen treffen. Es bleibt dann nur die Hoffnung, dass das Gesamtpaket aller Sicherheitsmaßnahmen ein gewisses Maß an Schutz auch gegen unbekannte Schwachstellen bietet – diese Hoffnung ist aber häufig unbegründet.

Ausnutzbarkeit Schwachstellen werden allerdings erst dann zum Problem, wenn sie durch Angreifer ausgenutzt werden können.

In der *Schwachstellenanalyse* muss folglich jede Schwachstelle dahingehend untersucht werden,

- ob sie durch einen Angreifer prinzipiell ausnutzbar ist,
- ob ein erfolgreiches Ausnutzen der Schwachstelle den Sicherheitszielen der Organisation zuwider läuft,
- welche Gelegenheit, Zeit, Kenntnisse und Werkzeuge (*Angriffspotenzial*) zum Ausnutzen der Schwachstelle erforderlich sind.

Ist die Schwachstelle prinzipiell *nicht* ausnutzbar – z. B. weil hierfür Zugang zu einem System erforderlich ist, der aber anderweitig ausreichend abgesichert ist –, kann die Schwachstelle ignoriert werden.

Kann durch Ausnutzen der Schwachstelle *kein* Sicherheitsziel der Organisation beeinträchtigt werden, kann die Schwachstelle ebenfalls ignoriert werden.

So kann beispielsweise eine *Denial of Service* Attacke, die aufgrund einer Schwachstelle in einem IT-System möglich ist, die Verfügbarkeit des IT-Systems stark beeinträchtigen. Dies stellt allerdings kein Problem dar, wenn die Verfügbarkeit des IT-Systems in den Sicherheitszielen gar nicht vorkommt, der Fokus vielleicht mehr auf der Vertraulichkeit von Daten liegt.

---

[7] Beispiele: www.buerger-cert.de, www.cert.dfn.de, www.dcert.de, www.bsi.de (unter: CERT-Bund).

Sind die ersten beiden Anstriche oben jedoch mit *ja* beantwortet worden, bleibt noch zu prüfen, ob die bei der Bedrohungsanalyse betrachteten Tätergruppen das notwendige Angriffspotenzial besitzen, um die Schwachstelle ausnutzen zu können: Hierzu mögen detaillierte Kenntnisse und Ressourcen erforderlich sein, die unsere in Frage kommenden Täter vielleicht nicht aufweisen. Reicht das Angriffspotenzial[8] unserer Täter *nicht* aus, um die Schwachstelle auszunutzen, kann sie ignoriert werden.

Manche Schwachstelle wird nach diesem Schema in die Kategorie „ignorieren" fallen. Wie geht man mit den verbleibenden um? Es gibt drei *prinzipielle* Alternativen:

- Man nimmt die Schwachstelle und das daraus resultierende Risiko in Kauf.
- Man kompensiert die Schwachstelle durch zusätzliche Maßnahmen.
- Man behebt das Problem durch einen Wechsel der Maßnahme oder des Systems.

Diese Ausführungen beziehen sich auf operative wie konstruktive Schwachstellen.

Wir fassen zusammen: Aus operativen und konstruktiven Schwachstellen *können* Bedrohungen unserer Sicherheitsziele resultieren. Mit der Schwachstellenanalyse bewerten wir Schwachstellen dahingehend, ob sie relevant, ausnutzbar, kompensierbar sind.

5.3   Ein Ansatz auf der Basis der ISO 15408

Im Zusammenhang mit der Evaluierung technischer Systeme etwa nach [7] und [8] müssen stets Schwachstellen der Systeme und deren Ausnutzbarkeit durch Angreifer betrachtet werden. Dieses Vorgehen kann man verallgemeinern und für unsere Zwecke nutzen. Die Abb. 5.1 zeigt diese Vorgehensweise und die wesentlichen Abhängigkeiten zwischen den Begriffen.

Mit dem Input einer vorgeschalteten Anforderungsanalyse werden entsprechend der Abb. 5.1 aus abstrakten Gefährdungen konkrete Bedrohungen abgeleitet; mit Sicherheitsmaßnahmen soll diesen Bedrohungen begegnet werden; allerdings können Sicherheitsmaßnahmen Schwachstellen besitzen, die wiederum Bedrohungen auslösen können; sind alle Schwachstellen betrachtet worden, können dennoch Restrisiken übrig bleiben, die unter Umständen die Wahl anderer oder ergänzender Maßnahmen erforderlich machen – oder in einem noch akzeptablen Bereich liegen.

Rollen Wir greifen schon etwas vor und weisen die Analyseschritte unseren Rollen zu: Eine Benennung der Gefährdungen für eine Organisation könnte auf politischem Level eine Leitungsaufgabe oder Aufgabe des ISF, eine sich hieran anschließende Bedrohungsanalyse Aufgabe des Sicherheitsmanagements sein; die Analyse von Schwachstellen z. B. in der IT könnte man dort ansiedeln, wo der meiste Sachverstand vorhanden ist: bei der IT-Abteilung.

---

[8] Weitere Informationen zum Angriffspotenzial finden Sie in Abschn. 5.3.

Abb. 5.1 Übersicht über
Analysen

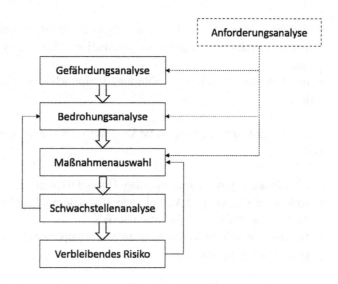

Anforderungsanalyse Die Anforderungsanalyse hat das Ziel, die Vorgaben an die Informationssicherheit (aus Gesetzen, Verträgen, internen Richtlinien der Organisation) zu
extrahieren, ihre Bedeutung für die Informationssicherheit zu untersuchen, die so ana-
lysierten Vorgaben bzw. Anforderungen einheitlich und zusammenfassend darzustellen.
Dies liefert den Input für die folgenden Analysen. Vergleichen Sie hierzu den Abschn. 3.7.

Hinweis: In der *Sicherheitsleitlinie* (Kap. 6) sieht man meist einen Abschnitt vor, in
dem die zu erfüllenden Sicherheitsanforderungen aus der Anforderungsanalyse zumindest
summarisch, d. h. im Überblick aufgeführt werden.

Gefährdungsanalyse Wenn in einer Organisation Aussagen wie z. B.

- „gefährdet durch Hacker-Attacken",
- „gefährdet durch Feuer",
- „gefährdet durch Wettbewerber (Industriespionage)" oder
- „gefährdet durch Innentäter"

fallen, dann wird über die *Gefährdungslage* der Organisation gesprochen. Diesen Aussagen ist gemein, dass sie rein qualitativ und auf einer sehr hohen Abstraktionsebene Mei-
nungen ausdrücken – vergleichbar einer politischen Einschätzung der Lage, und zwar
ohne verwertbares Zahlenmaterial und ohne einzelne Abläufe konkret zu nennen. Genau
das ist mit dem Begriff *Gefährdung* gemeint.

Solche Aussagen sind ein wichtiger Input für das IT-Sicherheitsmanagement. Man sollte deshalb darauf achten, dass solche Gefährdungen in einer normierten Art notiert werden. Zu jeder Gefährdung gehört nämlich

- ein Verursacher oder Auslöser (im Folgenden *Subjekt* genannt),
- ein der Gefährdung ausgesetztes Informations-, Daten-, System- oder Prozess-Objekt und
- mindestens ein durch die Gefährdung beeinträchtigtes Sicherheitsziel für dieses Objekt[9].

Die in Frage kommenden *Subjekte* kann man – mit einer gewissen Abstraktion – grob einteilen in

- Elementarereignisse (Blitzeinschlag, Überschwemmung, Erdbeben usw.),
- technische Defekte und Ausfälle wie Materialermüdung bei Datenträgern, Geräteversagen; Klimatisierungs- und Stromausfall,
- Handlungen von Personen: Innentäter, Fremdpersonal z. B. für Wartung und Reinigung, Hacker, Spione.

Verbessern wir also die anfangs aufgezählten Wortbeiträge zum Thema *Gefährdung* nach diesen Vorgaben:

- „Die System-Verfügbarkeit unserer IT-Systeme ist durch folgende Elementarereignisse <Liste> gefährdet."
- „Die Vertraulichkeit der Informationen unserer Organisation ist durch Wettbewerber gefährdet (Industriespionage)."
- „Unsere Daten sind dem Missbrauch durch Innentäter ausgesetzt."
- „Unsere Daten und Systeme sind gefährdet durch Hacker-Attacken."[10]

Das sind – wie gesagt – zunächst nur Meinungsäußerungen. Wichtig ist es nun, jede so erfasste Gefährdung danach zu bewerten, ob

- die Organisation ihr *tatsächlich* ausgesetzt ist oder
- diese Gefährdung grundsätzlich *nicht relevant* ist und deshalb nicht weiter betrachtet werden muss.

Es kann sein, dass auf der Leitungsebene oder im ISF Gefährdungen benannt werden, die dann aber in der Diskussion mit dem Argument „kann bei uns nicht vorkommen" vom Tisch fallen. Die Verantwortung für diese Entscheidung liegt nach unserer Aufgabenverteilung im Kreis der Entscheider – nicht zwangsläufig beim Sicherheitsmanagement.

Die verbleibenden, nunmehr relevanten Gefährdungen sollte man in einem zweiten Schritt nach ihren möglichen *Auswirkungen* auf die Organisation bewerten. Hierzu gibt

---

[9] Gefährdungen, die kein Sicherheitsziel verletzten, sind keine Gefährdungen.

[10] Meint: Alle Sicherheitsziele sind betroffen.

man sich Stufen vor wie z. B. VERNACHLÄSSIGBAR, BETRÄCHTLICHE AUSWIRKUNGEN, EXISTENZ-
BEDROHENDE AUSWIRKUNGEN.

Zu den negativen Auswirkungen können geldliche Verluste, Qualitätsverluste etwa in
der Produktion, Image-Beeinträchtigung, Haftungstatbestände, nicht versicherbare Risiken u. v. m. zählen.

Das Zusammentragen der denkbaren Gefährdungen für eine Organisation und ihre Bewertung nach Relevanz und Auswirkung bezeichnet man als *Gefährdungsanalyse*.

Zumeist lassen sich die ermittelten Gefährdungen klassifizieren bzw. gruppieren: Eine
Möglichkeit besteht darin, die Gefährdungen in das Raster „Vertraulichkeit, Verfügbarkeit, Integrität und Missbrauch" einzusortieren. Eine andere geht von den Geschäftsprozessen der Organisation aus und ordnet die Gefährdungen diesen Prozessen ein.

Durch dieses Vorgehen erhält man einen zusammenfassenden, strukturierten Überblick
über eine eventuell längliche Liste von Einzelgefährdungen.

▶   In die *Sicherheitsleitlinie* (Kap. 6) werden wir einen Abschnitt einfügen, in dem
    wir die bestehenden Gefährdungen zumindest *summarisch*, d. h. im Über-
    blick aufführen. Sie werden dann im *Sicherheitskonzept* (Kap. 8) *detailliert*
    weiterbehandelt.

Bedrohungsanalyse Die Gefährdungsanalyse liefert uns nicht automatisch den genauen
Ablauf, wie aus einer Gefährdung ein Schaden entstehen kann. Genau dies ist Aufgabe
der *Bedrohungsanalyse*: Hiermit werden für jede Gefährdung alle denkbaren Abläufe und
Ereignisse ermittelt, durch die diese Gefährdung Realität werden kann.

Beispiele:

1. Bei der Gefährdung „Die System-Verfügbarkeit unserer IT-Systeme ist durch Elementarereignisse <Liste> gefährdet" würde man für die IT-Systeme die in <Liste> stehenden Elementarereignisse durchspielen– etwa Ausbruch eines Brandes, Blitzeinschlag,
   Wassereinbruch, Erdbeben usw. – und die jeweiligen Auswirkungen benennen.
2. Um die Gefährdung „Die Vertraulichkeit der Informationen unserer Organisation ist
   durch Wettbewerber gefährdet (Industriespionage)" zu behandeln, würde man für die
   betreffenden Informationen zunächst feststellen, wo sie vorhanden bzw. gespeichert
   sind, um dann mögliche Wege zu ermitteln, wie Wettbewerber bzw. Spione an diese
   Informationen herankommen könnten.

Vorhandene Maßnahmen Bei dieser Art des Vorgehens gibt es zwei Alternativen:
Methode 1: Man lässt schon vorhandene Sicherheitsmaßnahmen *zunächst unberück-
sichtigt*. Sie werden erst in einem späteren Schritt den Bedrohungen zugeordnet.

Methode 2: Schon vorhandene Sicherheitsmaßnahmen werden *berücksichtigt* und dahingehend bewertet, ob sie der Bedrohung ausreichend widerstehen können. Ist dies nicht oder nur beschränkt der Fall, muss man später nachbessern.

Häufig wird die Methode 2 angewendet, weil sie das bereits getroffene Investment in Sachen Sicherheitsmaßnahmen als gegeben betrachtet und nicht mehr in Frage stellt. Bei Methode 1 könnte sich ja später herausstellen, dass den Bedrohungen mit *anderen* Maßnahmen besser entgegenzuwirken wäre.

Unabhängig von dieser Einteilung diskutieren wir im Folgenden zunächst zwei grundsätzlich verschiedene Arten von Bedrohungen und Risiken, die wir kurz mit *Typ 1* bzw. *Typ 2* bezeichnen.

5.3.1   Bedrohungen und Risiken vom Typ 1

Häufigkeit Bedrohungen vom Typ 1 begegnen uns in Form eher zufälliger Ereignisse:

- technische Defekte (Materialermüdung, Abnutzung,…)
- Ausfälle bei Versorgungen (Strom, Klimatisierung,…)
- Elementarereignisse (Erdbeben, Blitzeinschlag,…)

Hierdurch können Sicherheitsziele für Objekte beeinträchtigt werden. Wir charakterisieren diese Bedrohungen durch ihre *Eintrittshäufigkeit*[11], für die wir meist relativ zuverlässige Statistiken haben oder uns verschaffen können. Diese Zahlen sind meist allgemeingültig, selten organisationsspezifisch.

Risiko Typ 1 Ermittelt man noch die *Höhe des Schadens* pro Schadenfall und berechnet das Produkt aus Schadenhäufigkeit und Schadenhöhe, so erhält man den *erwarteten Schaden* für die betrachtete Bedrohung.

Der erwartete Schaden ist gleichbedeutend mit dem *Risiko* für die Organisation und ist die Motivation für Gegenmaßnahmen. Das Risiko ist in aller Regel eine organisationsspezifische Größe, da die Schadenhöhe abhängig von der konkreten Organisation sein dürfte.

Zur weiteren Bewertung eines Risikos verwendet man häufig ein Schema, wie es in der Abb. 5.2 dargestellt ist.

Für die Eintrittshäufigkeit und die Schadenhöhe einer Bedrohung sind in der Abb. 5.2 je 5 Klassen verwendet worden – man kann dies natürlich ändern; die Anzahl der Klassen für beide Parameter Häufigkeit und Schaden muss außerdem nicht gleich sein. Welche Grenzwerte bei der Schadenhöhe für die einzelnen Klassen maßgebend sind, wird individuell festgelegt. Als Beispiel könnte sich für eine bestimmte Organisation die folgende Zuordnung ergeben:

---

[11] Für technische Defekte bei Geräten kann man z. B. die bekannte MTBF (Mean Time between Failure) nutzen, die für viele Geräte durch die Hersteller angegeben wird.

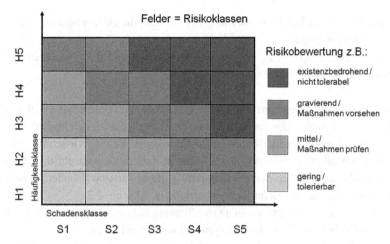

Abb. 5.2 Risikoklassen für Typ 1

▶ **Schadenklassen** S1: Schadenhöhe < 1000 €
S2: Schadenhöhe 1000–10.000 €
S3: Schadenhöhe 10.000–100.000 €
S4: Schadenhöhe 100.000–1 Mio. €
S5: Schadenhöhe > 1 Mio. €

Es sind auch eher weiche Klassen definierbar wie GERINGER SCHADEN, TOLERIERBARER SCHA-
DEN, ERHEBLICHER SCHADEN usw. Dies trägt dem Umstand Rechnung, dass eine rein mone-
täre Schadenbetrachtung zu kurz greifen kann, da andere *Schadenkategorien* existieren
wie etwa Image- bzw. Vertrauensverlust und gesetzwidriges Handeln. Allerdings können
sich diese Schadenkategorien letztendlich auch in Umsatzverlust auswirken, d. h. sie sind
zumindest monetär *bewertbar*.
    Bei der Eintrittshäufigkeit könnte man ebenfalls Zahlenbereiche abgrenzen, z. B.[12]

▶ **Häufigkeitsklassen** H1: seltener als 1 × pro Jahr
H2: seltener als 1 × pro Quartal
H3: seltener als 1 × pro Monat
H4: seltener als 1 × pro Woche
H5: häufiger als 1 × pro Woche

oder weiche Klassen wie NIE, SELTEN, HÄUFIG, SEHR HÄUFIG verwenden.
    Wendet man das Schema der Abb. 5.2 auf eine konkrete Bedrohung an, so gibt die
Schraffierung der Felder eine vierstufige Risikobewertung an. Die Schlussfolgerungen
aus dieser Bewertung sind

---

[12] H2 meint präzise: häufiger als H1, aber seltener als 1 × pro Quartal; analog für die anderen Stufen.

- einerseits *Prioritäten* bei der Behandlung der Risiken: die extrem hohen Risiken zuerst, dann die hohen Risiken usw.,
- andererseits eine Begründung für die *Angemessenheit* und *Wirtschaftlichkeit* von Investitionen in Sicherheitsmaßnahmen.

Restrisiko Typ 1 Durch geeignete Sicherheitsmaßnahmen können wir ein Risiko reduzieren, indem wir den Schaden reduzieren oder die Eintrittshäufigkeit beeinflussen.

Ein weiterer Aspekt, der hier betrachtet werden muss, ist die Wirtschaftlichkeit: Wir müssen bei der Maßnahmenauswahl darauf achten, dass die Kosten für die Maßnahmen geringer sind als die damit erreichte Verringerung des erwarteten Schadens – andernfalls hätten wir das Gebot der *Wirtschaftlichkeit* verletzt (s. Abschn. 7.2).

Wir nehmen solche Maßnahmen in unsere Planung auf, wenn die Risikoreduktion ausreichend ist und die Maßnahme angemessen und wirtschaftlich ist.

Welche Risikoreduktion wir durch die Maßnahmen auch immer erreichen – ein Rest wird bleiben: das *Restrisiko*. Es bestimmt sich wie das Risiko selbst – nur unter der Voraussetzung, dass neben den ohnehin vorhandenen Maßnahmen noch die geplanten hinzukommen und somit (in aller Regel) das Risiko senken.

Restrisiken für Bedrohungen vom Typ 1 sind typischerweise versicherungsfähig.

5.3.2 Bedrohungen und Risiken vom Typ 2

Beim Typ 1 haben wir absichtliche bzw. vorsätzliche Handlungen von Personen außer Acht gelassen. Der Grund ist, dass uns in aller Regel keine verlässlichen Statistiken über die Eintrittshäufigkeit solcher Angriffe vorliegen, d. h. wir können das Risiko nicht bestimmen – wohl aber den jeweils entstehenden Schaden.

Angriff Absichtliche bzw. vorsätzliche Handlungen von Personen (Subjekten) nennen wir *Angriffe*.

Angriffe können so vielfältig, raffiniert und in einem gewissen Sinne „genial" sein, dass eine rein statistische Bewertung nach der Häufigkeit wenig Relevanz hat. Hätten wir bspw. eine Firewall mit bekannten konstruktiven Schwachstellen eingesetzt, so können versierte Hacker *jederzeit* einen Angriff durchführen. Wie will man hier eine diskrete Häufigkeit schätzen?

Solche Angriffe, für die wir keine verlässlichen Statistiken haben oder die wir aus genannten Gründen nicht abschätzen können, ordnen wir der zweiten Klasse von Bedrohungen (**Typ 2**) zu.

Bewertungsfaktoren Damit ein solcher Angriff erfolgreich ausgeführt werden kann, benötigen die Täter

- technische oder andere *Fachkenntnisse*,
- *Ressourcen* wie z. B. die für den Angriff benötigte Zeit sowie erforderliche Spezial-werkzeuge, und
- eine sich bietende *Gelegenheit*: Kenntnis über besondere Umstände, Zuarbeit von Mit-arbeitern der Organisation.

Beispiele:

1. Einfachste Türschlösser lassen sich mit einem gebogenen festen Draht („Dietrich") in wenigen Augenblicken auch durch einen Laien öffnen, sofern er diesen Angriff irgendwo mal gesehen hat. Zeit und Kenntnisse für ein erfolgreiches Knacken eines solchen Schlosses sind also als gering einzustufen, echte *Spezial*werkzeuge werden nicht benötigt. Man benötigt natürlich die Gelegenheit zum Einbruch: Diese wäre gege-ben, wenn man zufällig (etwa bei einer Betriebsbesichtigung) vor einer „interessanten" Tür steht und für einige Zeit unbemerkt agieren könnte.
2. Komplexere Schlösser mit einem Schließzylinder und Zuhaltungen bedürfen schon gewisser Spezialwerkzeuge und eines versierten Angreifers, um erfolgreich geknackt zu werden. Je nach Situation wird auch erheblich mehr an Zeit benötigt. Auch hier benötigt man natürlich freien, unbemerkten Zugang zu der entsprechenden Tür – also die Gelegenheit zum Einbruch. Hier liegt aber schon die Intention zum Einbruch zugrunde, d. h. man bräuchte Informationen über die Lage des Raums und die Möglich-keit unbemerkten Zugangs – Informationen, die man von Mitarbeitern der Organisation bekommen könnte.
3. Gute Tresorschlösser zu öffnen, braucht dagegen Zeit, Spezialwerkzeuge und einschlä-gige technische Fachkenntnisse – wenn es überhaupt möglich ist. Darüber hinaus ist man hier definitiv auf die Mitarbeit einer Person aus der betreffenden Organisation angewiesen, die einem Informationen über den Typ des Tresors und die Zugangsmög-lichkeiten verschafft.

Man erkennt an den drei Beispielen, wie sich die zu Anfang genannten Bewertungsfakto-ren Fachkenntnisse, Werkzeuge und Gelegenheit quasi aufschaukeln und jeweils die für einen erfolgreichen Angriff benötigten Voraussetzungen ergeben. Nun wird man einwen-den, dass dies eine nette Überlegung ist – kann man dies aber auch in Zahlen fassen?

Angriffspotenzial In [9] findet man eine Klassifikation des Angriffspotenzials, die auf solchen Bewertungsfaktoren beruht. Durch Auswerten der obigen Faktoren anhand von Tabellen kann man für jede Tätergruppe eine dieser drei Stufen festlegen.

Sicherheitsmaßnahmen für Bedrohungen vom Typ 2 kann man danach bewerten, wel-ches Angriffspotenzial abgewehrt wird: Das wird durch die Abb. 5.3 visualisiert: Für das zu schützende Objekt (Schatzkiste) deutet die Dicke des Rings die *Stärke* der Sicherheits-maßnahmen an, während die Länge des Nagels das *Angriffspotenzial* eines Täters angibt. Die Frage, ob Angriffe abgewehrt werden können, ist ausschließlich eine Frage der Balan-

Abb. 5.3 Bedrohungsanalyse
vom Typ 2

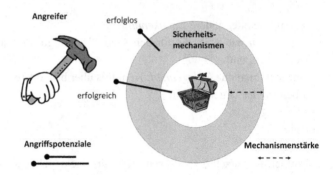

ce zwischen Angriffspotenzial und Stärke der Maßnahme. Insofern ist für Bedrohungen
vom Typ 2 eine Schadenermittlung zunächst obsolet. Die Höhe möglicher Schäden spielt
aber natürlich dann eine Rolle, wenn es um die Wirtschaftlichkeit der betreffenden Maßnahme geht.

Bei der Auswertung von Stärke und Angriffspotenzial sind Tab. 5.3 und 5.4 zu beachten[13]:

In der Tab. 5.4 deuten die mit „–" gekennzeichneten Felder an, dass solche Kombinationen als unzulässig erachtet werden (z. B. ein Laie mit Spezialwerkzeugen).

Wertet man diese beiden Tabellen für einen bestimmten Angriff aus, und addiert die
beiden Punktzahlen, so erhält man mit der Summe s eine Charakterisierung des Angriffspotenzials. In der folgenden Tab. 5.5 haben wir dem jeweiligen Angriffspotenzial einen
sprechenden Namen gegeben.

Tab. 5.3 Auswertung Zeit./.Gelegenheit

	Zuarbeit von Mitarbeitern der Organisation		
Zeitbedarf	keine	IT-Anwender	IT-System-Administrator
Minuten	0	12	24
Tage	5	12	24
Monate/Jahre	16	16	24

Tab. 5.4 Auswertung Fachkenntnisse./.Werkzeuge

	Verfügbare Werkzeuge		
Fachkenntnisse	Keine	Normale	Spezielle
Laie	1	–	–
Versierte Person	4	4	–
Experte	6	8	12

---

[13] Der Bewertungsfaktor *Gelegenheit* wurde hier auf die *Zuarbeit von Mitarbeitern der Organisation* verkürzt.

Tab. 5.5 Auswertung Angriffspotenzial./.Stärke

Angriffspotenzial	Punktzahl	Stärke
NIEDRIG	$s \leq 1$	Nicht einmal NIEDRIG
MITTEL	$1 < s \leq 12$	NIEDRIG
HOCH	$12 < s \leq 24$	MITTEL
SEHR HOCH	$24 < s$	HOCH

Ist eine Sicherheitsmaßnahme bereits durch ein niedriges Angriffspotenzial ($s \leq 1$) überwindbar, besitzt sie nicht einmal die Stärke NIEDRIG.

Ist dagegen mindestens mittleres Angriffspotenzial ($1 < s \leq 12$) erforderlich, um sie zu überwinden, besitzt sie die Stärke NIEDRIG – analog für die weiteren Stufen.

Einige Beispiele zur Auswertung: Besteht die Sicherheitsmaßnahme aus einer verschlossenen Tür und könnte der Laie ohne weitere Mithilfe anderer durch Kraftanwendung die Tür öffnen bzw. durchbrechen (ohne Werkzeuge), so würden sich 0 Punkte aus Tab. 5.3, 1 Punkt aus Tab. 5.4 ergeben – in der Summe also 1 Punkt, d. h. die verschlossene Tür hätte nicht einmal die Stärke NIEDRIG. Wäre die Tür dagegen nur durch einen Experten in Minuten, ohne Mithilfe anderer, aber mit einfachen Werkzeugen zu öffnen, ergeben sich $0 + 8 = 8$ Punkte – die Maßnahme hätte mindestens die Stärke NIEDRIG. Würde im gleichen Fall die Mithilfe eines Administrator (etwa, um die Zutrittskontrollen zu diesem Bereich zu deaktivieren) erforderlich sein, ergäben sich $24 + 8 = 32$ und damit Mindeststärke HOCH.

Plausibilität Nicht jeder potenzielle Täter, der ein ausreichendes Angriffspotenzial besitzt, wird aber allein deshalb einen Erfolg versprechenden Angriff auf ein Objekt durchführen. Besonders eklatant wird dieses Problem bei den eigenen Mitarbeitern: Wenn alle Mitarbeiter – aus welchen Gründen auch immer – als vertrauenswürdig gelten, kann man trotz möglicherweise hohen Angriffspotenzials Bedrohungen durch Innentäter für bestimmte Objekte ausschließen. Man muss also das Angriffspotenzial mit einer Bewertung der *Plausibilität* eines Angriffs verbinden. Dies hat nichts mit der Eintrittshäufigkeit zu tun, denn die Plausibilität ist keine Frage der Häufigkeit.

Restrisiko Typ 2 Aus der Konstruktion der Begriffe Stärke und Angriffspotenzial ist sofort klar, wie die Aussage zum Restrisiko lautet: Haben Sie bspw. Maßnahmen der Stärke MITTEL getroffen, besteht ihr Restrisiko darin, dass sie erfolgreich von Angreifern mit einem Angriffspotenzial $s > 24$ Punkten attackiert werden könnten. Es ist hierbei zu überprüfen, ob es solche Täter überhaupt gibt und ob diese Ihre Organisation im Fokus haben. Ist dies nicht der Fall, können Sie das Restrisiko akzeptieren. Im anderen Fall müssen Sie neue bzw. verbesserte Maßnahmen aufsetzen (vgl. Abschn. 5.6).

▶ Angaben zur Stärke von technischen Sicherheitsmaßnahmen findet man in den Zertifizierungsreports von IT-Produkten, die nach [7] oder [8] zertifiziert worden sind. Wir können damit solche Bewertungen später im Sicherheitskonzept bei der Auswahl von Maßnahmen bzw. Produkten sehr gut verwenden.

Fahrlässigkeit Fahrlässige Handlungen von Befugten sind ein diffiziles Thema: Sie sind in der bisherigen Systematik der Bedrohungen nicht bei Typ 2 einsortiert worden, da sie nichts mit bewussten Angriffen zu tun haben. Eine Einordnung unter Typ 1 wäre denkbar, setzt aber entsprechende Erfahrungswerte über die Häufigkeit solcher Handlungen voraus.

Fahrlässigkeit liegt vor, wenn sich jemand nicht präzise an Vorgaben und Regeln hält, und zwar weil er nicht „daran gedacht hat", weil es ihm in der besonderen Situation als unwichtig erschien, ggf. aus Desinteresse, wegen Zeitdrucks oder auch deshalb, weil die Vorgaben unüberschaubar sind. Wir wollen dabei nicht in die Diskussion über den *Grad* der Fahrlässigkeit („einfache" bis „grobe") einsteigen.

Es sei an dieser Stelle vermerkt, dass man dieser Schwachstelle *Mensch* mit

- stärkeren Awareness-Maßnahmen (s. Abschn. 3.2),
- intensiveren Überprüfungen (s. Abschn. 16.1) und letztlich
- (wenn nichts mehr hilft:) mit entsprechenden Sanktionen

entgegenwirken kann.

5.4   Risikoanalyse nach ISO/IEC 13335-3

Eine detaillierte individuelle Risikoanalyse erfordert einen nicht unbeträchtlichen Einsatz von Ressourcen. Zur wirtschaftlich sinnvollen Gestaltung werden Risiken gemäß ISO/IEC 27005 in einem mehrstufigen Verfahren (Combined Approach) ermittelt. Auch das im Folgenden behandelte Beispiel aus der ISO/IEC 13335[14] ist mit den Vorgaben der ISO 27005 kompatibel. In den ersten Stufen kommen vereinfachte Abschätzungen – zum Beispiel mit Hilfe von *Scorecards*– zur Anwendung. Mit Scorecards werden alle Risiken abgeschätzt – darunter auch diejenigen, die wirtschaftlich zunächst von geringer Bedeutung sind (Abb. 5.4).

Nur Risiken, bei denen der erwartete Schaden eine festgelegte Höhe S übersteigt –auch „toleriertes Rest-Risiko" genannt, werden in einer nachfolgenden Stufe einer Detaillierung unterzogen.

5.4.1   Vereinfachte Abschätzung der Risiken

Die *vereinfachte Risikoabschätzung* kann beispielsweise über die Schwere (oder auch Tiefe) der Schwachstellen gegenüber den darauf zielenden Bedrohungen vorgenommen werden. Die Eintrittswahrscheinlichkeit P einer Bedrohung ist umso größer, je „schwerer" die Schwachstelle und je höher das Bedrohungspotenzial ist. Aus der nachstehenden

---

[14] Die ältere Norm bestand aus 5 Normeinheiten zum Management von Informationssicherheit, die durch die ISO/IEC 27005 [4] ersetzt wurden (siehe auch Abschn. 5.5).

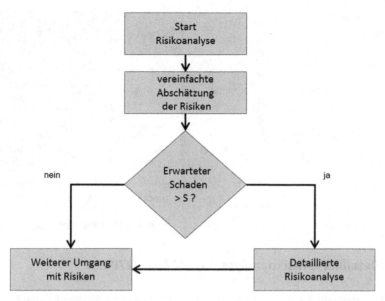

Abb. 5.4 Mehrstufige Risikoanalyse

Abb. 5.5 Scorecard zur Eintrittswahrscheinlichkeit

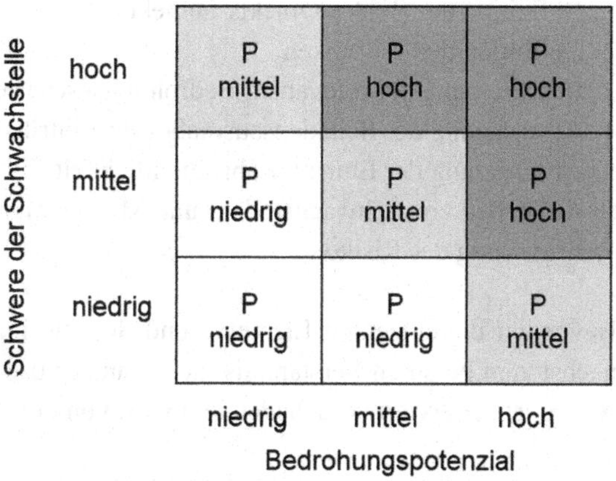

Scorecard lässt sich ein qualitativer Wert für die Eintrittswahrscheinlichkeit P einer Bedrohung ablesen (Abb. 5.5).

Über den Wert des Risiko-Objektes und einer weiteren Scorecard erhält man einen groben Schätzwert für das mit der betrachteten Bedrohung verbundene Risiko (Abb. 5.6).

Der Akzeptanzwert S aus der Abb. 5.4 lässt sich nun z. B als *niedriges Risiko* festlegen, d. h. eine weitere detaillierte Analyse wird nur noch für mindestens mittlere Risiken durchgeführt.

Abb. 5.6 Scorecard zur
Risikoermittlung

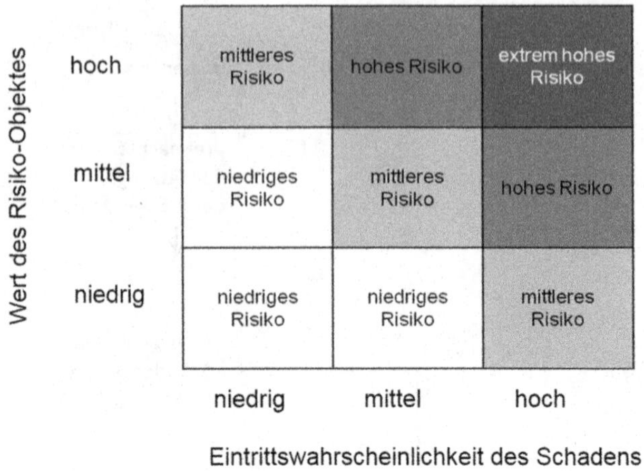

hoch	mittleres Risiko	hohes Risiko	extrem hohes Risiko
mittel	niedriges Risiko	mittleres Risiko	hohes Risiko
niedrig	niedriges Risiko	niedriges Risiko	mittleres Risiko
	niedrig	mittel	hoch

Wert des Risiko-Objektes

Eintrittswahrscheinlichkeit des Schadens

5.4.2 Detaillierte Risikoanalyse nach ISO/IEC 27005

Für Risiken oberhalb des Akzeptanzwertes S wird der Prozess der detaillierten Risikoanalyse in die folgenden Teilschritte strukturiert:

1. Definition des Risiko-Objekts/Subjekts
2. Definition der Teilrisiken
3. Beschreibung der relevanten Bedrohungsszenarien
4. Abschätzung des Schadensausmaßes im Eintrittsfall
5. Abschätzung der Eintrittswahrscheinlichkeit
6. Aufstellen von Schwachstellen- und Maßnahmenlisten
7. Ermittlung des Risikos

Bevor wir die einzelnen Elemente und Schritte im Einzelnen erläutern, wollen wir zunächst zum besseren Verständnis die gesamte Struktur der Risikoanalyse vorstellen. Das Risiko ist der erwartete Schaden und wird von drei Variablen bestimmt:

- dem größten Schaden, der sich bei der Manifestation einer Bedrohung ergibt,
- der Wahrscheinlichkeit, mit dem diese Bedrohung und damit der Schaden eintritt und
- der für diese Bedrohung vorhandenen Ausnutzbarkeit von Schwachstellen.

Fallbeispiel Zur Verdeutlichung des oben aufgeführten Sachverhaltes wollen wir uns als Beispiel die Bedrohung *Brand in einem UNIX-Serverraum* ansehen. Nehmen wir an, auf den UNIX-Servern laufen sämtliche SAP-Applikationen eines Unternehmens. Wir schätzen den bei einem Brand entstehenden Schaden mit Ausfall der SAP-Applikationen bis zum Wiederanlauf nach drei Tagen auf 15 Mio. € (Worst Case).

Abb. 5.7 Bedrohungen
bei Schwachstellen von
Infrastrukturen

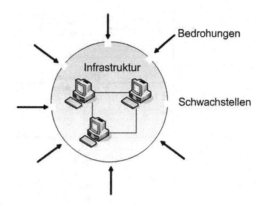

Die Wahrscheinlichkeit für einen Brand entnehmen wir für das Gebäude geeigneten Tabellen, beispielsweise von Versicherungen, und erhalten eine Eintrittswahrscheinlichkeit von 5 %.

Sicherheitsmaßnahmen haben wir in Form von Brandmeldern und Feuerlöschern im Serverraum, was den erwarteten Schaden beim Brand herabsetzt. Wir schätzen, dass die Sicherheitsmaßnahmen den Schaden um 30 % reduzieren.

Allerdings haben wir die Schwachstellen zu beachten, dass

- das Personal für den Gebrauch der Feuerlöscher keine Schulung hatte und
- wir seit drei Jahren keine Übung mit Überprüfung der Brandmelder durchgeführt haben.

Wir schätzen ab, dass diese Schwachstellen den möglichen Schaden wieder um 30 % erhöhen. Der Schutzeffekt der Sicherheitsmaßnahmen wird so gerade wieder aufgehoben und das Risiko als Erwartungswert des Schadens ergibt sich so zu 15 Mio. × 0,05 = 750.000 €.

Diese drei Variablen sind zu bestimmen, beziehungsweise praxistauglich abzuschätzen. Dabei geht man beim Risiko-Management davon aus, dass jedem Schaden eine Bedrohung vorausgeht – ein Szenario, bei dessen Realisierung sich der Schaden mit einer bestimmten Wahrscheinlichkeit einstellt. Allerdings muss das betrachtete Risiko-Objekt, auf das die Bedrohung zielt, für diese Bedrohung exponiert sein (Abb. 5.7).

Dazu ein triviales Beispiel: Wenn zum Beispiel von einem PC-Anwender kein Online-Banking betrieben wird, kann ein der Anwender auch höchstwahrscheinlich nicht Opfer von entsprechenden Phishing-Attacken werden. Seine Infrastruktur ist für diese Art von Bedrohung nicht exponiert.

Bei der Risikoermittlung kommt hinzu, welche Schwachstellen das Risiko-Objekt aufweist, wie ernst diese Schwachstellen sind und wie gut die Sicherheitsmaßnahmen, die implementiert sind, dagegen schützen.

Es gilt in diesem Kontext die einfache Faustregel: Eine Schwachstelle ist eine fehlende oder nicht ausreichend starke Sicherheitsmaßnahme.

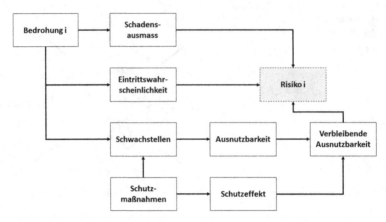

Abb. 5.8 Struktur der Risikoanalyse nach ISO 27005

Sie sehen, es gibt vielfältige Faktoren, die bei der Risikoanalyse herangezogen werden müssen. Die Abb. 5.8 soll die Struktur der Risikoanalyse nach ISO 27005 verdeutlichen:

Um an die benötigten Daten zu gelangen, stehen der Person in der Rolle des IT-Risikomanagers mehrere Grundmethoden zur Verfügung. In der Praxis werden oft mehrere kombiniert:

- standardisierte Befragungen
- Prüfung entsprechender Dokumente und Unterlagen
- Betriebsbesichtigungen, interne Audits
- Technische Audits in Form von sogenannten Penetrationstests
- Zuhilfenahme interner und externer Informationsquellen

In der Praxis hat es sich als Vorteil erwiesen, standardisierte Befragungen in Form von Interviews durchzuführen.

Die standardisierte Befragung bedient sich grundsätzlich eines Fragebogens, der je nach Einsatzgebiet sehr umfangreich gehalten sein kann. Darin werden sowohl allgemeine, als auch branchen- oder systemspezifische Sachverhalte angesprochen und abgefragt.

Diese Fragebögen sind aus zwei Gründen standardisiert. Zum einen sollen die Fragen für alle Befragten einer Analyse gleich sein, zum anderen dürfen sich die Fragen bei mehrmaliger Durchführung nicht ändern. Beides bringt den Vorteil der Vergleichbarkeit.

Dabei sollte darauf geachtet werden, dass die Fragen möglichst neutral formuliert sind.

▶   Bereits einfache vom Interviewer genutzte Halbsätze könnten das Ergebnis verfälschen. Zum Beispiel: „Sie haben doch nicht etwa…" oder „Sie werden doch bestimmt…". Diese Art der Fragestellung impliziert eine Erwartungshaltung des Interviewers, die den Befragten möglicherweise zu einer nicht korrekten Aussage verleitet, und sollte vermieden werden. Sehr einfach kann so etwas passieren, wenn eine qualitative Skala verwendet wird: So wandelt sich beispielsweise eine Antwort von „trifft zu" in ein „trifft größtenteils zu".

Der große Vorteil der standardisierten Befragung liegt in ihrer universellen Einsetzbarkeit, denn solche Fragebögen oder Interviews lassen sich in nahezu allen Branchen anwenden. Doch trägt diese Art der Risikoidentifikation neben der möglichen Subjektivität, die sich nie gänzlich ausschließen lässt, einen weiteren Nachteil in sich. Es ist nicht möglich, sämtliche Risiken, insbesondere abteilungsspezifische, durch eine standardisierte Befragung abzudecken.

Eine standardisierte Befragung kann, wenn sie selbsterklärend aufgebaut ist, auch ohne einen Interviewer ausgeführt werden. Es wird ein Fragebogen entworfen, der nach einer vorherigen telefonischen Ankündigung den betreffenden Mitarbeitern zugesendet wird. Bei dem Ausfüllen der Fragebögen besteht allerdings die Gefahr, dass sich der Befragte nur auf das schnelle Ausfüllen des Fragebogens konzentriert und seine Antworten nicht länger überdenkt oder hinterfragt. Ein Fragebogen bietet sich bei einer großen Zahl von Außenstellen an, bei denen es unwirtschaftlich wäre, Interviewer zu entsenden.

Schritt 1: Definition des Risiko-Objekts/Subjekts
Als erster Schritt der detaillierten Risikoanalyse ist präzise zu definieren, für welche Objekte und/oder Subjekte (*Value Assets*)der Erwartungswert eines Schadens – nichts anderes ist ein Risiko – ermittelt werden soll. Eine möglichst genaue Eingrenzung erleichtert bzw. ermöglicht die für weitere Schritte benötigte Erhebung der Daten.

Risiko-Objektein der IT können Infrastrukturservices und –darauf aufbauend – Kundenservices sein. Kundenservices bedienen sich meist eines oder mehreren Infrastrukturservices wie Netzwerk, Storage, Server Operating etc.

Subjekte sind agierende Personen, die Teil der Wertschöpfungskette sind; beispielsweise Administratoren, Operator usw.

Schritt 2: Definition von Teilrisiken
Viele Risiken lassen sich zur vereinfachten weiteren Betrachtung in Teilrisiken zerlegen, die sich spezifischer auf Objekte (Infrastruktur, Prozesse etc.) oder Subjekte beziehen.

Schritt 3: Beschreibung der relevanten Bedrohungsszenarien
Als nächstes sind die Bedrohungen für jedes Teilrisiko aufzulisten.

Jedes Objekt und Subjekt, für welches ein Teilrisiko ermittelt werden soll, ist Bedrohungen ausgesetzt, bei deren Manifestierung ein Schaden entsteht. Im nächsten Prozessschritt der Risikoanalyse werden für jedes Teilrisiko realistische Bedrohungen (oft auch Bedrohungsszenarien) aufgelistet. Die vorgegebenen Bedrohungskategorien und Bedrohungsbeispiele werden als Bedrohungskatalog bezeichnet und dienen dem Interviewer während der Risikoanalyse als Leitfaden. Der Erstellung dieses Bedrohungskataloges kommt also eine wichtige Rolle zu. Ihn ohne weitere Literatur neu zu erstellen ist sehr zeitaufwendig und birgt die große Gefahr, dass wichtige Punkte nicht bedacht werden. Der Katalog wäre damit unvollständig.

Im Anhang C der ISO 27005 („Annex C: Examples of Typical Threats") einige IT-spezifische Schwachstellen aufgeführt, denen sich Bedrohungen entnehmen lassen. Diese haben sich aber nicht als ausreichend erwiesen, da sie nur einen beschränkten Bereich des Scopes einer IT-Risikoanalyse abdecken.

Das BSI bietet im Zusammenhang mit dem IT-Grundschutz einen sehr umfangreichen *Gefährdungskatalog*. Dieser Katalog ist in fünf Klassen eingeteilt und enthält über 300 verschiedene Gefährdungen – im Sinne der ISO 27005 als *Bedrohungen* zu interpretieren. Unter diesen Bedrohungen sind aber Schwachstellen und „echte" Bedrohungen stark gemischt und müssen für die weitere Verwendung sortiert werden.

Wie wir bereits wissen, reicht es nicht aus, die Bedrohungen zu identifizieren, um ein Risiko ermitteln. Es wird zusätzlich mindestens die Eintrittswahrscheinlichkeit und die zu erwartende Schadenshöhe benötigt, um mittels einer Risikoformel eine Risikohöhe zu bestimmen. Für diese Risikoanalyse werden diese beiden bisher genannten Kennzahlen jeweils zweimal erfragt – einmal, ohne dass Sicherheitsmaßnahmen getroffen sind, und ein weiteres Mal, nachdem Sicherheitsmaßnahmen etabliert worden sind. Auf diese Weise lässt sich recht einfach erkennen, wie gut und in welche Richtung die Sicherheitsmaßnahmen wirken.

Die Schwachstellen müssen explizit aufgeführt werden. Zu jeder von ihnen wird eine weitere Kennzahl namens *Ease of Exploitation* erfragt. Diese wird in der ISO-Nomenklatur auch als *Level of Vulnerabilities* bezeichnet. Im Deutschen bedeutet dieser Begriff so viel wie *Ausnutzbarkeit einer Schwachstelle*. Diese Erklärung erscheint jedoch bei einigen Bedrohungen, insbesondere sei hier höhere Gewalt genannt, als wenig sinnvoll. In diesen Fällen wird *Ease of Exploitation* wie folgt interpretiert: Wie einfach entwickelt sich aus dieser Schwachstelle ein ernster Schaden?

Neben den bereits implementierten wird auch nach weiteren möglichen Sicherheitsmaßnahmen und ihrer Wirkung gefragt. Auf diese Weise werden die Verantwortlichen in der IT motiviert, über eine weitere Verbesserung der Risikosituation nachzudenken, und haben gleichzeitig die Möglichkeit, ihre Vorschläge an das Management heranzutragen. Wie den vorangegangenen Abschnitten zu entnehmen ist, muss die Geschäftsleitung das verbleibende Restrisiko durch Unterschrift akzeptieren. Der Bericht enthält auch eine Zusammenfassung von möglichen zusätzlichen Sicherheitsmaßnahmen.

Zu jedem Bedrohungsszenario sind im nächsten Schritt Kenngrößen über das Bedrohungspotenzial zu ermitteln.

Schritt 4: Abschätzung des Schadensausmaßes (S) im Eintrittsfall

Wie wir oben bereits festgestellt haben, ist jede Bedrohung – wenn sie denn eintritt – mit einem Schaden verbunden, ansonsten ist sie irrelevant und wird nicht weiter betrachtet. Als erste wichtige Kenngröße ist das *Schadensausmaß* zu ermitteln. Je nach vorliegendem Datenmaterial kann es die Festlegung des Schadensausmaßes vereinfachen, wenn zunächst der Gesamtschaden in Teilschäden zerlegt wird und später die Teilschäden aufsummiert werden. Zur Abschätzung des Schadensausmaßes lässt sich beispielsweise die nachfolgende Tab. 5.6, die sich am Umsatz oder Budget für den betrachteten Infrastruktur- oder Kundenservice orientiert, verwenden.

Tab. 5.6 Beispiel zur Abschätzung des Schadens

Schadensausmaß	Qualitativer Wert	Quantitativer Wert (%)
Kleiner 5% vom Budget/Umsatz	NIEDRIG	20
Zwischen 5% und 20% vom Budget/Umsatz	MITTEL	40
Zwischen 20% und 40% vom Budget/Umsatz	HOCH	60
Größer 40% vom Budget/Umsatz	SEHR HOCH	80

Tab. 5.7 Abschätzung der Eintrittswahrscheinlichkeit

Beobachtete Häufigkeit	Qualitativer Wert	Quantitativer Wert (%)
Einmal pro Jahr	NIEDRIG	20
Zweimal pro Jahr	MITTEL	40
Einmal pro Monat	HOCH	60
Häufiger als einmal pro Woche	SEHR HOCH	80

Schritt 5: Abschätzung der Eintrittswahrscheinlichkeit (P)

Für jede Bedrohung ist die Eintrittswahrscheinlichkeitzu ermitteln. In den meisten Fällen kann diese nur über relative Häufigkeiten abgeschätzt werden, da es oft kein verlässliches Zahlenmaterial gibt. Ergebnis der Abschätzung ist eine Zahl zwischen 0 und 1 für die Eintrittswahrscheinlichkeit. 0 bedeutet, die Bedrohung manifestiert sich nie; 1 heißt, sie tritt unmittelbar mit absoluter Sicherheit ein.

Falls wir eine qualitative Abschätzung mit einer Metrik (NIEDRIG, MITTEL, HOCH, SEHR HOCH) verwenden, ist das gleichbedeutend mit einer entsprechenden Unterteilung des Intervalls [0,1] und kann als eine Zahl abgebildet werden.

Eine entsprechende Metrik kann beispielsweise wie in der Tab. 5.7 aussehen und dient zur Unterstützung der Abschätzung.

Bei anderen beobachteten Häufigkeiten kann zwischen den Einträgen in der Tabelle extrapoliert werden; dabei reichen Angaben in ganzen Prozenten und in Abstufungen von 5% völlig aus. (also 5%-10%-15% usw. und nicht 17,84%).

Schritt 6: Aufstellen von Schwachstellen-/Maßnahmenlisten

Im letzten und wichtigsten Schritt ist die Exponierung unseres betrachteten Objektes oder Subjektes zu ermitteln.

In den vorausgegangenen Schritten wurden zu jedem Objekt die Bedrohungen aufgelistet und deren Potenzial, nämlich Schadensausmaß und Eintrittswahrscheinlichkeit, abgeschätzt. Was zur Risikoermittlung noch fehlt, ist eine Maßzahl, die angibt, wie sehr das betrachtete Objekt oder Subjekt durch die Bedrohung verletzbar oder der Bedrohung gegenüber exponiert ist.

Die Verletzlichkeit ist unmittelbar mit der Fragestellung verknüpft, welche Schwachstellen das Objekt oder Subjekt gegenüber der Bedrohung besitzt und welche Schutzmaßnahmen bereits getroffen wurden. Erfasst man bei den Schutzmaßnahmen deren Kosten, können neben der Risikoanalyse unmittelbar Kosten-Nutzen Vergleiche erstellt werden.

Tab. 5.8 Abschätzung der Ausnutzbarkeit

Ausnutzbarkeit von Schwachstellen	Qualitativer Wert	Quantitativer Wert (%)
Schwachstelle ist neu und nur wenigen Experten bekannt	NIEDRIG	20
Schwachstelle ist neu, wird aber in Fachforen bereits erwähnt	MITTEL	40
Schwachstelle ist bekannt und wird nicht nur in Fachforen erwähnt	HOCH	60
Schwachstelle ist bekannt und es ist Software zur Ausnutzung allgemein verfügbar	SEHR HOCH	80

Tab. 5.9 Abschätzung der Schutzwirkung von Schutzmaßnahmen

Schutzwirkung von Schutzmaßnahmen	Qualitativer Wert	Quantitativer Wert (%)
Schutzmaßnahme reduziert *geringfügig* entweder das Schadensausmaß *oder* die Eintrittswahrscheinlichkeit	NIEDRIG	20
Schutzmaßnahme reduziert *merklich* entweder das Schadensausmaß *oder* die Eintrittswahrscheinlichkeit	MITTEL	40
Schutzmaßnahme reduziert *merklich* das Schadensausmaß *und* die Eintrittswahrscheinlichkeit	HOCH	60
Schutzmaßnahme reduziert *stark* entweder das Schadensausmaß *oder* die Eintrittswahrscheinlichkeit	SEHR HOCH	80

Zur Ermittlung der Verletzlichkeit werden zu jeder Bedrohung Listen der Schwachstellen des Objektes oder Subjektes und der Schutzmaßnahmen erstellt. Bei den Schwachstellen wird die Ausnutzbarkeit, bei den Schutzmaßnahmen die Schutzwirkung abgeschätzt.

Gibt es für eine Schwachstelle eine oder mehrere Schutzmaßnahmen, so wird deren Ausnutzbarkeit entsprechend den Schutzwirkungen vermindert. Bei mehreren Schutzmaßnahmen ist die verbleibende Ausnutzbarkeit das Minimum der einzelnen reduzierten Ausnutzbarkeiten.

Tab. 5.8 und 5.9 verwenden wir für die Erfassung der Ausnutzbarkeit und der Schutzwirkung.

Bei implementierten Schutzmaßnahmen reduziert sich die Ausnutzbarkeit der Schwachstellen nach folgender Tab. 5.10:

Tab. 5.10 Abschätzung der verbleibenden Ausnutzung von Schwachstellen

Ausnutzbarkeit von Schwachstellen	Schutzwirkung von Schutzmaßnahmen			
	NIEDRIG	MITTEL	HOCH	SEHR HOCH
NIEDRIG	NIEDRIG	–	–	–
MITTEL	NIEDRIG	NIEDRIG	–	–
HOCH	MITTEL	MITTEL	NIEDRIG	–
SEHR HOCH	HOCH	HOCH	MITTEL	NIEDRIG

Tab. 5.11 Abschätzung des Risikos

Eintrittswahrschein-lichkeit		NIEDRIG				MITTEL				HOCH				SEHR HOCH			
Ausnutzbarkeit der Schwachstellen		N	M	H	S	N	M	H	S	N	M	H	S	N	M	H	S
Schaden-höhe	NIEDRIG	0	1	2	3	1	2	3	4	2	3	4	5	3	4	5	6
	MITTEL	1	2	3	4	2	3	4	5	3	4	5	6	4	5	6	7
	HOCH	2	3	4	5	3	4	5	6	4	5	6	7	5	6	7	8
	SEHRHOCH	3	4	5	6	4	5	6	7	5	6	7	8	6	7	8	9

Schritt 7: Ermittlung des Risikos

Bei *quantitativ* vorliegenden Werten für Schaden (S), Eintrittswahrscheinlichkeit (P) und Ausnutzbarkeit von Schwachstellen (v) lassen sich die Teilrisiken durch eine einfache Produktbildung berechnen.

$$\text{Teilrisiken}: \quad T_i := S_i \cdot P_i \cdot v_i$$

Die Berechnung des Gesamtrisikos aus den Einzelrisiken kann auf mehrere Arten erfolgen; wie das geschehen soll, ist in der Risikostrategie festzulegen.

Eine Variante für die Angabe des Gesamtrisikos ist die Summe der Einzelrisiken.

$$\text{Gesamtrisiko (1)}: \quad R := \sum_i T_i$$

Oft wird das Gesamtrisiko Risiko R durch Mittelwertbildung über alle Teilrisiken, die einem Schutzobjekt zugeordnet werden, gebildet.

$$\text{Gesamtrisiko (2)}: \quad R := \frac{1}{Anzahl} \sum_i T_i$$

Falls die Werte für Schaden, Eintrittswahrscheinlichkeit und Ausnutzbarkeit *qualitativ* vorliegen – was meistens der Fall ist –, kann die Abschätzung der Teilrisiken für eine Bedrohung gemäß ISO13335 nach Tab. 5.11 erfolgen:

Das aus der Tab. 5.11 ermittelte Risiko kann maximal die Kennzahl 9 haben. Die Zuordnung zu qualitativen Werten kann aus der Tab. 5.12 entnommen werden.

Tab. 5.12 Zuordnung der Risikokennzahlen zu qualitativem Risiko

Risikokennzahl	0–1	2–4	5–7	8–9
Risiko	NIEDRIG	MITTEL	HOCH	SEHR HOCH
Erwartungswert des Schadens	geringer als 5 % vom UB	zwischen 5 % und max. 20 % vom UB	zwischen 20 % und max. 40 % vom UB	größer als 40 % vom UB

UB Umsatz/Budget

5.5   Betrachtungsmodell der ISO 27005

Im Zuge der Entwicklung der Normenreihe 27000 der ISO ist erstmalig 2008 die Norm ISO 27005 in englischer Sprache erschienen, und zwar als technische Revision der ISO 13335-3 und 13335-4. Sie beschreibt das Risikomanagement in der Informationssicherheit mit all seinen Phasen und Optionen. Wir stellen hier einige wesentliche Inhalte zusammen.

Assets Als *Asset* bezeichnet man in der Normenreihe alles, was für die Organisation einen Wert besitzt und damit prinzipiell einem Risiko ausgesetzt ist. Dies können Systeme und Netze, Anwendungen, Daten, Geschäftsprozesse, produzierte Güter, Liegenschaften und Gebäude, aber auch z. B. Kreditwürdigkeit und Image der Organisation sein.

Risiko Ein Risiko (für ein Asset) wird verstanden als eine Kombination aus

* der Wahrscheinlichkeit bzw. Häufigkeit eines schadenverursachenden Ereignisses und
* dessen Konsequenzen (also des Schadens).

Die Art der schadenverursachenden Ereignisse, die Maßeinheit für den Schaden wie auch die Vorschrift zur Bildung der *Kombination* aus beiden Faktoren werden nicht weiter präzisiert, sondern sind durch den Anwender der Norm wählbar. Im Anhang B der ISO 27005 findet man dazu Beispiele.

Ereignisse Zu den *Ereignissen* zählen in unserem Kontext Angriffe und Manipulationen durch Personen, katastrophale Ereignisse (wie Erdbeben, Feuer, Wassereinbruch, Blitzeinschlag, also: Elementarereignisse), aber auch Fahrlässigkeit, Fehlbedienung, Verstöße gegen Vorschriften und Gesetze.

Häufigkeiten Im Einzelfall ist besonders die Ermittlung von Eintrittshäufigkeiten ein Problem: Man kann sie aus einschlägigen Statistiken gewinnen, solange es um Elementarereignis oder um Ausfall von Geräten geht. Für andere uns interessierende Ereignisse (z. B. Hacker-Angriffe, Insider-Manipulationen) ist man jedoch auf Schätzungen bzw. Annahmen angewiesen, deren Belastbarkeit eher gering sein dürfte – es sei denn, es stehen Erfahrungswerte zur Verfügung.

Konsequenzen *Konsequenzen* drücken sich immer in Schäden für die Organisation aus. Diese können ganz unterschiedlich sein: vorrangig möglicherweise finanzielle Verluste, dann aber auch Ansehensverlust, Verlust der Kreditwürdigkeit oder Qualitätsverluste.

Kombination Kann man die Konsequenzen in Zahlen ausdrücken, wird das Risiko normalerweise als *Produkt* aus Wahrscheinlichkeit bzw. Häufigkeit und Konsequenz (= Schadenhöhe) festgelegt.

Andere Verfahren – z. B. eine unterschiedliche Gewichtung von Eintrittshäufigkeit und Schadenhöhe – können ebenfalls den Vorgaben genügen.

Risikoanalyse Als *Risikoanalyse* wird in der ISO 27005 das Verfahren bezeichnet, mit dem man in dieser Reihenfolge

1. seine Assets ermittelt,
2. Bedrohungen für seine Assets *identifiziert* (ermittelt, benennt, grob beschreibt),
3. vorhandene Sicherheitsmaßnahmen ermittelt,
4. Schwachstellen identifiziert,
5. anschließend die Höhe des Risikos quantitativ oder qualitativ *abschätzt.*

Letzteres kann nach der oben beschriebenen Kombination aus Eintrittshäufigkeit und Konsequenz geschehen. Sofern man keine genauen Zahlen ermitteln kann, sollte man einige (wenige) grobe Risikoklassen definieren und die identifizierten Risiken in diese Klassen einsortieren.

Risikobewertung Die Höhe des Risikos bzw. die Risikoklasse ist für sich genommen noch nicht aussagekräftig. Vielmehr muss das Risiko (die Risikoklasse) im Kontext der Geschäftstätigkeit der betreffenden Organisation *bewertet*werden.

Das absolute Risiko (die Schadenerwartung) – als Beispiel ein Verlust von 1 Mio. € –, mag für Organisation A existenzgefährdend sein, für Organisation B dagegen ein tolerables Risiko darstellen. Die Risikobewertung besteht also darin, die Auswirkungen auf die Organisation zu charakterisieren, wenn das Risiko tatsächlich eintritt.

Der Prozess aus Risikoanalyse und Risikobewertung wird in der ISO 2700× als *Risikoeinschätzung* bezeichnet.

Die folgende Abb. 5.9 visualisiert die Schritte der Risikoanalyse und -bewertung gemäß ISO 27005.

Die in Abschn. 5.4 dargestellte Vorgehensweise nach ISO 13335 ähnelt der hier behandelten, wie man anhand der Abb. 5.9 und der Schritte 1 bis 7 aus Abschn. 5.4 erkennt. Wir beschränken uns deshalb auf einige ergänzende Erläuterungen.

5.5.1   Aktivität 1

Ziel der Identifizierung von Risiken ist die Beantwortung der Fragen, was kann passieren und einen Schaden verursachen, wo, wie und warum passiert das.

Schritt 1: Assets bestimmen Dieser Arbeitstakt verschafft den Input für die folgenden Analyseschritte, weil er die risikobehafteten Werte[15] der Organisation erfasst. Dabei stellt sich die Frage, auf welcher Abstraktionsebene man solche Assets ermittelt.

---

[15] hier im Zusammenhang mit der Informationsverarbeitung.

1. Risiken identifizieren

Assets bestimmen	Bedrohungen identifizieren	Vorhandene Maßnahmen ermitteln	Schwachstellen identifizieren	Konsequenzen bestimmen

2. Risiken abschätzen

Konsequenzen abschätzen	Häufigkeiten abschätzen

3. Risiken bewerten

Auswirkungen der Risiken auf das Unternehmen bewerten

Abb. 5.9 Risikoanalyse und -bewertung gemäß ISO 27005

Um den Aufwand in Grenzen zu halten, wird empfohlen, auf der Ebene der Geschäftsprozesse oder IT-Anwendungen zu beginnen. Alle anderen Schutzobjekte wie Daten, Systeme, Netze, Infrastruktur und Versorgungen, Personal etc. lassen sich als *notwendige Ressourcen* für die Geschäftsprozesse betrachten. Dabei werden einzelne Ressourcen durchaus mehreren Geschäftsprozessen zugeordnet sein. Am besten beginnt man damit,

- eine Tabelle mit allen von den betrachteten Geschäftsprozessen verwendeten Ressourcen sowie
- eine Tabelle mit den Geschäftsprozessen

zu erstellen und bei letzterer für jeden Geschäftsprozess Verweise auf die Ressourcentabelle einzubauen, wodurch zum Ausdruck kommt, welche Ressourcen von welchem Prozess genutzt werden[16].

---

[16] Dabei kann man auch einen *Grad* der Nutzung angeben, im einfachsten Fall VERZICHTBAR oder UNVERZICHTBAR, oder erweitert um Zwischenstufen. Solche Überlegungen sind z. B. beim Notfallmanagement und der Kritikalitätsanalyse hilfreich, vgl. [9].

▶   Unterdrückt man die Erfassung der von den Geschäftsprozessen genutz-
     ten Ressourcen und betrachtet Risiken ausschließlich anhand der abstrakten
     Geschäftsprozesse, läuft man Gefahr, im Abstrakten zu bleiben und nur sehr
     allgemeine Bedrohungen bzw. Risiken ermitteln zu können: Die Auflistung der
     Ressourcen hat also auch den Zweck, hierbei Einzel- oder Teilrisiken für jede
     Ressource und damit auch für den übergeordneten Geschäftsprozess zu finden.

Schritt 2: Bedrohungen identifizieren Die erste Frage ist, wie man überhaupt Bedrohungen ermittelt. Hierzu sollte man der Reihe nach folgende „Quellen" auswerten:

* bisherige Erfahrungen der Organisation, wobei die Auswertung z. B. anhand der Auf-
  zeichnungen des Incident Managements oder Notfallmanagements erfolgen kann
* Befragungen der für die Assets Verantwortlichen[17]
* Befragungen von Anwendern und Nutzern
* Auswertung von Fachinformationen z. B. einschlägiger Verbände, Versicherungen und
  Behörden
* Auswertungen von veröffentlichten Gefährdungs- und Bedrohungskatalogen wie z. B.
  den Gefährdungskatalog des IT-Grundschutzes oder den Anhang C der ISO 27005

Dabei geht man immer von folgender Struktur aus, die für jede Bedrohung abzuarbeiten
ist:

* Benennung und Beschreibung der Bedrohung
* Quelle der Bedrohung (Elementarereignis, technisches Versagen, Angriffe durch Insi-
  der oder Externe,…)
* Charakteristik der Bedrohung (zufällig oder intendiert)
* Auswirkung der Bedrohung (auf welche Assets, mit welchen Folgen)

Schritt 3: Vorhandene Maßnahmen An dieser Stelle versteht die Norm unter *vorhandene Maßnahmen* solche, die entweder bereits *umgesetzt* sind oder zumindest zur Umsetzung anstehen, also *geplant* sind.

     Anhand der Unterlagen und Aufzeichnungen des Sicherheitsmanagements sind für
jede Bedrohung die entgegenwirkenden Maßnahmen zusammenzustellen.

     Bei dieser Gelegenheit kann es angezeigt sein, sich noch einmal genau zu vergewis-
sern, ob die in Frage stehenden Maßnahmen tatsächlich (korrekt) umgesetzt worden sind,
zu welchem Grad sie umgesetzt wurden, ob sie effektiv sind. Bestehen hier Unsicherhei-
ten, sollten Auditberichte herangezogen werden bzw. sollten entsprechende Überprüfungen oder Inspektionen erfolgen.

---

[17] etwa die Haustechnik für die Infrastruktur, die IT-Abteilung für IT-spezifische Bedrohungen, das
Justiziariat rechtliche Risiken betreffend etc.

Schritt 4: Schwachstellen identifizieren Schachstellen können in allen Bereichen auftreten: in der Organisation, in den Abläufen und Prozessen, beim Personal, in der Infrastruktur, bei Hardware und Software, aber auch im Zusammenspiel mit externen und internen Stellen der Organisation – sogar bei Sicherheitsmaßnahmen selbst.

Schwachstellen sind erst dann kritisch, wenn es Bedrohungen gibt, die sie ausnutzen können. Dennoch sollte man auch solche Schwachstellen erfassen, für die es momentan keine Bedrohungen gibt: Bei späteren Überarbeitungen könnten sich jedoch entsprechende Bedrohungen entwickelt haben. Es könnte auch sein, dass sich Schwachstellen z. B. bei technischen Maßnahmen nun doch auswirken, weil inzwischen die Einsatzumgebung der Maßnahmen geändert wurde.

Eine gute Quelle für die Identifizierung von Schwachstellen stellt der Anhang D der ISO 27005 dar, in dem eine umfangreiche Tabelle typischer Schwachstellen (und korrespondierender Bedrohungen) enthalten ist. Dabei wird von einer Einteilung der Schwachstellen nach Hardware, Software, Netzwerk, Personal, Organisation und Infrastruktur ausgegangen; für jedes dieser Themen werden umfängliche Listen möglicher Schwachstellen und Bedrohungen dargestellt.

Schritt 5: Konsequenzen bestimmen Trifft im Zusammenhang mit einem Asset eine Bedrohung auf eine Schwachstelle, so kann sich ein Schaden einstellen. Man kann diesen Schaden zunächst beschreiben als Verlust der Vertraulichkeit, Integrität und/oder Verfügbarkeit des Assets. Sodann sind aber die mittelbaren Auswirkungen auf die Geschäftstätigkeit, das Image der Organisation, die Qualität von Produkten, die Einhaltung von Terminen, die Compliance mit Vorgaben (z. B. Gesetzen) etc. zu erfassen. Bilanziert man die finanziellen Auswirkungen solcher Schäden, spielen natürlich die *Dauer* eines Ausfalls, die Wiederherstellungszeit und -kosten eine wesentliche Rolle.

Fazit Damit haben wir die Aktivität 1 aus der Abb. 5.9 behandelt. Im Ergebnis haben wir jetzt alle Assets bestimmt, für jedes Asset mögliche Bedrohungen ermittelt, die vorhandenen und geplanten Maßnahmen (zur Abwehr dieser Bedrohungen) erfasst und vorhandene Schwachstellen ermittelt. Für die Fälle *Bedrohung trifft auf Schwachstelle* haben wir die möglichen Konsequenzen dieses Umstands beschrieben.

In unseren Tabellen sind möglicherweise auch Bedrohungen enthalten, die nicht auf Schwachstellen treffen, bzw. Schwachstellen, für die es keine ausnutzenden Bedrohungen gibt. Solche Einträge belassen wir in den Tabellen – sie könnten später oder unter anderen Bedingungen noch relevant werden.

5.5.2   Aktivität 2

Die Arbeitsschritte der Aktivität 2 aus Abb. 5.9 sind *Abschätzung der Konsequenzen* und (Eintritts-)*Häufigkeiten* für relevante Bedrohungen. Die Vorgehensweise entspricht grundsätzlich dem Schema aus unserem Abschn. 5.4, und zwar handelt es sich dort um Schritt 4 und Schritt 5.

Tab. 5.13 Asset-Bewertung

Vertraulichkeit		NIEDRIG			MITTEL			HOCH		
Integrität		N	M	H	N	M	H	N	M	H
Verfüg-barkeit	NIEDRIG	3	4	5	4	5	6	5	6	7
	MITTEL	4	5	6	5	6	7	6	7	8
	HOCH	5	6	7	6	7	8	7	8	9

Wir wollen hier jedoch als Beispiel ein anderes Verfahren der Klassifizierung beschrei-ben, das dem *FREE ISO27k Toolkit* entnommen[18] ist.

Dabei wird jedes Asset im Hinblick auf die Vertraulichkeit, Integrität und Verfügbar-keit bewertet, um eine Vorstellung von der Bedeutung oder Kritikalität des Assets zu be-kommen. Hierzu wird ein dreistufiges Schema aufgesetzt, in dem Punktzahlen vergeben werden, und zwar: 1 = NIEDRIG, 2 = MITTEL, 3 = HOCH. Die Stufen sagen aus, dass niedrige, mittlere oder hohe Anforderungen gestellt sind. Als Beispiel könnte ein Geschäftsprozess als Asset eine Einstufung von 2 bei der Vertraulichkeit, 1 bei der Integrität und 3 bei der Verfügbarkeit erhalten.

Mit dem folgenden Schema wird daraus eine Gesamtbewertung für jedes Asset er-mittelt. Dabei ergibt sich jeweils eine Punktzahl zwischen 3 und 9 – die Summe aus den Punktzahlen für unsere drei Sicherheitsziele (Tab. 5.13).

In ähnlicher Weise werden nun Bedrohungen charakterisiert. Die *Stärke* oder *Schwere* einer Bedrohung wird wiederum mit drei Stufen 1 = NIEDRIG, 2 = MITTEL, 3 = HOCH bewertet.

Da eine Bedrohung nur dann zu einem Risiko führt, wenn sie auf eine ausnutzbare Schwachstelle trifft, wird analog jede für ein Asset zu betrachtende Schwachstelle nach S = 1 = SCHWER AUSNUTZBAR, N = 2 = NORMAL AUSNUTZBAR, L = 3 = LEICHT AUSNUTZBAR bewer-tet. Schwachstellen der Stufe L sind natürlich besonders risikoträchtig.

Die Punktzahlen für Asset-Bewertung, Bewertung der Schwere Bedrohung und Aus-nutzbarkeit werden nun miteinander multipliziert und liefern einen *Schadenindex*, vgl. Tab. 5.14.

In dieser Bilanzierung ist noch keine Betrachtung der *Häufigkeit* des Schadeneintritts eingeflossen. Wir geben deshalb zunächst eine Klassifizierung von Eintrittshäufigkeiten anhand von Punktzahlen vor – etwa nach folgendem Schema:

- 1 = seltener als 1 × pro Jahr
- 2 = seltener als 1 × pro Quartal
- 3 = seltener als 1 × pro Monat
- 4 = seltener als 1 × pro Woche
- 5 = häufiger als 1 × pro Woche

---

[18] www.iso27001security.com/html/iso27k_toolkit.html.

Tab. 5.14 Schadenindex

Schwere der Bedrohung	NIEDRIG			MITTEL			HOCH		
Ausnutzbarkeit/ Exponiertheit	S	N	L	S	N	L	S	N	L
Asset-Bewertung	3	3	6	9	6	12	18	9	18	27
	4	4	8	12	8	16	24	12	24	36
	5	5	10	15	10	20	30	15	30	45
	6	6	12	18	12	24	36	18	36	54
	7	7	14	21	14	28	42	21	42	63
	8	8	16	24	16	32	48	24	48	72
	9	9	18	27	18	36	54	27	54	81

Diese Punktzahl multiplizieren wir mit dem Schadenindex und erhalten auf diese Weise Ergebnisse zwischen 3 und 405 ($= 5 \times 81$), welche ein Maß für das Risiko darstellen.

Dabei stellt sich natürlich die Frage, wie man für einzelne Bedrohungen zu einer entsprechenden Einschätzung der Häufigkeit kommt. Hier muss man zunächst auf eigene Erfahrungen der Organisation mit bestimmten Risiken abstellen; auch können Statistiken Dritter (z. B. für die bekannten Elementarereignisse wie Blitzeinschlag, Brand, Überschwemmung, Erdbeben etc.) herangezogen werden. Bei Angriffen durch Personen kann man die Verfahren aus Abschn. 5.3 hinsichtlich des Angriffspotenzials anwenden und in Verbindung mit den Schwachstellen zu einer Einschätzung kommen. Vorhandene Sicherheitsmaßnahmen können dabei die Häufigkeit reduzieren.

Sie erkennen aber schon: Auch hier gilt es, *vernünftige* Abschätzungen bzw. Annahmen über die Eintrittshäufigkeit zu treffen. Im Zuge des PDCA werden sich die Zahlen bzw. Einschätzungen verändern und an die Realität anpassen. Insofern ist es auch nicht erforderlich und meist auch nicht machbar, gleich beim ersten Durchlauf eine präzise Abschätzung aller Risiken und ihrer Eintrittshäufigkeiten zu bekommen.

▶ In der neuen ISO 27001:2013 wird ein verkürztes Verfahren für die Schritte 1 und 2 „zugelassen", und zwar können relevante Risiken direkt angegeben und „abgeschätzt" werden, ohne Bedrohungen und Schwachstellen einzelnen benennen und auswerten zu müssen. Im einfachsten Fall erstellt man „freitragend" eine Liste der als relevant betrachteten Risiken und ordnet ihnen z. B. eine Risikoklasse zu.

5.5.3 Aktivität 3

Bei der Aktivität 3 aus der Abb. 5.9 geht es im letzten Schritt und die *Bewertung* des Risikos, d. h. die Bewertung der Auswirkungen auf die Organisation. Hier geht es praktisch darum, den ermittelten Risikowert zu klassifizieren. Man könnte z. B. Risiken einteilen nach:

Tab. 5.15 Risikokennziffer und Risikobewertung (Klasse A hell, Klasse B leicht schattiert, Klasse C stark schattiert)

Häufigkeit	1	2	3	4	5
3	3	6	9	12	15
4	4	8	12	16	20
5	5	10	15	20	25
6	6	12	18	24	30
7	7	14	21	28	35
8	8	16	24	32	40
9	9	18	27	36	45
10	10	20	30	40	50
12	12	24	36	48	60
14	14	28	42	56	70
15	15	30	45	60	75
16	16	32	48	64	80
18	18	36	54	72	90
20	20	40	60	80	100
21	21	42	63	84	105
24	24	48	72	96	120
27	27	54	81	108	135
28	28	56	84	112	140
30	30	60	90	120	150
32	32	64	96	128	160
36	36	72	108	144	180
42	42	84	126	168	210
45	45	90	135	180	225
48	48	96	144	192	240
54	54	108	162	216	270
63	63	126	189	252	315
72	72	144	216	288	360
81	81	162	243	324	405

(Spaltenbezeichnung vertikal: Schadenindex)

- A = Risiko akzeptabel (ohne weitere Maßnahmen)
- B = Risiko sollte durch Maßnahmen unter Beachtung der Wirtschaftlichkeit reduziert werden
- C = Risiko inakzeptabel hoch (muss reduziert werden)

Die folgende Tab. 5.15 basiert auf dem Ergebnis der Tab. 5.14 und zeigt eine mögliche Bewertung des Risikos.

Die Grenzen zwischen den Stufen – die Schwellenwerte – sind dabei anpassbar, d. h. von der Organisation selbst festzulegen – dies muss aber für alle Assets *einheitlich* erfolgen!

Im Beispiel ist die Trennlinie zwischen A und B bei 56 Punkten, zwischen B und C bei 108 Punkten gezogen worden.

Die Abgrenzung wie auch die Tab. 5.15 selbst (und die dahinter stehende Vorgehensweise) sollte man sich von der Leitungsebene absegnen lassen, damit sie nicht *hinterher* in Frage gestellt werden, wenn damit im Ergebnis hohe Risiken ermittelt worden sind.

Exponiertheit Die obigen Betrachtungen kann man geringfügig verallgemeinern, indem man statt der Ausnutzbarkeit der Schwachstellen die *Exponiertheit* gegenüber einer Bedrohung betrachtet: Dabei ist die Ausnutzbarkeit von Schwachstellen nur ein Element der Exponiertheit. Es könnte z. B. sein, dass die Art der Geschäftsprozesse, ihr finanzielles Volumen, die beteiligten Kooperationspartner etc. dazu beitragen, dass man der betrachteten Bedrohung besonders stark oder vielleicht besonderes gering ausgesetzt ist. Es gilt also, die zur Exponiertheit beitragenden Faktoren zu ermitteln und zu bewerten.

Wer diesen allgemeineren geschäftlichen Kontext mitbetrachten möchte, kann sich einen ersten Eindruck seiner Exponiertheit gegenüber Risiken *insgesamt* anhand des SARP=*Self Assessment Risk Profiler* der ENISA[19] verschaffen. Hier wird man über eine Reihe von Fragen zu einer entsprechenden Auswertung geführt. Dabei werden ein *Basic Mode* und ein *Expert Mode* angeboten, die unterschiedlich differenzierte Auswertungen erlauben und diese auch grafisch darstellen[20].

5.6 Restrisiken und ihre Behandlung

Unabhängig von der verwendeten Methode zur Risikoanalyse und -bewertung benötigen wir in jedem Fall Aussagen zu den verbleibenden Risiken – oft als *Restrisiken* bezeichnet. Die grundlegende Frage, die wir für jedes Asset stellen müssen, lautet: Wie hoch ist unser verbleibendes Risiko, nachdem alle geplanten Maßnahmen zur Reduktion des Risikos umgesetzt worden sind?

Zur Beantwortung der Frage müssen wir nach den Analysemethoden unterscheiden:

- ISO 15408: Wie das Restrisiko bei den einzelnen Bedrohungen (Typ 1, Typ 2) nach Ergreifen von Gegenmaßnahmen bestimmt wird, haben wir in Abschn. 5.3 kennen gelernt.
- ISO 13335 und 27005: Hier führen wir Risikoabschätzung und Risikobewertung im Grunde ein zweites Mal durch, und zwar unter der Voraussetzung, dass *alle* im Sicher-

---

[19] ENISA=European Network and Information Security Agency.

[20] SARP v1.8 Beta ist ein programmiertes Excel-Sheet, das unter www.enisa.europa.eu/act/rm/files/tools/sarm-2009-05-10.xls/at_download/file verfügbar ist.

heitskonzept aufgeführten Maßnahmen zum Schutz des betrachteten Assets umgesetzt worden sind.

Optionen Wie geht man nun mit diesen Restrisiken um? Hierfür gibt es grundsätzlich folgende Alternativen:

- das Restrisiko akzeptieren
- das Restrisiko verlagern, indem man besonders risikoträchtige Prozess-Anteile z. B. an Dienstleister auslagert, in besser gesicherte eigene Infrastrukturen verlagert oder schlichtweg das verbleibende Risiko versichert (falls es dafür entsprechende Versicherungsverträge gibt)
- das Restrisiko in weiteren Schritten reduzieren, indem man erneut in das Sicherheitskonzept einsteigt und wirksamere Maßnahmen vorsieht – was in der Regel auch höhere Kosten bedeutet
- das kritische Asset (z. B. eine bestimmten Geschäftsprozess) nicht weiter nutzen bzw. betreiben

Beim Stichwort *Verlagerung* sei aber angemerkt, dass die Verantwortung für die Geschäftsprozesse bzw. Verwaltungsverfahren letztlich bei der Organisations selbst verbleibt. Jedoch kann die Verlagerung eine interessante Alternative sein, und zwar unter Kostengesichtspunkten und aus Sicht der Sicherheit: Beispielsweise können manche Dienstleistungsrechenzentren ein Sicherheitsniveau etablieren, das eine Organisation nur zu exorbitanten Kosten erreichen könnte.

Zusammenfassung

Die in diesem Kapitel dargestellten Vorgehensweisen für die unterschiedlichen Analysen stellen nur Beispiele dar. Daneben existieren viele weitere – es lohnt sich insofern, in die ISO 27005 oder auch die ISO 31000 hineinzuschauen. Nicht zuletzt hat man auch die Alternative, sich eine eigene Vorgehensweise zu „basteln" – sie sollte sich aber an dem Raster Risikoidentifizierung/ Risikoabschätzung/Risikobewertung orientieren.

Literatur

1. ISO/IEC 15408: Fassung von [8] als internationale Norm, www.iso.org
2. ISO/IEC 13335: Information Technology – Security techniques – Management of information and communications technology security(Part 1 to 5) [wirdsukzessivedurchNormen der ISO 27000 Reiheersetzt]
3. ISO/IEC 27005:2011 Information technology – Security techniques – Information security risk management, www.iso.org
4. ISO 31000:2009 Risk management – Principles and guidelines
5. IT-Grundschutz-Kataloge, BSI, www.bsi.de, unter: IT-Grundschutz

6. Risikoanalyse auf der Basis von IT-Grundschutz, BSI, www.bsi.de, unter: IT-Grundschutz
7. Information Technology Security Evaluation Criteria, www.bsi.de, unter: Zertifizierung und An-erkennung, Sicherheitskriterien
8. Common Criteria for Information Technology Security Evaluation, www.commoncriteriaportal.org
9. Information Technology Security Evaluation Manual, www.bsi.de, unter: Zertifizierung und An-erkennung, Sicherheitskriterien
10. Klett G, Schröder K.W, A (2011) IT-Notfallmanagement mit System: Notfälle bei der Informa-tionsverarbeitung sicher beherrschen. Vieweg + Teubner, Wiesbaden

Die Sicherheitsleitlinie 6

Zusammenfassung

Sicherheit ist immer eine *dokumentierte* Sicherheit, d. h. es sind alle Überlegungen *schriftlich* festzuhalten, um eine jederzeit nachvollziehbare und vermittelbare Grundlage zu schaffen. Sicherheit, die nur in den Köpfen der Beteiligten existiert, ist nicht analysierbar, nicht nachvollziehbar und nicht nachweisbar – und somit wertlos.

Wir behandeln in diesem Abschnitt zunächst die IT-*Sicherheitsleitlinie* – im Englischen als *IT Security Policy*[1] bezeichnet. Sie dient der Orientierung aller Mitarbeiter des Unternehmens (und ggf. darüber hinaus) in Sachen Informationssicherheit.

Wenn keine Missverständnisse zu befürchten sind, lassen wir das Kürzel *IT* weg, oder sprechen noch kürzer einfach von *Leitlinie*.

Mit der Sicherheitsleitlinie gibt die Unternehmensleitung eine Grundsatz-Erklärung zur Informationssicherheit ab und legt dabei insbesondere fest,

- für welchen Anwendungsbereich (Scope) die Sicherheitsleitlinie gelten soll,
- warum Informationssicherheit hierfür wichtig ist,
- welche gesetzlichen und vertraglichen Vorgaben[2] das Unternehmen in punkto Sicherheit zu beachten,
- ggf. welche Gefährdungen für den Anwendungsbereich[2] bestehen,
- welche grundsätzlichen Regelungen vor diesem Hintergrund zu beachten sind,
- dass alle Mitarbeiter des Unternehmens verpflichtet sind, die Sicherheitsleitlinie zu beachten und einzuhalten.

---

[1] fälschlicherweise oft als *Sicherheitspolitik* übersetzt (policy = Regel- oder Rahmenwerk).

[2] nur summarisch und nur die wirklich „hohen" Gefährdungen.

© Springer Fachmedien Wiesbaden 2015
H. Kersten, G. Klett, *Der IT Security Manager*, Edition <kes>,
DOI 10.1007/978-3-658-09974-9_6

Die Erstellung einer Leitlinie bereitet man deshalb am besten so vor, dass man sich einen Überblick über die geschäftlichen Rahmenbedingungen verschafft: Aufgaben und Ziele des Unternehmens, kritische Geschäftsprozesse und Fachaufgaben, Sicherheitsziele für diese Prozesse/Aufgaben, gesetzliche Anforderungen und Anforderung aus wichtigen Verträgen, interne Vorgaben z. B. aus dem Asset Management oder dem Quality Management sowie durch die Unternehmensleitung und die Abteilungen als wesentlich erachtete Gefährdungen und Risiken.

Mit dieser Materialsammlung kann man die Sicherheitsleitlinie leicht „füllen".

6.1   Inhalte der Sicherheitsleitlinie

Wir behandeln die Inhalte nun etwas ausführlicher.

1. Unternehmen
In einem einleitenden Absatz sollte

- das Unternehmen benannt,
- seine Abhängigkeit von anderen Unternehmen kurz skizziert werden (etwa die Zugehörigkeit zu einem Konzern) und
- sein Geschäftszweck kurz dargestellt werden.

Damit ist klar, um welches Unternehmen es geht und in welchem geschäftlichen Kontext es arbeitet. Eine Konzernzugehörigkeit deutet schon an, dass Konzernvorgaben für die Sicherheit zu beachten sein werden.

2. Anwendungsbereich
Worauf bezieht sich die Leitlinie? Dieser *Anwendungsbereich* sollte möglichst zweifelsfrei beschrieben sein: Diese Darstellung ist maßgebend für die Aufgaben und die Zuständigkeiten des Sicherheitsmanagements, aber auch für alle sich anschließenden Analysen, etwa in einem Sicherheitskonzept.

Als Anwendungsbereich kommen beispielsweise in Frage:

- bestimmte Organisationseinheiten oder das gesamte Unternehmen
- ein Geschäftsprozess oder mehrere, ggf. alle Geschäftsprozesse eines Unternehmens, eventuell nur die IT-Anteile[3] solcher Geschäftsprozesse
- einzelne Standorte eines Unternehmens

---

[3] Beim IT-Grundschutz spricht man im diesem Zusammenhang von *Anwendungen*.

- die IT-Nutzung im Unternehmen generell
- die Ressource *Information* des Unternehmens insgesamt

Für das Beispiel des ersten Anstrichs wird man sinnvollerweise in groben Zügen die Organisation des Unternehmens darstellen; ist der Anwendungsbereich nicht das gesamte Unternehmen, kann man so leicht die Abgrenzung – was liegt innerhalb des Anwendungsbereichs, was liegt außerhalb – erkennen.

Kommt das Beispiel der Standorte in Frage, wird man eine Übersicht über alle Standorte geben und dann die zu betrachtenden abgrenzen.

Bei der Beschreibung des IT-Einsatzes kann man zunächst auf bestehende Inventarverzeichnisse und Netzwerkpläne verweisen, diese dann aber auch dazu nutzen, um die für den Anwendungsbereich (!) erforderliche IT abzugrenzen.

Immer dann, wenn der Anwendungsbereich nicht umfassend ist, sollte man beschreiben, was aus welchem Grund ausgeschlossen ist, welche Schnittstellen zwischen Anwendungsbereich und dem nicht betrachtetem Rest bestehen.

Beim letzten Anstrich geht es um *alle* Informationen des Unternehmens, während beim vorletzten möglicherweise nur die die elektronisch zu verarbeitenden Daten im Mittelpunkt stehen.

Mit der Festlegung des Anwendungsbereichs wird meist auch die Entscheidung vorweggenommen, ob es später beim Sicherheitskonzept um

- die Sicherheit der IT und der Netze (klassische IT-Sicherheit) oder um
- die Sicherheit der Geschäftsprozesse geht (modernerer Ansatz) geht.

3a. Vorgaben
Für das Sicherheitskonzept und die dort zu planenden Maßnahmen sind meist eine Reihe von Vorgaben in Betracht zu ziehen, aus denen sich Anforderungen an die Sicherheit ableiten lassen:

- Es sind gesetzliche Bestimmungen einzuhalten.
  Hierunter fallen z. B. die Datenschutzgesetze (BDSG und Länder-Gesetze), das Telekommunikationsgesetz (TKG), das Signaturgesetz (SigG). Weiterhin können sich Vorgaben für die Informationssicherheit aus den *Grundsätzen ordnungsgemäßer Buchführung*, aus der Umsatzsteuerrichtlinie – etwa für das Gebiet der elektronischen Rechnungsstellung, Regelungen über Aufbewahrungsfristen (hier von Daten bzw. Dokumenten) – ergeben. Grundsätzlich fordert z. B. das KonTraG eine Unternehmensvorsorge und ein Risikomanagement, wozu thematisch auch die Informationssicherheit zählt. Für Unternehmen, die an amerikanischen Börsen notiert sind, gilt der Sarbanes Oxley Act (kurz: SOX), der sich mit Risiken von Finanzdaten befasst.
  Die so genannten nationalen *Krypto-Regulierungen* können in Staaten, die solche erlassen haben, den Einsatz bestimmter Verschlüsselungsverfahren durch ein Unternehmen an Bedingungen knüpfen. In Deutschland sind solche Regelungen für die Nutzung von

Kryptoverfahren nicht erlassen worden. Dies kann jedoch in anderen Staaten abwei-chend gehandhabt werden: Meist geht es darum, dass der Einsatz besonders sicherer Verfahren unter einem staatlichen Genehmigungsvorbehalt steht und ggf. erst nach Schlüsselhinterlegung bei staatlichen Stellen erlaubt ist. Es kann außerdem der Fall eintreten, dass die Einfuhr von Kryptogeräten – auch etwa als Bestandteil eines Laptops oder Notebooks – in ein Land anzumelden ist oder grundsätzlich nicht erlaubt ist.

Bei den gesetzlichen Bestimmungen kann es höchst kompliziert werden, wenn es um ein Unternehmen geht, das Standorte in vielen Ländern aufweist. In jedem Land ist dann den dort geltenden gesetzlichen Vorgaben zu genügen. Möglicherweise ist es un-praktisch, alle diese Vorgaben in der Sicherheitsleitlinie auch nur summarisch aufzu-führen. Hier bietet sich an, je Standort ein separates Dokument anzulegen und auf diese Dokumente in der Sicherheitsleitlinie nur zu verweisen.

• Verträge mit Kunden bzw. Bedingungen in Ausschreibungen können Auswirkungen auf die Sicherheit und die Sicherheitsmaßnahmen haben.

Gegenstand von solchen Verträgen können Anforderungen an die Verfügbarkeit von Dienstleistungen bzw. Geschäftsprozessen sein. In Ausschreibungen kann es beispiels-weise um die Vertraulichkeitseinstufung der zu verarbeitenden Daten oder um Service-Levels und Reaktionszeiten gehen. Solche Vorgaben können Auswirkungen auf das Sicherheitskonzept haben.

• Eine dritte Quelle für Maßnahmen können unternehmenseigene Regeln bzw. Vorgaben sein.

Dazu zählen z. B. Leitlinien und Richtlinien eines übergeordneten Konzerns. Bereits bestehende Vorgaben etwa zur Anwendung bestimmter Verschlüsselungsverfahren oder zum Einsatz bestimmter Virenschutz-Produkte sind ebenfalls ein wichtiger Input für das Sicherheitskonzept. Solche Vorgaben findet man häufig, um Interoperabilität und Einheitlichkeit zu erreichen.

Häufig existieren – vor allem in Konzernen – Regeln zur Einstufung und Klassifizie-rung von Informationen, Daten und Systemen (s. Kap. 4).

Eine Management-Vorgabe könnte dahingehend lauten, dass der Querschnittsprozess *Sicherheit* im Qualitätsmanagement einsortiert werden soll.

Sie haben schon erkannt, dass hier viele Informationen zum Tragen kommen und man im Rahmen der Leitlinie schnell an Grenzen stößt. Beachten Sie aber, dass eine gute Lösung für dieses Problem das in Abschn. 3.7 behandelte Compliance Management und die IT Compliance in Kap. 17 darstellen, d. h. in diesem Gliederungspunkt der Leitlinie könnte man einfach auf die Vorgabensammlung dieser Bereiche verweisen oder sie geeignet zu-sammenfassen. Dies setzt voraus, dass das Compliance Management auch die Vorgaben-seite für die Informationssicherheit erfasst hat; andernfalls muss man hier auf eine Kom-plettierung hinwirken.

3b. Gefährdungslage

Es ist weiterhin darzulegen, welche Gefährdungslage für den Anwendungsbereich besteht. Hier werden wiederum keine Details, etwa einzelne Bedrohungen oder Risiken, erwartet, es reichen summarische Aussagen. Wir haben dieses Thema bereits unter dem Stichwort *Gefährdungsanalyse* in Abschn. 5.3 behandelt, wo auch Beispiele angegeben sind.

Die Aussagen der Gefährdungsanalyse sind ein zentraler Input für die später im Rahmen des Sicherheitskonzeptes durchzuführenden Analysen.

3c. Ziele

Aus der Beschreibung der Vorgabenseite und der Gefährdungen kann man recht zügig Sicherheitsziele für das Unternehmen ableiten. Die einfachste Formulierung resultiert aus dem Punkt 3a:

- Beachtung der für das Unternehmen relevanten Gesetzes- und Vertragslage
  Typische Beispiele für Ableitungen aus 3b. sind:
- Wahrung der Vertraulichkeit von Kundendaten
- hohe Verfügbarkeit der Systeme, mit denen bestimmte Anwendungen betrieben werden
- die Integrität von Finanz- und Planungsdaten etc.

Sie ergeben sich im Grunde durch eine Negation der Gefährdungen.

Bei der Aufzählung sollte man die einzelnen Ziele – wenn möglich – in Beziehung setzen zum Geschäftszweck bzw. den Fachaufgaben aus Gliederungspunkt 1. Auch eine Zuordnung zu benannten Geschäftsprozessen kann hilfreich sein.

Manche finden es leichter, zunächst die Ziele und dann die Gefährdungen zu beschreiben, d. h. 3b. und 3c. sind vertauscht. Das ist ebenfalls zielführend.

4. Bedeutung der Sicherheit

Dieser Abschnitt ist so etwas wie ein Fazit aus 3a, 3b und 3c. Es sollte begründet werden, warum die in den Zielen zum Ausdruck kommende Sicherheit für den Anwendungsbereich erforderlich ist. Wie weit hängt das Unternehmen beispielsweise von der einwandfreien, verlustfreien Funktion eines Geschäftsprozesses ab? Hängt das Image des Unternehmens von der Informationssicherheit ab? Welche Auswirkungen könnten Sicherheitsvorfälle auf die Geschäftstätigkeit und das Image haben? Hier werden keine Zahlen erwartet, sondern summarische, qualitative Einschätzungen.

5. Grundsätzliche Regelungen

Unter dieser Überschrift fallen Regelungen zu folgenden Stichwörtern:

- Wie ist das Sicherheitsmanagement organisiert? Welche Aufgaben und Zuständigkeiten hat es?
- Wie geschieht die Lenkung von Dokumenten und Aufzeichnungen?
- Zentrale Grundsätze zum Informationsschutz: z. B. das Eigentümer-Prinzip, die Klassifizierung von Daten etc.

- Aussagen über Awareness-Maßnahmen
- Ausrichtung an Standards (z. B. Orientierung an ISO 27000)
- Organisation des Berichtswesens zum Thema Informationssicherheit
- Aussagen über angestrebte Qualifizierungen wie z. B. Zertifizierungen

6. Erklärungen

Im Grunde ist jeder Mitarbeiter einer Institution gehalten, die Sicherheitsgrundsätze aus der Leitlinie (sowie ergänzender Richtlinien) zu kennen und an seinem Arbeitsplatz ein-zuhalten. Vielfach steht eine entsprechende Formulierung auch im Schlussabsatz der Leit-linie.

Danach findet man (gelegentlich) die Aussage der Unternehmensleitung, entsprechen-de Ressourcen bereitstellen und das Sicherheitsmanagement unterstützen zu wollen, um die festgelegten Ziele erreichen zu können.

Am Ende der Leitlinie muss auf jeden Fall Datum und Unterschrift der Leitungsebene vorhanden sein – womit die Leitlinie in Kraft gesetzt wird.

Die in Kraft gesetzte Sicherheitsleitlinie gelesen und verstanden zu haben sowie sich zu ihrer Einhaltung zu verpflichten, sollte Gegenstand einer Verpflichtungserklärung sein, die von jedem Mitarbeiter unterzeichnet wird. Ein guter Platz für die Aufbewahrung des unterzeichneten Exemplars ist die Personalakte (in Analogie zur Datenschutzerklärung).

6.2   Management der Sicherheitsleitlinie

Umfang

Es wird immer die Frage gestellt, wie umfangreich eine Sicherheitsleitlinie sein muss: Eine Sicherheitsleitlinie ist immer ein Top Level Dokument auf einem hohen Abstrak-tionsniveau. Schaut man sich den Gliederungsvorschlag zu Beginn dieses Kapitels an, so stellt man fest, dass der Umfang vor allem von der Länge der Beschreibung des An-wendungsbereichs und von dem Abstraktionsgrad bei der Beschreibung der Vorgaben und Gefährdungen abhängt. Als Faustregel gilt, dass ein Umfang von 10 Seiten nicht über-schritten werden sollte. Was man auf 10 Seiten nicht aufschreiben kann, gehört nicht in eine Sicherheitsleitlinie, sondern vermutlich schon eher in ein Sicherheitskonzept.

In Kraft setzen

Die Verantwortung für die IT-Sicherheitsleitlinie liegt bei der Unternehmensleitung. Gleichwohl wird ihre Erstellung meist an den IT-Sicherheitsbeauftragten oder an externe Berater delegiert. Die Sicherheitsleitlinie wird Gegenstand von Abstimmungen im oberen Management sein, bevor sie akzeptiert und in Kraft gesetzt wird. Es empfiehlt sich des-halb festzulegen,

- wer in den Abstimmungsprozess einzubeziehen ist,
- wer die Schlussredaktion übernimmt,

- wie und wann die Gegenzeichnung durch die Unternehmensleitung erfolgen soll.
  Für diese Prozesse ist entsprechend Zeit einzuplanen.

Verteilung

Ist die Leitlinie per Unterschrift in Kraft gesetzt worden, muss sie an alle Betroffenen verteilt werden. Wer fällt unter *Betroffene*? In der Regel sind dies zunächst alle Mitarbeiter des Unternehmens. Haben Sie allerdings den Anwendungsbereich der Leitlinie eingeschränkt, kann man den Kreis der Betroffenen entsprechend einschränken.

Eine andere Frage ist, ob die Leitlinie prinzipiell über den Kreis der Mitarbeiter hinaus zugänglich sein soll? Es könnte geschäftliche Anforderungen derart geben, dass Geschäfts- und Kooperationspartner Einblick in die Leitlinie haben möchten. Externe Auditoren werden immer Einblick nehmen wollen. Ob man allerdings so weit gehen will, die Leitlinie im Internet zu publizieren, sollte eingehend geprüft werden.

Vor diesem Hintergrund kann es wichtig sein, der Leitlinie einen Vermerk hinzuzufügen – etwa der Art: *Diese Leitlinie ist unternehmensintern zu halten. Ausnahmen werden durch die Leitung im Einzelfall entschieden.*

Auf welchem Wege geschieht nun die Bekanntgabe bzw. Verteilung der Leitlinie im Kreis der Betroffenen? Dazu gibt es unterschiedliche Ideen:

- Bekanntgabe über das Intranet des Unternehmens
- gedruckte Fassung per Hauspost jedem Betroffenen zustellen
- per E-Mail in elektronischer Form zustellen

Sofern Sie den Anwendungsbereich eingeschränkt haben, die Leitlinie im Intranet für die Betroffenen verfügbar, für alle anderen aber nicht zugreifbar sein soll, müssen Sie daran denken, geeignete Zugriffsrechte für die Leitlinie zu vergeben.

Wartung

In der Diskussion des PDCA-Zyklus für die Leitung ist bereits der Aspekt der Wartung der Sicherheitsleitlinie genannt worden. Änderungsbedarf entsteht vor allem dann, wenn der Anwendungsbereich geändert wird, grundsätzlich neue Gefährdungen oder Vorgaben zu betrachten sind. Dennoch gilt das Ziel, die Sicherheitsleitlinie so zu schreiben, dass sie möglichst lange unverändert bleiben kann: Jede Änderung würde automatisch Anpassungen am Sicherheitskonzept und seinen mitgeltenden Dokumenten und damit eventuell sogar Änderungen auf der Maßnahmenseite nach sich ziehen. Bei dem damit verbundenen Aufwand sind auch die erforderlichen Abstimmungs- und Genehmigungsprozesse zu berücksichtigen.

Gehen wir kurz die Punkte durch, die bei einer Überarbeitung der Leitlinie zu beachten sind:

- Unternehmensangaben: Es muss geprüft werden, ob das Unternehmen umbenannt worden ist, seine Eigentümerstruktur sich geändert hat und ob es ggf. seinen Geschäftszweck verändert – z. B. erweitert – hat.
- Anwendungsbereich: Änderungen können bspw. Organisationsveränderungen, neue Standorte oder neue bzw. geänderte Geschäftsprozesse betreffen.
- Vorgabenseite: Hier sind vor allem Gesetzesänderungen, neue Gesetze und Verträge zu beachten.
- Gefährdungen: Es ist zu prüfen, ob es *grundsätzlich* neue Gefährdungen gibt – nicht gemeint sind solche, die eine neue Erscheinungsform (z. B. neue Tricks von Hackern und Manipulanten) haben, aber bereits unter vorhandene Gefährdungen passen (hierbei wären allerdings Auswirkungen auf das Sicherheitskonzept zu prüfen).
  Neu aufzunehmende Gefährdungen werden sich oft dann ergeben, wenn sich die Geschäftstätigkeit des Unternehmens geändert hat.
- Ziele: Sie können sich ggf. bei neuen Vorgaben oder Gefährdungen ändern – aber auch, weil durch die Leitungsebene neue Ziele für das Bestandsgeschäft vorgegeben werden.
- Bedeutung der Sicherheit: Bei Geschäftsänderungen (Erweiterungen, Einstellungen) kann sich natürlich die Bedeutung der Sicherheit ändern.

Grundsätzliche Regelungen: Haben sich bei den zuvor erläuterten Punkten, Änderungen ergeben, können als Folge Regeln zu ergänzen oder zu ändern sein – was aber nicht zwangsläufig so sein muss. Eine andere Quelle für zu ändernde und neue Regelungen ist einfach die Erfahrung mit den bestehenden: Waren diese nicht zielführend oder sogar kontraproduktiv, wird man Hand anlegen müssen.

▶   Wo findet man ausformulierte Beispiele für *Sicherheitsleitlinien*? Im Internet suchen Sie nach diesem Stichwort und finden Beispiele solcher Leitlinien von einzelnen Organisationen. Weitere Beispiele gibt es auf den Web-Seiten des BSI, themenspezifische Hinweise und Beispiele in den Büchern [1–4].

Literatur

1. Kersten H, Schröder K.-W, Reuter J (2013) IT-Sicherheitsmanagement nach ISO 27001 und Grundschutz: Der Weg zur Zertifizierung. 4. Auflage, Springer Vieweg, Wiesbaden
2. Klett G, Kersten H (2014) Mobile Infrastrukturen: Management, Sicherheit und Compliance. mitp, Frechen
3. Kersten H, Klett G. (2013) Data Leakage Prevention: Datenlecks im Unternehmen erkennen und vermeiden. mitp, Frechen
4. Kersten H, Klett G (2012) Mobile Device Management. mitp, Frechen

Grundsätzliches zu Sicherheitsmaßnahmen

Zusammenfassung

Bereits arg strapaziert wurde der Begriff *Sicherheitsmaßnahme* (synonym: Abwehr-maßnahme, Gegenmaßnahme). Wir tragen nach: Jede Maßnahme, die für ein (Informations-, Daten-, System-, Prozess-) Objekt getroffen wird, um Sicherheitsziele für dieses Objekt zu erreichen oder dazu beizutragen, nennen wir eine *Sicherheitsmaßnahme*.

7.1 Maßnahmenklassen

In den vorausgegangenen Kapiteln haben wir bereits verschiedene Sicherheitsmaßnahmen erwähnt. Wir wollen nun eine Klassifizierung dieser Maßnahmen vornehmen:

Vertragliche Regelungen
Solche Regelungen (mit Sicherheitsbezug) können in Arbeitsverträgen, in Verpflichtungs-erklärungen, in Outsourcing-Verträgen oder in Verträgen mit Kunden und Lieferanten ent-halten sein. Sie sind insofern als Maßnahme anzusehen, als damit Mitarbeiter, Outsour-cing-Nehmer, Kunden und Lieferanten Regeln erhalten, deren Einhaltung zur Sicherheit beiträgt.

Organisatorische Regelungen
Hierzu zählen die Festlegung von Rollen und Verantwortlichkeiten (Rechte und Pflichten), Verhaltensregeln, Arbeitsanweisungen und Verfahrensbeschreibungen, Besucherregelun-gen, Regelungen über Mitnahme von Daten aus dem Unternehmen, Regeln betreffend die private Nutzung von IT-Systemen des Unternehmens oder die Verwendung privater Gerä-

© Springer Fachmedien Wiesbaden 2015
H. Kersten, G. Klett, *Der IT Security Manager,* Edition <kes>,
DOI 10.1007/978-3-658-09974-9_7

te für dienstliche Zwecke (etwa Mobile Devices), Verbot der Nutzung privater Software im Unternehmen, Passwortregeln.

Personelle Maßnahmen
Bei diesen Maßnahmen geht es um die Besetzung der definierten Rollen durch qualifiziertes Personal. Die notwendigen Qualifikationen sollten in einem Rollenprofil festgehalten sein: Sie beinhalten Anforderungen an die Ausbildung, Projekt- und Berufserfahrung. Zur Qualifizierung von Personen leisten Sensibilisierung, Schulung und Training (Awareness-Maßnahmen) einen wichtigen Beitrag. Unter *Training* fällt auch das Notfalltraining mit all seinen Facetten.

Infrastruktur-Maßnahmen
Sie dienen der Absicherung von *Sicherheitszonen*: Hierzu zählen die Sicherung des Zugangs zu Sicherheitszonen z. B. durch Überwachungseinrichtungen wie die Zutrittskontrolle, alarmgesicherte Türen und Fenster, die geschützte Verlegung von Versorgungsleitungen und Datenkabeln, Maßnahmen gegen Elementarereignisse (z. B. Brandschutz), akustische und elektromagnetische Abschirmung der Räumlichkeiten (Abstrahlschutz bzw. -minderung).

Technische Sicherheitsmaßnahmen/Sicherheitsfunktionen
Für Maßnahmen dieser Klasse, z. T. auch für Infrastrukturmaßnahmen, verwendet man in internationalen Standards den Begriff *Sicherheitsfunktionen*.

Die Zugriffskontrolle in einem Betriebssystem, eine Verschlüsselung von E-Mails, die sichere Schlüsselspeicherung in einer Kryptobox, die Kamera-Überwachung von Sicherheitszonen, die Abschirmung eines Rechners im Sinne von Abstrahlschutz sind Beispiele für solche Sicherheitsfunktionen.

Sicherheitsfunktionen finden sich also in Betriebssystemen, in Anwendungssoftware und werden z. T. auch durch Einsatz spezieller Sicherheitssoftware und -hardware realisiert.

C2-Klasse
Die Abb. 7.1 gibt einen Überblick über die Sicherheitsfunktionen von Betriebssystemen und Datenbanken, die nach der Klasse **C2** aus [3] bzw. **F- C2** aus [2] und [1] zertifiziert sind. Sie besitzen aufeinander abgestimmt eine Identifikation und Authentisierung der Benutzer (vor jeder anderen Interaktion), eine Zugriffskontrolle, eine Beweissicherung (mit Protokollierung und Auswertung) sowie eine Wiederaufbereitung gelöschter Objekte. Dieser Standard-Satz von Sicherheitsfunktionen ist heute in vielen kommerziellen Betriebssystemen und Datenbanken enthalten und bildet meist auch das Rückgrat von technischen Sicherheitskonzepten. Details zu diesen Sicherheitsfunktionen finden Sie im Kap. 13.

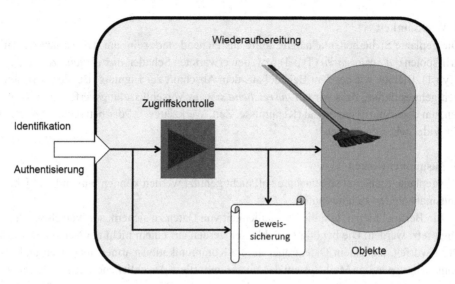

Abb. 7.1 Übersicht über C2-Systeme

7.2 Validierung von Maßnahmen

Bei der Erstellung eines Sicherheitskonzeptes geht es im Kern immer darum, den ermittelten Bedrohungen adäquate Sicherheitsmaßnahmen gegenüberzustellen. Dabei trifft
man häufig auf die Situation, dass es mehrere Alternativen für entsprechende Maßnahmen gibt.

Validierung
Die richtige Auswahl zu treffen, ist nicht immer einfach: Man sollte sich ein Schema
zurechtlegen, nach dem man Sicherheitsmaßnahmen für den vorgesehen Zweck bewertet
bzw. *validiert*. Bei der *Validierung* von Sicherheitsmaßnahmen sollte man mindestens folgende Kategorien berücksichtigen:

1. Eignung
Die geplante Sicherheitsmaßnahme sollte prinzipiell geeignet sein, den betrachteten Bedrohungen zu *begegnen* (Typ 2) bzw. den erwarteten Schaden zu *mindern* (Typ 1).
   Prinzipiell geeignet meint, dass sich die Sicherheitsmaßnahme gegen die betrachtete
Bedrohung richtet oder den Schaden reduziert – ohne schon zu diskutieren, ob dies ausreichend ist. Beispiel: Für den Schutz der Vertraulichkeit von Daten ist z. B. die Protokollierung von Zugriffen keine geeignete Sicherheitsmaßnahme (was sollte sie bewirken?),
dagegen ist die Verschlüsselung der Daten prinzipiell geeignet.

2. Wirksamkeit

Die geplante Sicherheitsmaßnahme sollte ausreichend stark sein, um das betrachtete Angriffspotenzial *abzuwehren* (Typ 2) bzw. den erwarteten Schaden *ausreichend* zu mindern (Typ 1). Bleiben wir bei dem Beispiel aus dem Abschnitt zur Eignung: Bei der Wirksamkeit geht es darum, dass wir ein *ausreichend starkes* Verschlüsselungsverfahren auswählen, um dem Angriffspotenzial (Kenntnisse, Zeit, Werkzeuge,…) der betrachteten Angreifer widerstehen zu können.

3. Zusammenwirken

Die geplante Sicherheitsmaßnahme soll nicht genutzt werden können, um andere Sicherheitsmaßnahmen zu unterlaufen.

Ein Beispiel hierzu: Um die Vertraulichkeit von Daten zu sichern, soll Verschlüsselung eingesetzt werden. Die benötigten Schlüssel werden auf einem nicht am Netz hängenden PC erwürfelt, auf einem Datenträger an die Kommunikationspartner übergeben und sodann in das jeweilige Mail-System der Nutzer importiert. Anschließend werden die Datenträger vernichtet. Da die Schlüssel auf dem separaten PC gespeichert bleiben, kann bei Verlust oder Zerstörung des Schlüssels für das Mail-System eines Nutzers schnell Abhilfe geschaffen werden. Da ein Backup-Verfahren im Unternehmen existiert, das die Daten aller Rechner sichert, werden auch die Daten des Schlüssel-PC von Zeit zu Zeit gesichert. Die Backup-Tapes werden ausgelagert, aber ansonsten nicht weiter geschützt.

In diesem fiktiven Beispiel unterläuft die Sicherheitsfunktion *Backup aller Daten* die Sicherheit der Verschlüsselung, da die Backup-Tapes nicht gegen den Verlust der Vertraulichkeit geschützt sind. Unbefugte könnten sich Kopien der im Einsatz befindlichen Schlüssel verschaffen.

4. Praktikabilität

Die geplante Sicherheitsmaßnahme soll praktikabel[1], d. h. von den Betroffenen leicht einhaltbar bzw. nutzbar und bei Umsetzung und Anwendung wenig fehleranfällig sein. Komplexe Arbeitsvorgänge sind inhärent fehlerträchtig, führen zur Schlamperei und untergraben damit die Praktikabilität einer Sicherheitsmaßnahme. Umfangreiche oder unverständliche Dokumentation kann zum gleichen Resultat führen. Eine *praktikable* Sicherheitsmaßnahme ist also im Grunde immer eine einfache, leicht erklärbare und befolgbare Maßnahme.

5. Akzeptanz

Die geplante Sicherheitsmaßnahme soll von den jeweils Betroffenen nicht als physisch beeinträchtigend, als unzumutbare Erschwernis oder als sozial diskriminierend angesehen werden. Gegenbeispiele hierfür sind etwa Zugriffskontrollen, die darauf beruhen, dass

- der Augenhintergrund durch Laserabtastung gescannt und ein Vergleich mit einem gespeicherten Muster durchgeführt wird (Vermutung der physischen Beeinträchtigung),

---

[1] in Standards gelegentlich *Ease of Use* genannt

- Fingerabdrücke mit entsprechenden Sensoren abgenommen und mit einem gespeicherten Muster verglichen werden (Stigmatisierung als Kriminelle) oder
- zum Zwecke der Authentisierung längere Erkennungssätze fehlerfrei über die Tastatur eingetippt werden müssen (unzumutbare Erschwernis).

Bei der Akzeptanz geht es nicht darum, ob eine physische Beeinträchtigung oder eine Diskriminierung *tatsächlich* stattfindet: Wesentlich ist hier die Psychologie.

6. Wirtschaftlichkeit

Im Zusammenhang mit der Bedrohungsanalyse hatten wir bereits diesen Validierungsfaktor erkannt: Der Aufwand für die Umsetzung und die Nutzung der geplanten Sicherheitsmaßnahme soll in einem sinnvollen Verhältnis zum reduzierten Risiko stehen. Eine solche Abwägung ist für Bedrohungen vom Typ 1 meist leicht möglich: Der Schaden- bzw. Risikoanalyse können wir entnehmen,

- welche Schadenreduktion S unsere Maßnahme bewirken würde,
- welche Kosten K durch diese Maßnahme entstehen.

Ggf. richtet sich die Maßnahme gegen mehrere Bedrohungen, dann summieren wir die Risiken bzw. die Schadenreduktion natürlich über alle entsprechenden Bedrohungen, d. h. in solchen Fällen darf eine Maßnahme natürlich mehr kosten.

Bei den Kosten und den Schäden muss man sich auf einen Zeitraum festlegen, für den diese Bilanzierung gelten soll. Eventuell sind Kosten auf eine bestimmte Periode betriebswirtschaftlich zu verteilen.

Wirtschaftlichkeit ist immer dann gegeben, wenn $K \leq S$ ist. Sofern bei Bedrohungen vom Typ 2 eine solche Betrachtung nicht durchgeführt werden kann, weil geeignete Zahlen über die Häufigkeiten und Schadenreduktion fehlen, nutzen wir zumindest einen Kostenvergleich, um aus mehreren möglichen Sicherheitsmaßnahmen die kostengünstigste herauszufiltern. Unter Umständen kann man fehlendes Zahlenmaterial aus eigener Erfahrung beisteuern, Hinweise von Sicherheitsexperten oder Schwachstellen-Informationsdiensten (CERT-Advisories) auswerten.

7. Angemessenheit

Die Art der Sicherheitsmaßnahme soll in einem angemessenen, d. h. sinnvollen Verhältnis zur *Bedeutung* des betroffenen Geschäftsprozesses für seinen Betreiber stehen.

Was heißt das? Die Bedeutung eines Geschäftsprozesses kann sich darin ausdrücken, welchen Umsatzbeitrag er liefert, wie er zum (positiven) Image beiträgt etc. Wenn Sie mit dem IT-Grundschutz arbeiten, können Sie den Begriff „Bedeutung" auch durch *Schutzbedarf* ersetzen.

Dieser Faktor *Angemessenheit* bietet ein Korrektiv, wenn alle anderen Validierungsfaktoren zwar abgehakt werden konnten, man aber dennoch den Eindruck hat, entweder über das Ziel hinaus zu schießen oder zu untertreiben.

Fazit

Bei jeder geplanten Sicherheitsmaßnahme sollten Sie diese sieben Faktoren oder eine für Sie passende Auswahl davon diskutieren. Von der Realisierung von Maßnahmen, die in einer oder mehreren dieser Kategorien klare Defizite besitzen, sollten Sie absehen und Alternativen suchen

Literatur

1. Common Criteria for Information Technology Security Evaluation, www.commoncriteriaportal. org
2. Information Technology Security Evaluation Criteria, www.bsi.de, unter: Zertifizierung und Anerkennung, Sicherheitskriterien
3. Trusted Computer System Evaluation Criteria, NCSC, 1983/1985, Teil der „Rainbow Series", verfügbar unter: www.fas.org/irp/nsa/rainbow.htm

Das Sicherheitskonzept

8

Zusammenfassung

Ein Sicherheitskonzept ist immer ein geschriebenes *Dokument*. Diese banale Forderung schließt aus, dass alle sicherheitsrelevanten Details nur in den Köpfen einiger Verantwortlicher vorhanden sind, aber nie schriftlich fixiert wurden. Außerdem sind nur schriftlich fixierte bzw. dokumentierte Sachverhalte als Nachweise geeignet.

8.1 Grundsätzliches

Umfang

Die Standardfrage nach dem Umfang eines Sicherheitskonzeptes ist nicht einheitlich zu beantworten: Je nach Art der Organisation, dem Anwendungsbereich sowie dem angestrebten Sicherheitsniveau kann es Sicherheitskonzepte mit 50 Seiten, aber auch mit 500 Seiten geben. Ähnlich wie bei der Sicherheitsleitlinie gilt auch für das Sicherheitskonzept der Grundsatz „Weniger ist oft mehr!", d. h. der Umfang eines Sicherheitskonzeptes ist eher gegenläufig zu seiner Qualität. Wie kann man den Umfang unter Kontrolle halten? Wir geben einige Tipps.

Redundanzen

In der Praxis ist vor allem darauf zu achten, eine klare Gliederung einzuhalten, *Redundanzen* zu vermeiden und nur das zu beschreiben, was zur Umsetzung der Sicherheitsleitlinie nötig ist.

Redundanzen vermeiden heißt zum Beispiel, *nicht* den vollständigen Text oder einzelne Passagen der Sicherheitsleitlinie oder sonstiger Vorgaben (Gesetzestexte, Vertragstexte und Richtlinien) zu wiederholen. Stattdessen sollten bei Bedarf *Verweise* auf diese Texte eingefügt werden.

© Springer Fachmedien Wiesbaden 2015
H. Kersten, G. Klett, *Der IT Security Manager*, Edition <kes>,
DOI 10.1007/978-3-658-09974-9_8

Dokumenten-Hierarchie

Eng mit diesem Punkt hängt auch die Vorgehensweise zusammen, alle Dokumente des Sicherheitsmanagements in einer Pyramide anzuordnen (s. Abschn. 3.3): Jedes Dokument einer Ebene konkretisiert Inhalte, die in Dokumenten aus einer höheren Ebene der Pyramide enthalten sind. Alle Angaben müssen also auf Dokumente der nächsthöheren Stufe *abbildbar* sein (vom „Allgemeinen zum Speziellen"). Dies wird man nicht immer in voller Schönheit hinbekommen, zeigt aber die Zielrichtung auf.

Praktisch heißt das: Man verweist auf eine Passage eines in der Hierarchie höheren Dokumentes und konkretisiert diese Passage gegebenenfalls. Ist nichts zu konkretisieren, gibt es maximal einen Verweis auf die betreffende Passage – oder es ist eben nichts zu sagen.

Level

Zur Reduktion des Umfang trägt weiter bei, ein bestimmtes Level in der Darstellung einzuhalten. Hat man beispielsweise sein Sicherheitskonzept auf Geschäftsprozesse ausgerichtet und führt dafür entsprechende Analysen durch, macht es keinen Sinn, die Abläufe z. B. von Administrationstätigkeiten bei den zugeordneten IT-Anwendungen detailliert zu beschreiben. Hierfür würde man auf eine entsprechende Arbeitsanweisung verweisen. Im Sicherheitskonzept stehen maximal bestimmte Grundsätze für diese Tätigkeiten – konkretisiert werden sie in der Arbeitsanweisung, auch hier kommt die Dokumenten-Hierarchie wieder zum Tragen.

Einstieg

Falls Sie schon jetzt den Eindruck gewonnen haben, dass die Sicherheitskonzeption höchst kompliziert werden wird: Sie haben recht. Deshalb der dringende Rat: Ein *einfaches* Sicherheitskonzept ist immer noch besser als gar kein Sicherheitskonzept.

Nehmen Sie deshalb für den *ersten Durchlauf* Vereinfachungen vor, indem Sie zunächst

- wenige, nicht zu detaillierte Assets auswählen (z. B. wenige kritische Geschäftsprozesse Ihrer Organisation),
- ähnliche Assets gruppieren und als *ein* Asset weiter behandeln,
- Sicherheitsziele mit *ja* und *nein* eintragen (noch ohne Skalierungen),
- Bedrohungen auf einem summarischen Level (eher im Sinne von Gefährdungen) darstellen und ein
- einfaches Schema für die Risikoanalyse und -bewertung anwenden.

Nach Abschluss dieser ersten Runde werden Sie das Gerüst eines Sicherheitskonzeptes haben, das sich in weiteren Runden – falls nötig – ausbauen und präzisieren lässt.

Vollständigkeit

Betrachten wir neben dem Umfang noch einen weiteren Punkt: die Vollständigkeit.

Es ist darauf zu achten, dass ein Sicherheitskonzept *vollständig* ist, d. h. *alle* konzeptionellen Überlegungen zur Sicherheit dargestellt werden. Es wird dringend davon abgeraten, thematisch zu differenzieren und für jedes Thema ein eigenes, unabhängiges Konzept zu erstellen – und dies vielleicht auch noch durch unterschiedliche Autoren. Dies führt schnell zu Inkonsistenzen und Widersprüchen, z. T. mit fatalen Folgen wie das folgende, gar nicht so fiktive Beispiel zeigt.

In einem Unternehmen werden die Themen *Virenschutz* und *Sicherer E-Mail-Verkehr* in getrennten Dokumenten konzeptionell bearbeitet. Während nun der Autor des Virenschutz-Konzeptes ein Virenschutz-Produkt auf dem entsprechenden Gateway zum Scannen aller ein- und ausgehenden E-Mails einsetzen möchte, hat der Autor des E-Mail-Konzeptes die Ver- und Entschlüsselung aller mit Partnern auszutauschender E-Mails am jeweiligen Arbeitsplatz des Absenders bzw. Empfängers vorgesehen. Aufgrund fehlender Kooperation und dafür benötigter Zeit sowie des üblichen Schubladen-Denkens bemerkt niemand, dass die geplanten Maßnahmen zwar isoliert betrachtet nicht zu beanstanden sind, aber in dieser Kombination keinen Sinn machen...

Wird ein solcher fataler Widerspruch nicht oder erst spät entdeckt, kann dies weitreichende Folgen haben. Solche Pannen können sehr kostenträchtig sein.

Was ist die Folgerung hieraus? Wenn man aus Gründen der Beschleunigung der Arbeiten Teile des Sicherheitskonzeptes an verschiedene Autoren verteilt, so ist dringend erforderlich, dass eine Art Schlussredaktion stattfindet, in der folgende Aspekte bearbeitet bzw. geprüft werden:

- die Sinnhaftigkeit der einzelnen Beiträge
- das Zusammenwirken der Maßnahmen aus den verschiedenen Beiträgen
- eine Maßnahmen-Konsolidierung, bei der versucht wird, Maßnahmen einheitlich zu gestalten, so ihre Zahl zu reduzieren und den Aufwand unter Kontrolle zu halten

8.2   Sicherheitskonzept nach IT-Grundschutz

Haben Sie sich in Kap. 5 für den IT-Grundschutz entschieden (Abschn. 5.1), sollten Sie nun auch das Sicherheitskonzept nach diesem Vorgehensmodell aufbauen.

Als *Sicherheitskonzept* wird beim IT-Grundschutz die Gesamtheit der Ergebnisse folgender Schritte betrachtet:

- Strukturanalyse
- Feststellung des Schutzbedarfs
- Modellierung des Informationsverbunds
- Basis-Sicherheits-Check
- ergänzende Analyse (wenn erforderlich)
- Maßnahmen-Konsolidierung und Umsetzungsplanung

Wir haben die Punkte aus dieser Aufzählung zum Teil bereits in Abschn. 5.1 skizziert und kommentiert, verweisen für eine detaillierte Darstellung auf die frei verfügbaren Unterlagen [1] und [2].

Führen Sie die Grundschutzanalyse *manuell* durch, machen ihre Aufzeichnungen zu den einzelnen Schritten das Sicherheitskonzept aus.

Falls Sie für die Konzeption ein *Tool* anwenden, so stellt die darin erfasste Datenmenge einschließlich der Auswertungen ihr Sicherheitskonzept dar. Eine Reihe von Tools sind auf den entsprechenden Web-Seiten des BSI zum Grundschutz angegeben, darunter das BSI-eigene *GS-Tool* (lizenz- und kostenpflichtig), aber auch das frei verfügbare Tool *Verinice*[1].

8.3   Klassisches IT-Sicherheitskonzept

In diesem Abschnitt wollen wir ein Sicherheitskonzept etwas detaillierter behandeln, welches auf der in Abschn. 5.3 dargelegten Risikoanalyse und -bewertung aufbaut. Als Gliederung für dieses Sicherheitskonzept wird Folgendes vorgeschlagen:

- Management Summary
- Glossar, Verzeichnisse
  1. Gegenstand des Sicherheitskonzeptes
  2. Zu schützende Objekte
  3. Subjekteigenschaften
  4. Bedrohungsanalyse
  5. Maßnahmenauswahl
  6. Schwachstellenanalyse
  7. Validierung der Maßnahmen
  8. Restrisiko-Betrachtung

Wir wollen diese Abschnitte bzw. Kapitel eines Sicherheitskonzeptes im Einzelnen behandeln.

Vorspann

Auch wenn das *Management Summary* sowie das *Glossar* und die Verzeichnisse tunlichst am Anfang des Sicherheitskonzeptes stehen sollten, können wir sie dennoch erst am Ende des Gesamtprozesses erstellen, wenn uns die entsprechenden Daten und Analysen vorliegen. Alternativ ist es natürlich auch möglich, das Summary später als getrenntes Dokument zu erstellen.

Das Management Summary soll in kurzer und prägnanter Form das Ergebnis des Sicherheitskonzeptes für die Leitung und das obere Management der Organisation zusammenfassen:

---

[1] www.verinice.org.

- Konnten die Vorgaben der Sicherheitsleitlinie konzeptionell umgesetzt werden?
- Mit welchem Aufwand bzw. zu welchen Kosten ist die Realisierung des Sicherheitskonzeptes zu erreichen?
- Gibt es in Einzelbereichen Probleme etwa der Art, dass bestimmte Anforderungen und Ziele zu hoch gesteckt und deshalb gar nicht oder nur zu exorbitanten Kosten umgesetzt werden können? Gibt es in diesen Fällen Alternativen?
- Welche Restrisiken verbleiben nach Umsetzung aller vorgeschlagenen Maßnahmen und wie soll damit umgegangen werden?

Vom Umfang her sollte sich das Summary auf wenige Seiten beschränken.

Zum Thema *Glossar* und der hierdurch erreichbaren Klarheit von Begriffen mit der Folge präziserer Konzepte wurde schon im Kap. 2 und im Abschn. 3.3 einiges gesagt – wir lassen es dabei bewenden.

Der besseren Lesbarkeit des Sicherheitskonzeptes wegen sollten *Verzeichnisse* der Kapitel, Abbildungen und Quellen nicht fehlen.

Wir verwenden bei den übrigen Punkten der Gliederung einfach gestrickte Beispiele, um die Tabellen und Auswertungen zu erläutern – ohne damit ein reales Szenario aus Aufwandsgründen *vollständig* durchspielen zu können.

Wichtige Tabellen

Bevor wir in die einzelnen Punkte einsteigen, legen wir Tabellenblätter an, in die wir später Daten eintragen:

- Tabelle der Objekte
- Tabelle der Subjekte
- Tabelle der Bedrohungen
- Tabelle der bereits vorhandenen und geplanten Maßnahmen
- Tabelle der Schwachstellen

Die Spaltenstruktur dieser Tabellen beschreiben wir in den einzelnen Abschnitten weiter unten.

Weiterhin legen wir die

- Tabelle der Anforderungen

bereit, die wir entweder selbst erstellt oder aus dem Compliance Management (s. Abschn. 3.7 und Kap. 17) erhalten haben. In dieser Tabelle sollte Zeile für Zeile eingetragen sein:

- einzelne Vorgaben aus Gesetzen und Verordnungen, Verträgen, sonstigen Regeln und daneben

- jeweils die Schlussfolgerungen wie z. B. zusätzliche Bedrohungen, weitere Sicherheitsziele, geforderte Maßnahmen, sonstige Informationen – etwa das unterstellte Angriffspotenzial

8.3.1   Gliederungspunkt 1: Gegenstand des Sicherheitskonzeptes

Hier legen wir fest, was der Gegenstand des Sicherheitskonzeptes sein soll, also z. B.

- die IT und Netze der Organisation oder bestimmter Organisationseinheiten, einschließlich der Übergänge zum Internet,
- einzelne oder alle IT-Anwendungen,
- einzelne oder alle Geschäftsprozesse der Organisation.

Damit das Sicherheitskonzept nicht schon an dieser Stelle vom Umfang her aus dem Ruder läuft, lassen wir alle Detail-Informationen die IT-Systeme, Personal und Rollen, Infrastruktur und Geschäftsprozesse betreffend aus und verweisen auf die Dokumentation dieser Themen, wie wir sie im Kap. 2 (Inventarisierung) erläutert haben.

Vielfach wird man Sicherheitskonzepte für die *gesamte* IT oder für *alle* Geschäftsprozesse einer Organisation schreiben. Die natürliche Grenze bildet dann in der Technik meist der Übergang zum Internet, dem besondere Aufmerksamkeit zu widmen ist. Bei den Geschäftsprozessen liegt die Grenze in den Schnittstellen zu Prozessen der Kunden oder Lieferanten.

Abgrenzung

Immer dann jedoch, wenn das Sicherheitskonzept nicht die gesamte IT bzw. nicht alle Geschäftsprozesse einer Organisation umfassen soll, ist es nötig, den zu betrachtenden Teil von den anderen Teilen abzugrenzen: Wird beispielsweise ein Konzept für die IT einer einzelnen Abteilung in einem Unternehmen geschrieben, ist zu klären,

- wo die Grenze zur umfassenderen Unternehmens-IT ist (am besten auf dem Netzplan die Abteilungs-IT als *Sicherheitszone* rot markieren),
- auf welche Sicherheitseigenschaften der Unternehmens-IT man sich verlässt bzw. welche Bedrohungen von dort in die Abteilungs-IT importiert werden könnten,
- welche Bedrohungen ggf. aus der Abteilungs-IT in die Unternehmens-IT exportiert werden.

Es soll an dieser Stelle nicht verschwiegen werden, dass solche Teilkonzepte manchmal schwieriger zu schreiben sind als umfassende Konzepte, weil man eben nicht sauber abgrenzen kann und viele Annahmen über die Umgebung treffen muss, die in der Praxis letztlich schwer umzusetzen sind. Hier kann ein Teil-Sicherheitskonzept schnell zur Farce werden.

8.3.2   Gliederungspunkt 2: Zu schützende Objekte

Im Kap. 2 dieses Buches haben wir bereits Informations- und Datenobjekte, System- und Prozess-Objekte als *Assets* kennen gelernt. Wir betrachten nunmehr ausschließlich solche Objekte, die unter den *Gegenstand* des Sicherheitskonzeptes fallen, und für die

- Sicherheitsziele vorgegeben sind, denen reale Bedrohungen gegenüberstehen und/oder
- Vorgaben aus Gesetzen, Verträgen etc. in Sachen Sicherheit bestehen.

Die Einschränkung hinsichtlich des Gegenstandes ist immer dann wichtig, wenn man ein Teilkonzept – wie oben erläutert – schreibt: Was nicht zum Gegenstand des Sicherheitskonzeptes gehört, muss man nicht analysieren und absichern!

Der erste Anstrich oben betrifft den Fall, dass ein Objekt zwar zum Gegenstand des Sicherheitskonzeptes gehört, jedoch entweder kein Sicherheitsziel besitzt oder höchstens solche, denen keine Bedrohungen gegenüberstehen. Gibt es dann nicht einmal gesetzliche oder vergleichbare Anforderungen in punkto Sicherheit (zweiter Anstrich), dann ist das betreffende Objekt für die folgenden Analysen irrelevant: am besten weglassen oder entsprechend markieren!

Aus unserer Tabelle der Anforderungen bzw. Compliance-Tabelle könnten sich allerdings Objekte ergeben, die aus Sicht der Organisation nicht zwangsläufig Assets darstellen oder gar bedroht sind, aber dennoch aufgrund der externen Vorgaben schützenswert sind. Solche Objekte mit ihren (ggf. vorgeschriebenen) Sicherheitszielen und Anforderungen sind natürlich ebenfalls Kandidaten für unsere Objekttabelle.

Nach Anwendung dieser Grundregeln wird eine große Menge von Objekten zu schützen sein – man denke nur an die meist unüberschaubare Anzahl von Dateien und IT-Systemen eines Unternehmens. Hier müssen wir straff ordnen, sonst wird der Aufwand beliebig groß. Wir nutzen dabei die Prinzipien *Abstraktion*, *Hierarchie* und *Gruppierung*, die wir in Kap. 2, Abschn. 4.1 (Stichwort *Gruppierung zu Objekten*) und Abschn. 5.5 (*Aktivität 1*) erläutert haben. Extrem wichtig ist dabei die Entscheidung, auf welcher Ebene mit der Erfassung der Objekte beginnen – sind es die Geschäftsprozesse oder die IT-Anwendungen?

Im Folgenden kann also ein *Objekt* eine geeignete Gruppierung von Einzelobjekten darstellen.

Für jedes Objekt benötigen wir eine Reihe von Informationen, die wir in der folgenden Tab. 8.1 als Übersicht zusammengestellt haben.

Bei den Angaben zu Speicher- und Ablageort bzw. Aufstellungsort verweisen wir – wenn irgend möglich – auf die separate Dokumentation (Inventarverzeichnis) zu unseren Objekten.

Mit *Höhe des Sicherheitsziels* ist eine Stufe oder Klasse gemeint, wie wir sie in Kap. 4 an Beispielen erläutert haben. Bei der Verfügbarkeit kann dies eine einzelne Prozentangabe oder eine Klasse – z. B. Klasse 1: Verfügbarkeit nicht höher als 90 %, Klasse 2: 90–99 %, Klasse 3: 99,00–99,75 % – sein. Bei der Vertraulichkeit und der Integrität von Informationen und Daten wäre eine Klasse oder eine Einstufung (s. Abschn. 4.1) anzugeben.

Tab. 8.1 Objektinformationen

Objekttyp	Informationen
Informationen/Daten	(alle) Speicher-/Ablageorte (auch temporär, auch beim Transport)
	Vorgegebene Sicherheitsziele[a] und jeweils Höhe des Sicherheitsziels
	Vorgegebene Anforderungen und jeweils Höhe der Anforderungen
Technische Systeme	Aufstellungsort (Räume, Leitungsführung)
	Vorgegebene Sicherheitsziele[b] und jeweils Höhe des Sicherheitsziels
	Vorgegebene Anforderungen und jeweils Höhe der Anforderungen
Anwendungen	Verweis auf Beschreibung der Anwendung (Zweck, Systeme, Daten, Infrastruktur etc.)
	Vorgegebene Sicherheitsziele[c] und jeweils Höhe des Sicherheitsziels
	Vorgegebene Anforderungen und jeweils Höhe der Anforderungen
Geschäftsprozesse	Verweis auf Prozessbeschreibungen (Ablauf, Rollen, Infrastruktur etc.)
	Vorgegebene Sicherheitsziele[d] und jeweils Höhe des Sicherheitsziels
	Vorgegebene Anforderungen und jeweils Höhe der Anforderungen

[a] Z. B. Vertraulichkeit, Integrität, Verfügbarkeit, Missbrauchsschutz
[b] Z. B. System-Integrität, System-Verfügbarkeit, System-Missbrauchsschutz (zusätzlich zu den Zielen für die Datenobjekte)
[c] Z. B. Integrität, Verfügbarkeit, Missbrauchsschutz (zusätzlich zu den Zielen für die Daten- und Systemobjekte)
[d] Z. B. (Prozess-)Integrität, Verfügbarkeit, Missbrauchsschutz, Verbindlichkeit und Rechtssicherheit (zusätzlich zu den Zielen für die Daten-, System- und Anwendungsobjekte)

Was die *Anforderungen* bei den einzelnen Objekten anbetrifft, entnehmen wir die ggf. bestehenden Anforderungen aus unserer Tabelle der Anforderungen bzw. der Compliance-Tabelle.

Beispiel Objekttabelle
Tabelle 8.2 gibt die Daten für ein fiktives Beispiel an, das typisch sein könnte für ein KMU im Bereich SW-Entwicklung. Dabei nehmen wir an (s. Kap. 4), dass für die

- Datenverfügbarkeit die Stufen $1 \leq 95\%$, $2 = 95$–99%, $3 \geq 99\%$,
- Datenintegrität die drei Stufen $1 = $ NORMAL, $2 = $ MITTEL, $3 = $ HOCH aus Abschn. 4.1
- Vertraulichkeit der Informationen die Stufen $1 = $ OFFEN, $2 = $ FIRMEN-VERTRAULICH, $3 = $ TOP SECRET

festgelegt wurden und Missbrauchsschutz als Sicherheitsziel im Beispiel nicht vorkommt. In der Objekttabelle sind nur *Datenobjekte* eingetragen worden. Bei einer ganzheitlichen Analyse würde man auch System- und Prozessobjekte hinzufügen, soweit hierfür Sicherheitsziele bestehen. Letzteres dürfte insbesondere bei der Entwicklungsabteilung der Fall sein, in der termingebundene Projekte eine gewisse Verfügbarkeit der Systeme zur Folge haben wird.

Tab. 8.2 Objekttabelle (Beispiel)

Objekt	Beschreibung	Vorkommen	Sicherheitsziele	Höhe des Ziels
O1	Daten der Personalabteilung	PC der Personalabteilung, Backup-Tape, Personalakten	Vertraulichkeit	3
			Integrität	2
			Verfügbarkeit	1
O2	Daten des Vertriebs	2 PC im Vertrieb, Backup-Tape, Kunden-Akten	Vertraulichkeit	2
			Integrität	3
			Verfügbarkeit	3
O3	Daten der Entwicklungs-abteilung	PC der Entwickler, LAN, Backup-Tape, Projektakten	Vertraulichkeit	3
			Integrität	2
			Verfügbarkeit	3

Im Sinne der Ganzheitlichkeit kann man in der Spalte *Vorkommen* auch berücksichtigen, dass diese Informationen in den Köpfen der Mitarbeiter vorhanden sind, und (später) prüfen, ob sich hierdurch Risiken ergeben (im Beispiel weggelassen).

In dem Beispiel sind keine Angaben zu „Anforderungen" und „Höhe der Anforderung" gegeben. Zumindest würde man ja bei O1, den Personaldaten, erwarten, dass hier die entsprechenden BDSG-Vorgaben erscheinen. Dies ist völlig korrekt – diese beiden fehlenden Spalten sind nur aus Platzmangel nicht wiedergegeben worden.

Wichtig ist, diese Tabelle in einer Form zu dokumentieren, die leicht änderbar bzw. wartbar ist. Eine Excel-Tabelle kann dies schon leisten – teure Werkzeuge sind nicht zwingend erforderlich.

8.3.3 Gliederungspunkt 3: Zu betrachtende Subjekte

Bei der Gefährdungsanalyse (s. Abschn. 5.3) haben wir

- die Täter(gruppen), die wir als potenzielle Angreifer betrachten,
- andere potenzielle Auslöser sowie Ursachen von Schäden

ermittelt. Es kommen je nach Kontext in Frage: Innentäter, Unbefugte, Hacker, Wartungspersonal, Reinigungspersonal, Besucher, Befugte, Spione. Bei den anderen Auslösern bzw. Ursachen wären der technische Defekt, Feuer, Blitzeinschlag, Stromausfall als Beispiele zu nennen.

Wir legen nun eine Tabelle mit diesen Subjekten an und stellen einige ihrer Eigenschaften zusammen.

Diese Tab. 8.3 korrespondiert vom Inhalt her mit der Objekttabelle im vorhergehenden Abschnitt, d. h. wir legen ein vergleichbares Beispiel zugrunde.

In der ersten Spalte stehen die Subjekte mit einem Kürzel, in der 2. Spalte tragen wir eine kurze Beschreibung ein. Bei Subjekten, die Personen(gruppen) darstellen, tragen wir

Tab. 8.3 Subjekttabelle (Beispiel)

Subjekt	Beschreibung	Angriffspotenzial	Schadenpotenzial
S1	Eigene Mitarbeiter	SEHR HOCH	–
S2	Reinigungspersonal	MITTEL	–
S3	Externe	HOCH	–
S4	Defekte und Ausfälle	–	MITTEL
S5	Feuer	–	HOCH

in der 3. Spalte das (höchste vorkommende) Angriffspotenzial ein. Bei anderen Auslösern – hier: Defekte, Ausfälle und Feuer – gehen wir analog vor, tragen aber stattdessen in der 4. Spalte das Schadenpotenzial ein. Erläuterungen zu Angriffs- und Schadenpotenzial finden Sie im Abschn. 5.3.

Aus unserer Tabelle der Anforderungen bzw. der Compliance-Tabelle könnten sich bestimmte Subjekte (ggf. mit ihrem Angriffspotenzial) ergeben, gegen die wir laut gesetzlicher oder vergleichbarer Vorgaben unsere Objekte schützen müssen. Diese tragen wir in die Subjekttabelle ein – selbst dann, wenn sie aus Sicht der Organisation nicht unbedingt relevante Tätergruppen darstellen.

8.3.4 Gliederungspunkt 4: Maßnahmenerhebung

Sicherheitsmaßnahmen haben den Zweck,

- Anforderungen aus einzuhaltenden Gesetzen und Verträgen sowie internen Regeln der Organisation (s. Abschn. 6.1) zu erfüllen,
- relevante Bedrohungen abzuwehren oder zumindest die Eintrittshäufigkeit oder den Schaden zu reduzieren.

Es ist deshalb dringend erforderlich, eine Tabelle aller vorhandenen Sicherheitsmaßnahmen zu erstellen – zumindest solcher Maßnahmen, die sich auf unsere zu schützenden Objekte (Objektliste!) beziehen.

Wir tragen jede erfasste Maßnahme in unsere vorbereitete Maßnahmentabelle ein. Diese sollte mindestens Spalten mit folgenden Überschriften besitzen:

1. Kurzbezeichnung der Maßnahme
2. Status der Maßnahme (X = vorhanden, O = offen/geplant)
3. Beschreibung der Maßnahme
4. wirkt gegen
5. erfüllt Anforderung

Tab. 8.4 Maßnahmentabelle (Beispiel)

Maßnahme	Status	Beschreibung	Wirkt gegen
M1	X	Personaldaten werden auf dem PC der Personalabteilung verschlüsselt gespeichert	
M2	X	Das Backup-Tape wird in einem Tresor aufbewahrt, zu dem nur der Backup-Manager einen Schlüssel hat	
M3	X	Personalakten werden bei Abwesenheit des Sachbearbeiters der Personalabteilung und außerhalb der Bürozeiten grundsätzlich im abgeschlossenen Aktenschrank untergebracht. Schlüssel zu diesem Schrank haben der Sachbearbeiter und der Leiter	
M4	X	Der PC des Sachbearbeiters der Personalabteilung wird bei kurzzeitiger Abwesenheit gesperrt (Bildschirm-Sperre, Passwort)	
M5	X	Der Büroraum der Personalabteilung wird bei Abwesenheit des Sachbearbeiters verschlossen. Außer dem Sachbearbeiter haben nur der Leiter und das Reinigungspersonal einen Schlüssel zu diesem Raum. Der Flur vor dem Raum ist durch Umfeldmaßnahmen gegen Zutritt Unbefugter gesichert	

Unter Status tragen wir überall ein „X" ein, da in diesem Arbeitsschritt die bereits *vorhandenen* Maßnahmen erfasst werden.

In der fünften Spalte werden die Anforderungen eingetragen, die durch die Maßnahme (ganz oder teilweise) erfüllt werden. Diese Spalte füllen wir bereits jetzt, da wir ja (hoffentlich) unsere Compliance-Tabelle vorliegen haben.

In die vierte Spalte werden bei der Bedrohungsanalyse die Bedrohungen nachgetragen, gegen die die Maßnahme wirkt.

In der Tab. 8.4 zeigen wir einen Ausschnitt einer möglichen Maßnahmentabelle zu unserem Beispiel. Die Spalte „wirkt gegen" ist naturgemäß noch leer, weil wir noch keine Aufstellung relevanter Bedrohungen vorliegen haben.

Die Tabelle beinhaltet noch keine *Validierung* der Maßnahmen. Diese werden wir noch nachtragen. Ebenso fehlt die Angabe der erfüllten Anforderungen (nur aus Platzgründen).

8.3.5   Gliederungspunkt 5: Bedrohungsanalyse

Wir erörtern das Verfahren der Bedrohungsanalyse anhand der Objekt- und Subjekttabellen der vorausgegangenen Abschnitte. Alle sich ergebenden Bedrohungen tragen wir in die *Tabelle der Bedrohungen* ein.

Der erste Input für diese Tabelle stellen Bedrohungen dar, die wir ggf. aus den gesetzlichen und ähnlichen Vorgaben „diktiert" bekommen.

Die Ermittlung weiterer Bedrohungen ist unten in Form eines *Programms* notiert, woraus man entnehmen kann, dass solche Ableitungen auch maschinell ausgeführt werden können – genau dies tun einschlägige Risikoanalyse-Werkzeuge.

In die spitzen Klammern < ... > tragen wir jeweils die ausgewählten Werte ein. Aus den beiden Tabellen können wir die Bedrohungen damit wie folgt ableiten:

1. Wir nehmen uns unsere Objekttabelle vor und wählen das erste/nächste
   Objekt <Objekt> aus.
   Falls schon alle Objekte bearbeitet worden sind, ist unser „Programm"
   beendet.
2. Wir wählen aus der Objekttabelle das erste/nächste *Sicherheitsziel*
   <Sicherheitsziel> für unser Objekt aus. Falls für das betrachtete
   Objekt bereits alle Sicherheitsziele abgearbeitet worden sind, gehe
   zu Schritt 1.
3. Wir wählen aus unserer Subjekttabelle das erste/nächste *Subjekt* <Subjekt> aus.
   Falls für das betrachtete Objekt und das gewählte Sicherheitsziel
   bereits alle Subjekte abgearbeitet worden sind, gehen wir weiter zu
   Schritt 2.
4. Wir wählen für das betrachtete Objekt aus der Objekttabelle das
   erste/nächste *Vorkommen* <Vorkommen> aus. Falls für das betrachtete
   Objekt, das gewählte Sicherheitsziel und das betrachtete Subjekt
   bereits alle Vorkommen abgearbeitet worden sind, gehen wir zurück zu
   Schritt 3.
5. Wir prüfen, ob mit den aktuellen Werten <Objekt>, <Sicherheitsziel>,
   <Vorkommen> das Subjekt als Angreifer bzw. als Auslöser eines Schadens in Frage kommt. Kommt dieses Subjekt *nicht* als Angreifer bzw.
   Auslöser in Frage, dann gehen wir zurück zu Schritt 4.
6. Wir tragen folgenden Satz (mit den ausgefüllten Daten in den spitzen
   Klammern <...>) in unsere Bedrohungstabelle ein:
   a) Bei Bedrohungen vom Typ 1:
   "Das <Subjekt> verletzt das <Sicherheitsziel> für das <Objekt>, indem
   es für das <Objekt> auf <Vorkommen> einen erwarteten Schaden in Höhe
   von <Schadenpotenzial> verursacht."
   b) Bei Bedrohungen vom Typ 2:
   "Das <Subjekt> verletzt das <Sicherheitsziel> für das <Objekt>, indem
   es das Objekt <Objekt> auf <Vorkommen> mit dem Angriffspotenzial
   <Angriffspotenzial> angreift."
   Danach geht es zurück zu Schritt 4.

Zu Schritt 4: Damit das Subjekt dem Objekt Schaden zufügen oder es angreifen kann, muss es logischen Zugriff auf oder physischen Zugang zu diesem Objekt haben. Die „Programmlogik" verlangt dabei etwas Abstraktion: *Feuer* hat Zugang zu unseren Objekten, wenn es an dem Ort ausbrechen kann, an dem sich unsere Daten befinden. Ein *Defekt* hat

Zugang zu unseren Objekten, wenn er das System betrifft, auf dem unsere Daten gespeichert sind.

Zu Schritt 5: Die Entscheidung treffen wir anhand der Subjekttabelle mittels der Eintragungen entweder zum Angriffspotenzial in Verbindung mit der Plausibilitätsbetrachtung (s. Abschn. 5.3) für diesen Angriff oder anhand der Eintragungen zum Schadenpotenzial. Liegt der Fall vor, dass ein Angriff plausibel oder ein Schaden tatsächlich in Betracht zu ziehen ist, geht es mit Schritt 6 weiter.

Spielen wir auf diese Weise der Reihe nach alle Objekte, Sicherheitsziele, Subjekte und Vorkommen durch, erhalten wir eine durchaus umfangreiche Tabelle von realen Bedrohungen. Die Tab. 8.5 ist der Länge wegen gekürzt: Sie enthält nur die Bedrohungen, die sich auf das Objekt <Personaldaten> und das Sicherheitsziel <Vertraulichkeit> beziehen, soweit dieses durch die Subjekte <Externe> oder <Reinigungspersonal> bedroht ist. Zusätzlich haben wir unterstellt, dass ein Angriff auf die Personaldaten durch <eigene Mitarbeiter> *nicht plausibel* ist.

8.3.6   Gliederungspunkt 6: Maßnahmenplanung

Input für die weitere Maßnahmenplanung gewinnen wir aus zwei Betrachtungen:

In unserer Tabelle der Anforderungen bzw. der Compliance-Tabelle könnten konkrete Maßnahmen auftauchen, die es der Vorgaben wegen umzusetzen gilt. Falls das bisher nicht geschehen ist, tragen wir solche Maßnahmen in unsere Maßnahmentabelle mit dem Status $O = geplant$ ein.

Im zweiten Schritt analysieren wir, ob und durch welche Maßnahmen der Maßnahmentabelle (Tab. 8.4) die Bedrohungen (Tab. 8.5) abgewehrt werden könnten.

Tab. 8.5 Tabelle der Bedrohungen (Beispiel)

Bedrohung	Beschreibung
B1	Externe verletzen die Vertraulichkeit von Personaldaten, indem sie diese Daten auf dem PC der Personalabteilung mit einem Angriffspotenzial HOCH angreifen
B2	Externe verletzen die Vertraulichkeit von Personaldaten, indem sie diese Daten auf dem Backup-Tape mit einem Angriffspotenzial HOCH angreift
B3	Externe verletzen die Vertraulichkeit von Personaldaten, indem sie diese Daten in den Personalakten mit einem Angriffspotenzial HOCH angreifen
B4	Reinigungspersonal verletzt die Vertraulichkeit von Personaldaten, indem es diese Daten auf dem PC der Personalabteilung mit einem Angriffspotenzial MITTEL angreift
B5	Reinigungspersonal verletzt die Vertraulichkeit von Personaldaten, indem es diese Daten auf dem Backup-Tape mit einem Angriffspotenzial MITTEL angreift
B6	Reinigungspersonal verletzt die Vertraulichkeit von Personaldaten, indem es diese Daten in den Personalakten mit einem Angriffspotenzial MITTEL angreift

Wo erhält man Informationen über mögliche Sicherheitsmaßnahmen?

- Die nachfolgenden Kapitel zur rechtlichen, personellen, infrastrukturellen und technischen Sicherheit enthalten viele Hinweise zu möglichen Maßnahmen.
- Weiterhin findet man in der ISO 27002 [3] eine Reihe von Hinweisen und Beispielen.
- Das Grundschutzhandbuch ist mit seinem Maßnahmenkatalog eine umfassende Quelle für Sicherheitsmaßnahmen.
- Dann bleiben immer noch die Fachliteratur und die Beratung durch Sicherheitsexperten.

Um die Zahl der Maßnahmen zu begrenzen, ist es sinnvoll, Maßnahmen zu wählen, die mehrere bzw. viele Bedrohungen aus unserer Tabelle *gleichzeitig* abdecken.

Wir tragen jede ausgewählte Maßnahme in die Maßnahmentabelle ein und vermerken, gegen welche Bedrohung sie gerichtet ist bzw. welche Anforderungen aus Gesetzen etc. sie erfüllt.

Es kann Bedrohungen geben, die durch keine Maßnahmen abgefangen werden können. Das bedeutet, dass die Maßnahmenspalte an dieser Stelle leer bleibt. Solche Bedrohungen gehen dann voll in das Restrisiko ein.

In der Tab. 8.6 zeigen wir einen Ausschnitt einer möglichen Maßnahmentabelle zu unserem Beispiel.

Tab. 8.6 Maßnahmentabelle (Beispiel)

Maßnahme	Status	Beschreibung	Wirkt gegen
M1	X	Personaldaten werden auf dem PC der Personalabteilung verschlüsselt gespeichert	B1, B4
M2	X	Das Backup-Tape wird in einem Tresor aufbewahrt, zu dem nur der Backup-Manager einen Schlüssel hat	B2, B5
M3	X	Personalakten werden bei Abwesenheit des Sachbearbeiters der Personalabteilung und außerhalb der Bürozeiten grundsätzlich im abgeschlossenen Aktenschrank untergebracht. Schlüssel zu diesem Schrank haben der Sachbearbeiter und der Leiter	B3, B6
M4	X	Der PC des Sachbearbeiters der Personalabteilung wird bei kurzzeitiger Abwesenheit gesperrt (Bildschirm-Sperre, Passwort)	B1, B4
M5	X	Der Büroraum der Personalabteilung wird bei Abwesenheit des Sachbearbeiters verschlossen. Außer dem Sachbearbeiter haben nur der Leiter und das Reinigungspersonal einen Schlüssel zu diesem Raum Der Flur vor dem Raum ist durch Umfeldmaßnahmen gegen Zutritt Unbefugter gesichert	B1, B3

8.3.7   Gliederungspunkt 7: Schwachstellenanalyse

Die Tabelle der Bedrohungen verlängert sich, sobald man für die betrachteten Systeme und die bisher erfassten Sicherheitsmaßnahmen mögliche Schwachstellen ermittelt und analysiert.

Das Schema der Auswertung von Schwachstellen ist in Abschn. 5.2 dargestellt worden. Jede nach der Auswertung übrig bleibende Schwachstelle kann zu einer weiteren Bedrohung führen, die in unsere Bedrohungstabelle eingetragen werden muss.

Wenn es Maßnahmen gibt, um eine Schwachstelle zu beheben oder teilweise zu kompensieren, trägt man diese analog in die Maßnahmentabelle ein und gibt an, dass sie gegen die Schwachstelle wirkt. Gibt es solche Maßnahmen nicht, schlägt die betreffende Schwachstelle wiederum beim Restrisiko voll durch.

In unserem Beispiel wollen wir fiktiv annehmen, dass der PC der Personalabteilung ein Betriebssystem mit einer bekannten Schwachstelle besitzt: Es ist mittels eines geheimen Passworts für die Wartung des Systems möglich, jederzeit den PC zu starten und ein Programm aufzurufen, das die Daten entschlüsselt und auf einen Datenträger ausgibt. Aus Sicht der Sicherheit hat die Sicherheitsmaßnahme *Verschlüsselung* also eine Schwachstelle – man kann sie umgehen.

Diese Schwachstelle – wir nummerieren sie mit X – bewerten wir wie in Abschn. 5.2 beschrieben: Wir nehmen an, dass es sich um eine *ausnutzbare* Schwachstelle handelt. Sie beeinträchtigt das Sicherheitsziel Vertraulichkeit. Wir unterstellen, dass ein Angriffspotenzial der Stufe MITTEL zur Durchführung des Angriffs ausreicht. Aus der Subjekttabelle entnehmen wir, dass dies auf die Subjekte *Reinigungspersonal* und *Externe* zutrifft. Die Frage, ob ein solcher Angriff plausibel ist, sei mit JA beantwortet. Folglich müssen wir unsere Bedrohungstabelle um die Schwachstelle X erweitern (Tab. 8.7):

Man kann nun einwenden, dass die Maßnahme M5 (das Abschließen des Raums und die Umfeldmaßnahmen) das Ausnutzen der Schwachstelle durch Externe ausschließt, d. h. M5 wirkt gegen B7– das tragen wir in der Maßnahmentabelle unter „wirkt gegen" nach.

Beim Reinigungspersonal wäre das aber sicher zu verneinen, da dieses Subjekt einen Schlüssel zum Raum besitzt und üblicherweise unbeaufsichtigt, außerhalb der Bürozeiten tätig wird. Damit wäre also B8 nicht kompensiert. Zur Komplettierung unserer Maßnahmentabelle müssen wir jetzt eine neue Maßnahme aufsetzen (Status O=geplant), z. B. die Maßnahme M6: „Reinigungspersonal ist während seiner Tätigkeit durch Mitarbeiter der Organisation zu beaufsichtigen." Diese Maßnahme M6 wirkt dann gegen B8.

Tab. 8.7 Neue Bedrohungen aus Schwachstellen

Bedrohung	Beschreibung
B7	Externe verletzen die Vertraulichkeit von Personaldaten, indem sie diese Daten durch Ausnutzen der Schwachstelle X angreifen
B8	Reinigungspersonal verletzt die Vertraulichkeit von Personaldaten, indem es diese Daten durch Ausnutzen der Schwachstelle X angreift

8.3.8   Gliederungspunkt 8: Validierung der Maßnahmen

Unsere nach solchen Überlegungen nunmehr vollständige Maßnahmentabelle verlängern wir durch je eine Spalte für jeden ausgewählten Validierungsfaktor (s. Abschn. 7.2) und tragen dort jeweils das Ergebnis der Validierung ein.

Den Faktor *Wirksamkeit* wollen wir an unserem *Beispiel* noch etwas näher beleuchten: Die Beurteilung, ob unsere Maßnahmen gegen eine bestimmte Bedrohung *ausreichend* wirksam sind, verlangt die Ermittlung der Stärke dieser Maßnahmen und einen Vergleich mit dem jeweiligen Angriffspotenzial (entsprechend der letzten Tabelle in Abschn. 5.3).

Kommen wir zu dem Schluss, dass die Kombination der Maßnahmen gegen eine bestimmte Bedrohung ausreichend stark ist, so können wir die Bedrohung als „erledigt" ansehen.

Stellen wir fest, dass dies nicht der Fall ist, müssen wir ergänzende Maßnahmen planen oder die vorhandenen Maßnahmen verstärken.

Betrachten wir beispielsweise die neue Maßnahme M6. Ist definitiv ausgeschlossen, dass der Beaufsichtigende an dem Angriff mitwirkt, wäre die Beaufsichtigung sicher ausreichend stark, um der Bedrohung B8 (Angriffspotenzial MITTEL des Reinigungspersonals unterstellt) zu widerstehen. Andernfalls müsste man die Maßnahme verstärken, etwa dadurch, dass die Beaufsichtigung durch zwei Personen im Vier-Augen-Prinzip erfolgt.

Beim Validierungsfaktor *Akzeptanz* haben wir bei der Maßnahme M5 (Abschließen des Raumes) *fraglich* eingetragen Tab. 8.8), weil nicht zu erwarten ist, dass dies auch bei jeder kurzfristigen Abwesenheit tatsächlich geschieht.

Im Ergebnis ist festzustellen, dass

- M1 eine Schwachstelle besitzt und insofern unwirksam ist; hier haben wir aber durch M6 eine Kompensation erreicht,
- M5 ein Akzeptanzproblem besitzt, das man ggf. durch Wahl einer anderen Maßnahme ausräumen oder aber durch verstärkte Awareness-Maßnahmen kompensieren kann.

Tab. 8.8 Validierungstabelle (Beispiel)

Maßnahme	...	Wirkt gegen	Eignung	Wirksam	Praktikabel	Akzeptanz	Wirtschaftlich
M1		B1,B4	Ja	Schwachstelle[a]	Ja	Ja	Ja
M2		B2,B5	Ja	Ja	Ja	Ja	Ja
M3		B3,B6	Ja	Ja	Ja	Ja	Ja
M4		B1,B4	Ja	Ja	Ja	Ja	Ja
M5		B1,B3,B7	Ja	Ja	Ja	Fraglich	Ja
M6		B8	Ja	Ja	Ja	Ja	Ja

[a] Kompensiert durch M6

8.3.9   Gliederungspunkt 9: Restrisiken

Für jede Bedrohung in unserer Tabelle müssen wir abschließend bilanzieren, welche Rest-risiken nach Umsetzung aller geplanten Maßnahmen noch bestehen bleiben. Lesen Sie dazu weiter in Abschn. 5.6!

Fazit

In diesem Abschnitt haben wir den methodischen Ablauf der Konzepterstellung und die jeweilige Dokumentation der einzelnen Schritte behandelt.

Die hier vorgestellte Vorgehensweise beruht bei den Bedrohungen vom Typ 2 auf einem Vergleich zwischen dem Angriffspotenzial eines Subjektes und der Stärke der Gegenmaßnahmen, beim Typ 1 auf der klassischen Risikoermittlung aus Schadenhöhe und Eintrittshäufigkeit.

Das Sicherheitskonzept mit den Gliederungspunkten 2 bis 8 würde danach aus Ta-bellen und dazu gehörenden Erläuterungen bestehen. Wenn die Darstellung als Tabel-le unerwünscht ist, kann man natürlich auch mit nummerierten Elementen (Objekten, Subjekten, Bedrohungen, Maßnahmen, Schwachstellen) und Fließtext arbeiten.

8.4   Sicherheitskonzept nach ISO 27001

Möchte man sich an der Normenreihe ISO 27000 orientieren, sollte man sich zunächst mit der normenspezifischen Begriffswelt auseinandersetzen und die wesentlichen Grund-strukturen kennen lernen[2].

Das Sicherheitsmanagement mit seinen Vorgehensweisen, der Dokumentation und allen weiteren Hilfsmittel wird als *ISMS = Informations-Sicherheits-Managementsystem* bezeichnet.

Die Norm ISO 27001 [5] beinhaltet alle Anforderungen, die aus Normensicht an ein ISMS gestellt werden. Dies sind zunächst die Prozesse, die wir in Kap. 3 zusammenge-stellt haben.

Das „Sicherheitskonzept" kommt als Begriff in der Norm gar nicht vor. Im Rahmen des Sicherheitsprozesses nach dieser Norm entstehen jedoch folgende Unterlagen bzw. Informationen.

---

[2] für eine Vertiefung dieses Themenbereichs s. [4].

8.4.1 Definition des Anwendungsbereichs

Unter dieser Überschrift[3] wird festgelegt, womit sich das Sicherheitsmanagement (ISMS) beschäftigt: Handelt es sich um ein klassisches Vorgehen mit der Betrachtung der (gesamten oder eines Teils der) IT einer Organisation oder ist das Modell der Geschäftsprozesse (vielleicht nur eine Auswahl derselben) Gegenstand der Überlegungen? Man kann hier den Kreis groß oder klein ziehen – die Festlegung des Anwendungsbereichs liegt einzig und allein in der Verantwortung der Organisation.

8.4.2 Sicherheitsleitlinie

Typisch ist eine Aufteilung der Sicherheitsleitlinie in zwei Bestandteile, die meist auch getrennt erstellt werden und sich an unterschiedliche Adressaten wenden:

Die *ISMS-Leitlinie* beschreibt Vorgaben für das Sicherheitspersonal: Organisation und Zuständigkeiten für die Informationssicherheit, Vorgehensmodell bei der Risikoanalyse und -bewertung, Vorgaben zur Behandlung von Restrisiken (u. a. *Akzeptanzschwellen*), Gegenstand, Häufigkeit und Umfang interner Audits und Management-Bewertungen.

Die *Informationssicherheitsleitlinie* dagegen enthält die Informationen, die wir im Kap. 6 aufgeführt haben. Sie beschreibt insbesondere den zuvor erläuterten Anwendungsbereich. Diese Leitlinie adressiert in der Regel alle Mitarbeiter/innen der Organisation und soll Orientierung in Sachen Informationssicherheit vermitteln.

8.4.3 Verzeichnis der Informationswerte (Assets)

Das Verzeichnis der Assets oder Informationswerte beinhaltet die zu schützenden Objekte. Sie sind Gegenstand der nachfolgenden Analysen. Wir haben diesen Teil in Kap. 2 sowie in Kap. 5 behandelt.

8.4.4 Liste der vorhandenen Maßnahmen

Controls
Natürlich kann man alle vorhandenen (Sicherheits-)Maßnahmen listenmäßig erfassen – in der Realität ein durchaus aufwendiger Prozess. Man kann sich die Arbeit etwas leichter machen, indem man den Anhang A der ISO 27001 heranzieht und die dort aufgeführten *Controls* als Ordnungsraster benutzt. Hierzu holen wir etwas aus:

---

[3] im Englischen: *Scope*, entspricht dem *Gegenstand* des Sicherheitskonzeptes aus Abschn. 8.3.1.

Der umfangreiche Anhang A ist zunächst nach 14 grundlegenden Sicherheitsthemen gegliedert:

- Informationssicherheitsrichtlinien
- Organisation der Informationssicherheit
- Personalsicherheit
- Verwaltung der Werte
- Zugangssteuerung
- Kryptographie
- Physische und umgebungsbezogene Sicherheit
- Betriebssicherheit
- Kommunikationssicherheit
- Anschaffung, Entwicklung und Instandhaltung von Systemen
- Lieferantenbeziehungen
- Handhabung von Informationssicherheitsvorfällen
- Informationssicherheitsaspekte beim BCM
- Compliance

Bei jedem Thema gibt es eine Reihe von Unterpunkten, die sich jeweils mit einem bestimmten Sicherheitsaspekt beschäftigen und dafür ein Kontrollziel (Control Objective) festlegen.

Als Beispiel wählen wir das Thema Nr. 16 *Handhabung von Informationssicherheitsvorfällen* aus. Hierfür lautet das Kontrollziel:

Eine konsistente und wirksame Herangehensweise für die Handhabung von Informationssicherheitsvorfällen einschließlich der Benachrichtigung über Sicherheitsereignisse und Schwächen ist sichergestellt.

Zu diesem Thema A.16 gehören sieben Controls – darunter die beiden folgenden:

► A.16.1.2 Meldung von Informationssicherheitsereignissen

Informationssicherheitsereignisse werden so schnell wie möglich über geeignete Kanäle zu deren Handhabung gemeldet.

► A.16.1.3 Meldung von Schwächen in der Informationssicherheit

Beschäftigte und Auftragnehmer, welche die Informationssysteme und -dienste der Organisation nutzen, werden angehalten, jegliche beobachteten oder vermuteten Schwächen in der Informationssicherheit in Systemen oder Diensten festzuhalten und zu melden.

Man erkennt, dass diese Controls im Grunde Sicherheits*anforderungen*[4] darstellen. Sie müssen in weiteren Schritten in konkrete Einzelmaßnahmen umgesetzt, d. h. operationali-

---

[4] Leider verwendet die deutsche Übersetzung der Norm hierfür den Begriff *Maßnahme*.

siert werden. Die konkrete Ausgestaltung dieser Einzelmaßnahmen[5] obliegt der jeweiligen Organisation.

Praxistipp
Zurück zu unserem Ausgangspunkt: Erstellen Sie eine Tabelle, in der Sie

- in der ersten Spalte der Reihe nach alle Controls eintragen und daneben
- für jedes Asset aus unserem Verzeichnis der Informationswerte eine (noch leere) Spalte vorsehen.

Überschreiben Sie diese zusätzlichen Spalten mit der Kurzbezeichnung des betreffenden Assets.

Für jedes Asset gehen Sie nun der Reihe nach alle Controls durch und tragen dabei in jeder Tabellenzelle

- ein NEIN ein, wenn dieses Control für das betreffenden Asset *nicht* relevant ist,
- ein JA ein, wenn dieses Control für den betreffenden Informationswert relevant ist und somit beachtet werden muss.

Bei NEIN tragen Sie die Begründung ein oder verweisen auf eine Liste, in der Begründungen dieser Art stehen. Als Begründung kommt z. B. in Frage:

- Dieses Control ist auf den konkreten Informationswert *generell* nicht anwendbar.
- Diese Control leistet keinen Beitrag zu den Sicherheitszielen für diesen Informationswert.
- Mögliche Maßnahmen zu diesem Control sind im Vergleich zwischen Risikominderung und Kosten nicht angemessen.

Bei JA tragen Sie die konkreten Einzelmaßnahmen ein, die Sie zur Erfüllung dieses Controls für den betreffenden Informationswert bereits umgesetzt haben. Wegen des Umfangs kann es sinnvoll sein, an dieser Stelle eher auf eine Maßnahmenliste zu verweisen, als die Maßnahme selbst einzutragen.

Weil der Anhang A der ISO 27001 eine sehr umfassende Zusammenstellung von Sicherheitsanforderungen darstellt und beinahe alle relevanten Sicherheitsaspekte behandelt, führt das geschilderte Vorgehen dazu, dass alle relevanten Sicherheitsmaßnahmen erfasst und den Assets zugeordnet werden. Sollten Sie dennoch feststellen, dass bestimmte Aspekte fehlen, können Sie hierfür eigene Controls festlegen und analog behandeln.

---

[5] Der Anhang A der ISO 27001 enthält insgesamt 114 Controls dieser Art (zu unterschiedlichen Themen). In der ISO 27002 findet man zu diesen Controls weitere Hinweise und Beispiele, die bei der Auswahl und Beurteilung konkreter Einzelmaßnahmen helfen können. Hierbei ist auch der Maßnahmenkatalog des IT-Grundschutzes eine unverzichtbare Quelle.

8.4.5 Risikoanalyse und -bewertung

Die Identifizierung und Abschätzung (bzw. Klassifizierung) von Risiken haben wir in Kap. 5 erläutert – ebenso die Notwendigkeit von Risikobewertungen. Insbesondere die in Abschn. 5.4 und 5.5 dargestellten Vorgehensweisen sind direkt kompatibel mit der ISO 27000 Reihe.

8.4.6 Risikobehandlung und Restrisikoakzeptanz

Bei der Abschätzung der einzelnen Risiken für die Assets setzt man die in der Tabelle erfassten, bereits vorhandenen Maßnahmen voraus. Sodann analysiert man jeweils, ob die hier verzeichneten Maßnahmen ausreichend sind, um das Risiko unter die Akzeptanzschwelle (ISMS-Leitlinie!) zu drücken. Ist das nicht der Fall, steigt man in die Risikobehandlung ein. Dabei stehen die grundsätzlichen Optionen aus Abschn. 5.6 zur Verfügung.

Wählt man im Einzelfall die Option *„Restrisiko in weiteren Schritten reduzieren"*, muss man weitere Maßnahmen planen oder vorhandene Maßnahmen verstärken. Diese trägt man anschließend wieder in die Tabelle der Controls ein.

Würde man angesichts der festgestellten Risiken die Option *„das kritische Asset nicht weiter nutzen bzw. betreiben"* wählen, würde die entsprechende Asset-Spalte in unserer Tabelle der Controls entsprechend markiert und dann nicht weiter betrachtet.

Im Endergebnis bietet das Tabellenkonstrukt eine vollständige Übersicht über alle Assets und die ihnen zugeordneten Optionen und Maßnahmen.

8.4.7 Erklärung zur Anwendbarkeit

Diese Erklärung[6] ist ein Dokument, in dem festgehalten wird, welche Ergebnisse

- Risikoanalyse und Risikobewertung ergeben haben,
- welche Optionen und Maßnahmen zur Risikobehandlung ausgewählt wurden,
- welche ermittelten Restrisiken akzeptiert werden sollen und
- welche Maßnahmen vor diesem Hintergrund geplant und umzusetzen sind.

Nach unserem Vorgehen haben wir diese Informationen weitgehend in der Tabelle der Controls und Assets (mit Verweisen auf Begründungsliste und Maßnahmenliste) vorliegen. Diese Tabelle kann man deshalb als Anlage der Erklärung zur Anwendbarkeit beifügen. Hinzu kommen dann noch die Ergebnisse der Restrisikobetrachtung.

Diese Erklärung ist der Leitungsebene vorzulegen. Damit werden die Risiken kommuniziert und Optionen und Maßnahmen zu ihrer Behandlung dargestellt. Diese Erklärung

---

[6] im Englischen: Statement of Applicability, abgekürzt: SoA.

ist von der Leitung zu unterzeichnen, womit die Akzeptanz der Ergebnisse deutlich wird und die geplanten Maßnahmen zur Umsetzung freigegeben werden.

Fazit

Die Informationen zu den erläuterten Überschriften
- Definition des Anwendungsbereichs,
- Verzeichnis der Informationswerte,
- Liste der vorhandenen Maßnahmen,
- Risikoanalyse und –bewertung,
- Risikobehandlung und Restrisikoakzeptanz und
- Erklärung zur Anwendbarkeit

stellen genau die Informationen dar, die wir in einem Sicherheitskonzept erwarten. Man könnte sie in ihrer Gesamtheit als Sicherheitskonzept ansehen. Die Norm schreibt allerdings *nicht* vor, dass alle Informationen in einem *einzigen* Dokument zusammengefasst werden müssen.

Literatur

1. IT-Grundschutz-Vorgehensweise, BSI, www.bsi.de, unter: IT-Grundschutz
2. Risikoanalyse auf der Basis von IT-Grundschutz, BSI, www.bsi.de, unter: IT-Grundschutz
3. DIN ISO/IEC 27002: Informationstechnik – IT-Sicherheitsverfahren – Leitfaden für das Informationssicherheits-Management (2014-02)
4. Klett G, Schröder K.W, Kersten H (2011) IT-Notfallmanagement mit System: Notfälle bei der Informationsverarbeitung sicher beherrschen. Vieweg+Teubner, Wiesbaden
5. DIN ISO/IEC 27001: Informationstechnik – IT-Sicherheitsverfahren: Informationssicherheits-Managementsysteme – Anforderungen (2015-03)

Rechtliche Sicherheit

9

Zusammenfassung

Der Umgang mit Daten, die von allgemeinem Interesse und von Wichtigkeit sind, wird zumeist per Gesetz geregelt. In Deutschland sind das Bundesdatenschutzgesetz oder das Telekommunikationsgesetz Beispiele solcher Regelungen. Jede Organisation hat bei dem Umgang mit rechtlich sensiblen Daten für die entsprechende rechtliche Sicherheit, d. h. für die Beachtung der geltenden Gesetze zu sorgen.

Das umfangreiche Thema der Rechtssicherheit können wir hier nur streifen und beschränken uns auf folgende Themen aus der Praxis:

Befolgen von Gesetzen

- Anerkennung von Rechtsvorschriften
- Datenschutzgesetze
- Gesetze zum Schutz geistigen Eigentums
- Copyright und Lizenzrecht für Software
- Verwaltung von Medien und Aufzeichnungen

Vermeidung von Strafverfahren

- Vermeidung von Verleumdung und übler Nachrede
- Verwendung von Copyright-geschützten Inhalten aus dem Internet
- elektronischer Versand von Copyright-geschütztem Material
- Verwendung von Textpassagen direkt aus Reports, Büchern und Dokumenten

© Springer Fachmedien Wiesbaden 2015
H. Kersten, G. Klett, *Der IT Security Manager,* Edition <kes>,
DOI 10.1007/978-3-658-09974-9_9

Verschiedenes

- Aufzeichnung von Sicherheitsverstößen
- Reservierung von Namen für Web-Domänen
- Risikoversicherungen
- Aufzeichnung von Telefongesprächen
- Non Disclosure Agreements

9.1 Befolgen von Gesetzen

Anerkennung von Rechtsvorschriften
Bevor wir zu den Details bei den für uns relevanten Gesetzen kommen: Wir müssen durch
entsprechende Zusätze in den Arbeitsverträgen grundsätzlich dafür Sorge tragen, dass
die Mitarbeiter sich beim Umgang mit sensiblen Informationen ihrer Verantwortung bewusst sind. Diese Verantwortlichkeiten sind ausführlich, explizit und verständlich in den
Arbeitsverträgen aufzuführen. Auch ist eine Kontaktadresse für Rückfragen zu rechtlichen
Problemen anzugeben. Bei den Mitarbeitern darf nicht das Gefühl entstehen, dass sie bei
komplexen, für sie zunächst nicht verständlichen, aber justiziablen Vorgängen alleine gelassen werden. Die Zusätze in den Arbeitsverträgen bezüglich der Einhaltung geltender
Gesetze sind für beide Parteien von großer Wichtigkeit, um

- nicht unwissentlich gegen gesetzliche Vorschriften zu verstoßen und
- nicht zu versäumen, ausreichend aufgeklärt und auf die Einhaltung der Gesetze hingewiesen zu haben.

Versäumt der Arbeitgeber, in den Arbeitsverträgen auf die Einhaltung entsprechender Gesetze hinzuweisen, sind Verstöße und nachfolgende Gerichtsverfahren wahrscheinlich,
ohne dass die Verstöße in adäquate disziplinarische Maßnahmen innerhalb der Organisation umgesetzt werden können.

   Hinweise auf die anzuwendenden gesetzlichen Regelungen, beispielsweise den Umgang mit vertraulichen Daten betreffend, müssen Bestandteil der *Sicherheitsleitlinie* der
Organisation sein.

BDSG
Kommen wir nun zum Bundesdatenschutzgesetz (BDSG) – einem der wichtigsten Gesetze zum Schutz von Informationen in Deutschland. Jede Organisation hat das BDSG
grundlegend zu beachten. Dieses Gesetz regelt die Bearbeitung, Weitergabe und Speicherung von personenbezogenen Daten in jeder Form. Bei Unkenntnis der Gesetzeslage
kann leicht gegen dieses Gesetz verstoßen werden, ohne dass die Verantwortlichen es be-
merken. Beispiele dazu sind der Aushang von Geburtstagslisten am schwarzen Brett oder

telefonische Auskünfte über Mitarbeiter gegenüber unberechtigten Dritten. Ein weiteres wichtiges Gesetz in Deutschland, welches in diese Rubrik fällt, ist das Telekommunikationsgesetz, das die Vertraulichkeit von Daten bei deren elektronischer Übermittlung regelt.

Aber nicht nur der Umgang mit personenbezogenen Daten unterliegt strengen rechtlichen Vorschriften, auch für Bearbeitung von Daten, die geistiges Eigentum repräsentieren, gibt es entsprechende Gesetze.

Geistiges Eigentum, Copyright

Es gehört zu den Aufgaben des IT-Sicherheitsmanagements, gemeinsam mit der Verwaltung Richtlinien für den Umgang mit Daten, die durch Copyright oder Patente geschützt sind, zu erarbeiten und an die Mitarbeiter zu kommunizieren. Diese Richtlinien regeln insbesondere die Anfertigung von Kopien und Weitergabe von patent- oder Copyright-geschützten Daten. Dies betrifft auch die Erstellung von Dateien und Datenbanken mit geschütztem Material zur internen Verwendung in der Organisation.

Lizenzen

Wir haben uns in dem vorigen Abschnitt allgemein auf Informationen, die durch strukturierte Daten dargestellt werden, bezogen. Wie sieht es speziell im Falle von Computerprogrammen, also bei der Software aus? Das Kopieren und Verteilen von nicht selbst erstellter Software ist prinzipiell illegal und strafbar – es sei denn, der Verfasser bzw. der Eigentümer der Software hat dies explizit gestattet (Open Source, Freeware). Die IT-Sicherheitsleitlinie muss in diesem Sinne Vorgaben zum Schutz geistigen Eigentums enthalten. Beim Sicherheitskonzept sind organisatorische Regelungen folgender Art vorzusehen:

• Die Verwendung von Software am Arbeitsplatz ist nur dann gestattet, wenn die Organisation eine Lizenz dafür legal erworben hat.
• Software darf in der Organisation nicht außerhalb des erworbenen Lizenzrahmens kopiert und verteilt werden.
• Kopien von Software dürfen nicht an für die Organisation temporär tätige Dritte weitergegeben werden, außer die erworbene Lizenz gestattet dieses explizit.
• Die Lizenzen müssen auf Verlangen (z. B. den Ermittlungsbehörden) vorgelegt werden können.
• Die Einhaltung der Anzahl erlaubter Kopien von Software in der Organisation ist ständig vom Lizenz-Management zu kontrollieren. Das setzt voraus, dass es innerhalb der Organisation eine solche verantwortliche Stelle gibt.
• Vor dem Verkauf bzw. Weitergabe gebrauchter Arbeitsplatzrechner an Verwerter sind die Festplatten physikalisch zu löschen. Der Verbleib von Software auf der Festplatte und die damit verbundene Weitergabe an den Verwerter ist ebenfalls ein Verstoß gegen das Lizenzrecht.

- *Shareware* ist keine lizenzfreie Software. Bei der Verwendung von Shareware in der Organisation muss nach der vorgegebenen Evaluationsperiode, meist 30 Tage, die Lizenz erworben oder die Software von allen Rechnern gelöscht werden.

Soziale Medien, Web 2.0
Die obengenannten Punkte erhalten eine weitere Dimension, wenn man die aktuelle Ausbreitung von sozialen Medien (Web 2.0) und deren Dienste in Form von sozialen Netzen wie Facebook, XING, LinkedIn etc. in die Betrachtung mit einbezieht.

Facebook, XING et al.
In den Webportalen der sozialen Netzwerke werden zahlreiche Funktionen angeboten, die einen Austausch von Informationen, auch in Form von beliebigen Dateien, unter sogenannten Freunden oder der Öffentlichkeit im Internet sehr einfach ermöglichen. Hier gilt im Besonderen:

- Als vertraulich bzw. geheim klassifizierte Daten des Arbeitgebers dürfen nicht als Inhalt für soziale Netze verwendet werden. Bereits existierende Kommunikations- und Verhaltensrichtlinien des Arbeitgebers gelten selbstverständlich auch für das Veröffentlichen von Inhalten im Internet. In Zweifelsfällen sollte die Veröffentlichung mit dem Vorgesetzten abgestimmt werden.
- Für ein authentisches Auftreten haben sich Teilnehmer mit vollständigem Vor- und Nachnamen, Funktion und mit Namen der Organisation einzutragen, sofern die veröffentlichten Inhalte ihre Arbeit betreffen. Dazu zählen vor allem Blogeinträge und Kommentare auf internen und externen Websites. Die Mitarbeiter dürfen ihre Identität nicht durch Pseudonyme verschleiern. Teilnehmer an sozialen Netzen sollten zu ihrem eigenen Schutz und zum Schutz der Organisation deutlich machen, wenn sie sich als Privatpersonen äußern.
- Die Teilnehmer von sozialen Netzen haben prinzipiell die veröffentlichten Inhalte und Meinungsäußerungen zu verantworten. Inhalte werden von Vorgesetzten, Kollegen oder ehemaligen Mitarbeitern, Kunden sowie von Partnern oder Journalisten gelesen. Die Teilnehmer sollten sich der möglichen Folgen, Konsequenzen und Reaktionen bewusst sein und aktiv darauf hingewiesen werden. Die Haftung für die Rechtmäßigkeit der vom Nutzer hochgeladenen Inhalte sowie die Wahrung der Persönlichkeitsrechte Dritter, beispielsweise auf Fotos, ist Aufgabe des Nutzers, der für die Wahrung von Drittrechten einzustehen hat. Der Nutzer hat zu versichern, dass hochgeladene Fotos, Videos oder Texte keine Urheberrechte und Persönlichkeitsrechte Dritter oder deren Datenschutzbelange verletzen. Rechtswidrige Daten und Inhalte können jederzeit gelöscht oder gesperrt werden; in dringenden Fällen auch ohne Vorankündigung.
- Teilnehmer an sozialen Netzwerken müssen die Rechte der Nutzer sowie die Rechte unbeteiligter Dritter, insbesondere Urheber- und Persönlichkeitsrechte wie Privatsphäre und Datenschutz respektieren und sich an bestehende Gesetze halten. Jede Erhebung, Verarbeitung oder Nutzung von personenbezogenen Daten steht unter dem Vorbehalt

einer zweckgebundenen Erlaubnis, entweder in eng definierten Grenzen des jeweiligen Datenschutzgesetzes oder aber durch qualifizierte Einwilligung des Betroffenen.

Unberechtigtes Kopieren oder andere Verstöße gegen rechtliche Vorschriften können nicht nur durch Mitarbeiter der Organisation, sondern auch durch Dritte erfolgen und gehen mit dem eingangs erwähnten Missbrauch von Rechnern, besonders von mobilen Geräten, einher. Deshalb ist dringend anzuraten, Regeln für die ordnungsgemäße Verwendung von Arbeitsplatzrechnern, Notebooks, Netbooks, Smartphones, Pad-Computern etc. vorzusehen. Diese Regeln sollten eine Absicherung der Rechner beinhalten, um

- das Kopieren sensibler Daten durch Unbefugte zu verhindern,
- das Manipulieren von sensiblen Daten zu verhindern,
- das Auskundschaften von sensiblen Daten zu verhindern, mit denen weitere Angriffe auf die Infrastruktur der erst ermöglicht werden.

Falls Zugriffe auf die IT-Systeme der Organisation nicht explizit unterbunden oder zumindest als nicht autorisiert bezeichnet werden, kann rechtlich eine Duldung oder gar Genehmigung unterstellt werden. Zu beachten sind:

- Willkommen-Botschaften, die vor der Anmeldeprozedur auf dem Bildschirm bei dem Zugriff auf ein IT-System erscheinen, können als Aufforderung, Einladung und Erlaubnis interpretiert werden.
- Pre-Login-Informationen, die Leistungsumfang und Merkmale des Systems beschreiben, können unautorisierte Zugriffsversuche (Motto: „Hier gibt es etwas zu holen") provozieren.

Aufbewahrungspflicht
Kommen wir zu dem letzten Punkt dieses Abschnittes, der Aufbewahrungspflicht von Medien und Aufzeichnungen.

Häufig verlangt der Gesetzgeber oder eine Zertifizierungsinstanz, die der Organisation ein Gütesiegel verliehen hat, eine *geregelte Archivierung* von Daten. Dabei steht insbesondere der Schutz der Daten gegen Verfälschung und Verlust im Vordergrund. Ein weiterer wichtiger Aspekt ist die Alterung der Medien und der Aufzeichnungsverfahren – oder besser: der Wiedergabeverfahren. Falls beispielsweise wichtige Daten heute nur noch auf 8-Zoll SD-Disketten existieren, wird man große Mühen haben, ein passendes Laufwerk und Software zum Auslesen der Daten zu finden. In den Richtlinien für die Archivierung müssen deshalb Regeln zum Umkopieren von Daten auf aktuelle Medien vorhanden sein. Ebenso sind für die Archivierung Richtlinien für die Anwendung kryptografischer Verfahren wie zum Beispiel elektronischer Signaturen zu formulieren. Banal ist eine oft vergessene Regelung: Was hat nach Ende der Aufbewahrungsfrist mit den Daten und deren Trägern zu geschehen? Es gibt nur zwei Möglichkeiten:

- Verlängerung der Aufbewahrungsfrist oder
- sichere Vernichtung der Daten.

Es bietet sich an, die gesamte Archivierung von Daten als Geschäftsprozess bzw. Verwaltungsverfahren zu beschreiben. Für die sichere Vernichtung von Datenträgern existieren darauf spezialisierte und diesbezüglich zertifizierte Dienstleister.

9.2 Vermeidung von Strafprozessen

In diesem Abschnitt betrachten wir Vorgehensweisen und Richtlinien, die der Vermeidung von Strafprozessen dienen und Tatbestände betreffen, die sich aufgrund des Verhaltens der Mitarbeiter gegenüber anderen Personen und durch Nutzung der IT der Organisation ergeben können. Dabei geht es nicht primär um *sensible* Daten der Organisation.

Unser erstes Thema beschäftigt sich mit der Vermeidung von Verleumdungen und übler Nachrede.

Verleumdung, üble Nachrede

Mitarbeitern ist explizit zu untersagen, beleidigende Äußerungen über Personen oder Organisationen zu verbreiten. Selbst wenn der eigentliche Inhalt der Wahrheit entspricht, können entsprechende Kommentare in E-Mails oder sonstigen Medien diffamierend sein. Die Folgen, gerade bei der Verbreitung über das Internet, können sehr ernst sein und erhebliche Strafen gegen die Organisation nach sich ziehen.

Copyright

Ein weiteres heikles Thema ist die Verwendung von geschütztem Material aus dem Internet. Bilder, Texte, Video-Clips etc. aus dem Internet oder anderen elektronischen Quellen dürfen nicht ohne ausdrückliche Autorisierung durch den Eigentümer verwendet werden, selbst wenn dieses Material frei und ohne Einschränkung kopierbar ist. Das Copyright wird durch die massenweise Verbreitung über das Internet nicht aufgehoben. Eine Organisation kann sich strafbar machen, falls geschützte Inhalte aus dem Internet im Informationsverbund der Organisation ohne Genehmigung des Urhebers gespeichert oder verarbeitet werden. Dies beinhaltet ebenfalls die elektronische Weiterverbreitung solcher Inhalte über E-Mail oder Weblinks. Bei Verwendung von Texten aus Büchern, Reports oder anderen Dokumenten ist neben der Genehmigung zur Verwendung auf Korrektheit der Passagen und auf Gültigkeit innerhalb des betrachteten Kontextes zu achten.

9.3 Outsourcing

Gegenstand dieses Abschnittes sind rechtliche Rahmenbedingungen, die für den Bezug von IT-Dienstleistungen von externen Dienstleistern relevant sind.

Unter *Outsourcing* verstehen wir die Beauftragung eines externen Dienstleisters mit Aufgaben der Datenverarbeitung. Beispiele dazu sind:

- Hardware (PC, Server) wird beim Dienstleister gemietet und von diesem gewartet.
- Das Netzwerk der Organisation mit Servern und Clients wird von einem externen Dienstleister betreut.
- Service-Center, Hotlines und User Help Desks werden von einem externen Dienstleister eingerichtet.
- Fernwartung wird vom Standort des Dienstleisters aus (remote) durchgeführt.
- Kundenbefragungen werden von einem externen Dienstleister durchgeführt.
- Klassische RZ-Dienste wie Monitoring, Job-Scheduling, Archiving und Backups werden vom Dienstleister übernommen.
- Application Hosting: SW-Anwendungen sowie damit verbundene Dienstleistungen werden über ein Netzwerk unter Abrechnung von Software-Lizenzen per erfolgter Nutzung zur Verfügung gestellt; als Stichwort zur plakativen Verdeutlichung sei hier „SAP aus der Steckdose" genannt.
- Daten werden auf eigenen oder fremden Rechnern des externen Dienstleisters verarbeitet.

Cloud Computing

Zu dem Problemkreis Outsourcing gehört natürlich auch das sogenannte *Cloud Computing*: nichts anderes als eine Kombination aus Outsourcing und Virtualisierung. Die oben aufgeführten Aufgaben werden als Dienste („as a Service", aaS) über das Internet von den Anbietern der Clouds bezogen. Als Problematik von Clouds kommt hinzu, dass bei öffentlichen Clouds der geographische Speicherort für Daten und deren Kopien (*Backups*) in der Regel für den Bezieher der Dienste unbekannt ist. Dies ist besonders bei rechtlich sensiblen Daten (personenbezogenen Daten, Finanzdaten etc.) zu beachten.

Outsourcing konfrontiert uns mit drei Problemkreisen:

1. Die eigentliche Vertragsgestaltung mit dem Ziel des möglichst reibungslosen Ablaufes im Tagesgeschäft.
   Dazu gehören detaillierte Beschreibungen der vom Dienstleister zu erbringenden Dienstleistungen, und zwar unter Einbeziehung aller Sicherheitsaspekte – auch unter Extremsituationen (K-Fall).

2. Outsourcing: Vertragsgestaltung unter Sicherheitsaspekten.
   In den geschilderten Fällen des Outsourcings wird es vielfach erforderlich sein, Sicherheitsanforderungen zu stellen und die eigenen Sicherheitsziele – soweit relevant – an den Outsourcing-Nehmer weiterzugeben. Dies könnte bspw. durch Übergabe der Sicherheitsleitlinie (als Vertragsbestandteil) geschehen. Damit wäre ggf. die Vorgabenseite abgedeckt; es ist aber mindestens genauso wichtig, die Nachweisseite im Vertrag zu regeln: Wodurch weist der Dienstleister nach, dass er die Vorgaben einhält? Hier sind eine Reihe von Alternativen denkbar: durch Vorlage von (Fehler-, Leistungs-)

Protokollen und Auswertungen, durch Prüfungen und Inspektionen des Auftraggebers, eventuell auch durch eine Zertifizierung – zumindest aber durch Vorlage eines entsprechenden Auditberichts.

3. Outsourcing unter dem Gesichtspunkt des Datenschutzes.

Zwei Faktoren sind beim Outsourcing von erheblicher Wichtigkeit und Tragweite für die Einhaltung der datenschutzrechtlichen Bestimmungen:

- Der Standort des Dienstleisters: Datenschutzrechtlich können Probleme entstehen, wenn der Dienstleister seinen Firmensitz außerhalb der Europäischen Union, Norwegens, Islands und Liechtensteins hat, weil dann die dort geltenden Datenschutzbestimmungen nicht auf Deutschland übertragbar sein dürften.
- Die Weitergabe personenbezogener Daten an den Dienstleister: Bei der Vergabe der Lohn- und Gehaltsabrechnung an einen Dienstleister als Beispiel ist es zwingend notwendig, personenbezogene Daten an den Dienstleister weiterzugeben.

Eine im juristischen Sinne als *Übermittlung* anzusehende Weitergabe von personenbezogenen Daten setzt nach dem BDSG eine Erlaubnis sowie Informationspflichten voraus. Andernfalls ist die Übermittlung grundsätzlich verboten. Nicht *jede* Weitergabe von personenbezogenen Daten ist allerdings im juristischen Sinne automatisch als *Übermittlung* anzusehen:

Funktionsübertragung

Bekommt der Dienstleister im Rahmen des Outsourcing-Vertrages eine Funktion übertragen, sind von ihm alle Vorschriften des BDSG zu beachten. Der Dienstleister wird in diesem Fall vom Gesetz wie eine Fachabteilung der eigenen Organisation betrachtet, und es kann § 11 BDSG angewendet werden. Hierzu muss in den Verträgen mit dem Dienstleister die Verpflichtung der Mitarbeiter des Dienstleisters auf das Datengeheimnis enthalten sein. Bei Verstößen im Umgang mit Daten durch den Dienstleister haftet die eigene Organisation, die den Outsourcing-Vertrag abgeschlossen hat. Die Einhaltung der datenschutzrechtlichen Pflichten hat der Auftraggeber zu prüfen. Auch Wartung gilt als Umgang mit Daten, da der Zugriff auf Daten durch das Wartungspersonal nicht ausgeschlossen werden kann. Neben dem BDSG kommen je nach Form der Beauftragung auch das Telekommunikationsgesetz (TKG), das Teledienstedatenschutzgesetz (TDDSG) und der Mediendienste-Staatsvertrag (MDStV) zur Anwendung. Eine Funktionsübertragung an einen Dienstleister ist daher rechtlich eine komplizierte Sache und sollte wenn irgend möglich vermieden werden.

Auftragsdatenverarbeitung

Wesentlich einfacher ist es hingegen, wenn dem Dienstleister eine Funktion nicht vollständig, sondern nur teilweise übertragen wird. Dabei handelt es sich rechtlich gesehen um eine *Auftragsdatenverarbeitung*, bei der keine personenbezogenen Daten „übermittelt", sondern nur für die Verarbeitung weitergegeben werden. Wichtig ist es dabei, eine klare Abgrenzung zur Funktionsübertragung zu finden, was in der Regel dadurch erreicht

wird, dass die beauftragten Teile der Datenverarbeitung im Leistungskatalog klar aufgeführt werden. Es wird – um bei dem Beispiel von oben zu bleiben – keine Lohn- und Gehaltsabrechnung beauftragt, sondern einzelne Teile wie „Ermittlung der Bruttogehälter",
„Ermittlung der anfallenden Lohnsteuer und Sozialversicherungsbeiträge" bis hin zum
„Drucken und Kuvertieren der Gehaltsabrechnung".

9.4 Verschiedenes

In diesem Abschnitt diskutieren wir weitere in der Praxis vorkommende Ereignisse, die
rechtliche Relevanz erlangen können.

Aufzeichnung von Sicherheitsverstößen
Ereignisse, die in irgendeiner Form die Informationssicherheit betreffen, lassen sich meist
nicht vermeiden. Alle Mitarbeiter haben aber darauf zu achten, dass erkannte, sicherheitsrelevante Ereignisse dokumentiert und an die für die Informationssicherheit verantwortlichen Stellen der Organisation weitergeleitet werden. Dabei sind zwei Fälle zu unterscheiden:

- Es gibt signifikante Anzeichen für einen bevorstehenden Verstoß gegen die Informationssicherheit.
- Ein Verstoß gegen die Informationssicherheit ist erfolgt.

Beweissicherung
Es ist wichtig, bereits die ersten Anzeichen einer Unregelmäßigkeit im Systemverhalten,
Merkwürdigkeiten im Verhalten des Reinigungspersonals usw. zu dokumentieren. Wenn
sich Verdachtsmomente auf eine Verletzung der Informationssicherheit verdichten, ist die
Leitungsebene zu unterrichten, ggf. sind Ermittlungs- bzw. Aufsichtsbehörden hinzuzu-
ziehen. Für die Sicherheitsleitlinie und deren Konkretisierung im Sicherheitskonzept sollte deshalb beachtet werden, dass

- unzulässige Beweise, verursacht durch eine unsachgemäße Dokumentation, ein entsprechendes Strafverfahren verhindern können,
- ein Mangel an Kontinuität und Vollständigkeit einer Beweiskette die eigene Position
  vor Gericht empfindlich schwächen kann,
- Beweise einer Überprüfung ihrer Integrität standhalten müssen, wenn sie nicht ange-
  zweifelt werden sollen,
- von der Organisation keine entsprechende Klage erhoben werden kann, wenn es keinen
  schriftlichen Beweis gibt, dass ein Eindringling Zugriffsrestriktionen zur Kenntnis genommen haben muss,

- Beweise vor Gericht für ungültig angesehen werden können, wenn keine schriftlich niedergelegten Prozeduren für Sammlung, Speicherung und Sicherung von Beweismaterial existieren.

Sammlung von verwertbarem Beweismaterial ist ein sehr schwieriges Unterfangen. Bei der Sammlung und Auswertung sollte man forensische Experten hinzuziehen.

Registrierung von Web-Domänen

Skizzieren wir als weiteres Thema die Registrierung von *Domain Names*. Registrierte Domänen für die Präsenz der durch die Organisation im Internet gehören zu den schutzwürdigen Werten und Daten der durch die Organisation. Falls die Kontrolle über diese Namen verloren geht, bedeutet das in den meisten Fällen den Verlust des Nutzens von Marketingmöglichkeiten. Alle auf dem Internet basierenden Vermarktungen, Angebote etc. verlieren damit ihre Gültigkeit. Auch ermöglicht eine abgelaufene Registrierung Wettbewerbern, einen eingeführten und wohlbekannten Namen zu übernehmen.

Risikoversicherungen

Unser nächster Punkt betrifft Risikoversicherungen, die zur Überwälzung von Schäden auf Versicherungsunternehmen gebräuchlich sind. Dazu ist periodisch eine Risikoabschätzung durchzuführen, entsprechende Verträge sind mit den Versicherungen abzuschließen beziehungsweise zu erneuern. Versäumnisse, versicherbare Risiken durch Versicherungen abzudecken, können zu Haftungsklagen und hohen finanziellen Verlusten für die durch die Organisation führen.

Aufzeichnen von Telefonaten

Nun kommen wir zu einem etwas delikaten Thema: der Aufzeichnung von Telefonaten. Es ist bei Hotlines, Supportcenter oder Telefonkonferenzen nicht unüblich, die Telefongespräche aus den verschiedensten Gründen aufzuzeichnen. Damit keine Persönlichkeitsrechte direkt verletzt werden, sind vor dem Start der Aufzeichnung alle Gesprächsteilnehmer darauf hinzuweisen, ihre Erlaubnis ist einzuholen. Gespräche können als Voice-Recordings elektronisch gespeichert oder transkribiert werden. Unabhängig vom Verfahren dürfen Sie nur aufgezeichnet werden, wenn alle Teilnehmer damit einverstanden sind. Aufzeichnung von Telefongesprächen unterliegen dem Datenschutz und sind entsprechend gegen Verfälschung und nicht autorisierten Zugriff zu schützen.

Non Disclosure Agreements

Abschließen wollen wir dieses Kapitel mit dem Thema *Vertraulichkeitsvereinbarungen* (NDA, *Non Disclosure Agreement*) zwischen durch die Organisationen und Kooperationspartnern. Es ist eine weit verbreitete Praxis, NDAs in die Verträge mit Partnern und Auftragnehmern aufzunehmen. NDAs haben dann ihre Berechtigung, wenn mit Partnern

– im Sinne der Sicherheitsziele der Organisation – sensitive Informationen auf Zeit auszutauschen sind, die insbesondere nicht an Dritte weitergegeben werden dürfen – wie zum Beispiel Produkt- oder Preisinformationen. Werden keine NDAs vereinbart, besteht die Gefahr, dass sensitive Informationen z. B. an Wettbewerber weitergegeben werden. Dies gilt auch *nach* Beendigung des Kooperations- bzw. Auftragsverhältnisses, wenn das NDA keine diesbezüglichen Regelungen vorsieht.

Organisatorische Maßnahmen   10

Zusammenfassung

Organisatorische Maßnahmen und Vorgaben bilden das Gerüst der Informationsverarbeitung. In den anderen Kapiteln sind uns schon eine Reihe solcher Maßnahmen und Vorgaben begegnet – insbesondere in Kap. 3. Wir stellen deshalb hier nur noch einige wenige Informationen zusammen, und zwar die folgenden Punkte betreffend:

- Vorgaben für die Abwicklung von Geschäftsprozessen
- Festlegen von Rollen und Organisationplänen
- Organisatorische Anweisungen

10.1 Vorgaben für die Abwicklung von Geschäftsprozessen

Zur korrekten und sicheren Abwicklung von Geschäftsprozessen sind Prozessbeschreibungen unerlässlich. Werden die Geschäftsprozesse als die wesentlichen Assets betrachtet, orientiert sich die gesamte Sicherheitsanalyse zwangsläufig an diesen Prozessbeschreibungen.

Hieraus folgt, dass bei ihrer Erstellung besondere Sorgfalt anzuwenden ist: Die Prozesse sind vollständig und korrekt dazustellen. Im Abschn. 2.3 finden Sie weitere Details zum Umgang mit dieser Art von Assets.

Sind Änderungen an Geschäftsprozessen geplant oder werden neue Prozesse eingerichtet, sollte bereits im *Planungsstadium* eine Prozessbeschreibung erstellt werden; sie kann im Rahmen der Realisierung sukzessive nachjustiert werden, wenn dies erforderlich ist. Parallel dazu kann bereits die Sicherheitsanalyse der Änderungen bzw. der neuen Prozesse erfolgen; ggf. sind Dokumente unserer Pyramide (s. Abschn. 3.3) anzupassen, insbesondere das Sicherheitskonzept.

© Springer Fachmedien Wiesbaden 2015   167
H. Kersten, G. Klett, *Der IT Security Manager*, Edition <kes>,
DOI 10.1007/978-3-658-09974-9_10

Wird erst realisiert und dann dokumentiert, besteht die Gefahr, dass Risiken unterschätzt oder nicht erkannt werden, nachträglich kostenträchtige Maßnahmen erforderlich werden etc.

Man erkennt, dass auch auf diesem hohen Abstraktionsniveau ein geordnetes *Change Management* unabdingbar ist.

10.2   Festlegen von Rollen und Organisationplänen

Rollen- und Organisationspläne haben den Sinn, die Arbeiten und die entsprechende Verantwortung zwischen den Rollen und Organisationseinheiten aufzuteilen und zu optimieren. Dazu gehören

- klare Zuständigkeiten,
- Rollen- und Aufgabenbeschreibungen,
- eine Festlegung der Schnittstellen zwischen den Rollen und Einheiten sowie
- ein Pflegeprozess der Rollen- und Besetzungsliste (mit Kontaktdaten).

Im Kontext der Informationssicherheit haben wir es oft mit *Querschnittsrollen* zu tun – also solchen, die keiner operativen Abteilung oder Division direkt unterstellt sind. Dazu zählen:

- (IT-)Sicherheitsbeauftragte(r) bzw. (IT) Security Manager
- Notfallbeauftragter
- Datenschutzbeauftragter
- Compliance Manager
- Betriebs- bzw. Personalrat
- interne Auditoren und Revisoren

Es kann sein, dass die eine oder andere Rolle ggf. auch extern besetzt ist; im Grunde ist dies bei allen genannten Rollen prinzipiell möglich.

Daneben sind *IT-Koordinatoren* der einzelnen Abteilungen zu nennen, die im Sicherheitsgremium (z. B. dem ISF) vertreten oder zumindest an allen konzeptionellen Arbeiten beteiligt sind.

Es wird grundsätzlich empfohlen, für solche Rollen – möglichst vor ihrer Besetzung – Rollenbeschreibungen zu erstellen, in denen folgende Fragen beantwortet werden:

- Welche Anforderungen an die Qualifikation der Rolleninhaber werden gestellt?
- Was sind die Aufgaben jeder Rolle?
- Was sind die Befugnisse jeder Rolle?
- Bestehen Vertretungsregelungen und wie sehen diese aus?

Diese Punkte fallen meist in den Aufgabenbereich der Personalverwaltung. Sicherheits-kritische Rollen und Aufgaben sollten nicht per Zuruf an eine Person übertragen werden, sondern „offiziell" mit einem entsprechenden Schreiben – ggf. mit der Rollenbeschreibung als Anlage.

10.3 Organisatorische Anweisungen

Notfallinformationen
Hier sind zunächst die *Sicherheits-* oder *Notfallinformationen* zu nennen, über die jeder Mitarbeiter der Organisation verfügen sollte, und zwar ausdrücklich in Papierform. Inhaltlich geht es darum, Rufnummern und Ansprechpartner für Sicherheitsvorfälle zu benennen und Anweisungen für das das Verhalten bei solchen Vorfällen zu geben.

Arbeitsanweisungen
Dass für sicherheitskritische Tätigkeiten *Arbeitsanweisungen* in Verbindung mit Checklisten vorliegen sollten, wurde schon erläutert (s. Abschn. 2.2).

Sonstige Anweisungen
Darüber hinaus gibt es in der Praxis eine Reihe von *Anweisungen* für unterschiedliche Adressaten innerhalb der Organisation und zu unterschiedlichen Themen. Hierzu einige Beispiele:

- Regelungen für Besucher (Besucherbuch; Anmeldeprozedur, Einlassprozedur, Sicherheitsbelehrung, Begleitung, Ausgangskontrolle)
- Regelungen für Service-Techniker und Lieferanten (Einlass, Begleitung, Kontrolle der Arbeiten, Abmeldung/Ausgang)
- Verhalten auf Dienstreisen (Wahrung von Betriebsgeheimnissen, Nutzung von mobilen Geräten)
- Mitnahme oder Hereinbringen von Equipment durch Mitarbeiter und Dienstleister
- Vorgaben für die Archivierung wichtiger Unterlagen
- Festlegung von Aufzeichnungs- und Meldepflichten
- Regeln für die Auswahl und Vergabe von Passwörtern
- Hinweise zum Verhalten am Arbeitsplatz, speziell auch zum Umgang mit der IT am Arbeitsplatz etc.

Wirksamkeit
Kritisch wird es, wenn wichtige Sicherheitsmaßnahmen *rein organisatorisch* realisiert sind. Nehmen wir als Beispiel eine organisationsweite Regel für die Auswahl „guter" Passwörter. Wenn die Einhaltung der Regel keiner Kontrolle unterliegt, ist davon auszugehen, dass sie im Laufe der Zeit immer häufiger ignoriert wird – dies umso mehr,

wenn die betreffende Regel kompliziert ist oder einen gewissen Aufwand erfordert (etwa häufiges Ändern des Passwortes). Die Wirksamkeit der Maßnahme ist auf den Goodwill der Betroffenen angewiesen. Selbst wenn eine Kontrolle erfolgt (z. B. durch Messung von entsprechenden Kennziffern nach ISO 27004), stellt sich eine volle Wirksamkeit der Maßnahme erst dann ein, wenn ein Nichtbeachten der Regelung fühlbare Konsequenzen nach sich zieht. Die wirksamere Lösung wäre natürlich die, dass die Einhaltung der Passwortregeln durch die beteiligten Systeme erzwungen wird.

Als Fazit halten wir fest: Technisch realisierten Sicherheitsmaßnahmen ist gegenüber rein organisatorischen der Vorzug zu geben – zumindest unter dem Gesichtspunkt der Wirksamkeit.

Berechtigungskonzept
Im Grunde ist ein *Berechtigungskonzept* ebenfalls eine organisatorische Anweisung – sie entscheidet über

- Zutrittsrechte zu Liegenschaften, Gebäuden, Räumen und Sicherheitsbereichen,
- Zugriffsrechte zu Daten, Systemen und Komponenten, Anwendungen, Systemdateien, und
- Zugangsrechte zu Anwendungen (Nutzung von Diensten).

Rechte werden festgelegt für Subjekte:

- einzelne Personen
- definierte Rollen innerhalb der Organisation
- Gruppen (abteilungsbezogen, Arbeits-/Projektgruppen)
- Firmen- und funktionsbezogen (Service, Wartungstechniker, Dienstleister)
- nutzerbezogen (Kunden)

Die Summe aller Rechte eines Subjektes wird gelegentlich als *Rechteprofil* (für diese Person) bezeichnet.

Es ist festzulegen, welche Default-Rechte für neu entstandene Subjekte und Objekte sinnvoll sind. Für viele Personen mit normalem Berechtigungsumfang können *standardisierte Profile* als Default zugewiesen werden.

Für die Zuweisung und den Entzug von Rechten ist ein formales Genehmigungsverfahren einzuhalten. Dabei ist eine Prüfung auf Rollenkonflikte und unzulässige Rechtekumulation vorzunehmen. Letzteres kann z. B. durch periodischen Entzug und ggf. Neuzuweisung von Rechten vermieden werden.

Soweit technisch realisiert, sind die betreffenden Rechte in den Systemen einzutragen und von diesen zu überwachen. Bei *manueller* Rechtevergabe und -kontrolle (z. B. durch Wachpersonal, Schlüsselausgabe) sind entsprechend manuelle Aufzeichnungen anzufertigen (z. B. Besucherbücher, Anwesenheitslisten, Ausgabelisten für Schlüssel).

Jede (ggf. auch: versuchte) Ausübung von Rechten ist aufzuzeichnen. Aufgezeichnete Protokolle müssen regelmäßig ausgewertet werden.

Weitere Informationen zum Berechtigungskonzept finden Sie in Abschn. 13.2 und Abschn. 13.3.

Überprüfungen, Inspektionen

Gegenstand von Anweisungen können auch Überprüfungen, Inspektionen, Audits, Arbeitsplatzbegehungen, Tests etc. sein. Regelmäßig wiederkehrende Überprüfungen dieser Art sollten geplant werden (terminlich wie inhaltlich) und nach einem dokumentierten Schema ablaufen.

Dabei kann es bei rechtlich relevanten Prüfungen wichtig sein, diese von mindestens zwei Personen durchführen zu lassen und das Prüfteam so zu festzulegen, dass nicht später an der Qualifikation und damit der Aussagekraft der Prüfergebnisse gezweifelt werden kann. Die Beachtung dieser Anforderungen dient der Sicherstellung der Beweiskraft und der Beweisqualität.

Personelle Sicherheit

11

Zusammenfassung

Ein ganz entscheidender Faktor zur Erreichung von Sicherheitszielen ist das Treffen von Maßnahmen zur Minimierung von Bedrohungen, welche von *berechtigten* Benutzern ausgehen. Die überwiegenden Schäden – die aktuellen Statistiken weisen 60–85 % aus – werden von den eigenen Mitarbeitern und Fremdfirmenpersonal verursacht. Die Gründe dafür sind in der Regel vielfältig: Leichtsinn, Unachtsamkeit, Unkenntnis über die Implikationen des eigenen Verhaltens, ungezügelter Spieltrieb, Frustration und negative Motivation, seltener auch kriminelle Motive, spielen eine dominante Rolle. Zusätzlich sind bei fehlender personeller Sicherheit Angriffe von außen über das so genannte Social Engineering sehr erfolgreich.

Nach ISO 27001 ist der Zweck der personellen Sicherheit die Reduzierung der Risiken, die durch menschliche Fehler, Diebstahl, Betrug und Missbrauch von Einrichtungen hervorgerufen werden. Entsprechend unterteilen wir die personelle Sicherheit in folgende Themenbereiche:

- Arbeitsverträge
- Umgang mit vertraulichen Personaldaten
- Verantwortung der Mitarbeiter für Erhaltung der Informationssicherheit
- Personalmanagement
- Vorkehrungen beim Ausscheiden von Mitarbeitern
- Verschiedenes

Wir werden in den nachfolgenden Abschnitten die einzelnen Themenbereiche mit Beispielen aus der Praxis behandeln.

© Springer Fachmedien Wiesbaden 2015
H. Kersten, G. Klett, *Der IT Security Manager*, Edition <kes>,
DOI 10.1007/978-3-658-09974-9_11

11.1 Arbeitsverträge

Ein weites Feld ist die Gestaltung von Arbeitsverträgen unter dem Gesichtspunkt der Sicherheit. Wir unterscheiden dabei nicht zwischen zeitlich begrenzten und unbegrenzten Verträgen und schließen Verträge zur temporären Beschäftigung von Fremdfirmenpersonal ein. Wichtige Bestandteile von Arbeitsverträgen sind

- allgemeine Regelungen und Vereinbarungen,
- zusätzliche Klauseln für Personal von Fremdfirmen,
- der Umgang mit Logos, Emblemen, offiziellem Briefpapier etc. von Organisationen,
- der Umgang mit Berechtigungen,
- das Gewähren von Krediten an Kollegen,
- das Einverständnis mit der Sicherheitsleitlinie der Organisation,
- Regelungen über den Schutz geistigen Eigentums,
- die Verantwortung des Mitarbeiters für die Geheimhaltung ihm zugänglicher Informationen.

Die oben aufgeführten Punkte sollten in einem Standardarbeitsvertrag enthalten sein. Abweichungen in Einzelfällen sind natürlich möglich und können durch Anhänge, Zusatzvermerke usw. geregelt werden. Was haben nun die aufgeführten (Mindest-) Bestandteile des Arbeitsvertrages mit dem Sicherheitsmanagement in der Organisation zu tun? Beginnen wir mit den allgemeinen Regelungen und Vereinbarungen.

Allgemeine Regelungen und Vereinbarungen
Diese Regeln beschreiben die prinzipielle Art des Beschäftigungsverhältnisses zwischen Arbeitgeber und Arbeitnehmer. Variiert wird dabei nur wenig, etwa in der Art der Organisation, der einzunehmenden Position und dem Verantwortungsbereich. Bereits hier sollte schon auf die Richtlinien zur Informationssicherheit und deren Beachtung Bezug genommen werden. Fehlt diese Information, ist es nahe liegend, dass der Arbeitnehmer der irrigen Meinung unterliegt, er trage keinerlei Verantwortung für die Informationssicherheit. Auch werden beim Fehlen dieser Hinweise etwaige Schadensersatzklagen bei Verstößen erschwert.

Bei Verträgen mit Fremdfirmen muss unmissverständlich festgehalten werden, dass

- für die Dauer der Beschäftigung die eigenen Regeln für die Informationssicherheit gelten und
- alle Beschäftigten der Fremdfirma einschließlich etwaiger Unterauftragnehmer, die im Rahmen eines Vertrages für die Organisation tätig sind, diese Regeln zu beachten haben.

Vor Unterzeichnung des Vertrages ist der Fremdfirma ein Exemplar der zu beachtenden Sicherheitsgrundsätze auszuhändigen oder anderweitig zugänglich zu machen (z. B. über die Homepage der Organisation). Es reicht in der Regel nicht aus, auf Informationsschutzrichtlinien der Fremdfirmen zu vertrauen.

Umgang mit Firmenlogos

Ein weiterer wichtiger Bestandteil des Arbeitsvertrages betrifft den Umgang mit Firmenlogos, Firmenemblemen etc. Firmenlogos wird häufig zu Unrecht die Funktion eines
Echtheitsnachweises zugeordnet. Sie werden als Authentisierungsmerkmal angesehen und
können als solches missbraucht werden. Dementsprechend muss in den Arbeitsverträgen
der Umgang mit ihnen geregelt werden. Die Schädigung der Reputation und des Ansehens
der Organisation durch Missbrauch von Firmenlogos auf Briefpapier, in E-Mails etc. kann
bei Fehlen einer entsprechenden Regelung kaum geahndet werden.

Authentifizierungsmerkmale

Als nächsten Punkt betrachten wir die Weitergabe von Authentisierungsmerkmalen wie
Werksausweise, Passwörter, Tokens usw. an andere Personen, wobei hier nicht zwischen
Mitarbeitern (Kollegen) und Außenstehenden unterschieden wird. Es muss im Arbeitsvertrag unmissverständlich und explizit verboten sein, Authentisierungsmerkmale an andere
Personen weiterzugeben, da durch diese Handlung die Sicherheitsfunktion *Authentisierung* konterkariert wird und alle Prozesse, die auf der Authentisierung aufbauen, unsicher
werden.

Kredite und Darlehen

Es mag sich vielleicht zunächst seltsam lesen, aber eine Regelung über die Gewährung von
Krediten[1] an Kollegen gehört ebenfalls in den Vertrag. Der Grund ist, dass das Einräumen
von Krediten gegenüber Kollegen früher oder später zu einem schlechten Betriebsklima,
Interessenskonflikten beispielsweise bei anstehenden Beförderungen und zur Anwendung
von Repressalien führen kann – Tatbestände, die auch für die Informationssicherheit eine
Bedeutung haben können. Die Gewährung von Krediten für Mitarbeiter der Organisation
sollte streng untersagt sein.

Einverständnis mit Sicherheitsrichtlinien

In den Arbeitsvertrag gehört auch eine Einverständniserklärung mit den Richtlinien[2] zur
Informationssicherheit der Organisation. Diese Richtlinien müssen in leicht lesbarer Form
(Homepage, Ausdruck, PDF-Dokument auf einer CD etc.) dem potenziellen Mitarbeiter
vor Unterzeichnen des Vertrages zugänglich gemacht werden. Im Vertrag sollte sich ein
Passus befinden, nach dem der Mitarbeiter mit Unterzeichnung des Vertrages erklärt, die
Sicherheitsrichtlinien erhalten, zur Kenntnis genommen und verstanden zu haben und sie
in seinem Beschäftigungsverhältnis zu beachten. Auch sollte im Vertrag darauf hingewiesen werden, dass Sicherheitsvorfälle, die aufgrund der Nichtbeachtung von Sicherheitsrichtlinien durch den Mitarbeiter herbeigeführt wurden, unmittelbar disziplinarische
Maßnahmen nach sich ziehen können.

---

[1] Damit ist nicht das Auslegen eines Mittagessens wegen einer vergessenen Brieftasche gemeint,
sondern das Verleihen von Geld gegen Zinsen.

[2] die IT-Sicherheitsleitlinie und ggf. weitere Dokumente.

Schutz geistigen Eigentums

Der vorletzte Punkt der eingangs angeführten Bestandteile des Arbeitsvertrages betrifft den Schutz des geistigen Eigentums. In diesem Vertragsteil wird die Eigentümerschaft von Patenten, Forschungsergebnissen, Publikationen etc. geregelt. Das geistige Eigentum, das aus Tätigkeiten in der und für die Organisation resultiert, liegt bei der Organisation. Dies gilt auch für Personal von Fremdfirmen und anderen Vertragspartnern, die im Auftrag der Organisation bestimmte Gewerke erstellen oder Tätigkeiten ausüben. Abweichungen, beispielsweise bei Patenten, können vorkommen und müssen gesondert betrachtet werden (Anhänge, Beiblätter etc.).

Schutz vertraulicher Informationen

Kommen wir zum letzten Punkt, der Verantwortung der Mitarbeiter zum Schutz vertraulicher Informationen der Organisation. Neben der Anerkennung der Informationsschutzrichtlinien gehört auch die Einverständniserklärung des Mitarbeiters mit der von ihm erwarteten Eigenverantwortung zum Schutz vertraulicher Informationen zum Arbeitsvertrag. Diese Erklärung gilt in der Regel auch für eine bestimmte Frist nach dem Ausscheiden aus der Organisation. Damit soll vermieden werden, dass

- vertrauliche Informationen an Dritte weitergegeben werden,
- bei Wechsel des Mitarbeiters zu einem Wettbewerber keine vertraulichen Informationen als „Morgengabe" mitgebracht werden,
- Mitarbeiter über ihre Verantwortung bei der nicht autorisierten Weitergabe sensibler Informationen im Unklaren gelassen werden,
- vertrauliche Informationen nur mit befugten Kollegen und nur an Arbeitsplätzen ohne Mithörmöglichkeit diskutiert werden.

11.2 Vertrauliche Personaldaten

Nach der Gestaltung der Arbeitsverträge wenden wir uns dem Umgang mit personenbezogenen Daten zu. Bei der Regelung dieser Daten befinden wir uns in dem Spannungsfeld zwischen entsprechenden Gesetzen (Datenschutzgesetz, Fernmeldegesetz etc.) sowie dem Schutz der Privatsphäre des Mitarbeiters und den Interessen der Organisation. Wir teilen diesen Abschnitt in folgende Bestandteile auf:

- Respektierung der Privatsphäre am Arbeitsplatz
- Umgang mit vertraulichen Personaldaten
- Erstellung von Arbeitszeugnissen, Referenzen etc.
- Überprüfung der Sicherheitseinstufung (*Clearance*) von Mitarbeitern
- Austausch von Personalinformationen mit anderen Mitarbeitern

Schutz der Privatsphäre

Beginnen wir mit der Beachtung der Privatsphäre der Mitarbeiter, die je nach Land durch entsprechende Gesetze (in Deutschland durch das Datenschutzgesetz, das Telekommunikationsgesetz usw.) geregelt ist. Die Inhalte dieser Gesetze sind natürlich von der Leitung der Organisation zu beachten. Prinzipiell hat die Leitung das Recht auf Zugriff zu allen Informationen, die im Informationsverbund der Organisation erzeugt oder gespeichert werden.

Was von dieser Regelung ausgenommen und zu der Privatsphäre des Mitarbeiters gezählt wird, muss explizit und eindeutig geregelt werden. Beispielsweise kann ein privates elektronisches Telefonbuch vom Arbeitgeber auf einem dienstlichen Notebook geduldet und zu der Privatsphäre des Mitarbeiters gezählt werden. Wird eine solche Festlegung bzw. Regelung jedoch unterlassen, kann der Arbeitnehmer der irrigen Annahme sein, dass alles erlaubt ist und zum Beispiel auch rechtsradikales Gedankengut in Wort und Bild speichern, was bei Audits und anderen Sicherheitsüberprüfungen Ärger verursachen, generell Rufschädigung und teure Prozesse nach sich ziehen kann.

Beim Umgang mit Personaldaten ist generell auf strikte Wahrung der Vertraulichkeit zu achten. Sie dürfen nur einem ausdrücklich und nachprüfbar autorisierten Personenkreis zugänglich gemacht werden. Auf peinlich genaue Einhaltung der einschlägigen Gesetze ist zu achten. Bei Nichteinhaltung drohen neben Reputationsverlust hohe Geld- und Haftstrafen.

Dienstzeugnisse

Jeder Mitarbeiter hat das Recht, ein Dienstzeugnis oder eine Referenz von seinem Arbeitgeber zu erhalten. In diesen Fällen ist darauf zu achten, dass der Anlass dokumentiert wird und die gewünschten Dokumente nur von autorisierten Personen ausgestellt werden. Hier besteht eine Querverbindung zu der zuvor angeführten notwendigen Regelung zur Verwendung offizieller Firmenstempel oder Logos: Nur die autorisierten Personen dürfen die gewünschten Referenzen auf offiziellem Firmenpapier ausstellen. Wer solche Dokumente unterschreiben darf, ist Bestandteil der allgemeinen Unterschriftenregelung.

Personalauswahl

Wie eingangs angeführt, führen Sicherheitsvorfälle im Zusammenhang mit autorisierten Mitarbeitern (*Befugte*) die Schadenstatistik an. Deshalb sind bei der Personalauswahl für Mitarbeiter, die in sensiblen Bereichen des Informationsverbunds der Organisation eingesetzt werden sollen, hohe Maßstäbe an Charakter und Integrität, d. h. an die Vertrauenswürdigkeit anzulegen.

Sicherheitsüberprüfung

In besonders sensiblen Bereichen greift man zu einer formellen *Sicherheitsüberprüfung*, die ggf. unter Einbeziehung von Behörden eine rückschauende Einschätzung der Vertrauenswürdigkeit einer Person liefert. Dabei kann z. B. ein polizeiliches Führungszeugnis oder eine Ermächtigung für behördliche Verschlusssachen das Ziel sein.

In der Regel werden sensible Tätigkeiten in möglichst wenigen *Rollen* beschrieben und den dafür ausgewählten Mitarbeitern zugewiesen. Diese Zuweisung muss periodisch auf Angemessenheit für die ausgeübte Tätigkeit und auf persönliche Eignung überprüft werden. Ein langjähriger Administrator einer sensiblen Applikation, der z. B. durch ein schweres familiäres Schicksal zum Alkoholiker wurde, ist zur Ausübung der ursprünglich zugewiesenen Rolle nicht weiter geeignet.

Eine Rolle kann Aufgaben und Berechtigungen beinhalten, die z. B. durch technische Änderungen der Infrastruktur obsolet werden. Hier muss entschieden werden,

- ob die Rolle weiter nötig ist,
- ob eventuell andere existierende Rollen die verbleibenden Aufgaben übernehmen können.

Generell gilt hier das Prinzip „Weniger ist mehr". Ein „Mehr" erreicht man hier hinsichtlich der Überprüfbarkeit bzw. der Auditierungsfähigkeit.

Austausch von Informationen
Kommen wir zu der Weitergabe von persönlichen Informationen über Mitarbeiter durch Mitarbeiter, hier insbesondere Gerüchte über Beförderung, Degradierung, Entlassung, Gehalt usw. von Kollegen. In aller Regel sollte die Weitergabe von Gehaltsdaten explizit in Arbeitsverträgen untersagt werden. Gerüchte über Beförderung, Degradierung, Entlassung usw. sind nie ganz zu unterbinden. Es sollte aber eine unmissverständliche Anweisung publiziert werden, dass solche Informationen – sofern solche überhaupt veröffentlicht werden dürfen – nur als authentisch anzusehen sind, wenn sie von einer benannten Stelle kommen, z. B. von der Einheit „Communications" eines Unternehmens. Toleriert man die Gerüchteküche mit nicht autorisierten Informationen über Mitarbeiter,

- kann sich eine Verschlechterung des Betriebsklimas einstellen, das seinerseits negative Auswirkung auf die Disziplin der Mitarbeiter (aus Enttäuschung, Unzufriedenheit etc.) und damit auf die Sicherheit haben kann,
- können auch unerwünschte Rechtstreitigkeiten die Folge sein.

11.3 Verantwortung der Mitarbeiter für die Informationssicherheit

Oft ist es den Mitarbeitern nicht bewusst, welche Eigenverantwortung zur Informationssicherheit ihnen übertragen wurde. Zur Vermeidung von Missverständnissen müssen entsprechende Regelungen erlassen werden und dem Mitarbeiter bekannt sein. Wir wollen exemplarisch einige wichtige Themen aus diesem Bereich behandeln:

- Verwendung der Firmenzugänge zum Internet
- Geheimhaltung von Passwörtern und PINs

- Verwendung von E-Mail und Telefonie
- Umgang mit Firmen-Kreditkarten
- Bestellung von Waren und Dienstleistungen, Bestätigung von Lieferungen und Leistungen, Bestätigung von Rechnungen
- Weitergabe von Geräten und vertraulichen Informationen an Familienmitglieder
- Private Verwendung der organisationseigenen PC, Notebooks etc.

Diese Liste erhebt keinen Anspruch auf Vollständigkeit. Es sind entsprechend der Art der Geschäftstätigkeit und den betrieblichen Belangen weitere Punkte aufzunehmen.

Internet-Zugänge

Beginnen wir mit der betrieblichen Verwendung der firmeneigenen Internet-Zugänge. Hier ist zu regeln, auf welches Material *nicht* zugegriffen werden darf: z. B. auf Web-Seiten und Daten mit rassistischem und pornografischem Material, illegale Kopien aus Tauschbörsen, Chat-Räume, Online-Spiele, News Groups, soweit diese keinen Bezug zur betrieblichen Tätigkeit aufweisen. Entsprechend der Gesetzeslage in Deutschland sind Überprüfungen des Nutzungsverhaltens nur im Rahmen von Ermittlungen und nach Absprache mit den zuständigen Stellen und der Mitarbeitervertretung zulässig.

Prinzipiell muss der Download von Software und die Installation derselben auf dem firmeneigenen PC untersagt werden.

Neben technischen Möglichkeiten zur Einschränkung des Zugriffs auf das Internet führen hier nur konsequente Sensibilisierung und Schulung der Mitarbeiter weiter. Der Disziplinar-Prozess bei Zuwiderhandlung muss ebenfalls allen Mitarbeitern bekannt sein.

Passwörter und PINs

Passwörter, PINs und andere Authentisierungsmerkmale werden immer dann verwendet, wenn der Zugriff auf Informationen auf einen bestimmten Benutzerkreis eingeschränkt ist und die entsprechenden Informationen nicht jedem zugänglich gemacht werden dürfen. Sie sind unbedingt vertraulich zu behandeln. Entsprechende Regelungen müssen erlassen und kommuniziert sein. Die nicht autorisierte Weitergabe solcher Authentisierungsmerkmale – gleich, ob an Externe oder Mitarbeiter – ist disziplinarisch zu ahnden.

Analog gilt dies grundsätzlich für die Weitergabe *jeder* Art vertraulicher Informationen an Kollegen. Informationen werden auch dann kompromittiert, wenn sie Mitarbeitern der *gleichen* Organisation zugänglich gemacht werden, ohne dass diese eine diesbezügliche Autorisierung besitzen.

E-Mail und Telefonie

Die Verwendung des E-Mail-Systems sowie des dienstlichen Telefons (Mobil- und Festnetz) für private Zwecke lässt sich nicht ganz unterbinden. Es muss aber explizit darauf hingewiesen werden, dass der Gebrauch nur in Notfällen gestattet ist, um einem exzessiven Gebrauch dieser Infrastruktur mit den damit verbundenen Kosten und der Einschränkung der Bandbreite vorzubeugen.

Kreditkarten

Für Kreditkarten, Tankkarten, Servicekarten etc., die auf die Organisation ausgestellt sind und autorisierten Mitarbeitern ausgehändigt werden, sind Regelungen für folgende Punkte in Betracht zu ziehen:

• Vorgehen bei Diebstahl oder Verlust
• Weitergabe der Kartendaten über das Internet
• Kontrolle der Kartenabrechnung
• Weitergabe an Dritte

Bestellungen, Lieferungen und Rechnungen

Ein weiterer wichtiger Punkt der Eigenverantwortung des Mitarbeiters ist die strikte Einhaltung der Prozesse der Organisation beim Auslösen von Bestellvorgängen, dem Empfang und der Anerkennung von Lieferungen und Leistungen und der Bestätigung von Rechnungen. Die entsprechenden Prozesse müssen in Regelwerken niedergelegt und den Mitarbeitern bekannt sein. Beim Empfang von Waren und Services oder bei dem Bestätigen von Rechnungen besteht beispielsweise die Gefahr, dass nicht autorisierte Personen Zugang zu sensiblen Bereichen des Informationsverbunds der Organisation erhalten. Bei der Bestätigung von Rechnungen durch nicht autorisierte Mitarbeiter können spätere Reklamationen nicht oder nur unter Schwierigkeiten geltend gemacht werden.

Familienmitglieder

Ein heikles Thema ist die Weitergabe mobiler Endgeräte und ggf. vertraulicher Informationen der Organisation an Familienmitglieder. Mitarbeiter sind darauf hinzuweisen, dass technische Einrichtungen zur Wahrnehmung betrieblicher Tätigkeiten wie Smartphones, Organizer, Notebooks, um nur einige zu nennen, nicht in die Hände von Familienmitgliedern gehören. Diese Vorgabe kann bis zum generellen Verbot der privaten Nutzung organisationseigener Technik *zu Hause* reichen. Mit einer solchen Regelung lässt sich unter anderem die Gefahr des Einbringens maligner (bösartiger) Software wie Computerviren, Trojaner und Computerwürmer in die Infrastruktur der Organisation verringern.

Es liegt in unserer Natur, Ereignisse und Erlebnisse aus der beruflichen Tätigkeit in einer Organisation mit den Mitgliedern der eigenen Familie zu diskutieren. Die Familie wird immer noch als ein Ort der Vertrautheit und Intimität angesehen. Man sollte sich jedoch davor hüten, Vertrautheit mit Vertraulichkeit gleichzusetzen. Familienmitglieder sind sich oft auch nach eindringlicher Warnung der Brisanz und Sensibilität von Informationen einer Organisation nicht bewusst und geben sie ohne Argwohn bei passender Gelegenheit an Dritte weiter („Kindermund tut Wahrheit kund"). Es muss deshalb explizit beim Umgang mit vertraulichen Informationen darauf hingewiesen werden, dass diese Informationen auch nicht an Mitglieder der eigenen Familie weitergegeben werden dürfen. Es ist insbesondere darauf zu achten, dass Sicherheitsvorkehrungen wie Verschlüsselung, die strikte Befolgung der Clean Desktop Policy usw. auch beim Home Office eingehalten werden.

11.4 Personalmanagement

Wir wollen in diesem Abschnitt folgende Punkte näher betrachten:

- Umgang mit enttäuschten, demotivierten Mitarbeitern
- Handhabung von vertraulichen Gesprächsnotizen
- Funktionswechsel

Enttäuschte Mitarbeiter stellen gerade heute in den Zeiten großflächigen Personalabbaus und von Umstrukturierungen ein nicht unerhebliches Risiko dar. Das Risiko ist auch unter dem Aspekt gravierend, dass es sich bei demotivierten Mitarbeitern oft kurz zuvor noch um vertrauenswürdige Mitarbeiter handelte, die mit entsprechenden Befugnissen und Rechten ausgestattet waren. Dem Mitarbeiter ist es in der Regel nicht anzumerken, wann sich der Wandel vom loyalen Firmenangehörigen zur Bedrohung für die Informationssicherheit vollzieht. Zur Minimierung dieses Risiko sollten alle Anzeichen auf eine Verschlechterung des Arbeitsumfeldes und Enttäuschung bei den Mitarbeitern ernst genommen und offen kommuniziert werden.

Eine Ursache für eine negative Veränderung des Betriebsklimas kann z. B. die Verbreitung von Inhalten aus Personalgesprächen sein. Bei Personalgesprächen, Zielvereinbarungen etc. werden vom Vorgesetzten in der Regel Aufzeichnungen angefertigt. Diese unterliegen dem Datenschutzgesetz und sind streng vertraulich zu behandeln. Insbesondere dürfen sie nicht unberechtigten Dritten zugänglich sein.

Eine beinahe alltägliche Situation in Organisationen ist, dass Mitarbeiter ihre Tätigkeit wechseln. Dies kann einhergehen mit der Zunahme oder der Abnahme von Sicherheitsverantwortung. Anforderungen an die Geheimhaltung von Informationen können sich bei diesem Übergang ebenfalls ändern. Bisher genutzte Berechtigungsmittel sind ggf. durch andere zu ersetzen. Insofern sollte ein Tätigkeitswechsel sicherheitsmäßig ähnlich betreut und überwacht werden wie ein Ausscheiden (aus der alten Funktion) und eine anschließende Neueinstellung (in die neue Funktion).

11.5 Ausscheiden von Mitarbeitern

In diesem Abschnitt betrachten wir

- die Handhabung von Kündigungen, Pensionierungen etc.,
- die Prozeduren nach erfolgter Kündigung und
- Vereinbarungen bei Wechsel zu einem Wettbewerber.

Wenn Mitarbeiter aus welchen Gründen auch immer die Organisation verlassen, muss frühestmöglich das Sicherheitsmanagement davon in Kenntnis gesetzt werden. Es hat gemeinsam mit dem disziplinarischen Vorgesetzten das Risiko abzuschätzen, das entsteht, wenn der ausscheidende Mitarbeiter bis zu seinem endgültigen Austritt weiterhin die ihm übertragenen Rechte auf Zugriff zu Informationen ausnutzen kann. Verläuft die Trennung harmonisch, so ist in der Regel das Risiko innerhalb der Zeitspanne vom Bekanntwerden der Entscheidung bis zum Verlassen der Organisation gering. Bei Trennungen bzw. Kündigungen, die nicht einvernehmlich erfolgen, sollte den Mitarbeitern der Zugriff auf sensible Daten der Organisation umgehend entzogen werden. In solchen Fällen können Regelungen, die die sofortige Übergabe des Arbeitsplatzes und anschließende Beurlaubung des Mitarbeiters bis zum endgültigen Ausscheiden aus der Organisation, vorsehen, sehr hilfreich sein. Andernfalls besteht weiterhin das Risiko, dass vertrauliche Daten für private Zwecke kopiert oder aus Unzufriedenheit über die Trennung von der Organisation sabotiert werden.

Die Prozesse, welche die getroffenen Regelungen in die Praxis beim Ausscheiden der Mitarbeiter überführen, sind schriftlich zu fixieren.

Der letzte Punkt dieses Abschnitts spricht die häufig auftretende Situation an, dass der ausscheidende Mitarbeiter zu einem Wettbewerber des Unternehmens wechselt. Zur Vorbeugung der Übertragung von Know-How auf die neue Arbeitsstelle werden meist Wettbewerbsklauseln in die Arbeitsverträge aufgenommen. Beispielsweise werden Fristen von mehreren Jahren vereinbart, in denen der Mitarbeiter nicht in einer gleichartigen Position beim Wettbewerber arbeiten darf, oder es werden lange Kündigungsfristen vereinbart, in denen der Mitarbeiter beurlaubt wird.

Solche Regelungen lassen sich jedoch meist umgehen, und ihre Einhaltung ist schwer zu kontrollieren. Auch besteht oft Rechtsunsicherheit, was in den Arbeitsverträgen überhaupt geregelt werden darf. Als Minimalforderung sollte jedoch die Behandlung sensibler Informationen in den Arbeitsverträgen geregelt werden.

11.6 Verschiedenes

Zum Maßnahmenbereich *Personelle Sicherheit* zählen auch alle Aktivitäten im Bereich Sensibilisierung, Schulung und Training. Lesen Sie hierzu den Abschn. 3.2.

Ein sensibles Thema ist die Überwachung der Einhaltung von Sicherheitsvorgaben und -regeln sowie von Arbeitsanweisungen. Der Abschn. 16.1 behandelt diesen Fragenkreis.

Verhinderung unerwünschten Datenabflusses

12

Zusammenfassung

Schutz vor dem unerwünschten Abfluss von wertvollen Informationen aus Politik, Handel, Militär etc. (Data Leakage) dürfte die gesamte Geschichte der Menschheit begleiten. Heute findet Informationsaustausch und Informationsverarbeitung in elektronischer Form auf breiter Basis statt, womit sich das Problem der Entdeckung und Verhinderung von unerwünschten Datenabflüssen erheblich verschärft hat. Auch boomt die Nachfrage nach sensiblen Informationen – von den durch Werksspionage erlangten Betriebsgeheimnissen über von Insidern kopierten DVDs mit Finanzdaten bis hin zu illegal kopierten Filmen der Unterhaltungsindustrie.

In diesem Abschnitt möchten wir nach der Einführung der unterschiedlichen Arten von Data Leakage die praxisrelevanten Ausprägungen des Schutzes der Vertraulichkeit sensibler Daten darstellen und insbesondere den Schutz geistigen Eigentums und von Betriebsgeheimnissen diskutieren. Aktuelle Ursachen für das immer stärker um sich greifende Data Leakage sind technische Ursachen wie spezialisierte Computerviren und Phishing Trojaner und durch Personen verursachte Datenabflüsse. Hierzu zählen mit Vorsatz stattfindende Datendiebstähle, etwa im Rahmen von Werksspionage, oder nicht vorsätzliche verursachte Datenlecks. Der *menschliche Faktor* mit Spieltrieb und Unachtsamkeit spielt hier eine wesentliche Rolle. Der momentan vorherrschende Zeitgeist der mobilen Informationsverabeitung in unsicheren Infrastrukturen und der Selbstdarstellung in sozialen Netzwerken trägt in Besorgnis erregendem Ausmaß dazu bei.

Schlägt man heute ein aktuelles Magazin mit einer Informatik- oder Multimedia-Seite online oder in der Papierausgabe auf, stößt man mit großer Wahrscheinlichkeit auf einen berichtenswerten Vorfall von unerwünschten Datenabfluss.

Es entsteht der Eindruck, Data Leakage sei heute allgegenwärtig und dieser Eindruck ist nicht falsch. Die Datenflut und Zugangsmöglichkeiten in Firmennetzen, Clouds, sozia-

© Springer Fachmedien Wiesbaden 2015
H. Kersten, G. Klett, *Der IT Security Manager,* Edition <kes>,
DOI 10.1007/978-3-658-09974-9_12

len Netzwerken, auf mobilen Gerätschaften wie Smartphones, PAD-Computern und transportablen Wechselmedien sind geradezu eine Einladung für Personen, die diese Daten legal oder illegal für ihre Zwecke ausnutzen. Das reicht von kompromittierenden Enthüllungen auf Plattformen wie Wikileaks bis hin zu dem Verkauf von persönlichen Daten, Kundeninformationen, Betriebsgeheimnissen etc.

12.1 Definitionen

Beginnen wir mit den Definitionen. In der Literatur werden häufig die Begriffe *Data Loss* und *Data Leakage* sowie bei der Beschreibung des entsprechenden Schutzes *Protection* und *Prevention* synonym verwendet und mit *DLP* abgekürzt; die Bezeichnungen variieren immer wieder einmal. Das Ziel derlei Lösungen ist es jedoch in jedem Fall das Gleiche: sensible Daten im Unternehmen zu identifizieren und deren Verbreitung sowie Nutzung zu kontrollieren. Alle Begriffe basieren auf dem Schutz der Vertraulichkeit von Informationen als einem der drei Ziele der Informationssicherheit (Vertraulichkeit, Integrität, Verfügbarkeit) und sind insofern nichts Neues.

Je nach Ausprägung der Schutzmaßnahmen kann auch Integrität und Verfügbarkeit direkt oder indirekt mit einbezogen sein. Vereinfacht ist *DLP* eine Ansammlung von Maßnahmen zum Schutz von Daten gegen nicht autorisiertem Zugriff, der direkt durch Personen oder indirekt durch Software erfolgen kann.

Bei *Data Loss* und *Data Leakage* handelt es sich um einprägsame, *süffige Begriffe*, die zu Marketingzwecken eingeführt wurden, in einigen Quellen aber unterschieden werden[1]:

> „Data Loss Prevention" ist der Schutz gegen den unerwünschten Abfluss von Daten, der Schaden verursacht und auch bemerkt wird, während „Data Leakage Prevention" für einen Schutz gegen ein vermutetes, aber nicht messbares und manchmal auch im Einzelfall gar nicht feststellbares Weitergeben von Informationen an unerwünschte Empfänger steht.

12.2 Sensible Daten

Ziel von Data Leakage Prevention ist, die nicht autorisierte Weitergabe von sensiblen Daten zu verhindern. Aber was sind in diesem Zusammenhang sensible Daten? Spontan werden einem dazu Daten, die unter gesetzliche Regulierungen fallen, wie zum Beispiel

- Personenbezogene Daten (BDSG),
- Finanzdaten und
- Bilanzdaten (Sarbanes Oxley Act – *SOX*),

Daten, die geistiges Eigentum (*Betriebsgeheimnisse*) beinhalten – etwa

---

[1] http://de.wikipedia.org/wiki/Data_Loss_Prevention.

- Forschung und Entwicklungsdaten,
- Rezepturen,
- Verfahren und Methoden,
- Quellcode von Software,
- Patentanmeldungen,

und weitere sensible Daten wie

- Zugangsdaten,
- Infrastrukturdaten,
- Zahlungsdaten,
- Maketingstrategien,
- Auditberichte, Logdateien,
- Infrastrukturpläne.

Die so entstehende Liste wird sehr wahrscheinlich nicht vollständig sein.

Gehen wir deshalb das Problem von einer abstrakteren Sicht an und fragen uns: Was ist allen sensiblen Daten gemein?

Sensible Daten sollen nicht in die falschen Hände geraten und nicht unkontrolliert kopierbar sein. Die Vertraulichkeit und Integrität dieser Daten wird von Gesetzen geschützt und/oder stellt einen hohen Wert für ihren rechtmäßigen Besitzer dar.

12.3   Arten von Data Leakage

Data Leakage kann direkt durch den Zugriff von Personen, indirekt durch Software oder einer Kombination aus beiden verursacht werden. Der Zugriff auf die Daten erfolgt in unterschiedlichen Lokationen, die für die Auswahl der Schutzmaßnahmen maßgeblich sind

Kommunikationsbezogenes DLP
Sensible Daten müssen innerhalb und außerhalb von Organisationen und Unternehmen im Rahmen ihrer Verarbeitung transportiert werden. Personenbezogene Daten durchlaufen Verarbeitungsschritte innerhalb von Personalabteilungen, Entwicklungsdaten werden an Patentabteilungen kommuniziert, Marketingstrategien werden im Vertrieb zur Planung benötigt – um nur einige Beispiele aufzuführen. Bei der Kommunikation dieser Daten kann es zu unerwünschten Abflüssen kommen; die Kommunikation muss dagegen einen entsprechenden Schutz aufweisen. Überwachung – das Monitoring von Netzwerkverbindungen –, verschlüsselte Kommunikationskanäle, Ende-zu-Ende-Verschlüsselung und Virtual Private Networks sind Beispiele für die Schutzmaßnahmen, die bei kommunikationsbezogenem DLP zur Anwendung kommen

Medienbezogenes DLP

Sensible Daten werden heute mannigfaltig auf unterschiedlichsten Medien in IT-Infrastrukturen gespeichert. Oft erfolgt die Speicherung redundant (*Duplizierung*), ohne dass dies den Verursachern bewusst ist; und damit ist nicht die notwendige Sicherungskopie (Backup) gemeint. Die aktuellen IT-Infrastrukturen mit ihrem stark wachsenden mobilen Anteil in Form von Smartphones und Pad-Computern mit kommunikationsfreudigen Apps, Cloud-Zugängen und Wechselspeichern, aber auch die zahlreichen *eingebetteten* Webserver in Kopierautomaten, Druckern, Routern etc. mit der Fähigkeit, temporäre Kopien sensibler Daten zu speichern, sind für DLP eine enorme Herausforderung.

Statistiken zeigen, dass ein beträchtlicher Anteil der Abflüsse über die unterschiedlichsten Medien erfolgt. So verwundert es nicht, dass ein hoher Anteil der kommerziell verfügbaren DLP-Systeme medienbezogene DLPs sind. Für ein wirksames, medienbezogenes DLP muss man

- alle Speicherorte der sensiblen Daten kennen,
- Schutzmaßnahmen für diese Lokationen etablieren,
- die Speicherung in diesen Lokationen verhindern, falls DLP wirtschaftlich nicht angemessen möglich ist.

Zur Verdeutlichung zählen wir wieder einige Schutzmaßnahmen für medienbezogenes DLP auf:

- Verschlüsselung von Festplatten, Speicherkarten, USB-Sticks etc.
- verschlüsselte Datenablage in mobiler Infrastruktur (Endgeräte, Peripherie, Clouds)
- Kontrolle von USB Ports, FireWire Schnittstellen, WLAN-Zugängen, Bluetooth etc.

Gerade der letzte Punkt ist bei den aktuellen Gegebenheiten ein sehr ehrgeiziges Unterfangen.

Personenbezogenes DLP

Das *Gefahrenbarometer 2010* der Firma Corporate Trust zeigt, dass fast 60 % von über 5000 befragten deutschen Mittelständler die eigenen Mitarbeiter für das größte Risiko im Zusammenhang mit dem unerwünschten Abfluss von Daten halten. Oft werden Datenabflüsse durch mangelnde Sachkenntnis und Fahrlässigkeit verursacht. Klischeehaft, aber in der Praxis häufig erlebt, ist die Weiterleitung von dienstlicher E-Mail mit vertraulichem Anhang an einen WebMailer, um in der Freizeit, am Urlaubsort noch für die Firma arbeiten zu können. Ein hehres Motiv, aber damit geraten sensible Daten auf Server des WebMail-Betreibers im Ausland und sind außerhalb der Kontrolle des Unternehmens. Weit verbreitet, auch unter Administratoren, ist die Neigung, einmal vorgenommene Einstellungen und Installationen, die einigermaßen funktionierten, nicht zu revidieren und zu verbessern. In den USA wird dieses Verhalten als *Set it and forget it* bezeichnet und ist für eine beträchtliche Anzahl von Schwachstellen für Data Leakage verantwortlich.

Eine Gegenmaßnahme sind Schulungen zur Steigerung der Wahrnehmung und Erkenntnis solcher Gefährdungen (*Awareness Trainings*), bei denen praxisrelevante Szenarien vorgegeben und mit den Teilnehmern durchgespielt werden, sowie interne und externe Audits.

Eine weitere Maßnahme des personenbezogenen DLP ist die Einrichtung und der Betrieb einer konsequenten Identitätsprüfung und Zugangskontrolle (*Identity and Access Management – IAM*) beim Zugriff auf sensible Daten an jedem Speicherort.

Die zyklische Überprüfung der Besetzung von Administrationsrollen und ihrer Berechtigungen (*Privileged Accounts*) wird in Sicherheitsstandards (z. B. ISO 27001) gefordert, aber in Deutschland häufig vernachlässigt. Gerade von Inhabern privilegierter Zugriffsmöglichkeiten können beträchtliche Gefährdungen für Informationsabflüsse ausgehen. Die *Sin-of-Admin*-Liste[2] beinhaltet eine Reihe ernster Gefährdungen durch unkontrollierte, privilegierte Berechtigungsinhaber:

- Platz 1: Download von illegalem Content am Arbeitsplatz (54 %).
- Platz 2: Änderung von Sicherheitseinstellungen von Firewalls und anderen IT-Systemen (48 %): Ein Ziel solcher Maßnahmen ist, sich Zugriff auf IT-Ressourcen im Unternehmen zu verschaffen, etwa per Remote-Access.
- Platz 3: „Absaugen" von firmeninternen Informationen (29 %).
- Platz 4: Lesen von vertraulichen Dokumenten (25 %): Dazu gehören Gehaltslisten und Personalunterlagen, aber auch vertrauliche Geschäftsunterlagen.
- Platz 5: Heimliches Lesen der E-Mails von Kollegen (16 %).
- Platz 6: Löschen oder Manipulieren von Log-Dateien (15 %): Dient meist dazu, die Spuren verbotener Aktivitäten zu verwischen.

Gegenmaßnahmen sind jährliche Überprüfungen und Beurteilungen der privilegierten Berechtigungen in Anzahl und Ausmaß (*so viel wie nötig, so wenig wie möglich*) sowie des Verhaltens der Berechtigungsinhaber. Sollten dabei finanzielle Schwierigkeiten durch Spielsucht, familiäre Schwierigkeiten, vermehrter Alkoholkonsum oder ähnliches auffällig sein, dürfte die Person nicht zur weiteren Ausübung privilegierter Berechtigungen geeignet sein.

Inhaltsbezogenes DLP

Bisher haben wir DLP bezogen auf den Transport, die Aufbewahrungsorte und den Umgang mit sensiblen Daten betrachtet. Direkt an den Daten selbst setzt das inhaltsbezogene DLP an. Darunter ist die dynamische Interpretation eines Regelwerkes für den Zugriff auf – als sensibel – klassifizierte Daten zum Zeitpunkt der Ausführung des Zugriffs zu verstehen. Für die Einschätzung der Sensibilität der Daten dienen vorhergehende Inhalts- und Kontextanalysen. Inhaltsbezogens DLP setzt ein hohes Maß an Vorbereitung voraus

---

[2] http://www.itespresso.de/2011/11/29/security-unternehmen-offenbart-die-haufigsten-%C2%BBillegalen-praktiken-von-it-administratoren%C2%AB/.

und ist umfangreich zu planen. Es müssen alle sensiblen Daten klassifiziert und deren Speicherorte aufgelistet werden.

Schwierig gestaltet sich die Suche nach den Daten. Offenbar herrscht in vielen Unternehmensnetzwerken ein über die Jahre stetig schlimmer gewordener Wildwuchs. Es nimmt viel Zeit in Anspruch, alle Server und vor allem Clients nach in Datenbanken strukturierten und unstrukturierten (Office-Dokumente, PDFs etc.) Daten abzusuchen.

12.4 Rechtliche Maßnahmen

In diesem Abschnitt behandeln wir rechtliche Maßnahmen, weisen jedoch darauf hin, dass diese Ausführungen keine Rechtsberatung ersetzen können, vielmehr in dem Sinne gemeint sind: Was alles ist zu beachten, speziell unter dem Blickwinkel der DLP?

Arbeitsverträge

Sicherheitsvorfälle, die durch autorisierte bzw. befugte Mitarbeiter verursacht werden, führen die Schadenstatistik an. Deshalb ist bei der Personalauswahl für Mitarbeiter, die in sensiblen Bereichen der Organisation eingesetzt werden sollen, ein hoher Maßstab an die *Vertrauenswürdigkeit* anzulegen. Zunächst stellt sich die Frage, ob das Thema *Informationssicherheit* in Arbeitsverträgen auftauchen soll. Dafür spricht die Bedeutung der Sicherheit für die Organisation, die beim Einsatz von DLP gegeben sein dürfte.

Schaut man auf den *Datenschutz* im Sinne des BDSG, so ist es üblich, dem Arbeitsvertrag eine Datenschutzverpflichtung als *Anlage* und damit als Vertragsbestandteil beizufügen. Mit der Unterschrift unter den Arbeitsvertrag – ggf. werden die Anhänge nochmals separat unterzeichnet – bestätigt der Arbeitnehmer, die Sicherheitsleitlinie erhalten, zur Kenntnis genommen und verstanden zu haben und sie zukünftig beachten zu wollen. Ziel muss es in diesem Zusammenhang sein, dass die Betreffenden alle *Sicherheitsaspekte* ihrer (neuen) Aufgabe verstehen.

Weist eine solche Sicherheitsleitlinie verbindlich auf detailliertere Richtlinien zur Sicherheit hin, sind auch diese Richtlinien Vertragsbestandteil. In hoch-sensiblen Kontexten kann es sinnvoll sein, zusätzlich besondere Vereinbarungen über den Schutz des Knowhows bzw. besonderer Betriebsgeheimnisse bzw. geistigen Eigentums der Organisation zu schließen: Geheimhaltungsvereinbarungen wird man in der Regel nur mit besonders zuverlässigen und vertrauenswürdigen Personen treffen; sie setzen unter Umständen eine *Sicherheitsüberprüfung* der Person voraus und wirken in aller Regel über das Ende des Anstellungsverhältnisses hinaus. Solche Vereinbarungen sind auch im DLP-Umfeld vorzusehen, da es hier um wirklich schutzbedürftige Informationen bzw. Daten der Organisation geht.

Outsourcing-Verträge

Unter *Outsourcing* verstehen wir die Beauftragung eines Dienstleisters mit bestimmten Aufgaben. Beispiele dazu sind die Betreuung und Wartung der IT-Infrastruktur, deren teilweise oder komplette Übernahme, das Hosting bestimmter Anwendungen, der Betrieb von Hotlines und User Help Desks – aber auch das Cloud Computing, welches als eine Kombination aus Outsourcing und Virtualisierung angesehen werden kann.

Outsourcing setzt immer einen entsprechenden Vertrag voraus, der die detaillierte Leistungsbeschreibung der zu übertragenden Dienstleistungen enthält, aber auch alle notwendigen Vorgaben zur Informationssicherheit aufweisen sollte.

Hat man ein Teil- oder Komplett-Outsourcing der *Datenverarbeitung* im Sinn, so gibt es im Bezug auf DLP folgende grundsätzliche Überlegungen:

1. Während der Übergabe sensibler Daten an den Auftragnehmer kann es dazu kommen, dass Unbefugte Einblick in die Daten erhalten. Dies kann bei der elektronischen Übertragung der Daten an den Dienstleister geschehen, aber auch in dessen Sphäre beim Empfang der Daten erfolgen.
2. Letzteres gilt erst recht nach Beginn der Leistungen, wenn als sensibel klassifizierte Daten in den Systemen des Auftragnehmers gespeichert und dort verarbeitet werden.
3. Werden Ergebnisse der Datenverarbeitung zurück an den Auftraggeber gesandt (in elektronischer Form über das Netz, Übergabe per Datenträger, Versand von Ausdrucken) gilt hinsichtlich der Risiken das unter 1) Gesagte entsprechend.

Für den Outsourcing-Vertrag hat DLP somit einige Konsequenzen: Bei der Datenübergabe bzw. -übertragung muss eine vollständige Absicherung der Übergabe erfolgen:

• Bei der Übertragung per Netz wird man die Daten mit einem geeigneten Verfahren verschlüsseln müssen. Dieses sollte vertraglich vereinbart sein.
• Bei einer manuellen Übergabe per Datenträger ist darauf zu achten, dass die Datenträger an einen *Befugten* des Auftragnehmers übergeben werden: Dessen Name und Rolle sollten vertraglich festgelegt sein.
• Bei der Übergabe von Unterlagen oder Datenträgern per Post oder per Kurier muss auch dieser Weg gesichert werden. Bei den Datenträgern ist eine Verschlüsselung dringend anzuraten. Beim postalischen Versand sollten zumindest sichere Zustellungsverfahren verwendet werden.

Befinden sich die sensiblen Daten nun in der Sphäre des Auftragnehmers, so muss er während seiner Dienstleistungserbringung alle Sicherheitsanforderungen des Outsourcing-Vertrags erfüllen – ggf. eben auch entsprechende DLP-Maßnahmen aufsetzen, um z. B. das Klassifikationsschema für die sensiblen Daten des Auftraggebers einhalten zu können.

Wartungs- und andere Supportfunktionen
Grundsätzlich gelten alle Anforderungen, die im vorhergehenden Abschnitt für Outsourcing-Verträge aufgeführt wurden, auch für die Erbringung von Wartungs- und anderen Supportfunktionen, sofern diese von Dritten erbracht und per Vertrag geregelt werden.

Es gibt jedoch einen weiteren wichtigen Punkt: Solche Dienstleistungen werden von den beauftragten Personen innerhalb der Sphäre des *Auftraggebers* erbracht, d. h. hier gilt es, alle Sicherheitsanforderungen für das eigene Personal auch auf das fremde Personal zu übertragen. Es ist eben nicht auszuschließen, dass Wartungs- und Supportpersonal bei seiner Tätigkeit Kenntnis von sensiblen Informationen erhält oder die Möglichkeit des Kopierens sensibler Daten erhält. Hier müssen im Hinblick auf DLP die gleichen Grundsätze und Regeln gelten wie für das eigene Personal.

Lizenzierungs- und Update-Funktionen

Normale Praxis in der IT ist es, für Software und andere Ressourcen Lizenzen online über das Internet zu erwerben: Das kann Betriebssysteme, komplette Anwendungen, Updates derselben – aber auch Leistungsmerkmale von Hardware wie z. B. die Freischaltung größerer Speicherkapazitäten, die Aktivierung weiterer Prozessoren oder auch höhere Bandbreiten bei Netzwerken betreffen. Meist werden dazu Bestellportale der einschlägigen Hersteller und Provider genutzt.

Schon bei der Erstbestellung, vor allem aber bei späteren Updates und Patches ist es üblich, Software und Daten über Installer-Programme herunterzuladen, die ihrerseits zunächst die vorhandene Hardware, den bisherigen Release-Stand der Software, Lizenz- und Kundennummern und andere Charakteristika in den Systemen des Kunden erfassen und überprüfen. Hierbei werden meist umfangreiche Daten an den Hersteller übertragen. Eine genaue Kontrolle, was hierbei alles abfließt, ist selten gegeben.

Bei den vielfältigen Patches von Software erfolgt das Einspielen meist sogar vollautomatisch, d. h. der Anwender bzw. die Systemadministration erfährt erst nachträglich anhand von Meldungen, dass Patches übertragen und installiert wurden.

Zur Installation der neuen Software bzw. der Aktivierung von Ressourcen sind in den Systemen meist Privilegien auf der Systemebene erforderlich, d. h. der Installer ist damit natürlich in der Lage, auf alle gespeicherten Daten in dem betreffenden System zuzugreifen.

Neben dem direkten Datenfluss bestehen hier weitere Risiken:

- Über den Installer-Kanal kann Spyware eingeschleust werden, die möglicherweise erst später – wenn bestimmte Bedingungen erfüllt sind oder nach einer Aktivierung von außen – ihre *Tätigkeit* aufnimmt.
- Neben dem Ziel der Vertraulichkeit können auch die Integrität und Verfügbarkeit von Daten und Systemen massiv beeinträchtigt werden.
- Es könnten u. U. auch Protokollaufzeichnungen ausgesetzt, manipuliert und gelöscht werden, so dass eine spätere Auswertung keine Anzeichen für eine Manipulation erkennen lässt.

Auf der rechtlichen Seite kann man sich im Kaufvertrag absichern und verlangen, dass der Lieferant beschreibt, welche Daten aus den Systemen im Zuge der Installationen, Updates und Patches übertragen werden. Zusätzlich sollte man sich *explizit* zusichern lassen, dass keine weiteren Daten übertragen werden.

12.5   Organisatorische Maßnahmen

Data Leakage Protection ist, wie aus den vorgehenden Erläuterungen zu entnehmen ist, eine komplexe Aufgabenstellung, deren erfolgreiche Bewältigung zu einem großen Teil aus der Implementierung und konsequenten Anwendung organisatorischer Maßnahmen besteht. Man übersieht dabei leicht den damit verbundenen Aufwand, der bei kommerziell angebotenen DLP-Systemen aus verständlichen Gründen von den Herstellern oft verharmlost wird. Ziel dieses Abschnittes ist, die wesentlichen organisatorischen Maßnahmen, die für den erfolgreichen produktiven Betrieb eines DLP-Systems notwendig sind, vorzustellen und deren Umsetzung beispielhaft zu erläutern.

Bestandsaufnahme und Klassifikation von sensiblen Daten
Wir beginnen mit der Erfassung der sensiblen Daten. Bevor wir uns überhaupt mit DLP näher befassen können, müssen wir wissen, was wir überhaupt schützen wollen. Die Aufgabe besteht darin, alle Daten der Organisation, die verarbeitet, transportiert, gespeichert und/oder einer sonstigen Transaktion unterzogen werden, zu klassifizieren. Anhand der Klassifizierung und den damit verbundenen Regeln wird bei der Ausführung von DLP entschieden, welche Nutzung der betrachteten Daten unter gegebenen Rahmenbedingungen wie Verarbeitungsort, Zeit, Rolle des Nutzers in der Organisation etc. erlaubt bzw. nicht erlaubt ist.

Bei der Festlegung der Schutzbedürftigkeitsklassen gilt auch wieder das Prinzip, dass weniger mehr bedeutet und die Einteilung so praktikabel wie möglich zu halten ist.

Bevor mit der Klassifizierung begonnen werden kann, sind die Kriterien, die für die Klassifizierung benötigt werden, zu definieren sowie die Verantwortlichen für die Klassifizierung festzulegen. Bei der Aufstellung der Kriterien ist auf eine präzise Formulierung mit möglichst wenig Interpretationsspielraum zu achten.

Inventarisierung aller Speicherstellen
Nachdem wir die Schutzbedürftigkeit von Daten mit Hilfe eines Klassifizierungsschemas festgelegt haben, benötigen wir als nächste organisatorische Maßnahme ein Inventar aller Speicherstellen der als schutzbedürftig eingestuften Daten. Trivial gesagt, können wir Daten gegen Data Leakage nur schützen, wenn wir wissen, wo sie sich befinden, wie man sie erkennt, wie sie transportiert werden können und welche Prozesse (Anwendungen) sie verarbeiten dürfen. Beachten Sie hierzu die Ausführungen in Kap. 2 zur Inventarisierung von Daten(gruppen).

Es werden relativ viele Software-Tools für alle relevanten Betriebssysteme zum Auffinden von doppelt bzw. mehrfach vorhandenen Dateien angeboten. Die Tools prüfen Verzeichnisse auf internen Festplatten, angeschlossenen USB-Speichermedien und Freigaben in lokalen Netzwerken. Um möglichst gezielt zu suchen, lassen sich Kriterien wie Name, Format, Größe, Inhalt oder Änderungsdatum der Datei filtern. Problematisch bei der Inventarisierung ist die heutige Praxis, sensible Daten in Public Clouds und mobilen Endgeräten zu speichern, sofern diese Verfahrensweise nicht durch technische Maßnahmen und Regeln in der Sicherheitsleitlinie unterbunden ist.

Aufstellung von Richtlinien und Regeln zur Verwendung sensibler Daten
Regeln und Richtlinien zur Nutzung sensibler Daten basieren auf zwei Sicherheitsstrategien:

1. *Zugriffskontrollen*: Sie haben zwar nicht das primäre Ziel, unerwünschte Datenabflüsse zu verhindern, sie schränken aber den Zugriff auf die Daten ein und trennen berechtigte von unberechtigten Instanzen (Personen oder Software). Nur Daten, auf die ein logischer oder physischer Zugriff besteht, können Datenabflüssen ausgesetzt sein.
2. *Nutzungsberechtigungen*: Hier sind Regeln aufzustellen, wie zugriffsberechtigte Instanzen bei lesendem, schreibenden, kopierenden, erzeugenden Zugriff mit den Daten umzugehen haben (Drucken, Speichern an externen Orten, Speichern auf Wechseldatenträgern, als E-Mail Anhang versenden usw.). Die Aufstellung der Regeln für die Nutzungsberechtigungen von sensiblen Daten bildet eine der wesentlichen Vorarbeiten zur Konfiguration eines umfassenden DLP-Systems.

Einschränkung von Benutzergruppen
Die Zuordnung von Berechtigungen für den Zugriff und die Nutzung von sensiblen Daten wird effizient über die Einrichtung von Benutzergruppen geregelt. Den Benutzergruppen zugeordnete Berechtigungen, Richtlinien und Regeln gelten für alle Mitglieder dieser Gruppe. Bei der Mitgliedschaft einer Instanz in mehreren Benutzergruppen ist auf Widerspruchsfreiheit bei den zugeordneten Berechtigungen zu achten.

Je nach der Schutzbedürftigkeit der sensiblen Daten einer Organisation, die von außen durch eine Reihe von Gesetzen sowie auferlegten, regulierenden Bestimmungen und von innen durch Vorgaben der Leitung der Organisation definiert sind, ergibt sich die Anforderung, in die Richtlinien und Regelwerke zum Schutz sensibler Daten Einschränkungen für Benutzergruppen aufzunehmen.

In der Befolgung von Richtlinien ist man in erster Linie auf die Akzeptanz bei den davon betroffenen Nutzern angewiesen. Wenn die Mitarbeiter einer Organisation das Gefühl haben, Regelwerke seien unfair oder behinderten sie gar bei ihrer Arbeit, wenn sie nicht die Hintergründe verstehen, dann verlieren diese Richtlinien ihre Wirkung. Regelwerke werden zu oft als unumstößlich formuliert, die Gründe für sie werden häufig aus den Augen verloren. Werden diese aber stets im Zusammenhang mit dem Bewusstsein, der Information und Aufklärung der Mitarbeiter gesehen, dann wird deutlich, warum sie dringend gebraucht werden.

Schon bei der Ausarbeitung der Richtlinien und Regeln sollten die dafür Verantwortlichen die Mitarbeiter mit einbeziehen und deren Arbeitserfordernisse verstehen, um realistische Regelwerke zu entwickeln, die ganzheitlich und wirkungsvoll zu einer Absicherung gegen Data Leakage führen.

Dabei ist auch an die Motivation durch Freiräume und Eigenverantwortung der Mitarbeiter zu denken.

Besonderes Risiko liegt beispielsweise bei

- Personen mit BYOD (*Bring Your Own Device*) mobilen Endgeräten ohne die Möglichkeit zur Profiltrennung in *dienstlich* und *privat* über installierte Container,
- Personen mit mobilen Endgeräten ohne Schutzeinrichtungen und hoher Mobilität sowie
- Personen mit fehlender Awareness im Umgang mit sensiblen Daten; vielfach sind dies Personen, die bereits durch fahrlässigen Umgang mit sensiblen Daten in der Vergangenheit aufgefallen sind.

Ein Benutzer, dem man höhere Rechte im Umgang mit sensiblen Daten einräumt, sollte seine Verantwortung für DLP verstanden haben.

12.6   Data Leakage Protection in der Praxis

Die vorhergehenden Kapitel haben uns gezeigt, worum es bei Data Leakage Protection geht: für die vielfältigen möglichen Kanäle, über die Daten aus der Organisation abfließen können, und den bestehenden Zugriffs- und Nutzungsberechtigungen des Personals einen wirtschaftlich angemessenen Schutz für sensible Daten der Organisation zu planen, zu implementieren, zu betreiben und an veränderte Rahmenbedingungen anzupassen. Im nachfolgenden Abschnitt geht es darum, wie dieses komplexe Ziel in der Praxis effizient erreicht werden kann.

Zwei Arten von DLP-Systemen
Historisch wurden DLP-Systeme zunächst durch die eingesetzten Methoden zur Filterung und Entdeckung von Datenabflüssen in zwei Arten unterteilt:

- kontextbasierte, nicht inhaltsbezogene DLP-Systeme und
- inhaltsbezogenen DLP-Systeme.

Die Klassifizierung von Daten zur Erkennung von sensiblen Daten muss bei beiden Arten von DLP-Systemen durchgeführt werden. Bei der kontextbasierten Methode wird jedoch nicht der Inhalt einer Datei überwacht, sondern es werden bestimmte Operationen wie das Verschieben, Kopieren oder Löschen überwacht und gegebenenfalls verhindert. Diese Überwachung erfolgt auf dem Endgerät beim Benutzer. Das können stationäre PCs, Notebooks, Smartphones, Tablet- oder Pad Computer sein. Daraus resultiert auch die Bezeichnung *Device Control* oder *Endpoint Control* für diese DLP-Systeme. Eine Sonderform

von Device-Control-Systemen sind die sogenannten *Device-Lock*-Systeme, die hauptsächlich die regelbasierte Sperrung von Abflusskanälen – wie der Name schon sagt – zum
Inhalt haben. Bei den inhaltsbezogenen DLP-Systemen werden die Daten in Echtzeit nach
bestimmten Begriffen, also bezogen auf den Inhalt, analysiert.

Die primäre Aufgabe eines DLP-Systems ist das Verhindern von Datenlecks. Daher
müssen DLP-Systeme direkt die Bedeutung der weitergeleiteten Daten – also den Inhalt
– erkennen und verifizieren. Da jedoch rein kontextbasierte Endpoint-DLPs den Inhalt
weder erkennen noch analysieren, müssen sie auf indirekte Methoden, wie z. B. *Device
Access Control*, ausweichen. Sie sind daher nur bedingt für den Schutz von Daten geeignet. Erst durch die Verknüpfung mit einer Inhaltsfilterung können sie einen umfassenden
Schutz bieten.

Zum anderen versteht man die Bedeutung von Daten – also die damit dargestellten
Informationen – nur dann, wenn sie mit ihrem Umfeld – im Kontext – betrachtet werden.
Das umfängliche Wissen um den Kontext einer Datenübertragung bestimmt, ob es sich
bei einer Reihe von abstrakt erscheinenden Daten um sinnvolle – und möglicherweise ungewollt nach außen gelangende – Informationen handelt.

Ohne zu wissen, welche Person oder welche Software die Daten sendet, woher und über
welchen Übertragungsweg sie kommen und wohin sie transferiert werden, ist es kaum
möglich zu erkennen, welche Informationen die Daten enthalten, wie schutzbedürftig sie
klassifiziert sind und ob ihre Weitergabe die Sicherheitsbestimmungen der Organisation
nicht verletzen. Inhaltsbezogene DLP-Systeme sind nur dann praxistauglich, wenn sie den
vollen Kontext einer Datenübertragung erfassen und mit bestehenden Sicherheitsrichtlinien vergleichen. Eine praktikable Regel für die Inhaltsfilterung besteht aus einer Kombination von inhaltlichen Parametern und relevanten Kontextvorgaben und -bedingungen.

Vorbereitungen zur Einführung eines DLP-Systems
Bevor wir zur Auswahl und Konfiguration eines DLP übergehen können, müssen eine
Reihe von Vorarbeiten überwiegend organisatorischer Natur abgeschlossen sein. Wie zuvor ausgeführt, gehört die Bestandsaufnahme und Klassifizierung der sensiblen Daten der
betrachteten Organisation zu den wichtigsten vorbereitenden Tätigkeiten. Danach schließen sich folgende Schritte an:

- Nachdem wir die die Schutzbedürftigkeit kennen, haben wir festzulegen, welche Daten
  vor Data Leakage geschützt werden müssen.
- Für diese Daten sind alle Speicherorte dieser Daten sowie alle darauf zugreifenden Geschäftsprozesse zu ermitteln.
- Als nächstes benötigen wir verbindliche Richtlinien zur Verwendung dieser Daten in
  der gesamten Organisation.
- In diesen Richtlinien sind auch je geschütztem Datum der Personenkreis mit seinen Berechtigungen und die erlaubten Applikationen zum Zugriff auf das Datum festgelegt.

- Es ist zu definieren, welche Aktion bei Verletzung der Richtlinien ausgelöst wird (Information über Pop-Up-Window, Alarmierung des Monitoring-Teams, Blockierung des Übertragungsweges usw.).
- Eine Schulung des Personals und Aufklärung über die Konsequenzen von Fehlverhalten ist durchzuführen.

DLP-Policy

Die Gesamtheit der Richtlinien wird auch als DLP-Policy bezeichnet und ist je nach Art, Größe und Aufbau der Organisation eine sehr komplexe Angelegenheit. Die Richtlinien in dieser dem DLP-System als Basis zur Verfügung gestellten Datei bestimmen den Umgang des DLP-Systems mit den klassifizierten Daten.

DLP-Systeme beinhalten in der Regel Konfigurationsmodule wie Datenscanner zur Unterstützung der Klassifikation und der (teilweisen) automatischen Erstellung der DLP-Policy

Die manuelle Klassifizierung und Erstellung der DLP-Policy erfolgt durch die Informationseigentümer, während die automatische Erstellung von DLP-Richtlinien kontext- und/oder inhaltsbezogen vorgenommen werden kann.

Kontextbezogen bedeutet, dass die Entscheidung zur Klassifizierung auf einem Zusammenhang zwischen Daten und weiteren Informationen über deren momentanen Situation beruht. Zum Kontext von Daten zählt unter anderen:

- Dateityp
- Speicherort
- Dateioperation
- Autor/Urheber
- Kommunikationskanal

Bei der Inhaltsbezogenen automatischen Klassifikation werden die Inhalte von Dokumenten nach bestimmten vorformulierten Regeln durchsucht und nach den Suchergebnissen klassifiziert. Diese Vorgehensweise setzt allerdings voraus, dass das DLP-System alle verwendeten Dateiformate verarbeiten kann.

Die einfachste Form von automatischer Klassifikation ist die Suche nach Begriffen wie

- VERTRAULICH,
- PERSONALDATEN,
- STUDIE,
- VORSTANDSVORLAGE.

Die Richtlinien beinhalten die Aktionen, die zu treffen sind, wenn ein Verstoß gegen die Richtlinie auftritt.

Beispiele für Aktionen, die auch miteinander kombiniert werden können, sind:

- Logging der Vorgänge
- Warnung/Alarm an zentrales Monitoring senden
- Dialogfenster (*Pop-Up*) beim Anwender einblenden
- Blockierung der Kommunikation

Netzwerkbasiertes DLP-System
Die Aufgabe eines netzwerkbasierten DLP-Systems ist die Entdeckung und Unterbindung von unerlaubten Datenabflüssen im Datenverkehr des lokalen Netzwerkes einer Organisation gemäß der DLP-Policy. Dabei werden, wie der Name schon sagt, nur die netzwerkbasierten Kommunikationskanäle untersucht.

Damit das netzwerkbasierte DLP-System seine Aufgabe erfüllen kann, darf die Datenübertragung innerhalb des lokalen Netzwerkes nur unverschlüsselt erfolgen bzw. muss zentral entschlüsselbar sein. Diese Aufgabe ist entweder mit einem Verschlüsselungsverfahren mit Generalschlüssel oder anderen zusätzlichen Schlüsseln zur Entschlüsselung (*Additional Decryption Keys*) oder mit zentral im Netzwerk installierten Verschlüsselungsservern zu lösen.

Die übertragenen Daten werden bei netzwerkbasierten DLP inhaltsbezogen untersucht; die Suchmuster müssen vorher bekannt sein und in den Richtlinien der DLP-Policy zu finden sein.

Hostbasierte DLP-Systeme
Hostbasierte DLP-Systeme verhindern den Abfluss von sensiblen Daten direkt an den Endpoints, bevor sie zu Interfaces und Ports zum Weitertransport gelangen können. Bei diesen DLP-Systemen werden Software-Agenten (*DLP-Agenten*) auf jedem Endpoint wie PC, Notebook, Smartphone, Tablet, Pad-Computer etc. installiert. Diese DLP-Agenten überwachen den regelkonformen Umgang der berechtigten Benutzer mit sensiblen Daten auf den betreffenden Endpoints und greifen bei Bedarf aktiv in die vom Benutzer gestarteten Transaktionen ein.

Dazu wird den DLP-Agenten bei ihrer Installation Zugriff auf die jeweiligen Betriebssystem-Routinen eingerichtet, die für die Ein-Ausgabe von Daten zuständig sind. Der DLP-Agent erhält die Information über alle Benutzeraktionen und über die an den Endpoint angeschlossenen Datenträger. Bei jeder Transaktion mit Daten evaluieren die DLP-Agenten deren Konformität mit der DLP-Policy, die in einer zentralen Datenbank auf dem DLP-Management Server gespeichert ist.

Die Sicherheit hostbasierter Systeme beruht darauf, dass auf allen Endpoints der Organisation, die für die Verarbeitung sensibler Daten in Frage kommen, ein aktiver DLP-Agent vorhanden ist, der die Einhaltung der Richtlinien überwacht.

12.7   Zusammenfassung

Die hauptsächlichen Ursachen für Data Leakage sind die zunehmende Verbreitung von Schadsoftware (*Malware*), die Fehler und Schwächen der Anwender (*menschlicher Faktor*) und die ansteigende, durch immer schärferen, weltweiten Wettbewerb geförderte Wirtschaftsspionage.

IT-Infrastrukturen und Anlagensteuerungen werden immer komplexer, häufig mit wenig Personal administriert und mit vielen Schnittstellen über das Internet zu externen Dienstleistern für vielfältige Services (Wartung, Clouds, System Management etc.) ausgestattet. In diesem Umfeld lassen sich von Angreifern von außen relativ leicht Zugriffe erreichen und Schadsoftware zum Ausspähen von Zugangsdaten unentdeckt einbringen.

Fahrlässigkeit und oft auch Unkenntnis über die Auswirkungen des eigenen Handelns und Tuns, aber auch Vorsatz und kriminelle Energie sind die Ursachen für Data Leakage von berechtigten Mitarbeitern (*Insidern*). Abflüsse sensibler Daten erfolgen in der Praxis durch

- Surfen am Arbeitsplatz in sozialen Netzwerken (*Facebook Leakage*),
- gutgläubiges Einbuchen in öffentliche WLAN-Hotspots unbekannten Ursprungs auf Reisen,
- Umgehung der in der Security Policy der Organisation vorgegebenen Restriktionen durch Speichern sensibler Daten auf Wechselmedien, Smartphones und Clouds,
- Mitführen von Smartphones mit permanent aktivierten Bluetooth,
- Verwenden von Smartphones oder Pad-Computern mit *gehackten* Betriebssystemen ohne Sicherheitsrestriktionen (*jailbroken* oder *rooted*) – sehr gefährlich, wenn von der Unternehmensleitung die *Bring Your Own Device*-Philosophie ohne einschränkende Regelungen unterstützt wird.

Zur Verschaffung von wirtschaftlichen Vorteilen wird von privatwirtschaftlichen als auch von staatlichen Stellen einiger Länder in jüngster Zeit immer stärker zur Wirtschaftsspionage gegriffen. Interessant sind für Wirtschaftsspione vor allem Informationen über

- wirtschaftspolitische Strategien,
- Unternehmens-, Markt- und Absatzstrategien,
- Zielrichtungen und Methoden der Forschung,
- Preisgestaltung und Konditionen,
- Unternehmensfusionen und –absprachen,
- Technologien, Informationen über Kunden,
- das aktuelle Know-how zur Produktentwicklung und Produktionstechnik.

Zur Ausspähung dieser Daten werden unterschiedliche Techniken verwendet; meist sind es individualisierte Angriffe mit Kombinationen aus Technik und dem Ausnutzen typisch menschlicher Verhaltensweisen. Einige Beispiele dazu:

- Klassisches *Social Engineering*
- Web 2.0, soziale Netzwerke (*Facebook*)
- Hacking, unberechtigter Zugang zu Unternehmensnetzen
- Abhören ungesicherter drahtloser Netze (öffentliche Access Points, GSM Mobilfunkzellen)
- Infiltration von Malware (Trojaner) über Netze und USB-Sticks
- Entwenden und/oder Zweckentfremden von mobilen Endgeräten, speziell Smartphones

Technische Sicherheitsmaßnahmen 13

Zusammenfassung

Hier wollen wir jetzt einige ausgewählte technische Sicherheitsmaßnahmen näher behandeln. Dabei stellen wir jeder Maßnahme die Bedrohungen gegenüber, die sie abwehren bzw. deren Schadenauswirkung sie begrenzen soll. Über diesen *Wirkanteil* hinaus haben alle Sicherheitsmaßnahmen stets auch einen *Management-Anteil*, mit dem wichtige Einstellungen vorgenommen oder Rahmenbedingungen gesetzt werden. Wir stellen im Folgenden deshalb jeweils beide Anteile dar.

Im Abschn. 7.2 über die Validierung von Sicherheitsmaßnahmen haben wir bereits eine grobe Einteilung möglicher Sicherheitsmaßnahmen nach

- vertraglichen und organisatorischen Regelungen sowie personellen Maßnahmen und
- mehr technisch ausgerichteten Infrastruktur- und IT-Maßnahmen (*Sicherheitsfunktionen*)

vorgenommen und im Kap. 4 Beispiele zu einzelnen Sicherheitsmaßnahmen kennen gelernt.

In diesem Kapitel wollen wir uns den technischen Sicherheitsmaßnahmen widmen.

13.1 Wahrung der Vertraulichkeit

Die Forderung nach Vertraulichkeit hat zur Konsequenz, dass bei der Verarbeitung entsprechender Daten eine Zugriffskontrolle vorhanden sein muss: Sie unterscheidet anhand von entsprechenden Vorgaben Befugte von Unbefugten – was allerdings nur Sinn macht, wenn Personen zuverlässig identifiziert und authentisiert werden können.

© Springer Fachmedien Wiesbaden 2015
H. Kersten, G. Klett, *Der IT Security Manager*, Edition <kes>,
DOI 10.1007/978-3-658-09974-9_13

Wahrung der Vertraulichkeit erreichen wir folglich durch die Funktionen *Identifizierung und Authentisierung* und *Zugriffskontrolle* – die man beide allerdings auf sehr unterschiedliche Weise realisieren kann. Diese und einige damit zusammenhängende Funktionen behandeln wir in den folgenden beiden Abschnitten.

Generell ist natürlich die *Verschlüsselung* eine universelle Maßnahme zur Wahrung der Vertraulichkeit – insbesondere dann, wenn Möglichkeiten der Zugriffskontrolle fehlen oder die Vertrauenswürdigkeit derselben nicht gegeben ist. Ein typisches Beispiel stellt der Datentransport in offenen Netzen dar. Lesen Sie zu diesem Thema den Abschn. 13.5.

13.2   Identifizierung und Authentisierung

Diese beiden Funktionen treten fast immer in Kombination auf.

Identifizierung

Als *Identifizierung* bezeichnen wir die Funktion, die Identität eines Subjektes anzugeben.

Typische Beispiele für Verfahren zur Identifizierung von Personen sind die Abfrage der User-ID am Terminal eines Rechners oder das Nennen des Namens bei einer Torkontrolle.

Management

Soll eine Identifizierung stattfinden, stellen sich folgende Fragen:

- Welche Subjekte sollen identifiziert werden?
- Wodurch soll die Identifizierung erfolgen (Nennung des Namens, Vorzeigen des Ausweises ohne Nachprüfung, …)?
- Wie wird – vor allem in technischen Systemen – die Eindeutigkeit bei Namensgleichheit sichergestellt?
- Wie können in der Liste zugelassener Identitäten neue Identitäten hinzugefügt, bestehende geändert oder gelöscht werden?

Authentisierung

Die Prüfung, ob eine angegebene Identität für ein Subjekt tatsächlich zutrifft, ist Aufgabe der Funktion *Authentisierung*.

Diese Funktion kann sehr unterschiedlich realisiert sein:

- Sie tritt sehr oft in direkter Einheit mit der Identifizierung auf: Nach der Eingabe der User-ID bei einem Rechner wird ein Passwort abgefragt, dessen Kenntnis als Nachweis der Identität dient.
- Andere Verfahren der Authentisierung – etwa unter Nutzung von Smartcards – bedienen sich einer PIN oder biometrischer Daten.

- Die Ausweisprüfung (Handelt es sich um einen echten Ausweis? Stimmt das Foto mit dem Subjekt überein?) ist ebenfalls eine Form der Authentisierung.

Vielfach wird die Authentisierung zeitlich nach der Identifizierung ablaufen. Es ist aber durchaus denkbar, dass Identifizierung und Authentisierung praktisch zusammenfallen: Die Kenntnis eines bestimmten Geheimnisses (Passwort, PIN, Schlüssel) kann Befugte auszeichnen; sie würden sich durch Angabe dieses Codes gleichzeitig identifizieren und authentisieren. Eine separate Angabe der Identität kann ggf. entfallen.

Eine Authentisierung kann grundsätzlich nur dann unterbleiben, wenn eine fehlerhafte Identifizierung ausgeschlossen werden kann. Dies ist z. B. denkbar, wenn die eigentliche Authentisierung bereits im *Umfeld* eines IT-Systems durchgeführt wurde (etwa durch eine Ausweiskontrolle) und die Person an dem IT-System lediglich ihren Namen angibt, um ihre Arbeitsumgebung im IT-System zugewiesen zu bekommen. Hierbei wäre aber sicherzustellen, dass die Person vertrauenswürdig ist und sich nicht anderer Identitäten bedient.

In der Praxis geht es aber immer darum, Befugten bestimmte Aktionen zu erlauben, Unbefugte dagegen fernzuhalten. Mit der Funktion *Authentisierung* wird die angegebene Identität eines Subjektes geprüft, als korrekt bestätigt oder als nicht zutreffend erkannt. Ohne die Funktion der Authentisierung kann weder eine vernünftige Zugriffskontrolle noch eine *beweiskräftige* Protokollierung realisiert werden.

Generell teilt man die Verfahren wie folgt ein: Authentisierung durch

- *Besitz* eines Gegenstandes, z. B. eines (physischen) Schlüssels, einer Smartcard, eines Tokens, eines Ausweises,
- *Wissen* (Kenntnis) bestimmter Informationen, z. B. Passwort, PIN, Schlüssel,
- *charakteristische Merkmale* von Personen, z. B. biometrische Merkmale wie Retina- und Stimmenmuster, Fingerabdruck, Gesicht (Foto).

Besitz Bei der Authentisierung durch *Besitz* sind Authentisierungsmittel (Smartcards, Tokens, Ausweise) zu erzeugen und auszugeben, ggf. auch wieder zu entziehen. Dieser Prozess erfordert meist eine straffe Organisation und ist in großen Unternehmen eine nicht zu unterschätzende Aufgabe. Bei der Beurteilung der Stärke der Authentisierung durch Besitz sind die Möglichkeiten zum Entwenden des Gegenstandes und der Aufwand zum Fälschen bzw. Duplizieren dieses Gegenstandes zu untersuchen.

Wissen Im Fall der Authentisierung durch *Wissen* müssen die Möglichkeiten und der Aufwand zur Erlangung des Wissens durch Unbefugte diskutiert werden. Bleibt die Erzeugung der Wissensdaten (bspw. Passwörter, PINs) den Personen selbst vorbehalten, wird man Regeln zur Herstellung guter Passwörter oder PINs erlassen.

Merkmal Bei der dritten Variante – Authentisierung durch *charakteristische Merkmale* – muss sehr genau überlegt werden, ob das vorgesehene Merkmal tatsächlich eine präzise Authentisierung der Person erlaubt: Wie hoch ist die Wahrscheinlichkeit, dass andere Personen für die echte Person gehalten werden können? Aber auch: Wie hoch ist die Wahrscheinlichkeit, dass die echte Person nicht erkannt wird? Wie hoch ist ggf. der Aufwand zum Fälschen der Merkmale und würden diese ggf. als Fälschung erkannt? Bei dieser Variante ist für einen flächendeckenden Roll-Out zu bedenken, dass die charakteristischen Merkmale zunächst erfasst werden müssen.

Die oben genannten Arten der Authentisierung treten oft in Kombination auf: Bei der Ausweisprüfung geht es um den Besitz eines (echten) Ausweises, aber auch um die Übereinstimmung zwischen Foto und Person (charakteristisches Merkmal). Bei der Nutzung von Smartcards als Authentisierungsmittel hat man den Besitz dieser Smartcard und die Kenntnis der PIN kombiniert (Besitz und Wissen). Spezielle Karten erlauben sogar, alternativ zur PIN oder zusätzlich zur PIN einen Fingerabdruck zu erfassen und mit dem gespeicherten Muster zu vergleichen.

Die Sicherheitsfunktionen Identifikation und Authentisierung sind selbst einer Reihe denkbarer Attacken ausgesetzt:

Spoofing
Der Vorgang der Identifizierung und Authentisierung kann durch Dritte beobachtet werden, und zwar physisch durch Zuschauen, aber auch durch Abhören und Abfangen von Identifikations- und Authentisierungsdaten mittels eines *Spoofing*-Programms.

Key Logger, Trojaner
Die Passworteingabe abzufangen ist das Ziel von Key Loggern, die sich an ungesicherten PCs installieren lassen. Trojaner können eine User-ID/Passwortabfrage vortäuschen und die eingegebenen Daten an eine andere Stelle im Netz senden.

Vertrauenswürdiger Kanal
In solchen Fällen ist also die Kommunikation zwischen Subjekt und System nicht vertrauenswürdig. Anders ausgedrückt: Bei der Authentisierung benötigt man einen *vertrauenswürdigen Kanal* zwischen Subjekt und System: Beide Seiten müssen sicher sein können, dass die andere Seite authentisch ist. Diese Überlegung führt im organisatorischen Bereich zur Regel, die Eingabe von Passwörtern verdeckt durchzuführen, im technischen Bereich beispielsweise zur Vorgabe an die Systementwickler, einen vertrauenswürdigen Kanal zwischen Tastatur zur Passwort-Eingabe und der das Passwort prüfenden Software einzurichten, um ein Abhören durch andere Prozesse zu verhindern, aber auch um Key Logger und Trojaner auszuschließen.

Fahrlässigkeit
Leider funktioniert immer noch: Nachschauen, ob am Bildschirm oder unter der Tastatur ein Zettel mit dem Passwort zu finden ist. Oder: Bei einem Administrator anrufen, sich für einen Mitarbeiter ausgeben (Namensnennung) und um Vergabe eines neuen Passworts bitten.

Management

Aus Management-Sicht sind eine Reihe von Punkten zu berücksichtigen:

- Bei welchen Anlässen ist eine Authentisierung durchzuführen?
- Welche Subjekte sollen authentisiert werden?
- Welches Verfahren der Authentisierung wird angewendet?
- Wer vergibt Authentisierungsdaten und -mittel?
- Ist ein vertrauenswürdiger Kanal vorhanden?
- Wann ist eine Authentisierung als erfolgreich anzusehen?
- Welche Aktionen werden bei nicht erfolgreicher Authentisierung ergriffen? Hierzu gehören auch Verfahren zur Begrenzung der Anzahl möglicher Authentisierungsversuche.
- Wie wird die Vertraulichkeit der Authentisierungsdaten gewährleistet?

Verwendet man eine Authentisierung durch Wissen, geht es immer darum, die Vertraulichkeit des Geheimnisses sicherzustellen. Dies hat zur Folge, dass eine organisatorische Regel erlassen wird, Passwörter möglichst nicht aufzuschreiben; in technischen Systemen müssen Passwort-Listen gegen Auslesen geschützt werden.

- Wie wird die Integrität der Authentisierungsdaten gewährleistet?

Besonders in technischen Systemen hätte man als Hacker leichtes Spiel, wenn es möglich wäre, Passwort-Listen beliebig abzuändern.

- Wie wird die Verfügbarkeit der Authentisierungsdaten gewährleistet?

Werden in technischen Systemen Passwort-Listen versehentlich oder absichtlich gelöscht oder z. B. durch technischen Defekt zerstört oder anderweitig blockiert, ist keine Authentisierung mehr möglich – der Betrieb steht. Werden beispielsweise Admin-Passwörter aufgeschrieben und in einem Tresor aufbewahrt, muss ein Zugriff durch Befugte jederzeit möglich sein. Andernfalls können wichtige Administrationsarbeiten nicht durchgeführt werden.

Bisher haben wir die Authentisierung im Sinne von „Subjekt authentisiert sich an einem System" betrachtet. Der umgekehrte Fall kann ebenfalls Sinn machen, wenn z. B. in einem Netzwerk ein Nutzer sicher sein möchte, mit welchem IT-System er in Verbindung steht. Hierfür führt man z. B. Server-Zertifikate ein, mit denen sich ein Rechner „ausweisen" kann (s. Abschn. 13.7.2).

Peer Entity Authentication

Eine weitere Form der Authentisierung ist die *Partner-Authentisierung* (Peer Entity Authentication). Hier wird der wichtige Aspekt herausgestellt, dass sich die Kommunikationspartner in einem Netzwerk *gegenseitig* authentisieren. Dies lässt sich z. B. durch die Verwendung elektronisch signierter Zertifikate erreichen, wenn diese „sicher" an die

Kommunikationspartner gebunden sind. Letzteres zu erreichen ist eine Aufgabe der so genannten *Registrierung*, der im Zusammenhang mit dem Signaturgesetz eine besondere Bedeutung zukommt (s. Abschn. 13.7.2).

Data Origin Authentication
Bei der Sicherheit von Geschäftsprozessen haben wir bereits das Thema der Verbindlichkeit der Kommunikation (s. Abschn. 4.3) zwischen Partnern diskutiert. Bei der Kommunikation in einem Netzwerk geht es dabei auch darum, dass der Empfänger den Sender von Daten sicher identifizieren und authentisieren kann, damit dieser später seine Urheberschaft nicht leugnen kann.

13.3 Zugriffskontrolle

Erst wenn Subjekte identifiziert und authentisiert worden sind, kann entschieden werden, ob ihnen eine gewünschte Aktion gestattet werden darf.

Zugriffskontrolle
Durch die Zugriffskontrolle wird überprüft, ob ein bestimmtes Subjekt berechtigt ist, eine gewünschte Aktion mit einem Objekt auszuführen.

Als Aktionen kommen u. a. das Erzeugen, Lesen, Ändern und Löschen von Daten in Frage, das Anlegen, Umbenennen, Löschen von Dateien und Verzeichnissen – im Grunde alle im Kap. 2 genannten Verarbeitungen.

In einem IT-System wird man für die Zugriffskontrolle das *Betriebssystem* einsetzen. Hiermit haben wir eine zentrale Zugriffskontrolle, die auch zentral administriert wird.

Außerhalb von IT-Systemen realisiert man

- Zugriffskontrolle z. B. durch Vergabe und Management physischer Schlüssel (Zugang zu Räumen, Zugriff zu Archiven, Schränken und Schreibtischen),
- Zutrittskontrollen bei Räumen und Gebäuden mittels Überwachungspersonal oder elektronischer Türsicherungen mit Chipkarten und Code-Tastaturen, meist in Verbindung mit einer zentralen Zutrittskontrollanlage,
- Zugriffskontrolle in Form der kontrollierten Weitergabe von Schriftstücken durch Boten (typisches Beispiel: die Hauspost, ggf. mit Verwendung speziell gekennzeichneter Umlaufmappen und direkter Weitergabe von Person zu Person gemäß Verteiler eines Schriftstücks).

Die generelle Nutzung von Netzwerken kann der Zugangskontrolle unterliegen, um die unberechtigte Verwendung von Betriebsmitteln der Datenübertragung und Anwendungen im Netzwerk auszuschließen.

Architektur

Befassen wir uns zunächst mit der Architektur solcher Kontrollen. Offensichtlich ist fest-zulegen, wer was darf, d. h. wir müssen Regeln festlegen können, nach denen ein ge-wünschter Zugriff[1] auf Zulässigkeit oder Unzulässigkeit überprüft werden kann.

Wir betrachten dazu die diskrete Zugriffskontrolle sowie die regelbasierte Zugriffskon-trolle – darunter auch das Need-To-Know-Prinzip.

Diskrete Zugriffskontrolle

Die *diskrete Zugriffskontrolle* ist die in der Theorie einfachste Form: Für jedes Objekt (Datei, Verzeichnis, Laufwerk etc.) werden die Rechte einzeln festgelegt: Welches Subjekt darf welche Art von Zugriff ausführen?

Es ist sofort klar, dass der angesichts der meist immensen Zahl von Objekten der Auf-wand beträchtlich sein dürfte: Die Administration der Zugriffskontrolle rein auf diskreter Basis wird schnell unüberschaubar und fehlerträchtig. Eine gewisse Erleichterung schafft die Möglichkeit, Rechte für benannte *Gruppen* von Subjekten festzulegen.

Richtet man solche Gruppen nach Sachgebieten (etwa Personalmanagement, Produkti-on etc.) oder nach Projekten bzw. Kunden ein, kann man das so genannte *Need-To-Know-Prinzip* etablieren, d. h. die Umsetzung der Forderung „Kenntnis, nur wenn nötig".

Access Control List

Eine flexible Form dieser Art von Zugriffskontrolle kann man in vielen heutigen Betriebs-system mit den *Zugriffskontrolllisten* (Access Control Lists, ACL) etablieren. Jedes Ob-jekt kann über eine solche ACL verfügen: Hierin ist verzeichnet, welches Subjekt bzw. welche Gruppe welchen Zugriff ausüben darf. Die Auswerteregel lautet: Zugriff zu einem Objekt wird einem Subjekt gestattet, wenn in der Access Control List des Objektes dieser Zugriff als erlaubt verzeichnet ist.

Man kann auch genau umgekehrt vorgehen und jedem *Subjekt* alle Objekte zuordnen, für die das Subjekt Zugriffsrechte besitzt.

Noch einen Schritt weiter: Man nutzt nicht mehr Listen sondern eine Tabelle bzw. eine Matrix, in der Subjekte bzw. Objekte in der ersten Spalte bzw. Zeile angeordnet sind; im Kreuzungspunkt sind dann die Zugriffsrechte eingetragen: Man spricht von der *Zugriffs-kontrollmatrix*.

Verschlüsselung

Eine weitere Methode der Zugriffskontrolle besteht darin, Dateien zu verschlüsseln, und den zugehörigen Schlüssel nur den Befugten „auszuhändigen". Soll eine Datei bearbeitet werden, wird sie vorher entschlüsselt und nach erfolgter Bearbeitung wieder verschlüs-selt. Dieses Verfahren ist auch dort anwendbar, wo keine zuverlässige Zugriffskontrolle vorhanden ist – etwa bei der Übertragung in öffentlichen Netzen oder innerhalb nicht ver-trauenswürdiger Rechner.

---

[1] im Folgenden alles sinngemäß auch für Zutritt und Zugang.

Bei der Verschlüsselung tritt an die Stelle der Vertraulichkeit der Informationen die Vertraulichkeit des Schlüssels und ggf. der verwendeten Verschlüsselungsverfahren. Wie man leicht erkennt, lässt sich auf dieser Basis eine *dezentrale* Zugriffskontrolle realisieren, und zwar im Extremfall auch in diskreter Form.

Andererseits gibt uns die Methode der Verschlüsselung einige neue Probleme auf, die wir näher im Abschn. 13.5 behandeln.

Klassifizierte Informationen

Haben wir unsere Daten mit hierarchischen Attributen wie VERTRAULICH, GEHEIM, STRENG GEHEIM *klassifiziert* und sind unsere Subjekte *ermächtigt* zum Umgang mit vertraulichen, geheimen, streng geheimen Daten, so wäre eine einfache Entscheidungsregel die folgende: Wer für eine bestimmte Klasse ermächtigt ist, darf alle Daten dieser Klasse und ggf. niedrigerer Klassen *lesen*. In der Hierarchie der Einstufungen darf man also „nach unten" lesen.

Beim *Schreiben* muss es umgekehrt sein: Schreiben darf man also nur „nach oben". Warum? Es soll verhindert werden, dass jemand Daten einer Klasse *liest* und in eine Datei einer niedrigeren Klasse *schreibt* – sonst würden die betreffenden Daten *herabgestuft* und damit einem unzulässigen Personenkreis bekannt. „Nach oben" schreiben ist aber unkritisch, da Personen mit höherer Ermächtigung ja leseberechtigt sind.

Die Einstufung von Objekten und die Ermächtigung von Subjekten erfolgen zentral, ggf. auch von dritter Seite (z. B. durch einen Auftraggeber).

Diese Architektur der Zugriffskontrolle ist ein Beispiel für die *Mandatory Access Control* (MAC), die wir schon im Abschn. 4.1 behandelt haben. Sie ist in vielen Betriebssystemen und Datenbanken realisiert; solche Produkte sind meist an dem Wort *Trusted* im Produktnamen erkennbar. Ihr Einsatzbereich ist vorwiegend der staatliche und militärische Geheimschutz.

Compartment

Klassifiziert man Daten nach Überschriften wie VORSTANDSINFORMATION, KUNDENDATEN, PERSONALDATEN, so lässt sich damit das Need-to-Know umsetzen, und zwar in einfachster Form mit Gruppenrechten. Zugriff zu einem Datum erhalten dann jeweils Mitglieder des Vorstands, das Projektteam für den Kundenauftrag, die Mitarbeiter der Personalabteilung. Ein Problem besteht jedoch darin, dass keine Kontrolle über den *Informationsfluss* besteht. Hier greift eine verschärfte Form der Zugriffskontrolle, bei der nicht nur Zugriffsrechte für Objekte und Subjekte diskret festgelegt werden, sondern zusätzlich Regeln für *zulässige Datenflüsse*. Die Objekte werden in dieser Systematik als *Compartments* bezeichnet. Es ist dabei möglich, Regeln zum Informationsfluss *zwischen* Compartments festzulegen. Eine Regel könnte z. B. so lauten, dass Daten aus dem Compartment PERSONALDATEN nicht in das Compartment KUNDENDATEN fließen dürfen. Hätte ein Subjekt Berechtigungen für beide Compartments, müsste die Zugriffskontrolle den Informationsfluss dennoch verhindern.

Die Zuordnung von Objekten zu Compartments und die Ermächtigung von Subjekten für bestimmte Compartments erfolgen in aller Regel zentral.

Produkte, die eine solche Systematik beinhalten, sind einerseits die oben schon genannten Produkte mit dem Zusatz *Trusted*, aber auch solche mit der Bezeichnung *Compartment Mode* (z. B. CMW = Compartment Mode Workstation).

Ob Klassifizierung, Need-To-Know oder Compartments: Für diese Formen ist typisch, dass der Zugriff nicht auf der Basis *einzelner* Objekte geprüft wird, sondern anhand der Klassen- oder Gruppenzugehörigkeit und entsprechender Regelsätze entschieden wird.

Berechtigungskonzept

Allen Formen der Zugriffskontrolle ist gemein, dass die Berechtigungen festgelegt und gepflegt werden müssen. Wer nimmt diese Management-Aufgabe wahr? Es gibt dazu zwei Grundkonzepte:

- Der jeweilige Eigentümer eines Objektes erlässt solche Regeln für dieses Objekt.

Diese Form ist die schon behandelte benutzerbestimmbare Zugriffskontrolle. Sie ist in der Praxis fast immer mit der diskreten Zugriffskontrolle verbunden.

- Die Regeln werden zentral festgelegt.

Das ist der bekannte Fall der vorgeschriebenen Zugriffskontrolle, unter die die MAC und der Compartment Mode fallen.

Es ist leicht einsehbar, dass auch Mischformen vorkommen können, bei denen bspw. in einer Organisation abteilungsübergreifend eine vorgeschriebene Zugriffskontrolle eingerichtet wird, zusätzlich innerhalb jeder Abteilung Zugriffsrechte zu Objekten benutzerbestimmt vergeben werden können.

Man erkennt, dass das Management der Zugriffskontrolle durchaus komplex sein kein. Es ist deshalb sinnvoll, die grundsätzliche Architektur, die Grundsätze und Regeln in einem *Berechtigungskonzept* dazulegen. Man sollte dieses Konzept einheitlich für alle Arten von „Access" aufstellen: Zutritt, Zugriff, Zugang. Darin sind u. a. folgende Fragen zu beantworten:

- Welche Subjekte sind der Kontrolle zu unterziehen? Gibt es Ausnahmen?
- Welche Objekte und Zugriffsarten unterliegen der Kontrolle?
- Welche Rollen dürfen Regeln erlassen, ändern, löschen?
- Welche Regeln sind im Berechtigungskonzept vorgeschrieben?
- Kann es sich widersprechende Regeln geben und wie werden diese ggf. behandelt?
- Sind bei mehreren (auf ein Objekt oder Subjekt) anzuwendenden Regeln Reihenfolge-Probleme zu beachten?

Sind mehrere Regeln anzuwenden, hängt die Entscheidung oft von der Reihenfolge des Auswertens der Regeln ab. Typische Beispiele sind hier die Anwendung von Firewall-Regeln, aber auch die Anwendung von SPAM-Filtern in Mail-Systemen.

- Für welche Objekte (z. B. Daten, Systeme, Sicherheitsbereiche) und Subjekte gibt es Default-Regeln bzw. -Rechte[2]?
- Gibt es eine automatische Vererbung von Rechten[3]?
- Wie werden sich überlappende Regeln behandelt?

Hat ein Benutzer Rechte, die an seine User-ID gebunden sind, darüber hinaus aber noch Rechte aus Gruppenzugehörigkeiten, stellt sich die Frage, ob alle Rechte einfach additiv zusammengeführt werden (was der Normalfall ist).

- Zu welchem Zeitpunkt erfolgt eine Zugriffskontrolle?

Zu diesem Punkt einige Anmerkungen und Fragen: Betriebssysteme wickeln den Dateizugriff eines Prozesses meist wie folgt ab: Der Prozess fordert das Öffnen einer Datei an und gibt dabei vielfach an, dass er sie gleich zu lesen oder/und zu beschreiben gedenkt. Erfasst nun die Zugriffskontrolle nur das Öffnen einer Datei, aber nicht mehr die eigentlichen Lese- oder Schreibzugriffe? Wird also bereits beim Öffnen die Zugriffskontrolle ausgeführt oder erst beim tatsächlichen Lese- oder Schreibzugriff? Was passiert, wenn während der Bearbeitung – z. B. zwischen Öffnen und Schreiben – das Zugriffsrecht durch den System-Administrator entzogen wird? Wird dies sofort wirksam – das könnte inkonsistente Dateien nach sich ziehen – oder erst beim nächsten Versuch des Öffnens?

- Welche Maßnahmen werden bei nicht zulässigen Zugriffsversuchen getroffen?
- Wie steht es mit der Vertraulichkeit, Verfügbarkeit und Integrität der Entscheidungsdaten?

Beim letzten Punkt geht es z. B. um die gespeicherten Regeln, die Daten in den Access Control Lists oder in der Zugriffskontrollmatrix, die Entscheidungsdaten der Zutrittskontrollanlage.

Bei der Vielzahl von Subjekten und Objekten kann vor allem die *Nicht-Überschaubarkeit* der Rechtebeziehungen eine Bedrohung sein. In Folge der Komplexität könnten unbeabsichtigt Regeln eingerichtet oder geändert werden, durch die autorisierten Subjekten der Zugriff verweigert oder nicht-autorisierten Subjekten der Zugriff ermöglicht wird. Kann sich beispielsweise der System-Administrator eines Systems selbst aussperren?

---

[2] Beim klassischen Betriebssystem Unix wird z. B. durch eine objektspezifische Maske gesteuert, welche Default-Rechte der Eigentümer, seine Gruppe und der Rest der Welt an einem neuen Dateiobjekt erhalten.

[3] Erbt z. B. ein von einem Subjekt gestarteter Prozess die Rechte des Subjekts?

Ein besonderes Problem sind *verdeckte* Rechteänderungen. Sie entstehen meist in folgender Situation: Ein Subjekt A erhält zur Vereinfachung der Administration dadurch Rechte, dass er einem anderen Subjekt B gleichgesetzt wird (Security Equivalences). Werden für B nun später Rechte geändert, so stellt sich die Frage, ob dann A automatisch betroffen ist. Dies kann erwünscht sein, aber auch ungewollt sein.

Ein Blockade-Problem besonderer Art stellen *nicht mehr änderbare* Rechtebeziehungen dar. Ein bekanntes Netzwerk-Betriebssystem erlaubte in einer älteren Version die Vergabe von Execute-Only-Attributen an Programmdateien. Da diese Dateien nur ausgeführt werden durften, war auch das Ändern der Rechtbeziehungen nicht mehr möglich. Somit konnte einer solchen Datei das Execute-Only-Attribut nicht mehr entzogen, die Datei also nicht mehr gelöscht werden! Gehörte eine solche Datei zu einer Standardsoftware, konnte es sogar Probleme mit dem Einspielen neuer Versionen geben, da die alte Version nicht mehr überschrieben werden konnte – letzte Möglichkeit: Neu-Installation des gesamten Systems.

13.4 Wiederaufbereitung

In diesem Abschnitt geht es um so genannte *wiederverwendbare* Speicher: Dazu zählen wir jede Art von Speicher, der ganz oder teilweise gelöscht werden kann, um Platz für neue Daten zu schaffen. Zu dieser Gruppe von Speichern zählen Arbeitsspeicher, temporäre Puffer (z. B. in einer Tastatur oder auch der Bildschirm-Speicher, Auslagerungsdateien), Datenträgern wie Disketten, CD-RW und DVD-RW, Festplatten, USB-Sticks usw.

Wiederaufbereitung
Diese Speicher können Daten aus früheren Nutzungen enthalten und müssen deshalb aufbereitet werden, bevor sie erneut zur Nutzung freigegeben werden. Diese Funktion nennt man *Wiederaufbereitung* (Object Re-Use).

Die Bedrohungen liegen auf der Hand: Ohne Wiederaufbereitung können vertrauliche Informationen an Unbefugte gelangen.

Als mögliches Verfahren kommt zunächst das Löschen der Daten auf einem Speicher in Frage. Bedenken Sie dabei folgendes: Das Löschen von Dateien mittels Betriebssystem löscht in aller Regel nur die Dateinamen im Verzeichnis, die Daten sind jedoch weiterhin verfügbar und lassen sich oft rekonstruieren. Gelöscht in unserem Sinne werden Daten nur durch Überschreiben.

Bei magnetischen Speichern bedeutet dies physikalisch in aller Regel aber nur eine Reduktion des Signalpegels der alten Daten. Mit geeigneten Werkzeugen lassen sich die überschriebenen Signale oft wieder reproduzieren – insbesondere dann, wenn das Muster der Überschreibung bekannt ist. Jedes Überschreiben reduziert den Signalpegel der ursprünglichen Daten nur um einen bestimmten Betrag.

Fazit: Löschen durch Überschreiben macht bei hohen Sicherheitsanforderungen nur dann Sinn, wenn mehrfach überschrieben wird.

Als Faustregel – selbst in militärischen Anwendungen – galt lange Zeit das 7-malige Überschreiben mit jeweils zufälligen Mustern. Es gibt aktuelle Veröffentlichungen, in denen von erfolgreichen Rekonstruktionen selbst nach 20–30-maligem Überschreiben berichtet wird.

Was tun? Es kommt hier auf das Bedrohungsmodell und das unterstellte Angriffspotenzial an. Diese physikalischen Daten-Rekonstruktionen sind nur mit Spezialwerkzeugen und viel Know-How, also mit sehr hohem Angriffspotenzial durchführbar. In vielen realen Fällen ist dies aber nicht zu unterstellen, so dass die eingangs erwähnte Faustregel hierfür immer noch als ausreichend anzusehen ist.

Das mehrfache Überschreiben bei jedem Löschvorgang ist für viele Rechner ein Performance-Problem: Schließlich müssen nicht nur gelöschte Nutzerdateien, sondern auch alle zu löschenden System-Dateien einschließlich aller temporären Speicher in gleicher Weise behandelt werden.

Ist allerdings ein hohes Maß an Vertraulichkeit gefordert, muss diese Wiederaufbereitung realisiert werden; ist ein verwendetes Betriebssystem hierzu prinzipiell in der Lage, muss die *entsprechende Option* dann per Konfiguration aktiviert werden.

Nicht überall vorhanden, aber sehr sinnvoll sind spezielle Löschgeräte (*Bulk Eraser*) für magnetische Datenträger wie Disketten und Magnetbänder, -kassetten.

Eine andere Methode für *Object Re-Use* ist, das Lesen des Speichers per Betriebssystem zu verhindern, solange nicht neue Daten geschrieben worden sind. Dies macht natürlich nur dann Sinn, wenn das Mitnehmen bzw. Entwenden des Datenträgers und Einbau in ein anderes (ungeschütztes) System ausgeschlossen werden kann.

Endlagerung
Sind keine zuverlässigen Mittel verfügbar, um Datenträger zuverlässig wiederaufzubereiten, hilft nur eins: Die Datenträger dürfen ggf. nicht wiederverwendet werden, d. h. sie sind sicher endzulagern.

Management
Die Schlüsselfragen zur Wiederaufbereitung lauten:

• Welche Speicher müssen wiederaufbereitet werden?
• Nach bzw. vor welchen Aktionen muss eine Wiederaufbereitung erfolgen?
• Durch welches technische Verfahren soll die Wiederaufbereitung erfolgen?
• Welche Speicher werden nicht wiederaufbereitet, sondern stattdessen (sicher) vernichtet oder (sicher) endgelagert?

13.5 Verschlüsselung

Das vorliegende Buch will keine Einführung in die *Kryptografie* leisten. Vielmehr wollen wir uns darauf beschränken, einige Informationen zusammenzustellen, die zum Grundwissen eines IT-Sicherheitsbeauftragten gehören. Dies betrifft im Wesentlichen

- die Unterteilung in symmetrische und asymmetrische Krypto-Verfahren,
- das Problem des Schlüsselmanagements (Generierung, Verteilung, sichere Aufbewahrung, Wechsel) und
- die Sicherheit der technischen Verschlüsselungskomponente (Hardware/Software).

Krypto-Management Mit der Verschlüsselung kann man viele Sicherheitsprobleme lösen, sich aber auch neue Probleme einhandeln: Verschlüsselung zieht eine ganze Reihe von technischen Fragen und Management-Problemen nach sich. In einschlägigen Ratgebern findet man deshalb den Hinweis, ein formelles (qualifiziertes) *Krypto-Management* einzurichten, das sich dieser Probleme annimmt und ggf. sogar ein eigenes Krypto-Konzept erstellt.

13.5.1 Grundlegendes

Algorithmus
In diesem Kontext betrachten wir Daten, die uns in binärer Darstellung vorliegen und als Folge von Zahlen betrachtet werden können. Wir führen diese Zahlen der Reihe nach einer mathematischen Funktion (einem *Algorithmus*) zu und erhalten als Berechnungsergebnis die jeweils verschlüsselten Daten.

Meist sind diese Algorithmen so aufgebaut, dass sie Datenblöcke einer bestimmten Länge verschlüsseln können; man teilt also den Bit-Strom einer Datei in solche Blöcke ein und erhält sukzessive verschlüsselte Werte, die hintereinander gesetzt die verschlüsselte Datei als Bitstrom ergeben.

Padding
Abhängig von Block- und Dateilänge kann es passieren, dass am Ende der Datei nicht mehr ausreichend viele Bits zur Verfügung stehen, um den letzten Block zu füllen: Hierdurch ergibt sich die Notwendigkeit, die Datei mit Dummy-Bits aufzufüllen: Man spricht vom *Padding*. Wir beachten hier bereits den Umstand, dass ein Padding ein Sicherheitsproblem darstellen *kann*, wenn neben dem verschlüsselten Wert des letzten Blocks auch viele Bits des Originalblocks bekannt sind. Dies trifft standardmäßig zu, wenn man das Padding etwa durch Auffüllen mit 0 oder einem anderen festen Wert durchführt. Solche *Klar-Geheim-Kompromisse* sind für Code-Knacker immer hochinteressant. Das Padding wird deshalb meist mit zufälligen Werten ausgeführt.

Umkehrbarkeit

Als mathematische Algorithmen kommen sinnvollerweise nur solche in Betracht, die umkehrbar sind – andernfalls wäre ein Entschlüsseln nicht möglich. Da man die Art des verwendeten Algorithmus nicht immer geheim halten kann, wäre es dann allerdings auch Unbefugten möglich, die Umkehroperation – das Entschlüsseln – durchzuführen.

Schlüssel

Aus diesem Grund verwendet man Algorithmen, die von weiteren Parametern – so genannten *Schlüsseln* – abhängen. Erst die Kenntnis der Schlüssel erlaubt die Umkehroperation, das Entschlüsseln der Daten. Schlüssel sind folglich unter den Kommunikationspartnern geheim zu halten. Im Grunde hat man das Problem der Vertraulichkeit von Daten durch das Problem der *Vertraulichkeit von Schlüsseln* ersetzt und hofft, dass dieses leichter zu lösen ist.

Schlüssellänge

Eine Methode, einen Algorithmus zu knacken, besteht darin, alle möglichen Schlüssel durchzuprobieren: Schlüssel sind Zahlen bzw. Kombinationen von Bits. Die Anzahl der Bits, die *Schlüssellänge*, bestimmt die Anzahl der Versuche beim Ausprobieren aller Schlüssel und muss deshalb ausreichend groß sein. Geringe Schlüssellängen – wie die z. T. immer noch in Browsern bei bestimmten Algorithmen verwendeten 40 Bit – machen es den Code-Knackern sehr einfach. Man beachte, dass jedes weitere Bit eine Verdopplung der Anzahl auszuprobierender Schlüssel bewirkt. Um vor diesem Hintergrund auf der sicheren Seite zu sein, sollte man heute (für symmetrische Verfahren) Schlüssellängen oberhalb von 80 Bit wählen.

Stärke

Die Güte bzw. *Stärke* des verwendeten Algorithmus hängt zunächst von zwei Faktoren ab, und zwar von der

- Schlüssellänge – je höher die Schlüssellänge, umso mehr Zeit wird benötigt, alle Möglichkeiten durchzuspielen,
- mathematischen Qualität – es darf insbesondere nicht möglich sein, durch mathematische „Tricks" die Umkehroperation einfach (z. B. ohne volles Durchprobieren aller Schlüssel) durchführen zu können.

Backdoors

Wenn Letzteres der Fall ist und solche Tricks der Allgemeinheit nicht, den Entwicklern des Algorithmus jedoch sehr wohl bekannt sind, haben wir ein Problem. Man spricht in diesem Zusammenhang von *Hintertüren* oder *Backdoors*. Es gibt eine Reihe von bekannten Algorithmen, die solche Backdoors beinhalten oder bei denen man zumindest Entsprechendes vermutet. Diese Problematik führt zu der Erkenntnis, nur solche Algorithmen zu verwenden, die öffentlich bekannt und hinreichend untersucht worden sind, um Backdoors möglichst auszuschließen.

Schlüssel-Wechsel

Eine weitere „Hilfe" für Code-Knacker können umfangreiche Datenmengen sein, die mit dem *gleichen* Schlüssel verschlüsselt worden sind. Schlüssel könnten außerdem im Laufe der Zeit kompromittiert sein, d. h. Unbefugten zur Kenntnis gelangt sein. Aus solchen Überlegungen heraus wird die Forderung abgeleitet, Schlüssel regelmäßig zu wechseln, d. h. durch neu erzeugte zu ersetzen.

Schlüsselgenerierung

Dabei müssen neue Schlüssel so erzeugt werden, dass es keine Gesetzmäßigkeit gibt, mit der aus dem alten Schlüssel auf den neuen Schlüssel geschlossen werden kann, d. h. die Schlüssel müssen „zufällig" erzeugt werden. Die Schlüsselgenerierung selbst muss natürlich so ablaufen, dass nicht schon hier Unbefugte Kenntnis der Schlüssel erhalten.

Bei manchen Algorithmen kann es vorkommen, dass nicht alle Schlüssel gleichermaßen gut sind: Es kann Zahlenbereiche geben, die man bei der Auswahl von Schlüsseln meiden sollte bzw. muss. Solche Informationen sind einschlägigen Kryptografie-Büchern zu entnehmen.

Schlüsselverteilung

Da die Kommunikationspartner über zu einander passende Schlüssel verfügen müssen, stellt sich im Ablauf zusätzlich das Problem der *Verteilung* der Schlüssel an die Partner. Dabei dürfen Schlüssel nicht so übertragen werden, dass sie abhörbar sind und den Daten, auf die sie sich beziehen, zugeordnet werden können.

Aus diesem Grund benötigt man einen in diesem Sinne *sicheren Kanal* zur Schlüsselübertragung bzw. Schlüsselverteilung. Als Beispiel sei die persönliche Übergabe von Schlüsseln bzw. von Schlüssel-Medien an die Partner genannt oder die elektronische Übertragung auf einem anderweitig gesicherten Netzwerk.

Fazit

Fassen wir soweit zusammen: Die Sicherheitsmaßnahme *Verschlüsselung* zur Wahrung der Vertraulichkeit ist in ihrer Wirksamkeit von der Güte der Schlüssel (Länge, Auswahl), der Güte bzw. Stärke des Algorithmus und der Sicherheit der Schlüsselgenerierung und Schlüsselverteilung abhängig. Zusätzlich sollten Schlüssel häufig gewechselt werden.

Kryptoeinheit

In der Praxis werden Ver- und Entschlüsselung durch entsprechende Software und/oder Hardware geleistet, im Folgenden als *Kryptoeinheit* bezeichnet. Diese verfügen meist auch über Einrichtungen, „gute" Schlüssel zu erzeugen. Um vor allem *zufällige* Schlüssel zu erzeugen, verwendet man physikalische Rauschquellen oder Pseudozufallsgeneratoren. Die Qualität eines solchen Zufallszahlengenerators ist ein wichtiger Bewertungsfaktor.

Welche Attacken auf Kryptoeinheiten sind denkbar? Unbefugte könnten versuchen, eine Kryptoeinheit zu beeinflussen, indem sie z. B.

- unbemerkt bestimmte Schlüssel einstellen,
- eingestellte Schlüssel auslesen,
- den Algorithmus oder den Schlüssel-Generator manipulieren,
- unverschlüsselte Daten an der Kryptoeinheit vorbeileiten, indem sie Ein- und Ausgang der Kryptoeinheit (logisch oder physisch) „kurzschließen",
- unbemerkt Kryptoeinheiten eines Bereichs komplett gegen solche austauschen, deren Funktion man beherrscht oder die entsprechende „Ableitungen" von unverschlüsselten Daten erlauben.

Teilweise können die aufgezählten Angriffe aus der Ferne durchgeführt werden, wenn Kryptoeinheiten in einem Netzwerk integriert sind, teilweise erfordern sie einen physischen Zugang zu den Kryptoeinheiten. Der Angriff aus der Ferne ist natürlich dann besonders Erfolg versprechend, wenn die Kryptoeinheit durch Software auf einem PC mit Anschluss an das Internet realisiert ist.

Solche möglichen Attacken beim Einsatz von Verschlüsselung müssen wir mit entsprechenden Sicherheitsmaßnahmen abfangen. Insbesondere muss verhindert werden, dass *Unbefugte* Zugriff auf Kryptoeinheiten erhalten, zumindest muss ein Zugriff schnell entdeckbar sein. Andererseits muss man einen *befugten* Zugriff einrichten, um z. B. die Aufgaben des Krypto-Managements ausführen zu können.

Verschlüsselung kann auch dazu genutzt werden, Daten in IT-Systemen sicher zu *speichern*, d. h. Unbefugten keinen Lesezugriff zu ermöglichen. Vor der Bearbeitung von Daten sind diese zu entschlüsseln und nach erfolgter Bearbeitung wieder zu verschlüsseln. In diesem Szenario stellt sich allerdings die Frage, ob es Unbefugten möglich ist, die temporär entschlüsselten Daten abzugreifen. Man erkennt, dass man nun den Workflow bei der Bearbeitung systemtechnisch absichern muss, andernfalls kann man sich den Einsatz der Verschlüsselung sparen.

Schlüssel-Backup
Ein weiteres Problem ergibt sich, wenn Daten entschlüsselt werden sollen und die erforderlichen Schlüssel nicht aufbewahrt wurden. Bei einem guten Verschlüsselungsverfahren wären dann die Daten verloren, weil es keine Möglichkeit gibt, die passenden Schlüssel anderweitig zu ermitteln.

Ein Problem der geschilderten Art könnte sich beispielsweise bei der Ver- und Entschlüsselung von Backup-Tapes ergeben. Dies führt zu der Anforderung, Schlüssel geeignet aufzubewahren (*Schlüssel-Backup*), wobei „geeignet" sowohl vertraulich (unzugänglich für Unbefugte), integer (ungeändert), als auch im Bedarfsfall verfügbar meint.

Management
Beim vorgesehenen Einsatz von Verschlüsselung sind somit folgende Fragen zu stellen:

- Ist der vorgesehene (mathematische) Algorithmus ausreichend stark?
- Werden Schlüssel ausreichender Länge verwendet?
- Werden zulässige Schlüssel generiert und verwendet?
- Ist das Verfahren der Schlüsselgenerierung sicher?
- In welchen Abständen sind Schlüssel zu wechseln?
- Wie wird die Vertraulichkeit der Schlüssel (bei der Erzeugung, Speicherung und Verteilung) gesichert?
- Wie ist vorzugehen, wenn Schlüssel kompromittiert werden, d. h. Unbefugten zur Kenntnis gelangt sind?
- Wie wird der Schlüsselverlust vermieden?
- Wie kann erreicht werden, dass zur Bearbeitung temporär entschlüsselte Dateien *während der Bearbeitung* sicher vor dem Zugriff Unbefugter sind?
- Wie wird die Kryptoeinheit vor Attacken geschützt?
- Wer prüft, dass Daten wirklich verschlüsselt werden?

Im Folgenden behandeln wir zwei grundlegende Ansätze zur Verschlüsselung – symmetrische und asymmetrische Verfahren.

13.5.2 Symmetrische Verfahren

Symmetrische Verschlüsselungsverfahren funktionieren so, dass die Algorithmen zum Ver- und Entschlüsseln identisch[4] sind und zum Ver- und Entschlüsseln der gleiche Schlüssel verwendet wird: Wendet man den Algorithmus A mit dem Schlüssel K auf die Daten D an, so erhält man die verschlüsselten Daten V; der Kommunikationspartner wendet denselben Algorithmus A und Schlüssel K auf V an und erhält D (Abb. 13.1).

In der Praxis hat dies zur Folge, dass es für die Kryptoeinheit, die den Algorithmus technisch realisiert, keine Rolle spielt, ob ver- oder entschlüsselt werden soll – es wird stets die gleiche Operation ausgeführt.

Typische Beispiele für symmetrische Verfahren sind der

- RC4 mit einer Schlüssellänge von 40 Bit,
- Data Encryption Standard (DES) mit einer Schlüssellänge von 56 Bit,
- Triple-DES (DES3) mit Schlüssellängen von 112 oder 168 Bit,
- IDEA (Schlüssellänge 128 Bit),
- Advanced Encryption Standard (AES) mit Schlüssellängen von 128, 192 oder 256 Bit.

Wir wollen die dahinter stehende Mathematik nicht weiter behandeln, sondern lediglich festhalten, dass nach gegenwärtiger Erkenntnis Verfahren mit Schlüssellängen *unter 80*

---

[4] Hintergrund ist, dass solche symmetrischen Algorithmen zu sich selbst invers sind, d. h. das zweimalige Anwenden liefert wieder die Ausgangswerte.

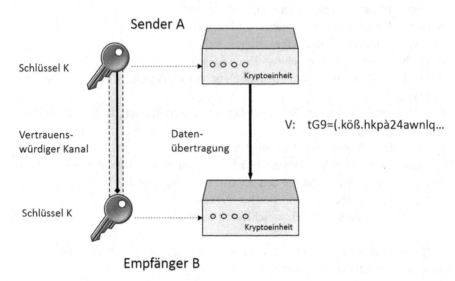

Abb. 13.1 Symmetrisches Kryptoverfahren

Bit nicht mehr verwendet werden sollen. Damit sind Verfahren wie der DES oder gar RC4 abzulehnen.

Performance
Trotz einer gewissen mathematischen Komplexität dieser Verfahren ist man heute in der Lage, mit symmetrischen Verfahren sehr hohe Durchsatzraten zu erzielen, d. h. Performance-Probleme gibt es in aller Regel nicht. Für extrem hohe Raten sind vor allem Hardware-basierte Lösungen geeignet.

In größeren Netzen stellt sich das Problem, ausreichend viele Schlüssel zu generieren, um alle möglichen Kommunikationsbeziehungen abdecken zu können. Dabei sollen je zwei beliebige Kommunikationsteilnehmer vertraulich miteinander kommunizieren können: Wie viele Schlüssel werden hierzu benötigt? Sind im Netzwerk n Teilnehmer vorhanden, so benötigen wir im Extremfall für jedes *Paar* von Teilnehmern *einen* eigenen Schlüssel, das sind insgesamt $n \times (n-1)/2$ Schlüssel, d. h. die Anzahl benötigter Schlüssel steigt *quadratisch* mit der Anzahl der Teilnehmer, was bei entsprechend großem n ein Problem darstellt – zumal man Schlüssel häufig wechseln möchte.

13.5.3 Asymmetrische Verfahren

Bei asymmetrischen Verschlüsselungsverfahren besitzt jeder Kommunikationspartner *zwei* unterschiedliche Schlüssel (ein Schlüsselpaar) – einen zum Verschlüsseln, einen zweiten zum Entschlüsseln von Daten. Der zum Verschlüsseln vorgesehene Schlüssel wird als *öffentlicher Schlüssel* (*Public Key*) bezeichnet und kann mit dem Namen seines Besitzers

- in ein öffentlich zugängliches Verzeichnis (*Public Key Directory*) eingestellt werden oder
- an potenzielle Kommunikationspartner auf anderem Wege (z. B. per E-Mail) gesandt werden.

Mit diesem Public Key kann *jeder* Daten verschlüsseln – aber nur der Besitzer des dazu passenden zweiten Schlüssels ist in der Lage, die Daten zu entschlüsseln. Der zweite Schlüssel wird *geheimer Schlüssel* (*Private Key*) genannt und ist von seinem Besitzer sicher aufzubewahren.

Für die gesicherte Aufbewahrung kommen z. B. intelligente Smartcards, USB-Dongles oder ähnliche Produkte in Frage, bei denen die Verschlüsselung möglichst im Gerät selbst stattfinden kann. Sie erlauben eine sichere Erstspeicherung des geheimen Schlüssels, verhindern dann aber das Auslesen des Schlüssels. Man beachte, dass in diesem Fall nicht mal der Inhaber seinen privaten Schlüssel kennen muss.

Der Knackpunkt ist dann aber die sichere Auslieferung der Smartcard an den Inhaber sowie eine Sicherung gegen Verlust oder Diebstahl. Letzteres wird meist einer zur Aktivierung der Karte notwendigen PIN erreicht.

Als Algorithmus kommt neben anderen[5] das *RSA-Verfahren* zum Einsatz. Dabei sind die Schlüssellängen je nach Zweck des Einsatzes skalierbar. Heute sind Schlüssellängen von 2048 Bit und höher im Gebrauch. Die hier zugrunde liegende Mathematik ergibt, dass bei vernünftiger Schlüsselauswahl aus dem öffentlichen Schlüssel der dazu gehörende geheime Schlüssel praktisch nicht berechnet werden kann.

Die Abb. 13.2 zeigt den Ablauf beim Ver- und Entschlüsseln, wenn Kommunikationspartner A einen Text an B senden möchte. A nimmt den Public Key von B aus einem Directory oder hat ihn vorab zugesandt bekommen. Bei der Übertragung des Public Key sind keine besonderen Sicherheitsauflagen einzuhalten – würde der Schlüssel unterwegs geändert, würde das Verfahren nicht funktionieren, eine Kompromittierung des Private Keys von B ist aber ausgeschlossen.

Der Vorteil asymmetrischer Verfahren ist zunächst die unkomplizierte Verteilung der Public Keys. Zudem ist die Anzahl benötigter Schlüsselpaare genau so groß wie die Anzahl der Kommunikationsteilnehmer, d. h. die Anzahl zu erzeugender Schlüsselpaare steigt *linear* mit der Anzahl der Kommunikationsteilnehmer.

---

[5] z. B. DSA und Verfahren, die auf elliptischen Kurven beruhen.

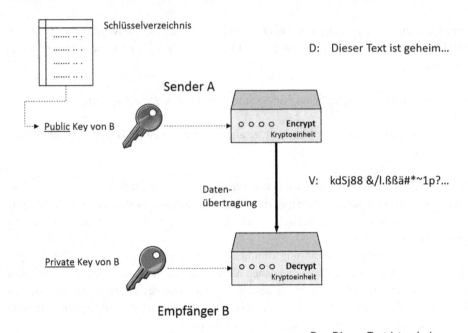

Abb. 13.2 Asymmetrisches Kryptoverfahren

Performance
Als Nachteil ist jedoch festzuhalten, dass diese Verfahren wegen ihrer mathematischen Komplexität für die Verschlüsselung von größeren Datenmengen eher ungeeignet sind: Die Performance kann mit den symmetrischen Verfahren bei Weitem nicht mithalten.

13.5.4 Hybrid-Verfahren

Mit einer Kombination von symmetrischen und asymmetrischen Verfahren kann man die Vorteile beider Verfahren nutzen und ihre Nachteile weitgehend vermeiden. Ein solches Hybrid-Verfahren funktioniert so, dass die asymmetrischen Schlüsselpaare der Teilnehmer dazu verwendet werden, Schlüssel für das symmetrische Verfahren sicher zu übertragen, um dann im zweiten Schritt damit Nutzdaten symmetrisch zu verschlüsseln.

Denkt man an die vergleichsweise geringen Schlüssellängen symmetrischer Verfahren, wird klar, dass es bei deren Verschlüsselung mit asymmetrischen Verfahren praktisch kein Performance-Problem geben wird. Wie sieht nun der Ablauf im Detail aus?

Die Kommunikationspartner seien A und B. A verfüge über den Public Key von B. Dann erzeugt A einen Schlüssel K für das später anzuwendende symmetrische Verfahren, verschlüsselt diesen mit dem Public Key von B und überträgt das Ergebnis an B. Teilnehmer B kann mit seinem Private Key den Schlüssel K entschlüsseln und stellt ihn anschließend seiner symmetrischen Kryptoeinheit zur Verfügung.

A hat den Schlüssel K ebenfalls seiner symmetrischen Kryptoeinheit übergeben und beginnt nun damit, die Nutzdaten zu verschlüsseln. Da B über den gleichen Schlüssel K verfügt, kann er die Daten entschlüsseln.

Auf diese Weise hat man die hohe Geschwindigkeit symmetrischer Verfahren mit der einfachen Schlüsselverteilung asymmetrischer Verfahren kombiniert.

Man-in-the Middle

Das geschilderte Verfahren hat allerdings ein grundsätzliches Problem: Der Public Key von B gelangt über das Directory oder auf anderem Wege zu A. Wie kann A sicher sein, dass der erhaltene Public Key wirklich zu B gehört bzw. von B kommt?

Es lässt sich zeigen, dass ein so genannter *Man-in-the-Middle* Angriff möglich ist, bei dem sich ein Dritter unbemerkt in die Kommunikation einschaltet, sich gegenüber A für B und gegenüber B für A ausgibt – und alle übertragenen Daten mitlesen kann.

Letztlich sind solche Attacken nur dann entdeckbar und vermeidbar, wenn die Kommunikationspartner sich gegenseitig *authentisieren* können, d. h. ihre Identität zweifelsfrei nachweisen können. Um dies zu erreichen, bedient man sich *elektronischer Zertifikate*, die für Personen, Firmen oder auch Rechner (Server und Client) ausgestellt werden (s. Abschn. 13.7).

SSL-Protokoll

Die skizzierten Techniken – Nutzung des Hybrid-Schemas in Verbindung mit Zertifikaten – werden im Rahmen des SSL-Protokolls verwendet, das als sicheres Protokoll für viele Internet-Anwendungen herangezogen wird. Seine reale Sicherheit hängt allerdings in der Praxis von vielen Parametern ab, für deren Behandlung auf Spezialliteratur[6] verwiesen wird. Im Zusammenhang mit der elektronischen Übermittlung von Konto- und Kreditkartendaten im Internet (z. B. bei Bestellungen in Online-Shops) empfehlen verschiedene Initiativen, SSL nur in Verbindung mit symmetrischen Verfahren ausreichender Schlüssellänge (128 Bit oder höher) zu verwenden.

PGP

Ein ebenfalls auf asymmetrischer Kryptografie beruhendes Verfahren ist das bekannte (und berüchtigte) *PGP* (Pretty Good Privacy).

13.6 Wahrung der Integrität

Im Kap. 4 war die Integrität von Daten als eines der grundlegenden Sicherheitsziele erkannt worden. Zur Erreichung dieses Ziels sind Sicherheitsfunktionen erforderlich, die in Sicherheitsstandards häufig als *Unverfälschtheit* oder *Wahrung der Integrität* (Englisch: Accuracy) bezeichnet werden. Die Integrität von Daten ist dadurch bedroht, dass

---

[6] als Einstieg: http://de.wikipedia.org/wiki/Secure_Sockets_Layer.

- *Befugte* unbeabsichtigt (Bedienungsfehler, Fahrlässigkeit) oder beabsichtigt unzulässige Änderungen durchführen,
- *Unbefugte* (und ihre Prozesse) unzulässige Änderungen an den Daten vornehmen,
- ungewollte Änderungen durch technische *Defekte* oder *Störungen* verursacht werden.

Wie soll man das Problem der Datenänderung durch *Befugte* behandeln? Hier helfen meist nur organisatorische Maßnahmen (z. B. Vier-Augen-Prinzip bei der Bearbeitung und Versendung von Daten, sowie unabhängige Plausibilitätskontrollen) im Umfeld der IT-Systeme.

Technische *Defekte* und *Störungen* kann man nicht gänzlich vermeiden. Hier wäre es schon gut, wenn man solche Vorkommnisse sicher entdecken könnte.

Im Normalfall kommt der Zugriffskontrolle die Aufgabe zu, *Unbefugten* das Ändern von Daten in einem IT-System zu verwehren. Ganz anders liegt der Fall in Netzwerken, bei denen eine zentrale Zugriffskontrolle meist nicht realisiert werden kann und organisatorische Maßnahmen nicht greifen. Eine zugriffsgeschützte Leitungsführung wird man ebenfalls nur in seltenen Fällen einrichten können. Mit anderen Worten: Insbesondere in Netzwerken haben wir ein Problem.

Data Integrity Vielfach definiert man die Integrität bei der Übertragung in Netzwerken so, dass die relevanten Daten an allen dazu erforderlichen Stellen zweifelsfrei aus dem übertragenen Datenstrom rekonstruierbar sein müssen. Relevant sind die Nutzdaten und die Verbindungsdaten (Sender, Empfänger). Es soll nicht möglich sein, Adress- und Nutzdaten verändern zu können.

Diese Aufzählung macht deutlich, dass man unzulässige Änderungen an Daten oft nicht verhindern kann. Man gibt sich deshalb meist damit zufrieden, unzulässige Änderungen *entdecken* zu können. Hierfür gibt es eine ganze Reihe von Verfahren:

- Prüfsummen

Hier werden vorher festgelegte Pakete von Daten aufsummiert und die Summen den Datenpaketen hinzugefügt. Bei Bedarf kann die Summe erneut berechnet und mit dem gespeicherten Wert verglichen werden. Bei Abweichungen haben wir einen Integritätsverlust. Stimmen die Werte jedoch überein, ist keine Garantie für die Integrität der Daten gegeben, da übereinstimmende Summen bei sehr vielen Kombinationen von Daten entstehen können.

- Fehlerkorrigierende Codes

Mit solchen Codierungen von Daten können einzelne Bitfehler sicher entdeckt werden – mehr noch, man erhält eine Information, welchen Wert das defekte Bit ursprünglich besaß. Auf diese Weise lässt sich eine endliche Anzahl von Bitfehlern in Datenpaketen sicher entdecken und beheben; der zu zahlende Preis besteht darin, dass die ursprünglichen

Datenpakte durch Hinzufügen der Codierungsinformationen verlängert werden. Solche Verfahren werden in der Praxis verwendet, um z. B. das Kippen von Bits auf Speichern, Bit-Störungen bei Datenübertragungen zu erkennen.

- Hashen von Daten

Hier wird einem Datenpaket ein *Hash-Wert* hinzugefügt; ein solcher Hash-Wert entsteht durch Komprimierung der Daten mittels einer kryptografischen Funktion. Eine solche Kompression ist meist verlustbehaftet, d. h. man kann die ursprünglichen Daten nicht mehr aus dem Hash-Wert zurückrechnen – man fügt deshalb den Hashwert den Original-daten bei. Gute Hash-Funktionen besitzen aber die Eigenschaft, *kollisionsfrei* zu sein, d. h. es ist praktisch nicht möglich, zu einem Dokument ein zweites mit gleichem Hash-Wert zu finden. Änderungen an den Daten wirken sich also mit hoher Wahrscheinlichkeit auf den Hash-Wert aus und machen entsprechende Versuche entdeckbar.

- Elektronische Signaturen

Signaturen entstehen dadurch, dass Daten gehasht und anschließend der Hash-Wert mit einem asymmetrischen Kryptoverfahren verschlüsselt wird. Der dabei zum Einsatz kom-mende private Schlüssel kann einer bestimmten Person zugeordnet sein, so dass die Sig-natur nicht nur Datenänderungen erkennen lässt, sondern auch noch Auskunft liefert, wer den Datensatz „unterschrieben" hat. Es ist klar, dass Signaturen damit hervorragend für das Versenden von Nachrichten z. B. in E-Mail-Systemen geeignet sind. Wir behandeln das Thema *Elektronische Signatur* im nächsten Abschn. 13.7.

- Einsatz von Virenschutz-Systemen

Virenschutz-Systeme stellen eine populäre Maßnahme zur Entdeckung des Verlustes der Integrität von ausführbaren Dateien dar, sind jedoch in ihrer Wirkung beschränkt, da diese u. a. von der Aktualität der Referenzdaten abhängt.

Bleiben wir bei diesem Fall und unterstellen, dass wir die ausführbaren Dateien in einem IT-System *elektronisch signiert* haben. Wird vor jeder Ausführung der Datei die Si-gnatur durch das Betriebssystem nachgerechnet und mit dem registrierten Wert verglichen werden, würden Änderungen mit einer sehr hohen Wahrscheinlichkeit erkannt werden. Wird dieses Verfahren extensiv genutzt, kann es jedoch je nach Leistung des IT-Systems zu Performance-Problemen kommen. Außerdem kann es sein, dass intelligente Viren erst dann Programme infizieren, wenn die Signaturprüfung erfolgt ist und das ausführbare Programm ablaufbereit im Arbeitsspeicher des betreffenden IT-Systems steht. Weiterhin ist die Liste der Referenz-Signaturen extrem sicherheitskritisch.

Die Schlussfolgerung lautet: Eine generelle Signaturprüfung ist in diesem Szenario nur dann voll wirksam, wenn weder der Prüfvorgang, noch die Referenzdaten beeinflussbar sind, noch Programme im Arbeitsspeicher geändert werden können. Dies führt in unserem Beispiel zu der Forderung, dass zumindest das Betriebssystem auf dem betreffenden Rechner einen hohen Integritätsschutz benötigt.

Management
Vor dem Einsatz von integritätsschützenden Maßnahmen ist zu klären,

- für welche Objekte die Integrität besonders gesichert bzw. ein Integritätsverlust entdeckbar sein muss,
- wodurch die Integrität verletzt werden kann,
- welche Verfahren dem entgegen wirken sollen,
- wann eine Verletzung der Integrität bemerkt werden soll,
- welche Maßnahmen bei Entdeckung eines Integritätsverlustes zu ergreifen sind.

13.7   Elektronische Signatur

13.7.1   Grundsätzliches Verfahren

Die elektronische Signatur ist ein Mittel, um

- Daten mit der Identität eines Teilnehmers (einer Person, einer Institution oder eines Rechners) zu verknüpfen und
- nach erfolgter Signatur spätere Änderungen an den Daten erkennen zu können.

Hierzu verwendet man asymmetrische Krypto-Verfahren – allerdings in einem anderen Sinne als bei der Daten-Verschlüsselung:

Teilnehmer A möchte Daten D *signieren*, um seine Identität mit D zu verknüpfen und spätere Änderungen an D entdeckbar zu machen. Dazu verschlüsselt A die Daten D mit seinem *Private Key*, die verschlüsselten Daten wollen wir mit V bezeichnen.

Jeder, der nun über den dazu gehörenden *Public Key* von A verfügt – also im Grunde wirklich jeder –, kann die Daten V entschlüsseln. Vergleicht man nun D und das entschlüsselte V, würde man Änderungen erkennen können. Zeigt der Vergleich eine Übereinstimmung, ist auch klar, dass die Daten mit dem zuvor genannten *Private Key* von A signiert worden sind: Wären die Daten mit einem anderen (Private) Key verschlüsselt worden, würde der Vergleich zwischen D und V keine Übereinstimmung ergeben.

Für diese Vorgehensweise ist festzuhalten, dass neben den verschlüsselten Daten V auch immer die Originaldaten D mit übertragen werden müssen, andernfalls ist ja der Vergleich nicht möglich. Damit wird auch sofort ein gängiges Missverständnis aufgeklärt: Mit der elektronischen Signatur werden die entsprechenden Daten *nicht* gegen den Verlust der Vertraulichkeit geschützt, vielmehr können (nur) Verletzungen der Integrität erkannt werden.

Hash

Die asymmetrischen Verfahren sind aus Performance-Gründen für die Verschlüsselung größerer Datenmengen eher nicht geeignet. Deshalb geht man so vor, die zu signierenden Daten zunächst geeignet zu *hashen*. Die Forderung nach Kollisionsfreiheit des Hashverfahrens wird z. B. von den Verfahren RIPEMD und SHA erfüllt. Sie komprimieren vorgegebene Daten zu einem Hash-Wert fester Länge, z. B. 160, 256 oder 512 Bit (andere Längen sind möglich).

Für die Signatur verschlüsselt werden nun nicht mehr die gesamten Daten D, sondern nur ihr Hash-Wert H_D, als Ergebnis erhalten wir $V(H_D)$. Der Empfänger von „D plus $V(H_D)$" erzeugt nun mit demselben Hash-Verfahren aus D einen Hash-Wert H*, entschlüsselt dann $V(H_D)$ mit dem Public Key des Absenders und vergleicht das Resultat mit H*: Stimmen beide Werte überein, hat er die Integrität der Daten verifiziert. Zugleich ist damit klar, dass die Daten vom Teilnehmer A (= Inhaber des Public Keys) signiert wurden.

Wie man erkennt, müssen folgende Daten beim Empfänger vorliegen, um alle Prüfungen durchführen zu können:

- die Originaldaten D
- der vom Absender ermittelte und signierte Hashwert $V(H_D)$
- die Information, welches Hash-Verfahren angewendet wurde bzw. anzuwenden ist
- der Public Key des Absenders
- die Information, welches asymmetrische Verfahren bei der elektronischen Signatur angewendet wurde

13.7.2 Elektronische Identität und deren Prüfung

Eine wesentliche Frage ist noch nicht beantwortet: Wie kann der Empfänger verifizieren, dass die erhaltenen Daten tatsächlich von dem vermuteten Absender stammen? Im Grunde könnten bei einer geringen Teilnehmerzahl die Teilnehmer selbst eine persönliche Übergabe der Public Keys vorsehen und dabei jeweils gegenseitig eine Identitätsprüfung vornehmen. Dies ist allerdings bei großer Teilnehmerzahl oder bei größeren räumlichen Distanzen nicht praktikabel.

Trust Center

Vor diesem Hintergrund kommt nun ein *vertrauenswürdiger Dritter* – ein *Trust Center* – ins Spiel: Es

- prüft einmalig die Identität der Teilnehmer (*Registrierung*),
- generiert auf Wunsch Schlüsselpaare für die Teilnehmer (*Schlüsselgenerierung*)[7],
- stellt *Zertifikate* über die Zuordnung Identität ↔ Schlüssel(paar) aus (*Zertifizierung*),

---

[7] Vielfach kann der Teilnehmer auch von ihm selbst erzeugte Schlüssel vorlegen.

- übergibt Zertifikate und ggf. Schlüsselpaare an die Teilnehmer,
- trägt die Zertifikate in die Liste der gültigen Zertifikate ein und gibt Dritten elektronische Auskünfte (*Verzeichnisdienst*) über deren Gültigkeit,
- nimmt Sperrungen von Zertifikaten entgegen (*Sperrdienst*) und veröffentlicht unter Umständen regelmäßig *Sperrlisten*.

Wir behandeln die aufgezählten Dienste der Reihe nach und beantworten die eingangs gestellte Frage im Anschluss daran.

SigG

Im Folgenden werden wir als Beispiel oft die Verhältnisse beim deutschen Signaturgesetz [1] heranziehen. Beim SigG werden Trust Center als „Zertifizierungsdiensteanbieter" (ZDA) bezeichnet, andernorts verwendet man auch die englische Bezeichnung „Certification Service Provider" (CSP).

Im SigG werden einfache, fortgeschrittene, qualifizierte Signaturen und „qualifizierte Signaturen mit Anbieter-Akkreditierung" begrifflich unterschieden. Wir wollen hier nicht auf alle Unterschiede eingehen. Nur für die letzten beiden Stufen (qualifiziert, qualifiziert und akkreditiert) definiert das SigG Sicherheitsanforderungen und erreicht damit eine sehr hohe Sicherheit. Dies hat zur Folge, dass inzwischen in vielen anderen Gesetzen, die eine Unterschrift von Personen unter Dokumenten verlangen, die qualifizierte elektronische Signatur der eigenhändigen Unterschrift gleichgestellt ist.

Registrierung

In sehr einfach gelagerten Fällen läuft die Registrierung wie folgt ab: Man schickt eine E-Mail mit einigen Daten (im Wesentlichen seine E-Mail-Adresse) an ein Trust Center und erhält ebenfalls per E-Mail einen PIN-Code an seine angegebene E-Mail-Adresse geschickt. Damit loggt man sich auf einer Web-Site des Trust Centers ein, ruft das Zertifikat und das Schlüsselpaar ab und installiert diese in seinem Browser. Bei diesem Beispiel läuft die Identifikation also nur über die E-Mail-Adresse – ein bescheidener Sicherheitsgewinn, der keinesfalls ausreicht, um wirklich eine Identität *nachzuweisen*.

Andere Verfahren basieren auf dem persönlichen Erscheinen des Teilnehmers bei der *Registrierungsstelle* des Trust Centers: Hier wird die Identität anhand der Ausweisdokumente überprüft und erst dann der weitere Ablauf initiiert.

PostIdent

In Deutschland wird vielfach das PostIdent-Verfahren angewendet, bei dem die Identifizierung und Ausweisprüfung am Postschalter erfolgt. Das Prüfergebnis wird dann von der Post dem jeweiligen Trust Center geeignet übermittelt. Die Post fungiert hier also als *Registrierungsstelle*.

Besitzt der Teilnehmer bereits ein Zertifikat (ausreichender Qualität), kann ein neues Zertifikat auch per E-Mail-Antrag mit elektronischer Signatur erfolgen. Die Registrierung beschränkt sich dann auf die Prüfung der Signatur des Antrags.

SigG

Konform zum deutschen Signaturgesetz sind nur das persönliche Erscheinen bei einer Registrierungsstelle und die Vorlage amtlicher Ausweispapiere (Personalausweis, Reisepass mit Meldebescheinigung) sowie die elektronische Antragstellung mit einem bereits vorhandenen qualifizierten Zertifikat.

Schlüsselgenerierung

Soweit ein Trust Center zu den verwendeten Algorithmen passende Schlüsselpaare für die Teilnehmer generiert, ist festzustellen, dass dieser Vorgang hoch sicherheitskritisch ist. Jede Kompromittierung der Schlüssel ist auszuschließen, andernfalls haben darauf basierende spätere Signaturen keine Beweiskraft mehr. In Verfahren, die zur Schlüsselspeicherung und -anwendung Smartcards verwenden, wird deshalb immer häufiger die Schlüsselgenerierung auf die Smartcard selbst verlagert, so dass man ein in sich geschlossenes System hat.

SigG

Im Rahmen des SigG dürfen nur Algorithmen und Schlüssellängen verwendet werden, die von der zuständigen Bundesnetzagentur (www.bundesnetzagentur.de) als geeignet anerkannt sind. Hierdurch wird insbesondere erreicht, dass erzeugte Schlüssel einmalig sind.

Entsprechende Schlüssel-Generatoren müssen nach anerkannten Sicherheitsstandards [2, 3] evaluiert und nach den Vorgaben des SigG sicherheitsbestätigt worden sein. Die Nutzung eines solchen Schlüssel-Generators durch ein Trust Center darf nur in ausreichend gesicherten Räumlichkeiten erfolgen, was durch eine unabhängige Prüfung zu bestätigen ist.

Zertifizierung

Beim Vorgang der Zertifizierung stellt das Trust Center ein *Zertifikat* über die Zuordnung Identität ↔ Schlüssel(paar) aus. Dabei kann es sich um Schlüssel handeln, die das Trust Center für den Teilnehmer separat erzeugt hat, von einer neuen Smartcard intern generiert werden, oder um solche, die vom Teilnehmer selbst erzeugt und vorgelegt worden sind.

Ein elektronisches Zertifikat muss eine Reihe von Daten[8] beinhalten:

* Angaben zur Identität des Teilnehmers
* der Public Key des Teilnehmers und Angaben über das zugeordnete Kryptoverfahren
* Angaben zum Hash-Verfahren beim Teilnehmer
* Angaben zum ausstellenden Trust Center
* Art des Zertifikats (z. B. „qualifiziertes Zertifikat nach dem deutschen Signaturgesetz")
* die elektronische Signatur des Trust Centers über die Daten des Zertifikats

---

[8] Der genaue Aufbau und die Inhalte des Datensatzes sind in einschlägigen Standards bzw. RFCs beschrieben, z. B. das bekannte X.509 Format.

Wesentlich ist die Frage, ob solche Zertifikate unentdeckt gefälscht werden können. Dies wird dadurch verhindert, dass das Trust Center jedes ausgestellte Zertifikat elektronisch signiert: Es verwendet dazu ebenfalls ein asymmetrisches Kryptoverfahren und ein entsprechendes Schlüsselpaar. Der Public Key des Trust Centers wird geeignet veröffentlicht oder von einem vertrauenswürdigen Dritten in einem Verzeichnis vorgehalten: Damit kann jedes vom Trust Center tatsächlich oder vermeintlich ausgestellte Zertifikat auf nachträgliche Änderungen oder falsche Identität geprüft werden. Die Beweiskette hängt natürlich daran, dass der Public Key des Trust Centers auf sicherem Wege zum Anwender gelangt und zweifelsfrei zu diesem Trust Center gehört.

SigG

Legen Teilnehmer selbst erzeugte Schlüssel einem Trust Center zur Zertifizierung vor, so muss sich dieses von der „Qualität" der Schlüssel überzeugen, bevor es sie „zertifiziert".

Beim deutschen Signaturgesetz hat man die Bundesnetzagentur (BNetzA) beauftragt, die so genannte „Root" als „Sicherheitsanker" zu etablieren. In dieser Funktion stellt die BNetzA ihrerseits Schlüsselpaare und Zertifikate für Trust Center aus und betreibt einen entsprechenden Verzeichnisdienst. Will man nun das Zertifikat bzw. die elektronische Signatur eines Trust Centers verifizieren, fragt man beim Verzeichnisdienst der Root an und enthält entsprechende (signierte) Auskünfte.

Als letzte Sicherheit muss natürlich der Public Key der BNetzA veröffentlicht sein, was über eine Web-Site der BNetzA[9] und durch andere Veröffentlichungen bewerkstelligt wird.

Zertifikats- und Schlüsselübergabe

Zertifikat und ggf. generierte Schlüssel werden dem Teilnehmer übergeben. Insbesondere die Übergabe des Private Keys muss auf sicherem Wege erfolgen, er muss weiterhin *sicher* aufbewahrt werden. Zum Signieren muss der Private Key der Kryptoeinheit des Teilnehmers zugeführt werden. Diese Vorgänge sind allesamt hochkritisch, weil bei jedem Transport der Private Key kompromittiert werden könnte. Man erkennt, dass die sichere Übergabe, Speicherung und Anwendung des Private Keys wesentliche Faktoren für die Sicherheit der elektronischen Signatur darstellen. Die in vielen praktizierten Verfahren übliche Speicherung des Private Keys als Datensatz auf einem PC (der möglicherweise ungeschützt am Internet hängt) kann keine verlässliche Sicherheit bieten.

SigG

Zertifikat und Schlüssel werden auf einer Smartcard gespeichert, die mit einem sicheren Auslieferungsverfahren an den entsprechenden Teilnehmer ausgegeben wird. Erst wenn sichergestellt ist, dass die Karte den rechtmäßigen Inhaber erreicht hat, darf das Trust Center das Zertifikat „scharf" schalten, d. h. Anfragen zu seiner Gültigkeit positiv beantworten oder das Zertifikat in seinen Verzeichnisdienst zum Abruf aufnehmen.

---

[9] www.nrca-ds.de.

Gesetzeskonforme Smartcards (solche, die evaluiert und sicherheitsbestätigt sind) speichern den Private Key auslesegeschützt und führen die Signatur (Verschlüsselung von Hash-Werten) auf der Karte selbst durch. Der Private Key verlässt die Karte also grundsätzlich nie. Um bei Verlust der Karte zu verhindern, dass der „Finder" nun unter falschem Namen signiert, sind alle Karten nach dem deutschen Signaturgesetz mit einem PIN-Verfahren gesichert, d. h. bevor eine Signatur erzeugt werden kann, muss der Veranlassende den korrekten PIN-Code eingeben. Damit liegt eine Authentisierung durch Besitz (der Karte) und Wissen (PIN) vor. Nach einer festgelegten Zahl von Fehlversuchen bei der PIN-Eingabe wird die Smartcard gesperrt und kann ggf. erst unter Anwendung eines so genannten PUK-Verfahrens wieder entsperrt werden.

Verzeichnisdienst
Um Dritten die vollständige Prüfung von Signaturen einfach zu ermöglichen, betreiben Trust Center einen Verzeichnisdienst: Hiermit werden (elektronische) Anfragen zur Gültigkeit eines Zertifikats beantwortet; die Zertifikate von Teilnehmern können sogar abrufbar vorgehalten werden.

Eine Anfrage an einen solchen Dienst wird in aller Regel folgende Auskünfte über den Status eines Zertifikats bekommen:

- GOOD – das Zertifikat existiert (ist dem Trust Center bekannt) und ist nicht gesperrt.
- REVOKED – das Zertifikat existiert (ist dem Trust Center bekannt) und ist gesperrt seit<Datum, Uhrzeit>.
- UNKNOWN – das Zertifikat ist dem Trust Center nicht bekannt.

Mit der zweiten Auskunft REVOKED und den Angaben zu Datum und Uhrzeit ist man ggf. in der Lage zu überprüfen, ob ein Dokument zu einem früheren Zeitpunkt mit einem gültigen Zertifikat signiert wurde.

Auch solche Auskünfte könnten gefälscht oder anderweitig geändert den Anfragenden erreichen. Um dies entdeckbar zu machen, können Auskünfte vom jeweiligen Trust Center elektronisch signiert werden. Volle Sicherheit erhält man bei der Prüfung eines elektronischen Zertifikats eines Teilnehmers also durch

- eine Verzeichnis-Anfrage beim ausstellenden Trust Center,
- Auswerten der Statusauskunft, und durch
- Prüfung der Signatur der Auskunft und des Zertifikats des Trust Centers.

Letzteres erfolgt unter Nutzung des veröffentlichten Public Key der Trust Centers oder durch Prüfung über Verzeichnisdienste, die dieses Zertifikat und seinen Status gespeichert haben.

SigG

Alle Verzeichnis-Auskünfte müssen grundsätzlich mit einer qualifizierten elektronischen Signatur versehen sein. Im Falle der Root werden deren Public Keys für Prüfzwecke auf verschiedenen Wegen veröffentlicht. Im Rahmen des SigG nimmt man die Prüfung des Zertifikats des Trust Centers durch eine Verzeichnis-Anfrage bei der Root vor. Teilnehmer können im Rahmen des Antragsverfahrens akzeptieren oder ablehnen, dass ihr Zertifikat durch Dritte aus dem Verzeichnis abgerufen werden kann.

Sperrdienst

Will man – aus welchen Gründen auch immer, z. B. bei Verlust der Karte oder bei Beendigung der Geschäftsbeziehung zu einem Trust Center – sein Zertifikat sperren lassen, wendet man sich telefonisch, über das Internet, per Brief oder durch persönliches Erscheinen an den *Sperrdienst* seines Trust Centers, der die Sperrung „umgehend" durchführt. Die Person, die eine Sperrung beantragt, muss sich gegenüber dem Trust Center entsprechend authentisieren. Um Missbrauch z. B. mit verloren gegangen Karten zu verhindern, muss eine Sperrung jederzeit und schnell durchführbar sein.

Sperrliste

Vielfach bieten Trust Center einen Sperrlisten-Dienst an, mit dem in bestimmten Abständen (z. B. einmal täglich) die Liste der bei diesem Trust Center gesperrten Zertifikate an Kunden versandt wird. Hierdurch kann man das Verfahren der Prüfung von Signaturen etwas verkürzen (die Anfrage beim Verzeichnisdienst kann sich erübrigen) – allerdings mit dem Risiko, dass seit dem letzten Empfang der Sperrliste zwischenzeitlich ein Zertifikat gesperrt worden sein könnte.

SigG

Beim SigG werden hohe Anforderungen an die Verfügbarkeit des Verzeichnisdienstes und des Sperrdienstes gestellt. Wird eine Sperrung telefonisch beantragt, muss sich der Antragsteller authentisieren. Dies geschieht z. B. durch ein „Sperrpasswort", das der Teilnehmer im Rahmen der Registrierung ausgewählt hat. Eine Sperrung ist darüber hinaus in schriftlicher Form oder durch eine E-Mail, die qualifiziert elektronisch signiert ist, möglich.

Auch wenn die Übermittlung von Sperrlisten nach SigG zulässig ist, sind nur die online-Verzeichnis-Auskünfte als gesetzlich bindend anzusehen. Sperrlisten werden möglicherweise nur im Intervall von Stunden aktualisiert – es könnte also ein Zertifikat zwischenzeitlich gesperrt worden sein, ohne dass dies in der „alten" Sperrliste erkennbar ist.

Vorgang des Signierens

Verfügt ein Teilnehmer über entsprechende Schlüssel und ein diesbezügliches Zertifikat, kann er diese zum Signieren von Dokumenten verwenden. Dazu kommt in der Regel eine Software zur Anwendung, mit der die zu signierende Datei ausgewählt und ggf. nochmal angezeigt wird; anschließend werden der Hash-Wert und schließlich die Signatur berechnet. Die Signatur wird zusammen mit der Datei gespeichert und/oder versandt.

SigG

Vor dem Hintergrund der Beweiskraft einer elektronischen Signatur beim SigG wird dem Nutzer dringend nahe gelegt, eine evaluierte und sicherheitsbestätigte Signaturanwendungskomponente (SAK) einzusetzen. Die SAK steuert die Datei-Auswahl, die sichere Anzeige des Inhalts, hasht die Datei und sendet den Hash-Wert unter Nutzung eines sicheren Kanals an die Smartcard, die ihrerseits die Signatur berechnet und zurückschickt.

Die Smartcard des Nutzers wird durch PIN-Eingabe (in der Regel an der Tastatur des Chipkarten-Lesegeräts) aktiviert. Nach der PIN-Eingabe kann genau *eine* Signatur erzeugt werden. Will man weitere Signaturen erzeugen, ist jedes Mal eine erneute PIN-Eingabe erforderlich. So genannte „Massen-Signaturen" nach einmaliger PIN-Eingabe sind nur in besonders gesicherten Umgebungen gesetzlich zulässig.

Die SAKs verfügen meist auch über die Funktion, erhaltene signierte Dateien zu verifizieren, d. h. die Integrität zu prüfen und die Zertifikatskette bis zur Root überprüfen zu können.

Fazit

Fassen wir zusammen: Verfahren der elektronischen Signatur existieren in unterschiedlicher Qualität und Sicherheit. Beides hängt von den Antworten auf folgende Fragen ab:

- Wodurch wird die Identität eines Trust Centers verifizierbar?
- Welche Sicherheit bieten die vom Trust Center vermittelten Dienste?
- Wodurch weist sich ein Teilnehmer gegenüber einem Trust Center aus?
- Welche mathematischen Algorithmen werden für die elektronische Signatur genutzt?
- Wer generiert die Schlüsselpaare und nach welchem Verfahren geschieht dies?
- Ist das Schlüsselpaar einmalig (oder kann es auch einem zweiten Teilnehmer zugeordnet worden sein)?
- Wie werden Zertifikat und Schlüsselpaar an den Teilnehmer ausgeliefert?
- Wie wird erreicht, dass der Private Key des Teilnehmers nur von diesem genutzt werden kann?
- Wie sicher ist die Kryptoeinheit[10] des Teilnehmers, mit der die elektronische Signatur erzeugt wird?
- Mit welcher Zuverlässigkeit können Dritte die Unterschrift des Teilnehmers verifizieren?

Letzteres ist in einem doppelten Sinne zu verstehen: Welchen Beweiswert hat eine positive Verifikation einer elektronischen Signatur? Ist sie z. B. rechtlich bindend? *Zuverlässig* meint aber auch, dass es Dritten *jederzeit* möglich sein muss, die Verifikation durchzuführen; dabei handelt es sich also um eine Anforderung an die Verfügbarkeit des Verzeichnisdienstes eines Trust Centers.

---

[10] Hier ist auch die Frage wesentlich, ob eine solche Kryptoeinheit auf einer sicheren Plattform (Rechner, Betriebssystem, Netzwerkanbindung) bzw. in sicherer „Umgebung" betrieben wird.

Attribute

Diesem Abschnitt lag bisher die Vorstellung zugrunde, dass ein Teilnehmer eine natürliche Person ist. Nach dem aktuellen *deutschen* Signaturgesetz dürfen qualifizierte Zertifikate nur für *natürliche Personen* ausgestellt werden. In der Praxis kommt es aber häufig vor, dass eine Person stellvertretend für eine Institution unterschreibt und – wenn nötig – die Befugnis zur Unterschrift nachweisen möchte. Mit personengebundenen Zertifikaten kann man dies dadurch realisieren, dass im Zertifikat oder in einem separaten *Attribut-Zertifikat* die Unterschrifts-Vollmacht eingetragen wird.

Organisationszertifikate

Nach den Signaturgesetzen *anderer Länder* (z. B. der Schweiz) kann ein qualifiziertes Zertifikat aber auch für Institutionen (Firmen, Behörden) ausgestellt werden, ist also nicht mehr ausschließlich an natürliche Personen gebunden.

Den gleichen Weg geht die neue EU-VERORDNUNG 910/2014 über elektronische Identifizierung und Vertrauensdienste für elektronische Transaktionen [4], die mit Übergangsfristen in der EU in Kraft tritt. Nicht zuletzt vor diesem Hintergrund ist eine Novellierung des deutschen SigG in der Diskussion; es bleibt abzuwarten, wie dessen konkrete Ausgestaltung aussieht.

In anderen Kontexten ist die Verwendung von Organisationszertifikaten durchaus üblich; man denke an Zertifikate für Software-Lieferanten, die beim Download eines Updates vom jeweiligen Betriebssystem überprüft werden, um den Lieferanten sicher zu identifizieren.

Server-Zertifikate

Schlussendlich begegnet man auch dem Problem, dass sich *Rechner* in einem Netzwerk gegenseitig oder gegenüber Subjekten „ausweisen" möchten. Hier kommen *Maschinen-* oder *Server-Zertifikate* zum Einsatz. Viele Trust Center bieten neben den SigG-konformen Diensten auch die Ausstellung von Server-Zertifikaten an.

13.8 Verfügbarkeit von Daten

Im Kap. 4 haben wir das Sicherheitsziel *Verfügbarkeit* und einige Beispiele zu dessen Erreichung kennen gelernt.

Zugriffskontrolle

Mit einer funktionierenden Zugriffskontrolle kann zumindest verhindert werden, dass *Unbefugte* auf elektronischem Wege die Verfügbarkeit von Daten manipulativ oder unabsichtlich beeinträchtigen. Geht es um Daten, die außerhalb von IT-Systemen (z. B. in Tresoren, Aktenschränken etc.) gespeichert sind, gilt sinngemäß das Gleiche: Aus Zugriffskontrolle wird dann die Kontrolle des Zutritts zum Ort der Datenhaltung, die Kontrolle über Schlüssel zum Öffnen von Tresoren usw.

Wie steht es nun mit den *Befugten*? Sie können durch ihre Zugriffsmöglichkeiten die Verfügbarkeit von Daten manipulativ oder unabsichtlich *immer* beeinträchtigen. Diese Versuche sind aber meist über eine Protokollierung zumindest entdeckbar. Eine Art *Denial of Service* könnte darin bestehen, bestimmte Daten dauernd im Zugriff zu haben und sie dadurch für andere zu sperren. Dieser missbräuchlichen Vorenthaltung von Daten kann man mit einer Begrenzung der Betriebsmittel (z. B. Dauer von Sessions) entgegen wirken. Die Begrenzung der Betriebsmittel kann im Betriebssystem eines Rechners oder in den genutzten Applikationen integriert sein.

Redundanz
Um Daten grundsätzlich – in welchen Situationen auch immer, vor allem bei technischen Defekten und Elementarereignissen – verfügbar zu halten, ist die Redundanz der Daten das wesentliche Hilfsmittel. Für die Datenverfügbarkeit heißt das, sich Kopien der Daten (*Backup*) anzulegen, auf die im Bedarfsfall zurückgegriffen werden kann.

Management-1
Dabei sind folgende Fragen zu stellen:

* Welche Daten sind zu sichern?
* Wann und in welchen Abständen sind Backups zu erzeugen?
* Welche Medien kommen für das Backup in Frage?
* Wie lange dauert die Bereitstellung der Daten vom Backup?
* Ist die Aktualität der bereitgestellten Daten gegeben bzw. wie viel Verlust ist zu erwarten?

Betrachten wir zwei Beispiele:

* Plattenspiegelung

Hier werden Daten bei der Speicherung parallel auf *mehrere* Platten geschrieben und sind damit bei Ausfall einer Platte (gleich welcher Ursache) nach wie vor verfügbar. Steuert man die Platten noch über unabhängige Controller an, um das Problem des Controller-Ausfalls abzudecken, kann man einen hohen Grad an Datenverfügbarkeit erreichen. Diese Überlegungen führen zu den bekannten RAID-Systemen.

Charakteristiken dieses Verfahrens sind also: *Alle* Daten einer Platte werden gesichert, Kopien werden permanent (ohne Zeitverzug) geschrieben, die Bereitstellung der Daten im Fall der Fälle erfolgt meist verzögerungsfrei. Ein echter Datenverlust ist extrem unwahrscheinlich (abhängig von der Anzahl gespiegelter Platten).

* Auslagerung auf ein separates Medium

Typischer Fall hierfür ist die Auslagerung auf ein Backup-Tape oder ein optisches Spei-
chermedium. Hierbei wird konzeptionell festgelegt, wann bzw. in welchen Abständen ein
Backup zu erfolgen hat, welche Daten dabei zu sichern sind und wie ggf. eine bestimmte
Anzahl von Medien zyklisch verwendet werden soll.

Die Bereitstellung der Daten vom Backup (*Restore*) kann unter Umständen eine erhebliche Zeit in Anspruch nehmen, insbesondere wenn ein vollständiges Restore aller Daten
nötig wird. Hier empfiehlt es sich, im Rahmen von Notfallübungen oder Simulationen den
Zeitbedarf für die eigene Organisation zu ermitteln.

Beim Restore wird es immer wieder vorkommen, dass die bereitgestellten Daten einen
älteren Stand haben, da seit dem letzten Backup eine bestimmte Zeitspanne vergangen ist,
in denen Daten geändert, gelöscht oder hinzugefügt worden sind.

Charakteristiken dieses Verfahrens sind also: Die zu sichernden Daten sind auswählbar,
ebenso Zeitpunkt und Frequenz der Sicherung, die Bereitstellung gesicherter Daten kann
zeitaufwendig sein, die Datenaktualität hängt von der Häufigkeit und dem Zeitplan der
Sicherungen ab.

Ein oft vernachlässigtes Thema ist die Aufbewahrung der *Sicherungsmedien*. Erstellt
man Backups, um etwa nach einem Brandfall oder anderen Elementarereignissen auf die
Daten zurückgreifen zu können, macht es wenig Sinn, die Medien an dem gleichen Ort zu
lagern wie die Originaldaten. Dies führt zur Forderung nach sicheren Datentresoren oder
zum Verfahren, die Medien entfernt zu lagern.

Ein zweites Problem stellt ggf. die Vertraulichkeit der Daten auf den Backup-Medien
dar: Gibt es Anforderungen an die Vertraulichkeit der Originaldaten (oder eines Teils davon), so muss man diese Forderung auch auf die Backup-Medien erstrecken. Als Lösungen kommen in Frage

- die generelle Verschlüsselung der Daten auf dem Backup-Medium oder
- ein anderweitig gegen Verlust der Vertraulichkeit gesicherter Transport und eine entsprechende Aufbewahrung der Medien (z. B. in einem Tresor).

Man beachte, dass im zweiten Fall das Personal, das mit der Backup-Tätigkeit beauftragt
ist, im Grunde Zugriff zu allen Daten auf dem Backup-Medium hat. Diese hohe Berechtigung ist aber für die Tätigkeit absolut unnötig und kann in der Praxis zu Problemen
führen. Hier müsste in jedem Fall vertrauenswürdiges Personal zum Einsatz kommen –
oder man erspart sich diese Probleme und nutzt die in den Backup-Systemen heute meist
vorhandene Möglichkeit der Verschlüsselung.

Es soll nicht unterschlagen werden, dass die Verschlüsselung mit einem erhöhten Zeitbedarf für die Durchführung des Backups verbunden sein kann. Es wird darüber hinaus
ein Mindestmaß an Schlüsselmanagement erforderlich, da Schlüssel festgelegt, in das
Backup-System auslesegeschützt eingebracht und ansonsten sicher archiviert (!) werden
müssen. Letzteres ist erforderlich, um etwa nach einer brandbedingten Zerstörung des
Backup-Systems mit einem anderen bzw. neuen Backup-System die Backup-Medien wieder lesen zu können.

Man erkennt hier wieder die alte Erfahrung in der Informationssicherheit: Keine Lösung hat nur positive Eigenschaften, jeder Sicherheitsgewinn ist an anderer Stelle zu bezahlen.

Neben der Vertraulichkeit der Daten ist auch ihre Integrität zu diskutieren: Wenn schon ein Backup gezogen wird, sollen die Daten auch ihre Integrität behalten. Soweit es um das korrekte Schreiben der Daten auf das Medium geht, ist das Backup-System daraufhin zu prüfen, ob es z. B. fehlerkorrigierende Codes oder ähnliche Verfahren verwendet. Bei der Lagerung der Backup-Medien ist sicherzustellen, dass dies in geeigneter Umgebung passiert: Es macht keinen Sinn, etwa Backup-Tapes an Orten zu lagern, an denen mit hohen magnetischen Feldstärken zu rechnen ist. Datentresore sind z. B. daraufhin zu prüfen, ob sie eine geeignete Abschirmung leisten können.

Um die Problemschau abzurunden: Werden Backup-Medien aus dem Verkehr gezogen (z. B. wegen sich häufender Schreib- bzw. Lesefehler) ist ebenfalls das Problem der Vertraulichkeit der Daten zu beachten: Folglich sind die Datenträger entweder zu zerstören, wiederaufzubereiten (s. Abschn. 13.4) oder sicher endzulagern.

Management-2
Wir fassen die Kernfragen zusammen:

- Wie ist die Vertraulichkeit der Daten auf dem Backup-Medium gesichert?
- Wie wird die Integrität der Daten auf dem Backup-Medium gewährleistet?
- Wo und wie können die Sicherungsmedien sicher gelagert werden?
- Wann und wie sind Backup-Medien aus dem Verkehr zu ziehen?

13.9   System-Verfügbarkeit

In Kap. 4 haben wir das Thema System-Verfügbarkeit definitorisch behandelt.

Life-Cycle
Ein IT-System hat einen bestimmten Lebens-Zyklus, der mit seiner Entwicklung und Herstellung, der Auslieferung an den Kunden beginnt, dort über Konfiguration und Installation schließlich zum Betrieb führt (mit Unterphasen wie etwa Wartung und Update). Den Abschluss bilden die Phasen der Außerbetriebnahme und De-Installation.

Wir wollen hier nicht alle Phasen betrachten, weil dies den Rahmen sprengen würde. Zudem sind die Phasen der Entwicklung, Herstellung und Auslieferung von IT-Systemen selten im Einflussbereich des Anwenders. Dennoch seien folgende Hinweise gegeben:

Zertifizierung
Ein höheres Vertrauen, was die Phasen der Entwicklung, Herstellung und Auslieferung anbetrifft, erhält man dadurch, dass man Systeme einsetzt, die bezüglich ihrer Sicherheit zertifiziert sind. Die heute dazu verwendeten Sicherheitsstandards ITSEC [3] und Com-

mon Criteria [2] betrachten insbesondere auch den Life-Cycle eines Produktes oder Systems bis zur Auslieferung an den Kunden. Zertifizierung ist allerdings kein Allheilmittel, da man sehr genau darauf achten muss, *was* zertifiziert worden ist, und welche *Rahmenbedingungen* man im Betrieb einhalten muss, damit die Zertifizierung gültig bleibt. Bei letzterem tut man gut daran, sich den jeweiligen Zertifizierungsreport zu besorgen und die dort beschriebenen Verfahren und Hinweise genau einzuhalten.

Insbesondere ist zu beachten, dass Wartungsarbeiten mit Austausch oder Update von Hardware und Software schnell zum Verlust der Zertifizierung führen können. Man spricht deshalb auch davon, dass zertifizierte Systeme praktisch „eingefroren" bleiben müssen.

Wir halten fest, dass in Phasen der Entwicklung, Herstellung und Auslieferung von Systemen eine Fülle von Problemen vorhanden sind, die sich mehr oder weniger in den späteren Phasen auswirken können: Fehler im Design und der Implementierung von Hardware und Software können zu Datenverlusten, zu reduzierter Verfügbarkeit, auch zu Fehlfunktionen von Sicherheitsvorkehrungen führen.

Betriebsphase
Beim Betrieb von IT-Systemen und Netzen muss man in Betracht ziehen, dass

- zufällige Defekte (ohne bekannte Ursache),
- Defekte in Folge von Alterung,
- Defekte aufgrund unzulässiger Umgebungsbedingungen   (unzureichende Stromversorgung, Über- oder Unterschreiten von Klimabedingungen, Katastrophen wie Feuer, Wassereinbruch usw.),
- unzulässiges Verhalten von Personen (Unbefugte und Befugte)

zu Ausfällen oder verminderter System-Verfügbarkeit führen können.

System-Redundanz
Um Verluste zu begrenzen oder erst gar nicht entstehen zu lassen, ist natürlich die *Redundanz* von Systemen ein wichtiger Baustein. Dabei werden wichtige Hardware-Komponenten[11], ganze Systeme oder sogar vollständige Rechenzentren doppelt oder mehrfach vorgehalten. Bei Ausfall oder Fehlern wird manuell oder automatisch auf ein funktionstüchtiges Element umgeschaltet.

Wichtig ist dabei meist die Umschaltdauer: Mit welchen Verzögerungen ist rechnen? Die Umschaltdauer sollte stets durch Tests ermittelt werden; das Umschalten auf ein komplexes redundantes System sollte regelmäßig geübt werden, um die Tätigkeit als solche problemlos durchführen zu können, aber auch um abschätzen zu können, wie hoch ggf. die Verluste zeitlicher und betrieblicher Art sind.

Zur Behandlung der *Alterungsprobleme* sollte man sich einen Plan zurechtlegen, um rechtzeitig bestimmte Komponenten als Ersatz zu beschaffen, vorzuhalten und ggf. aus-

---

[11] Redundante Plattensysteme als Beispiel sind im Abschn. 13.8 behandelt worden.

zutauschen. In bestimmten Bereichen mag hierbei die Angabe des Lieferanten zur *Mean Time Between Failure* (MTBF) ein wichtiger Indikator sein.

Um geeignete *Umgebungsbedingungen* zu etablieren und aufrechtzuerhalten sind eine ganze Reihe technischer Maßnahmen vorzusehen – hier nur einige Stichwörter: Parallel-einspeisung von elektrischer Energie, Notstromversorgung; Klimaanlagen einschließlich Klimaüberwachung; Brandmelde- und Löschsysteme. Es macht Sinn, sich beim Aufbau z. B. von Rechenzentren diese Punkte betreffend durch spezialisierte Firmen beraten zu lassen.

Eine andere Quelle für den Verlust oder die Minderung von System-Verfügbarkeit ist das Verhalten von Personen (Befugte wie auch Unbefugte). Eine Kontrolle des (*logischen*) Zugriffs und des (*physischen)* Zugangs zu IT-Systemen ist in jedem Fall erforderlich.

Zugriffskontrolle

Mit der Zugriffskontrolle kann man oft erreichen, dass *Unbefugte* die System-Verfügbarkeit auf logischem Wege nicht manipulativ oder unabsichtlich beeinträchtigen können.

Betriebsmittelbegrenzung

Der missbräuchlichen Beeinträchtigung der System-Verfügbarkeit durch *Befugte* (absichtliche erhöhte Inanspruchnahme) kann man in vielen Fällen mit einer Begrenzung der Betriebsmittel (verwendeter Speicherplatz, Anzahl laufender Prozesse und deren Prioritäten, CPU-Zeit, Anzahl von aufgebauten Verbindungen usw.) entgegen wirken. Die Begrenzung der Betriebsmittel kann im Betriebssystem eines Rechners oder in den Applikationen integriert sein.

Geht es um die Nutzung von Netzwerkdiensten, ist das *Load Balancing* ein geeignetes Mittel, um den *Denial of Service* zu erschweren, der darauf beruht, dass Netzwerkdienste überlastet werden, um deren Verfügbarkeit zu reduzieren oder sie vollständig zu blockieren.

Fernwartung

Unter den logischen Zugriff fällt auch die Fernwartung, die aus Sicherheitssicht als hochkritisch anzusehen ist, weil hiermit *externen* Befugten mit hohen Rechten Zugang zu den Systemen gewährt wird. Wichtige Fragen hierfür sind:

- Ist ein Fernwartungszugang unerlässlich oder kann man nicht darauf verzichten?
- Ist der Fernwartungszugang übertragungstechnisch abgesichert, d. h. findet eine Authentisierung statt und wird die Übertragung verschlüsselt und signiert betrieben?
- Erfolgt die Fernwartung ohne Kenntnis des System-Betreibers oder nur gegen Voranmeldung?
- Besteht für den Betreiber die Möglichkeit, die Wartung zu überwachen?

Die zuvor beschriebenen Probleme gelten natürlich nicht nur für das Thema Verfügbarkeit, sondern können auch für die anderen Sicherheitsziele (Vertraulichkeit, Integrität und vor allem auch missbräuchliche Nutzung) zu diskutieren sein.

Beim physischen Zugang zu Systemen sind verschiedene Personengruppen zu betrachten:

Reinigungspersonal
Reinigungspersonal benötigt Zutritt zu Räumlichkeiten mit IT-Systemen, wird dennoch eher selten bei seiner Tätigkeit überwacht, obwohl dies relativ leicht möglich wäre. Es muss dabei gar nicht unbedingt um ein Manipulationsszenario gehen – es reicht schon aus, wenn durch unsachgemäße Handhabung Defekte an Systemen provoziert werden.

Wartungspersonal
Beim Wartungspersonal ist die Lage etwas schwieriger: Man kann zwar eine Aufsicht führen, ist jedoch bei den Wartungstätigkeiten nur beschränkt in der Lage, jeden einzelnen Schritt zu überwachen und auf Korrektheit und Zulässigkeit zu prüfen. Dennoch sei darauf hingewiesen, dass in Systemen mit hohem Sicherheitsbedarf ein ausgereiftes Kontroll- und Aufsichtsverfahren unabdingbar ist.

Besucher
Sofern Besuchern überhaupt Zutritt zu IT-Räumlichkeiten gewährt wird, ist darauf zu achten, dass diese

- registriert werden,
- als Besucher kenntlich sind (Plakette),
- vorab über sicherheitsgerechtes Verhalten unterrichtet werden,
- sich grundsätzlich nicht ohne Aufsicht bewegen dürfen.

Zutritt zu und Verlassen von sensitiven Räumlichkeiten und Sicherheitszonen sollten protokolliert werden (Besucherbuch).

Betrachten wir noch einige andere Konzepte zum Thema System-Verfügbarkeit:

Betriebsbereitschaft
Für IT-Systeme kann man die *Betriebsbereitschaft* (*Continuity of Service*) betrachten: Dabei geht es darum, eine Wahrscheinlichkeit für die Betriebsbereitschaft zu garantieren – etwa in der Art „Über einen Zeitraum von einem Jahr wird Betriebsbereitschaft zu 99,99 % der Zeit zugesichert".

Für extrem hohe Anforderungen an die Betriebsbereitschaft sind so genannte *Non-Stop*-Systeme auf dem Markt erhältlich. Sie zeichnen sich u. a. dadurch aus, dass technische Komponenten (Prozessoren, Speicher, Übertragungskanäle) hoch redundant ausgelegt sind; weiterhin ist es möglich, Wartung im laufenden Betrieb durchzuführen und technische Komponenten auswechseln zu können, ohne irgendeinen Absturz oder Datenverlust zu provozieren. Dies geht sogar so weit, dass einzelne CPUs „gezogen" werden können, da durch kombinierte Hard- und Software-Maßnahmen sichergestellt ist, dass andere CPUs diesen Vorgang erkennen und die laufenden Tasks sofort übernehmen.

Ein anderer methodischer Zugang zu dem Problem der System-Verfügbarkeit bietet die Betrachtung der Funktionen[12] *Rechtzeitigkeit, Fehlererkennung, Fehlerüberbrückung* und *Fehlerbehebung*:

Rechtzeitigkeit
Es kann entscheidend sein, dass eine gewünschte Funktion oder Dienstleistung innerhalb einer akzeptierten Zeit oder zu einem bestimmten Zeitpunkt erbracht wird. Diese Anforderung bezeichnen wir als *Rechtzeitigkeit*. Die Rechtzeitigkeit kann beeinträchtigt sein, wenn

- zeitkritische Aufgaben nicht genau zu dem Zeitpunkt durchgeführt werden können, zu dem es erforderlich ist,
- zeitunkritische Aufgaben in zeitkritische umgewandelt werden können,
- Betriebsmittel unnötig angefordert oder zurückgehalten werden.

Es sind folgende Kernfragen zu stellen:

- Welche Funktionalität ist mit welcher *Priorität* zu gewährleisten?
- Welche *Reaktionen* des Systems müssen in welcher Zeit erfolgen?
- Welche Betriebsmittel müssen in welchem Umfang und zu welchem Zeitpunkt zugänglich sein?
- Unter welchen *Randbedingungen* ist die betreffende Funktionalität einzuhalten?

IT-Systeme, die die Rechtzeitigkeit von Verarbeitungen garantieren können, werden *Echtzeit-Systeme (Real-Time Systems)* genannt. Die zugehörigen Betriebssysteme besitzen bestimmte Mechanismen zur Verteilung der Prozessor-Zeit (Scheduling) und der Steuerung von Prioritäten sowie die Verriegelung und Freischaltung von Verarbeitungen. Echtzeit-Systeme werden typischerweise bei der Steuerung kritischer Prozesse (Produktion, Überwachung) eingesetzt.

Fehlererkennung
Fehlererkennung meint, dass Fehler an der Quelle oder zu einem möglichst frühen Zeitpunkt an ihren Auswirkungen erkannt werden. Bei der Fehlererkennung sind die Aspekte der *Vollständigkeit* und *Korrektheit* der Fehleranalyse zu betrachten; es ist wichtig festzulegen, *welche* Fehler unbedingt erkannt werden müssen.

---

[12] In Sicherheitskriterien wie den ITSEC und den Common Criteria werden diese Teilfunktionen unter den Begriffen *Gewährleistung der Funktionalität* oder *Zuverlässigkeit der Dienstleistung* (Reliability of Service) zusammengefasst.

Vor allem in Systemen der höheren Preisklassen sind viele technische Komponenten mit automatischen Prüfeinrichtungen versehen, so dass sporadische oder auf Defekten beruhende Fehler erkannt (und teilweise automatisch korrigiert werden können). Einfachste Beispiele hierfür sind Parity-Prüfungen und fehlerkorrigierende Codes.

Fehlerüberbrückung

Unter Fehlerüberbrückung *(Error Recovery)* versteht man das Vermeiden weiteren Fehlverhaltens oder das Begrenzen der Auswirkungen des Fehlverhaltens eines Systems. Die Fehlerüberbrückung kann einen *kontrollierten* Abbruch oder den Versuch einer *Fehlerkorrektur* beinhalten. Es spielen dabei folgende Einzelaspekte eine Rolle:

- Welche Beeinträchtigungen – z. B. Daten-, Funktions- oder Zeitverlust – können in Kauf genommen werden?
- Welche Fehlerklassen sollen überbrückt werden?
- Wie soll die Fehlerüberbrückung erfolgen?

Bei Auftreten von Fehlerzuständen – nicht nur der Hardware, sondern auch bei den bekannten, meist nicht nachvollziehbaren Systemabstürzen – kann vielfach eine Kopie des Arbeitsspeichers und weiterer wichtiger Daten auf einen externen Speicher geschrieben werden (Checkpoint, Dump). Danach erfolgt ein kontrollierter Abbruch. Nach Behebung möglicher Hardware-Fehler können Diagnose-Programme anhand dieser Kopie weitere Fehlerursachen und die Fehlerauswirkungen analysieren. Das Ergebnis kann zu

- einem Zurücksetzen des Systems und einem Neustart mit Verlust aller laufenden Tasks (Worst Case),
- einem Wiederaufsetzen auf einen früheren Stand (Backward Recovery), oder
- einem Wiederaufsetzen auf einen zukünftigen, korrekten Stand (Forward Recovery) führen.

Für das Forward Recovery benötigt man genaue Aufzeichnungen der Schritte vor dem Absturz und bestimmt daraus einen korrekten Abschluss der Transaktion in der Zukunft. Ein Rechner bzw. eine Anwendung braucht insoweit detaillierte Journalfunktionen, um ein Forward Recovery zu ermöglichen.

Fehlerbehebung

Die Fehlerbehebung ist dafür zuständig, erkannte Fehler an der Quelle zu beheben, so dass anschließend die Verarbeitung möglichst verlustfrei weitergeführt werden kann. Vielfach reduziert sich das Problem darauf, defekte Komponenten manuell auszutauschen, Daten wiedereinzuspielen oder Ersatzsysteme in Betrieb zu nehmen. Einige Fälle der *automatischen* Fehlerbehebung haben wir schon genannt.

13.10 Übertragungssicherung

Der Sicherheit von Daten auf Übertragungswegen kommt eine hohe Bedeutung zu. Unter *Übertragungswege* fallen hier klassische Leitungen, aber auch Funkstrecken, optische und akustische Verbindungen. Bei der Sicherheit der Datenübertragung spielen alle Ziele der Vertraulichkeit, Integrität, Verfügbarkeit und Verhinderung von Missbrauch eine Rolle. Die Sicherheit ist generell bedroht durch

- unbefugte Kenntnisnahme von Daten (Abhören),
- unbefugtes bzw. unerwünschtes Ändern von Daten,
- unbefugte Inanspruchnahme von Dienstleistungen der Übertragung (bis hin zum *Denial of Service*),
- unbefugtes Einspielen von Daten (*Replay-Attacken*),
- Ausfall von Übertragungsdiensten und -strecken.

In einer erweiterten Betrachtung haben wir das Ziel der *Verbindlichkeit* der Kommunikation zu betrachten. Diesem Ziel können

- das Leugnen von Kommunikationsbeziehungen,
- das Nichtanerkennen von Daten und
- das Leugnen des Empfangens und Absendens

zuwider laufen.

Sicherheitsfunktionen, die solche Bedrohungen abwehren, fasst man oft unter der Überschrift *Übertragungssicherung* zusammen. Wir haben einige wesentliche Methoden der Übertragungssicherung in den vorausgehenden Abschnitten behandelt:

- Verschlüsselung verhindert unbefugte Kenntnisnahme.
- Signaturen lassen unbefugtes Ändern von Daten erkennen.
- Zertifikate ermöglichen das Authentisieren von Personen und IT-Systemen.
- Redundante Übertragungskanäle (z. B. Vermaschung) bzw. redundante Übertragungsdienste (etwa Nutzung von 2 Providern für den Internet-Zugang) sind Methoden, um die Verfügbarkeit zu erhöhen.

Load Balancing
Denial of Service Attacken, bei denen Netzwerkdienste auf bestimmten Rechnern überlastet werden sollen, können durch Einsatz von Load Balancing zwar nicht verhindert, aber in ihren Auswirkungen begrenzt werden.

Verkehrsanalyse
Bei Netzwerken stellt sich die Frage, ob neben den Nutzdaten auch Adressdaten (und ergänzende Informationen wie z. B. Protokollinformationen) vertraulich bleiben sollen.

Mithörer sind andernfalls in der Lage, eine Verkehrsanalyse durchzuführen: Aus dem Verkehrsaufkommen zwischen zwei Kommunikationspartnern (z. B. plötzlich auffällig häufiger Datenaustausch) kann ein Dritter durchaus seine Schlüsse ziehen.

Solche Aspekte werden typischerweise in Funknetzen betrachtet. In leitungsgebundenen Datennetzen mit verschlüsselten Adressdaten müssten die Router im Netz Kenntnis des Schlüssels haben und über Möglichkeiten des Ver- und Entschlüsselns verfügen.

13.11   Beweissicherung und Auswertung

Hier begegnen wir der Aufgabe, für bestimmte Zwecke (Sicherheits-)Nachweise generieren und bei bestimmten Anlässen auswerten bzw. vorweisen zu können. Als Nachweise kommen in unserem Kontext nur dokumentierte Aufzeichnungen (Protokolle, Snapshots, Fotos,…) in Betracht.

Accounting

Das Erzeugen und Sicherstellen von Nachweisen wird im Englischen als *Accounting* bezeichnet. Auch wenn es banal erscheint: Ziel der Beweissicherung ist es, Beweise zu sichern. Beweischarakter haben Daten dann, wenn sie objektiv erhoben und datierbar sind und möglichst bestimmten Subjekten zugeordnet werden können. Dazu ist es offensichtlich erforderlich, dass die Identität der Subjekte zweifelsfrei feststeht, d. h. eine Authentisierung stattgefunden hat. Weiterhin muss ausgeschlossen werden, dass Beweise nachträglich gelöscht, verfälscht oder vorgetäuschte Nachweise eingefügt werden können.

Im Zusammenhang mit der Sicherheit geht es meist um die Aufzeichnung bzw. Protokollierung der versuchten und/oder tatsächlichen Ausübung von Rechten. Typische Beispiele für eine Protokollierung sind das Eintragen von Besuchern in eine Liste (Betreten und Verlassen von Sicherheitsbereichen), Listen über Betreten und Verlassen solcher Bereiche durch Befugte z. B. durch eine Zutrittskontrollanlage, Mitschreiben von Log-in-Vorgängen bei IT-Systemen (Log-Protokolle), Protokolle über unzulässige Zugriffsversuche oder unzulässigen Verbindungsaufbau.

Management

Wichtige Einzelfragen sind:

- Welche Aktionen sind zu protokollieren?
- Welche Informationen sind dabei jeweils aufzuzeichnen?

Um Beweischarakter zu erreichen, müssen Datum und Uhrzeit, möglichst die Identität des Verursachers und der genaue Vorgang erfasst werden.

- Werden die Aktionen *aller* Subjekte aufgezeichnet?

Werden Aktionen bestimmter Subjekte nicht aufgezeichnet, besteht die Gefahr, dass Unbefugte sich unter dieser Identität (etwa durch Beschaffung des Passwortes) tarnen und somit keine Spuren ihrer Aktivitäten hinterlassen. Ein attraktives, weil hoch privilegiertes Ziel ist dabei natürlich die Rolle eines System-Administrators.

- Wo werden die Aufzeichnungen gespeichert bzw. aufbewahrt?

Da Protokolle viel Speicherplatz benötigen, stellt sich generell die Frage, was passiert, wenn der zur Verfügung stehende Speicherplatz erschöpft ist? Die sicherste, aber meist nicht praktikable Lösung besteht darin, keine weiteren Aktionen zuzulassen, das System zu stoppen und diesen Zustand nur durch den System-Administrator nach Sicherung der Protokoll-Daten z. B. auf einem externen Medium aufheben zu lassen. Die weniger brutale Lösung ist, einige Zeit vor dem Speicherüberlauf Warnmeldungen zu geben, die wiederum den System-Administrator auf den Plan rufen müssen.

Die Lösung „das System läuft einfach ohne Protokollierung weiter" (und dies dann meistens sogar schneller) ist aus Sicht der Sicherheit bedenklich: Es werden keine Beweise mehr gesichert; dies könnte sogar manipulativ ausgenutzt werden, indem man vor bestimmten Aktionen erst einmal das Accounting zum Überlauf bringt.

- Wer hat Zugriff auf die gespeicherten Aufzeichnungen?
- Sind für die Aufzeichnungen Vertraulichkeit, Verfügbarkeit, Integrität und Missbrauchsschutz gewährleistet?
- Wann werden Aufzeichnungen gelöscht bzw. überschrieben?

Auswertung, Audit
Kommen wir zur zweiten Funktion bzw. Maßnahme: der (Protokoll-)Auswertung. Das Auswerten von Nachweisen wird im Englischen *Audit* genannt. Hier geht es darum, bei bestimmten Gelegenheiten aus den vorhandenen Aufzeichnungen Schlüsse zu ziehen. Ein solcher Anlass kann ganz banal die Abrechnung der Nutzung bestimmter Betriebsmittel (z. B. im Rahmen von Kunden-Projekten) sein – aber eben auch ein vermuteter Sicherheitsvorfall oder -verstoß, den man nachvollziehen möchte. Die Protokoll-Auswertung „erfährt" Sicherheitsverstöße naturgemäß erst dann, wenn sie bereits passiert sind.

Intrusion Detection
In der Kombination mit einem Sicherheitsalarm kann man immerhin dafür sorgen, dass ein Vorfall oder ein ungewöhnliche Kette von Ereignissen nicht über längere Zeit unentdeckt bleibt. Damit sind wir im Grunde schon bei einem technischen System, das genau diese Funktion ausführt – dem IDS (*Intrusion Detection System*).

Ein generelles Problem aller von IT-Systemen erzeugten Aufzeichnungen ist ihr Umfang und in der Folge die Unübersichtlichkeit der Daten. Die Erfahrung, dass vielfach umfangreich protokolliert, aber nie ausgewertet wird, mag hierauf zurückzuführen sein. Hier geht es nicht ohne entsprechende Werkzeuge, mit denen die Aufzeichnungen nach bestimmten Merkmalen und Zusammenhängen untersucht werden können.

Management

Die Schlüsselfragen zur Auswertung sind:

- Bei welchen Anlässen wird eine Auswertung vorgenommen?
- Wer wertet Aufzeichnungen aus?
- Nach welchen Kriterien wird die Auswertung vorgenommen?
- Welches Verfahren der Auswertung wird angewendet (z. B. mittels eines Werkzeugs oder – wo sinnvoll – manuell)?
- Welche Maßnahmen schließen sich an die Entdeckung eines fraglichen Vorfalls an?
- Werden Vorbeugemaßnahmen abgeleitet, um zukünftig vergleichbare Vorfälle auszuschließen?

Eine wichtige Frage ist, ob die Aufzeichnung und die Auswertung bestimmter Daten über das Handeln von Personen z. B. vor dem Hintergrund des Datenschutzes überhaupt zulässig ist. Können Aufzeichnungen vielleicht sogar zur verdeckten Leistungskontrolle von Mitarbeitern dienen? Hier empfiehlt sich, solche Fragen mit dem Datenschutzbeauftragten und der Personalvertretung vorab – schon bei der Erstellung des Sicherheitskonzeptes – zu klären.

Das (längerfristige) Speichern von Verbindungsdaten in öffentlichen Netzwerken ist unter Datenschutzgesichtspunkten ebenfalls ein heißes (politisches) Diskussionsthema.

Non Repudiation

Bei der Sicherheit von Geschäftsprozessen haben wir die Verbindlichkeit der Kommunikation zwischen Partnern als wichtiges Ziel diskutiert. Dabei geht es auch darum, dass der Empfänger den Empfang von Daten nicht nachträglich leugnen kann (*Non Repudiation*). Dazu können natürlich Verfahren der Protokollierung und Auswertung ebenfalls hilfreich sein.

Literatur

1. Gesetz über Rahmenbedingungen für elektronische Signaturen und zur Änderung weiterer Vorschriften, www.bundesnetzagentur.de, unter: Qualifizierte elektronische Signatur, Gesetze und Bestimmungen
2. Common Criteria for Information Technology Security Evaluation, www.commoncriteriaportal. org
3. Information Technology Security Evaluation Criteria, www.bsi.de, unter: Zertifizierung und Anerkennung, Sicherheitskriterien
4. VERORDNUNG (EU) Nr. 910/2014 DES EUROPÄISCHEN PARLAMENTS UND DES RATES vom 23. Juli 2014 über elektronische Identifizierung und Vertrauensdienste für elektronische Transaktionen im Binnenmarkt und zur Aufhebung der Richtlinie 1999/93/EG, http://eur-lex.europa.eu/legal-content/DE/TXT/PDF/?uri=CELEX:32014R0910&from=EN

Sicherheit im Internet 14

Zusammenfassung

Nach diversen ersten Ideen und Netzwerk-Konzepten entstand im Jahr 1969 das erste Internet als Verbindung und Kommunikation von mehreren Computern unter dem Namen ARPANET: Per Telefonleitung wurden vier Großrechner an verschiedenen Universitäten und Instituten der USA miteinander verbunden und als erstes Datenpaket wurde das Wort *Login* übermittelt. Es folgte 1972 die Erfindung der Email-Kommunikation mit einer heute noch gültigen Adressstruktur und 1973 die Verwendung des universellen Transportprotokoll-Standards TCP/IP. In dieser Zeit kannten sich die wenigen Entwickler, die gleichzeitig auch die Rolle der Benutzer einnahmen, persönlich untereinander und verzichteten auf Sicherheitsmechanismen wie Authentifizierung und Verschlüsselung. Man war ja sozusagen unter sich. Das hat sich bis heute nicht geändert, nur dass sich der Teilnehmerkreis mit über einer Milliarde Internetbenutzer drastisch erweitert hat. Der endgültige Durchbruch zum Business- und Massenmedium begann, nach freigegebener Kommerzialisierung 1990, etwa ab 1995 mit langsam einsetzenden Internetmarketing / e-Commerce und dem forcierten Vertrieb von privaten Internetzugängen. In dieser Zeit entstanden heutige Global Player wie eBay oder Amazon. Nach ca. 160.000 Hosts (Host = Internetserver) im Jahre 1989, waren nur 5 Jahre später bereits rund 4 Mio. Hosts registriert.

Per se ist das Internet völlig unsicher. Ohne zusätzliche Vorkehrungen werden alle Daten unverschlüsselt übertragen und die Datenquellen und -senken sind nicht authentifiziert.

Betrachtet man die – auch mobil – im Internet angebotenen Dienste wie World Wide Web (WWW), Email, Internet-Telefonie (VoIP) etc. ergeben sich weitere ernste Sicherheitsprobleme.

© Springer Fachmedien Wiesbaden 2015
H. Kersten, G. Klett, *Der IT Security Manager*, Edition <kes>,
DOI 10.1007/978-3-658-09974-9_14

Die wichtigsten Schwächen – vorweg gesagt – sind leichtsinniges Benutzerverhalten, mangelhafte Konzeption und Fehler, die durch eine falsche Konfiguration oder fehlerhafte Programmierung entstehen.

Will man nicht das erfolgreiche Konzept eines flexiblen Netzes zum freien Informationsaustausch zerstören, so ist es dringend nötig, die vorhandenen Möglichkeiten zur Verbesserung der Sicherheit zu nutzen und weiterzuentwickeln sowie vor allem auch die Benutzer über die Gefahren aufzuklären.

14.1   Gefährdungen

Durch die Tatsache, dass jeder Benutzer den Umgang mit dem Medium Internet zum großen Teil selbst gestaltet und zu verantworten hat, ist die Aufklärung der Benutzer – über die erheblichen, aber dennoch zum größten Teil vermeidbaren Gefährdungen – für die Verwendung des Internets bei der betrieblichen Tätigkeit von großer Bedeutung.

Dabei müssen für die Verwendung des Internets am Arbeitsplatz die Sicherheitsanforderungen für den Benutzer in Form von Regeln und eingesetzter Technik klar vorgegeben werden.

Wir werden nun die wesentlichen Gefährdungen bei den gebräuchlichsten Verwendungen des Internets am Arbeitsplatz näher diskutieren.

14.1.1   World Wide Web

Der beliebteste Dienst im Internet ist das World Wide Web (WWW). Sehr einfach zu bedienende Clientsoftware, der so genannte Browser, ermöglicht den Zugriff auf Informationen mit Hilfe des Hypertext Transfer Protocol (HTTP).

Hypertext
Unter *Hypertext* versteht man die Möglichkeit, unterschiedliche Daten, also z. B. auch Graphiken, Filme und Tondateien für einen leichten Zugriff miteinander zu verknüpfen.

Das WWW ermöglicht mittlerweile den Zugriff auf ein gigantisches Informationsangebot, das bei der betrieblichen Tätigkeit den Besuch von Bibliotheken zum Nachschlagen von Informationen fast völlig obsolet hat werden lassen.

Allerdings werden im WWW auch alle Arten von Pornographie sowie Web-Seiten mit rassistischen und fanatisch religiösen Inhalten angeboten, deren Aufruf bei einem betrieblich genutzten Internetzugang nicht zu tolerieren ist (Jugendschutzgesetz, Allgemeines Gleichstellungsgesetz etc.).

Weiter kann der Besuch solcher Web-Seiten zu einer unerwünschten Funktionserweiterung des Browsers durch Schadsoftware führen; es kann bereits ausreichen, eine Web-Seite nur in einem dafür anfälligen Browser oder Plugin aufzurufen, um sich zum Beispiel einen Trojaner einzufangen.

Betriebliche Regeln

Hier hat die Geschäftsführung zusammen mit dem Security Manager klare Regeln zu erlassen, wie die betriebliche Verwendung des WWW zu erfolgen hat. Diese Regeln müssen kommuniziert sowie deren Einhaltung in Abstimmung mit dem Betriebsrat technisch unterstützt und zyklisch überprüft werden, um die Situation der „betrieblichen Gewohnheit" nicht entstehen zu lassen..

14.1.2 Email

Elektronische Post mit ihren vielen Vorteilen ist sicherlich einer der populärsten Dienste innerhalb von Computer-Netzen.

SPAM

Leider werden Emails auch zur Versendung unerwünschter Massensendungen verwendet, die unter dem Namen *SPAM* (der Name rührt von einem Sketch der englischen Komikertruppe Monty Python her) bekannt sind. Über ihre Anhänge – meist aus Office-Software stammend – kann Schadsoftware wie Computerviren, Würmer und Trojaner in die Endgeräte eingeschleust werden.

SPAM-Mails dienen mehreren Zwecken: Massenwerbung für dubiose Angeboten, Offerten für Dienstleistungen oder zum „Phishing" – das „Abfischen" von interessanten Daten zu Kreditkarten –, Online-Banking, Internet-Zahlungsverkehr (z. B. PayPal). Hier werden SPAM-Mails mit Methoden des „Social Engeineerings" kombiniert; z. B. in Form gefälschter Mahnungen, Kontomitteilungen, Bestellbestätigungen, Rechnungen, Aufforderungen der Kriminalpolizei etc.

Eine wesentliche Gefährdung geht auch von der Tatsache aus, dass in der Regel keine Authentisierung zwischen den Partnern einer Mail-Übertragung stattfindet, so dass prinzipiell jeder Benutzer Nachrichten mit einer falschen Absenderangabe verschicken kann, die im Klartext übertragen wird.

Der Verlust der Authentizität und Vertraulichkeit lässt sich durch den Einsatz von geeigneten Verschlüsselungs- und darauf aufbauenden Signaturverfahren verhindern, wobei allerdings immer noch die Gefahr einer Verkehrsflussanalyse gegeben ist.

Ein unverschlüsselt im Internet stattfindender Mail-Verkehr ist mit dem Versand nicht unterschriebener Postkarten zu vergleichen.

14.1.3 Offener Datenaustausch im Internet

Eine weitere Gefährdung bei der Benutzung des Internet stellen der Verlust der Vertraulichkeit durch ein Mitlesen der versandten Daten und der Verlust der Integrität durch die Manipulation der Daten dar.

Viele der im Internet benutzten Dienste übertragen die Benutzernamen und Passwörter offen, so dass jeder, der privilegierten Zugang zu einem der an der Übertragung beteiligten Gateways, Router oder Server hat, diese Daten lesen oder verändern kann.

Replay

Das Mitlesen der versandten Daten ermöglicht auch so genannte *Replay Attacks*, bei denen einmal zur Authentisierung benutzte Daten, wie z. B. verschlüsselte Passwörter, von einem Angreifer bei einem späteren Zugangsversuch wieder eingespielt werden.

TCP/IP

Da sehr häufig beim TCP/IP Protokoll die Authentisierung der Rechner nur über die IP-Adresse erfolgt, wird durch Fälschen der IP-Adresse, dem sogenannten IP-Spoofing, ein unberechtigter Zugang möglich. Die Authentifizierung über die IP-Adresse findet man häufig bei mobilen Endgeräten und sollte dringend durch eine sichere Methode, z. B. mit Zertifikaten und Smartcards, ersetzt werden.

IPv6

Heute findet überwiegend die Version 4 des TCP/IP Protokolls (IPv4) Verwendung. Die erweiterte Version des IP Protokolls (IPv6) hat neben der Erweiterung des Adressraums auch eine Verbesserung des Schutzes der übertragenen Daten in Form von zusätzlichen Headern (Kopfdaten) zu bieten. Eine Überprüfung von Integrität und Authentizität ist mit Hilfe des Authentication Header möglich; die Verschlüsselung privater Daten erfolgt mit Hilfe des Privacy Header.

Für einen umfassenden Einsatz im Internet ist allerdings ein weltweit einheitliches Schlüsselmanagement erforderlich. Aber schon lokale Lösungen z. B. auf der Basis des Standards X.500 sind ein wesentlicher erster Schritt, um den Benutzern Vertrauen in eine elektronische Kommunikation mit unbekannten Partnern zu geben.

Es gibt darüber hinaus noch zahlreiche weitere Angriffsmöglichkeiten auf die Endgeräte, Router, DNS Server etc. im Internet, die durch Schwachstellen in der Software und in den Protokollen bedingt sind, auf die wir aber wegen des sehr speziellen Charakters nicht näher eingehen wollen.

14.2   Schutzmaßnahmen: Regelwerke für Internet und Email

Wesentliche Schwachstellen bei der Verwendung von Internetzugängen und Email lassen sich durch organisatorische Regelungen, die von der Geschäftsleitung kommuniziert werden, vermeiden.

Regelwerke

Insbesondere sind zu regeln:

- der Gebrauch des Internet-Zugriffs für betriebliche Zwecke
- das private Surfen über den betrieblichen Internet-Zugang
- das Herunterladen von Dateien, Software und Informationen (Text, Bilder, Videos und Tonmaterial), die Wahrung der Urheberrechte

- die Verwendung des betrieblichen Email-Systems, Versendung von Emails privater Natur
- der Umgang mit gespeicherten Emails und die Verwendung von Archivierungsmöglichkeiten
- der Umgang mit falsch adressierten bzw. irrtümlich empfangenen Emails
- der Umgang mit Internet-Suchmaschinen
- der Umgang mit sozialen Netzwerken (facebook, linkedIn, Xing etc.)
- die Online-Kommunikation (Chats, Skype, …)

14.3   Technische Schutzmaßnahmen: Internet-Firewalls

Eine (Internet) Firewall ist eine Anordnung von Hard- und Software, die als alleiniger Übergang zwischen zwei zu trennenden TCP/IP Netzen dient, von denen das eine einen höheren Schutzbedarf hat.

Firewall Policy
Für eine Firewall Policy sind folgende Punkte zu beachten:

- Ein Firewall hat nur diesen Zweck: Auf dem entsprechenden System dürfen keine weiteren Dienste implementiert sein.
- Ein Zugang zur Firewall darf nur über eine gesicherte Verbindung aus dem Intranet der Organisation möglich sein.
- Die Konfiguration baut auf einer für das zu schützende Netz definierten Security Policy auf und gestattet nur die dort festgelegten Verbindungen.
- Diese Verbindungen müssen nach IP-Adresse, Dienst und Benutzer getrennt festgelegt werden können.
- Alle korrekt aufgebauten Verbindungen müssen protokolliert werden, alle abgewiesenen sollten protokolliert werden.
- In der Firewall Policy muss festgelegt werden, welche Dienste für welche Benutzer und / oder Rechner zugelassen werden sollen und für welche Dienste Vertraulichkeit und / oder Integrität gewährleistet werden müssen. Alle anderen Dienste werden verboten!
- Es muss festgelegt werden, ob und welche der übertragenen Nutzinformationen gefiltert werden sollen (z. B. Kontrolle auf Computer-Viren).
- Es muss festgelegt werden, welche Informationen protokolliert werden und wer die Protokolle auswertet.

Die Firewall Policy sollte so beschaffen sein, dass sie auch zukünftigen Anforderungen gerecht wird, d.h. es sollte eine ausreichende Anzahl von Verbindungsmöglichkeiten vorgesehen werden. Jede spätere Änderung muss streng kontrolliert werden und insbesondere auf Seiteneffekte überprüft werden. Die Firewall Policy ist regelmäßig zu überprüfen (z. B. durch interne Audits).

Ausnahmeregelungen insbesondere für neue Dienste und kurzzeitige Änderungen (z. B. für Tests) sind stets schriftlich zu beantragen und einem Genehmigungsverfahren zu unterziehen.

Risikoabschätzung
Für eine Risikoabschätzung müssen folgende Fragen geklärt werden:

- Welcher Schaden kann im zu schützenden Netz verursacht werden, wenn die Firewall durchbrochen oder zerstört wird? Ist dieser Schaden tragbar (absolute Sicherheit gibt es nicht!)?
- Welche Restrisiken existieren bei einem ordnungsgemäßen Betrieb der Firewall? Dies sind z. B. Schwachstellen in den benutzten Geräten und Betriebssystemen.
- Wie schnell wird ein Angriff auf die Firewall bemerkt?
- Welche Protokoll-Informationen sind auch nach einem erfolgreichen Angriff noch verfügbar?
- Sind die Benutzer bereit, die Einschränkungen durch die Firewall zu akzeptieren?

14.3.1   Firewall-Typ: Packet Filter

Packet Filter sind Router oder Rechner mit spezieller Software, welche die in den Schichten 3 und 4 der TCP/IP Protokollfamilie (IP, ICMP, ARP, TCP und UDP) vorhandenen Informationen zum Filtern der Pakete benutzen. Hierzu werden Access- bzw. Deny-Listen benutzt.

Anforderungen
Folgende Forderungen sind gemäß IT-Grundschutz des BSI an Packet Filter zu stellen:

- Die Filterung muss getrennt für jedes Interface möglich sein.
- Die Filterung muss getrennt nach Quell- und Zieladresse für einzelne Rechner oder für komplette Teilnetze möglich sein.
- Die Filterung muss getrennt nach Quell- und Zielport möglich sein.
- Die Reihenfolge der Filterregeln darf nicht automatisch vom Packet Filter verändert werden.
- Wenn mehr als zwei Interfaces vorhanden sind, muss eine Filterung getrennt für ankommende und ausgehende Pakete möglich sein.
- Die Eingabe und Kontrolle der Filterregeln muss einfach und übersichtlich sein, z. B. durch symbolische Angabe von Dienst- und Protokollnamen.

- Bei TCP-Paketen muss eine Unterscheidung möglich sein, ob ein Verbindungsaufbau stattfindet oder eine bestehende Verbindung benutzt wird.
- Es muss eine Protokollierung von Hardware-Adresse, IP-Adresse, Dienst, Zeit und Datum für jedes Paket stattfinden, wobei auch Einschränkungen auf bestimmte Pakete (z. B. nur Pakete mit einer speziellen Quell-Adresse) möglich sind.
- Sämtliche Protokollinformationen müssen an einen externen Host zur Logfile-Archivierung und -analyse geschickt werden können.

14.3.2   Firewall-Typ: Application Gateway

Ein *Application Gateway* ist ein Rechner, der die in der Anwendungsschicht vorhandenen Informationen zum Filtern von Paketen oder Verbindungen nutzt.

Dies können z. B. Benutzernamen in Verbindung mit einer starken Authentisierung, spezielle Informationen in den übertragenen Daten (z. B. Kontrolle auf Computer-Viren) oder spezifizierten Informationen der Anwendungsschicht sein.

Proxy Server

Ein Application Gateway bietet darüber hinaus die Möglichkeit, einen einheitlichen Zugang zum zu schützenden Teilnetz zu schaffen und die Struktur dieses Netzes zu verdecken. Die auf dem Application Gateway laufenden Filter-Prozesse werden als *Proxy Server* bezeichnet.

Anforderungen

Folgende Forderungen sind gemäß IT-Grundschutz des BSI an Application Gateways zu stellen:

- Es müssen alle wesentlichen Protokolle der Anwendungsschicht behandelt werden.
- Für jedes unterstützte Protokoll muss eine Filterung nach spezifizierten Informationen möglich sein. Insbesondere müssen die Filterregeln benutzerabhängig formulierbar sein, und es muss möglich sein, mehrere Benutzer zu einer Gruppe zusammenzufassen.
- Es muss eine Filterung nach der in der Security Policy festgelegten Nutzinformation möglich sein (z. B. Kontrolle auf Computer-Viren).
- Bei dem Einsatz eines Application Gateways sollte keine Änderung der Software im zu schützenden Netz oder im unsicheren Netz nötig sein.
- Die Eingabe und Kontrolle der Filterregeln muss einfach und übersichtlich sein.
- Die eingesetzten Programme müssen gut dokumentiert sein.
- Es muss leicht möglich sein, neue Protokolle hinzuzufügen.
- Für jede aufgebaute und abgewiesene Verbindung muss eine Protokollierung von Benutzer-Identifikation, IP-Adresse, Dienst, Zeit und Datum durchgeführt werden, wobei auch Einschränkungen auf bestimmte Verbindungen (z. B. für einen speziellen Benutzer) möglich sind.

- Die Protokollinformationen müssen an einen externen Host zur Logfile-Archivierung und -analyse geschickt werden können.
- Zur Benutzer-Identifikation müssen starke Authentisierungsmethoden unterstützt werden.

14.3.3   Firewall-Typ: Web Application Firewall

Injection

Die für das Internet konzipierten Anwendungen sind vielen Angriffen ausgesetzt. Meistens handelt es sich um sogenannte *Injektionsangiffe*. Hierbei werden mit den regulären Anwendungsdaten maligne Daten für einen Angriff „injiziert". Oft genügt dem Angreifer schon das Einschleusen von SQL-Kommandos über frei zugängliche Formularfelder oder die simple Manipulation von Parametern in der URL, um unberechtigt an interne Daten zu gelangen.

Scripting, Hijacking

Mit komplexeren Angriffsmethoden wie beispielsweise *Cross-Site Scripting* und *Session-Hijacking* nutzen Kriminelle gezielt Problemzonen in der Web-Applikation selbst aus. Klassische, auf die Absicherung der Transportschichten konzentrierte Schutzvorkehrungen wie Firewalls und Intrusion Detection versagen hier.

Die Schwachstellen in Web-Anwendungen sind darauf zurückzuführen, dass das HTTP-Protokoll nicht für die heute üblichen Applikationen konzipiert wurde.

Aufgrund des zustandslosen Übertragungsprotokolls sind Sessions beziehungsweise Zustände der Anwendungen eigens zu definieren und sicher zu implementieren.

Zusätzliche Angriffsflächen entstehen durch die Komplexität der im Web verwendeten Script-Sprachen und den damit verbundenen häufig auftretenden Programmierfehlern.

Web Application Firewall

Eine *Web Application Firewall* (WAF) schützt auf der Anwendungsebene – ohne Eingriff in die Web-Applikation selbst – vor Angriffen über das HTTP-Protokoll.

Hauptaufgabe der WAF ist es, durch Penetrationstests oder Source-Code Audits aufgespürte Sicherheitslücken in produktiven Web-Anwendungen möglichst schnell zu schließen.

Diese Firewall hat damit eine grundsätzlich andere Arbeitsweise als eine traditionelle Netzwerk-Firewall, die primär nur analysiert, woher Datenpakete kommen und auf welche Art sie wohin geschickt werden. Eine Web Application Firewall, die auf sämtliche vom Browser an die Web-Applikation geschickte Daten zugreifen kann, interpretiert hingegen den Datenfluss und unterbindet Anfragen mit verdächtigem Inhalt.

Negativ-, Positivliste
Suspekte Aktionen erkennt die Web Application Firewall ähnlich wie ein Virenscanner mittels Regeln, Signaturen oder auch integrierten heuristischen Verfahren. Mittlerweile arbeiten auch Web Application Firewalls meist nicht mehr nur mit einer Negativliste (Blacklist), die anhand bekannter Angriffsmuster bösartige Anfragen unterbindet. WAFs nutzen auch Positivlisten, mit deren Hilfe alles abgelehnt wird, was das Regelwerk nicht explizit erlaubt. So können auch unbekannte Attacken abgewehrt werden.

Allerdings zeigen sich im praktischen Betrieb auch wesentliche Nachteile des beschriebenen Web Application Filterings. Neben der komplexen Konfiguration und ständigen Anpassung ist dies im Wesentlichen die Verringerung der Performance bis hin zu einem inakzeptablen Maß, gerade in dem sehr stark zunehmenden Umgang mit sozialen Medien (Facebook und Co.). Es gilt hier die einfache Beziehung: Je eingehender die Filterung der Inhalte eines http-Datenstromes desto höher der dafür benötigte Zeitaufwand. Eine Entschärfung des Problems bieten die sogenannten reputationsbasierten Firewalls.

14.3.4 Firewall-Typ: Reputationsbasierte Firewall

Die Grundidee hinter *reputationsbasierten Firewalls* ist die Filterung nicht nach dem Inhalt des Datenstromes, sondern nach dem „Leumund" seiner Herkunft. Eine Analogie aus der Finanzwirtschaft ist die Überprüfung der Bonität eines Kreditnehmers, bevor irgendwelche Finanztranskationen getätigt werden.

Reputationsbasierte Firewalls schätzen die *Seriosität* einer Webadresse mit Hilfe statistischer Messungen. Ausgangspunkt ist die Erkenntnis, dass Angriffe über http-Datenströme typischerweise von wenig vertrauenswürdigen Webservern mit ungewöhnlichen Verkehrsströmen und ungewöhnlichem Netzwerkverhalten ausgehen. Es wird zum Beispiel ermittelt, in welchem Land der fragliche Webserver registriert ist, ob er eine dynamische oder statische IP-Adresse hat, in der Vergangenheit bereits negativ aufgefallen ist.

Durch einen Abgleich mit entsprechenden „Bonitäts"-Datenbanken kann die reputationsbasierte Firewall bereits ein aussagekräftiges Bild über die Vertrauenswürdigkeit der Webadresse liefern, bevor sie aufgerufen wird. Da eine Vielzahl von unterschiedlichen Parametern für die Einschätzung der Reputation herangezogen werden, ergibt sich eine gewisse Unempfindlichkeit gegenüber einzelnen unpräzisen Daten.

Zum Vergleich: Der Zugriff auf eine Webadresse (URL) wird sofort blockiert, wenn sie irrtümlicherweise in die Blacklist einer Web Application Firewall aufgenommen wurde.

Anonymisierungsproxy
Reputationsbasierte Firewalls bieten auch dann noch Schutz, wenn Surfer in einer Organisation so genannte *Anonymisierungsproxies* zur Verschleierung ihrer Webzugriffe einsetzen. Die Firewalls sind in der Lage, vor der Übertragung der Dateninhalte über den Anonymisierungsproxy die wahren Webadressen zu untersuchen und gegebenenfalls die Datenübertragung zu sperren.

Reputationsbasierte Filtermechanismen werden mittlerweile in vereinfachter Form auch in Browsern und Suchmaschinen eingesetzt.

14.3.5 Weitere Schutzmaßnahmen

Weitere technische Schutzmaßnahmen sind Intrusion Detection und Intrusion Prevention Systeme (IDS, IPS), die in der Regel aber sehr schwer zu konfigurieren sind und für ihren Betrieb einen nicht unerhebliche Menge geschulten Personals benötigen.

14.4 Zusammenfassung

Internet-Sicherheit ist ein nicht unerheblicher, komplexer Teil der Informationssicherheit einer Organisation, den wir nur in einigen wichtigen Aspekten betrachten konnten. Abschließend wollen wir noch folgendes festhalten:

- Prinzipiell ist eine funktionierende Sicherheit beim Umgang mit dem Internet keine Frage, die ein einzelner Mitarbeiter für seinen Arbeitsplatz beantworten kann, sondern Internet-Sicherheit kann nur funktionieren, wenn sie ganzheitlich geplant wird.
- *Ganzheitlich* bedeutet insbesondere, dass alle betroffenen Abteilungen in diesen Prozess eingebunden werden müssen, einschließlich Vertreter der Geschäftsleitung, die schlussendlich auch die einzelnen Schritte absegnen muss.

Letzteres ist auch im Sinne der Mitarbeiter: Man denke hier beispielsweise an die Suche nach einem Verantwortlichen (oder Opfer) bei einem Sicherheitsvorfall, der zu Konsequenzen für den Mitarbeiter führen kann, wenn die Verantwortlichkeiten und Regeln bei dem betrieblichen Umgang mit dem Internet nicht von vorneherein klar definiert sind.

Infrastruktursicherheit 15

Zusammenfassung

In diesem Kapitel wollen wir uns mit den Sicherheitsaspekten beschäftigen, die mit den Besonderheiten der Umgebung, in der schützenswerte Daten verarbeitet werden, zu tun haben. Schutzmaßnahmen entstammen hier überwiegend aus der Bauphysik, dem Einschließen und Überwachen; daher der Name physische Sicherheit.

Physische Sicherheit dürfte die älteste angewendete Sicherheitsform sein. Von jeher wurden Wertgegenstände in sicheren Behältnissen verwahrt und bewacht. In den Anfangszeiten der Datenverarbeitung wurde diese Sicherheitsform einfach adaptiert. Dazu wurden die Geräte und Medien zur Informationsverarbeitung und -speicherung in sicheren Schränken oder Räumen in Rechenzentren verwahrt und diese bewacht. Im Zeitalter der globalen Kommunikation, der rasch größer werdenden mobilen Infrastruktur mit unterschiedlichen drahtlosen Netzen, mobilen Endgeräten, Diensten aus Clouds und den nach dem Client-Server-Schema verteilten Applikationen reicht physische, umgebungsbezogene Sicherheit allein natürlich nicht aus; sie ist aber in vielen Fällen eine kostengünstige, praktikable Alternative oder Ergänzung.

15.1 Geltungsbereiche und Schutzziele

Festlegung der Sicherheitszonen

Zu schützende Bereiche können etwa Rechnerräume, Räume mit Peripheriegeräten (Drucker etc.), Archive, Kommunikationseinrichtungen und die Haustechnik sein. Solche Sicherheitszonen können unterschiedlich hohen Sicherheitsbedarf aufweisen.

© Springer Fachmedien Wiesbaden 2015
H. Kersten, G. Klett, *Der IT Security Manager,* Edition <kes>,
DOI 10.1007/978-3-658-09974-9_15

Die Überwachung des Zutritts zu Gebäuden, Rechenzentren und sicherheitssensiblen Geräten, allgemein zu Sicherheitszonen, zählt zu den wichtigsten physischen Schutzmaßnahmen. Das *Zutrittskontrollsystem* beinhaltet verschiedene bauliche, organisatorische und personelle Maßnahmen.

Management
Beim Management der Zutrittskontrolle sind die generellen Richtlinien für den Umgebungs-, Gebäude- und Geräteschutz festzulegen. Dabei sind folgende Fragen zu klären:

- Wer darf Zutritt zu einem Sicherheitsbereich haben?
- Wann darf die Person Zutritt zu dem Sicherheitsbereich haben?
- Zu welchen (Teil-)Bereichen darf eine Person Zutritt haben?
- Wer hat den Zutritt gestattet?
- Wie wird der Zutritt kontrolliert?
- Wie wird der Zutritt protokolliert?

Perimeterschutz
Neben dem Gebäudeschutz ist der Perimeterschutz, auch Freilandschutz, von Wichtigkeit. Er dient dem Schutz eines Objektes durch Maßnahmen in dessen Umfeld bzw. in dem umgebenden freien Raum, in der Regel bis einschließlich zur Grundstücksgrenze.

15.2   Gebäude, Fenster, Türen

Bereits beim Bau eines Rechenzentrums (häufig in den letzten Jahren auch Data-Center genannt) ist auf die entsprechenden Sicherheitsmaßnahmen zur Abwehr von gezielten Angriffen und Katastrophen durch geeignete bauliche Maßnahmen, Infrastruktur und Leitungsführung Rücksicht zu nehmen. Das Gebäude ist je nach Szenario vor Bombenanschlägen, Flugzeugabstürzen, Erdbeben, Sturmschäden und ähnlichen Gefahren zu schützen. Möglichkeiten, die Sicherheit von Rechenzentren zu erhöhen, bestehen unter anderem in folgenden Maßnahmen:

- Bauen „in die Tiefe": Zahlreiche Rechenzentren befinden sich heute bereits mehrere Stockwerke unter der Erde (Benutzung von Bunkeranlagen).
- Räumliche Trennung und getrennte Absicherung der einzelnen Funktionsbereiche.
- Absicherung von Klima- und Versorgungsschächten gegen mögliche Terroranschläge; Perimeterschutz.
- Verzicht auf Fenster oder Einsatz von Spezialverglasung gegen Durchwurf und Durchbruch, Einsatz innenseitiger Schutzfolie gegen Glassplitter.

Türen, Fenster, Lichtschächte, Dachfenster – in dieser Reihenfolge würde ein geständnisfreudiger Einbrecher wohl seine Vorlieben nennen. Nur wenige Sekunden, ein minimaler

Kraftaufwand, vielleicht nur ein Schraubendreher als Werkzeug, und die meisten dieser scheinbaren Hindernisse sind geöffnet.

Schwachstelle Nummer eins in Fragen der Sicherheit sind Fenster und Türen – aber auch die Unbedarftheit der Mitarbeiter: Gekippte oder ungesicherte Fenster sind quasi eine Einladung zum Einstieg, normalerweise sind Rollläden kein großes Hindernis, viele Türen werden ohnehin nicht geschlossen. Hundertprozentig lässt sich keine Tür und kein Fenster sichern, aber zumindest lassen sich Einstiege so erschweren, dass die meisten der ungebetenen Besucher aufgeben.

Für einbruchhemmende Fenster ist als Standard die DIN V EN 1627 relevant: Ein einbruchhemmendes Fenster ist ein Fenster, das in geschlossenem, verriegeltem und abgeschlossenen Zustand Einbruchsversuche mit körperlicher Gewalt für eine bestimmte Zeit (Widerstandszeit) erschwert.

Aber diese Widerstandszeit muss je nach Wertobjekt unterschiedlich groß sein: Ein Arbeitszimmer verlangt einen anderen Sicherheitsfaktor als ein Serverraum. Die Norm unterscheidet deshalb insgesamt zwischen sechs Stufen von Widerstandsklassen (WK 1 bis WK 6): Die Widerstandsklasse WK 1 wird nur dort empfohlen, wo kein direkter Zugang zum Schutzobjekt möglich ist. Für Wohnobjekte sind die Widerstandsklassen WK 2 und WK 3 ausreichend, für normale Büroräume die Widerstandsklasse WK 3. Die Widerstandsklassen ab WK 4 sind für hohe und höchste Gefährdungen vorgesehen. Entscheidend für die Sicherheit ist neben einer soliden Konstruktion und hochwertigen Materialien auch die richtige Montage. Das sicherste Fenster nützt nichts, wenn es falsch montiert wurde.

Für einbruchhemmende Türen kann man ebenfalls auf die DIN V EN 1627 als Sicherheitsstandard zurückgreifen. Es gelten analoge Widerstandsklassen. Der Sicherheitswert einer Tür hängt im Wesentlichen vom verwendeten Material für Türblatt und Rahmen (Zarge) sowie von der Rahmenbefestigung, den Bändern (Scharnieren) und den Beschlägen ab. Die Zargen sollten entsprechend solide verarbeitet und fachgerecht in den Wänden verankert sein. Um Einbrecher erfolgreich abzuwehren sind zudem stabile Türbänder und Beschläge erforderlich, die ausreißsicher an Türblatt und Zarge befestigt sind. Der Schließzylinder darf an der Außenseite der Tür nicht überstehen und sollte gegen einfaches Aufbohren geschützt sein.

15.3   Verkabelung

Eine sichere Verkabelung zu Kommunikationszwecken hat sich an der DIN EN 50173 zu orientieren. Netzwerkkabel, aktive Komponenten und auch die Netzwerkkarte für das externe Netz sind sehr verletzliche Punkte in einem Netzwerk. Ein Angreifer, der sich unbemerkt an ein Netzwerk anschließen kann, hat es leicht, den Datenverkehr abzuhören und Angriffe auf die für ihn erreichbaren Netzwerke zu starten.

Patch-Panels, Hubs und Switches sollten deshalb in abgeschlossenen Schränken installiert sein, die durch die Alarmanlage des Gebäudes gesichert sind. Kabel sind in Wänden und Decken so zu verlegen, dass ein Anzapfen der Leitung möglichst erschwert wird. Weiter darf der freie Zugriff auf etwaige externe Datenanschlüsse nicht möglich sein.

15.4   Drahtlose Netzwerke

Besondere Beachtung ist dem Einsatz von drahtlosen Netzwerken innerhalb der IT-Infrastruktur einer Organisation zu schenken. Bei der *drahtgebundenen* Kommunikation wird der Übertragungskanal – in der Regel ein elektrisch leitendes Medium – vom Sender geändert; aus den Änderungen kann der Empfänger die übertragene Information ableiten. Bei der *drahtlosen* Kommunikation ist das Übertragungsmedium die Luft, man spricht bei der Schnittstelle zum Netzwerk auch von einer sogenannten „Luftschnittstelle". Das Übertragungsmedium wird dabei von verschiedenen Systemen gleichzeitig verwendet, so dass der Empfänger genau einen Sender selektieren muss. Dieses gelingt je nach den eingesetzten Systemen und dem betriebenen Aufwand mehr oder weniger gut.

Ohne Sie jetzt mit technischen Details langweilen zu wollen: In dieser Selektierung liegt eines der Probleme bei Luftschnittstellen, es kann zu Interferenzen (Überlagerungen) mehrerer Systeme mit Übertragungsstörungen kommen.

Abhörsicherheit

Das zweite Problem liegt in der Abhörsicherheit. Es ist nicht ganz einfach, ein drahtgebundenes Netz unbemerkt anzuzapfen, bei Glasfaserverbindungen ist es sogar recht schwierig. Eine Funkverbindung abzuhören und aktiv mitzuwirken – zu senden, unter falschem Namen etwa – ist dagegen ein Kinderspiel.

Es ist bei Funkverbindungen grundlegend davon auszugehen, dass ein Unberechtigter mithört und als Sender falsche Identitäten benutzt werden. Deshalb dürfen ohne Schutzmaßnahmen wie Verschlüsselung und/ oder Steganografie[1] und sicherer Authentifizierung der Kommunikationspartner keine vertraulichen Nachrichten ausgetauscht werden.

Aktuell kommen folgende Funknetze zum Einsatz:

- im Nahbereich bis zu 10 m bei Bluetooth, ZigBee
- im lokalen Bereich innerhalb von Gebäuden z. B. bei WLAN (IEEE 802.11, vgl. [1])
- innerhalb begrenzter Zellen für die mobile Kommunikation z. B. beim GSM, UMTS oder LTE
- im Ortsbereich z. B. bei Laser-Richtfunkstrecken oder Ortsfunknetzen
- im Fernbereich z. B. bei Richtfunkstrecken
- zur Satellitenübertragung

Wir wollen uns im Weiteren auf die Betrachtung des Wireless LAN beschränken.

---

[1] Verstecken einer Nachricht in sinnvollen anderen Daten (z. B. in Images).

15.5   802.11x WLAN (Wireless LAN)

Der Standard IEEE 802.11 [1] wurde für begrenzte Bereiche wie Haushalt, Bürogebäu-de, Firmenkomplex oder Universitätscampus ausgelegt. Zusätzlich wurden weitere Leistungsmerkmale wie fristenbasierte Dienste, Leistungsmanagement und Sicherheitsmechanismen vorgesehen.

Ein Wireless LAN ist ein lokales Netzwerk, bei dem statt fester Verkabelung mit Verteilern Funkverbindungen genutzt werden. Dazu werden die mobilen Endgeräte mit entsprechenden Adapterkarten ausgerüstet. Wenn zwei mobile Geräte miteinander kommunizieren möchten, reicht es bereits aus, wenn beide mit einer Adapterkarte ausgestattet sind. Soll ein Netz mit mehr als zwei Teilnehmern betrieben werden, benötigt man einen so genannten *Access Point*.

Der Buchstabe hinter der Nummer des Standards, den wir bisher mit dem Platzhalter x belegt haben, bezeichnet die unterschiedlichen Ausprägungen des Standards und kennzeichnet im Wesentlichen die Übertragungsgeschwindigkeit des WLANs.

Wi-Fi

Im Zusammenhang mit konkreten Produkten für 802.11x WLANs taucht häufig der Begriff *Wi-Fi* auf. Was hat es damit auf sich? 1999 wurde ursprünglich unter dem Namen WECA (Wireless Ethernet Compatibility Alliance) eine Vereinigung, bestehend aus einer Vielzahl von Unternehmen, gegründet, die es sich zur Aufgabe gemacht hat, Produkte auf der Basis des IEEE 802.11 Standards zu zertifizieren und somit die Interoperabilität zwischen den Komponenten zu bestätigen. Später benannte sich die WECA in Wi-Fi (Wireless Fidelity) um. Hintergrund war, dass in vielen Produkten der Standard nicht vollständig implementiert bzw. durch proprietäre Erweiterungen aufgeweicht wurde. Somit ergaben sich häufig Inkompatibilitäten zwischen Produkten verschiedener Hersteller. Wie sieht es nun innerhalb des WLAN-Standards mit der Informationssicherheit aus?

Wired Equivalent Privacy (WEP)

Im Standard IEEE 802.11 wird das Sicherheitsprotokoll Wired Equivalent Privacy (WEP) spezifiziert, dessen Implementierung und Benutzung als optional deklariert sind. Das WEP Protokoll soll hauptsächlich drei Ziele erreichen:

Geheimhaltung

Das grundlegende Ziel von WEP ist die Verhinderung eines einfachen Belauschens der über das drahtlose Netz übertragenen Daten.

Zugriffskontrolle

Ein weiteres Ziel ist der Schutz des Zugangs zum drahtlosen Netz. Der Standard IEEE 802.11 definiert zwei Formen der Authentifizierung: *Open System* und *Shared Key*.

Integrität der Daten

Um übertragene Nachrichten vor unbemerkter Veränderung zu bewahren, enthalten mittels WEP verschlüsselte Pakete eine Prüfsumme (Integrity Check Value, ICV).

Grundlage der WEP-Verschlüsselung ist der Algorithmus Rivest Cipher 4 (RC4) von RSA Data Security, Inc. Er wurde 1987 entwickelt und blieb bis 1994 geheim, bis der Quellcode anonym veröffentlicht wurde. Bei dem von RC4 erzeugten Schlüsselstrom handelt es sich um einen Strom aus pseudo-zufälligen Bytes. Der als Eingabe verwendete Schlüssel hat eine variable Länge und kann bei WEP 40 oder 104 Bit lang sein. Die Verschlüsselung der zu sendenden Daten wird durch eine Verknüpfung der Daten mit dem von RC4 erzeugten Schlüsselstroms erreicht. WEP unterstützt die Verwendung von bis zu vier voreingestellten Schlüsseln, die von Hand in die mobilen Endgeräte und den Access Point eingetragen werden müssen.

Ein Problem von WLANs, welches zunehmend an Bedeutung gewinnt, sind die vorgegebenen Standardeinstellungen. Da die Verbreitung von drahtlosen Netzen ansteigt und die Installation der Geräte immer häufiger durch wenig versierte Benutzer erfolgt, findet die Inbetriebnahme mehr und mehr mit den vorgegebenen Einstellungen statt. Diese werden auch später nur selten verändert, da die Funktionsfähigkeit gegeben und ein ausreichendes Bewusstsein für Sicherheitsaspekte nicht vorhanden ist. Aufgrund dieser Tatsache ist ein kleiner Anteil an drahtlosen Netzen komplett ungeschützt.

Beacon, SSID

Weiterhin wird von einem Access Point in regelmäßigen Abständen ein „Leuchtfeuer" (Beacon) verschickt, um seine Präsenz anzuzeigen. Der Standard IEEE 802.11 schreibt vor, dass dieses Beacon auch die SSID enthalten muss. Außerdem reagiert ein Access Point normalerweise auf eine Sondierungsanfrage (Probe Request) nach allen Netzen in der Umgebung (SSID „any"). Durch diese beiden Verhaltensweisen ist es leicht, ein drahtloses Netzwerk aufzuspüren. Entsprechende Anleitungen und Software-Scanner wie Kismet, Netstumbler, Airsnort etc. sind im Internet leicht zu finden.

Aber auch mit aktiviertem WEP ist es leicht möglich, in ein WLAN einzubrechen. Ohne Sie mit Mathematik langweilen zu wollen: Die Sicherheitslücken liegen in der Verwendung der maximal vier *statischen* Schlüssel begründet, die bei jeder Übertragung verwendet werden. Insofern wird dringend empfohlen, auf WPA2 auszuweichen.

15.6 Wi-Fi Protected Access (WPA/WPA2)

Wi-Fi Protected Access (WPA) ist eine weitere Verschlüsselungsmethode für ein Wireless LAN. Nachdem sich die Wired Equivalent Privacy (WEP) des IEEE-Standards 802.11 als unsicher erwiesen hatte und sich die Verabschiedung des neuen Sicherheitsstandards 802.11i verzögerte, wurde durch die Wi-Fi eine Teilmenge von 802.11i vorweggenommen und unter dem Begriff WPA als Pseudostandard etabliert. WPA bietet zusätzlichen Schutz durch *dynamische* Schlüssel, die auf dem Temporal Key Integrity Protocol (TKIP) basieren, und bietet optional die Anmeldung von Nutzern über das Extensible Authentication Protocol (EAP) an.

Die erhöhte Sicherheit gegenüber WEP besteht darin, dass der Schlüssel nur bei der Initialisierung verwendet wird und anschließend ein Session Key, der sich bei jeder Sitzung ändert, zum Einsatz kommt. WPA sieht zwei Möglichkeiten der Schlüsselverwaltung vor:

• Die Zugangskennungen bzw. Schlüssel werden auf einem zentralen Server verwaltet (Managed Key), oder
• es werden *Pre-Shared Keys* (WPA-PSK) genutzt.

Bei der Pre-Shared Keys Methode melden sich alle Nutzer eines Netzes mit demselben Kennwort an. Falls zu kurze und leicht zu erratende Passwörter verwendet werden, liegt hier ein Angriffspunkt für Hacker. Dies ist jedoch keine Sicherheitslücke des WPA-Standards. In diesem Fall hängt die Sicherheit des Systems von der Qualität des Passworts ab. Seit November 2004 existiert das Programm *WPA Cracker*, um genau diese Schwachstelle auszunutzen.

WPA2
Am 3. Februar 2004 kündigte die Wi-Fi Alliance die Erweiterung von WPA zu WPA2 an. WPA2 setzt genau wie 802.11i anstatt der RC4-Verschlüsselung den wesentlich sichereren Advanced Encryption Standard (AES) ein.

15.7   Weitere Infrastrukturprobleme und -maßnahmen

Eine störungsfreie Energiezufuhr ist Grundvoraussetzung für die ordnungsgemäße Funktion jedes Informationsverbunds. Moderne Rechner haben eine Pufferzeit von ca. 10 ms. Länger dauernde Netzausfälle können einen unkontrollierten Ausstieg oder Absturz des Systems herbeiführen.

Weiter können Probleme durch Spannungsschwankungen von mehr als ca. +10 % und −15 % auftreten. Aus diesem Grund ist zumindest für den Server-Betrieb die Installation einer unterbrechungsfreien Stromversorgung (USV) eine Notwendigkeit.

USV
USV-Anlagen haben zwei Funktionen zu erfüllen. Zum einen müssen sie Spannungsschwankungen und kurzzeitige Ausfälle kompensieren, zum anderen die Energieversorgung bei längeren Ausfällen sicherstellen, so dass begonnene Operationen abgeschlossen und Daten aus dem Hauptspeicher auf den Festspeicher geschrieben werden können. Im Allgemeinen können USV-Anlagen Netzausfälle von ca. 10–30 min überbrücken. Soll die Stromversorgung für längere Zeit sichergestellt werden, so ist die zusätzliche Installation einer Notstromanlage – etwa eines Dieselaggregates erforderlich. Die Pufferzeit einer USV gibt an, wie lange sie mit vollgeladenen Batterien bei voller Ausgangsleistung

arbeiten kann. Zu beachten ist, dass die Kapazität einer Batterie im Laufe von 3 bis 5 Jahren auf ca. die Hälfte abnimmt.

Elektrostatische Aufladung
Elektrostatische Aufladungen können Schäden an Bauteilen, Fehler in Programmabläufen oder Datenverluste verursachen. Während die Wahrnehmungsschwelle des Menschen bei einer elektrostatischen Aufladung von etwa 2000 V liegt, können bereits Personen, die eine elektrostatische Aufladung von nur 100 V aufweisen, bei direkter Berührung von ICs (anlässlich Wartung, Demonstration usw.) elektrische Durchschläge verursachen, die das betroffene Bauelement irreparabel zerstören können. Aus diesem Grund wird für Komponenten, die in ungeschützter Umgebung eingesetzt werden, eine relativ hohe Widerstandsfähigkeit gegen elektrostatische Aufladung gefordert. So müssen beispielsweise Chipkarten laut Normbedingungen [2] elektrostatische Aufladungen von mindestens 1500 V zerstörungsfrei überstehen, handelsübliche Chipkarten bieten meist höhere Werte.

Zieht man allerdings in Betracht, dass abhängig von Bodenbeschaffenheit und Schuhwerk die elektrostatische Aufladung von gehenden Personen 10 kV und mehr betragen kann, so zeigt sich die Notwendigkeit von Maßnahmen zur Vermeidung und Eliminierung elektrostatischer Aufladungen. Solche Maßnahmen sind etwa die Gewährleistung einer relativen Luftfeuchtigkeit von mindestens 50 %, die Verwendung geeigneter Werkstoffe (Bodenbeläge,…), Erdungsmaßnahmen oder der Einsatz von Antistatikmitteln.

Schutz vor HF -Einstrahlung
Mögliche Ursachen für Störstrahlungen, die die Funktion von IT-Komponenten beeinträchtigen können, sind Radarstrahlung, Rundfunk- und Fernsehsender, Richtfunkanlagen, Hochspannungsleitungen und Maschinen, von denen elektromagnetische Störungen ausgehen können. Geeignete Maßnahmen beinhalten die konsequente Abschirmung der IT-Komponenten.

Brandschutz
Die wesentlichen präventiven Brandschutzmaßnahmen sind bereits bei der Errichtung und Ausstattung des Rechenzentrums zu treffen. So müssen entsprechende Brandabschnitte festgelegt und die IT-Bereiche von angrenzenden Bereichen mittels feuerbeständiger Bauteile abgetrennt werden. Weiterhin ist auf die Verwendung von schwer- oder nicht-entflammbaren Materialien zu achten. Bereits in der Planungsphase von Neu- oder Umbauten von Rechenzentren ist unbedingt auch ein Brandschutzsachverständiger einzubinden.

Im täglichen Betrieb ist dafür Sorge zu tragen, dass leicht entflammbare Materialien möglichst ausgelagert werden. Die Lagerung großer Papiermengen in Drucker- oder Kopierräumen stellt ebenso ein zu wenig beachtetes Risiko dar, wie die Aufbewahrung großer Mengen von Reinigungsmitteln. Rauchverbote im Rechenzentrum, Aschenbecher am Eingang zu Rauchverbotszonen sowie die Verwendung von selbst löschenden Papierkörben sollten ebenfalls zu den selbstverständlichen Brandverhütungsmaßnahmen gehören.

Branddetektoren, Alarmierungssysteme

Branddetektoren arbeiten auf der Basis von Rauch- und/ oder Temperaturerkennung und werden im Allgemeinen mit Alarmierungssystemen und automatischen Löschvorrichtungen kombiniert. Dabei unterscheidet man zwei Grundprinzipien:

Wärmemelder reagieren auf eine Temperaturerhöhung. Maximalmelder sprechen an, wenn die gemessene Kenngröße einen bestimmten Wert für eine genügend lange Zeit überschreitet, Differentialmelder sprechen an, wenn die Änderungsgeschwindigkeit der gemessenen Kenngröße einen bestimmten Wert für eine genügend lange Zeit überschreitet.

Rauchmelder reagieren auf in der Luft enthaltene Verbrennungs- und/oder Pyrolyseprodukte (Schwebstoffe). Ionisationsrauchmelder sprechen auf diejenigen Verbrennungsprodukte an, welche den Ionisationskammerstrom im Melder beeinflussen können. Optische Rauchmelder sprechen auf Verbrennungsprodukte an, welche die Dämpfung oder die Streuung von Licht im infraroten, sichtbaren und/oder ultravioletten Bereich des elektromagnetischen Spektrums beeinflussen können

Geräte und Einrichtungen, die besonders überwacht bzw. gegen Brände geschützt werden müssen, sind CPUs, Plattenspeicher und Kassettenstationen, Netzwerkschränke, Vorrechner und Netzknotenrechner, Drucker und Archive. Auch infrastrukturelle Einrichtungen wie Netzverteiler, Energieversorgung einschließlich USV, Klimaanlage bzw. Klimaschränke, Doppelboden und Zwischendeckenraum müssen in das Schutzkonzept miteinbezogen werden.

Um Brände bereits in der Entstehungsphase schnell und zuverlässig zu entdecken, wird zunehmend neben der Raumüberwachung eine zusätzliche Überwachungsebene direkt am Gerät installiert.

Überspannungs- und Blitzschutz

Unter *Überspannungsschutz* versteht man die Summe aller technischen Vorkehrungen, die dazu dienen, Störfaktoren der Stromversorgung auszuschalten, die zu überhöhten Spannungen führen können. Solche Störungen können beispielsweise durch Blitzschlag, mangelhafte Erdung oder eine falsche Verlegung der Datenleitungen hervorgerufen oder über das Versorgungsnetz übertragen werden.

Man unterscheidet zwischen Überspannungsschutzgeräten für den Grob- und solche für den Feinschutz. *Grobschutzanlagen* vermindern Überspannungen auf ein für Starkstromanlagen ungefährliches Niveau. Sie weisen überdies ein hohes Ableitvermögen für den Blitzstrom auf. Für IT-Anlagen ist die Kombination mit *Feinschutzanlagen* erforderlich: Das sind Anlagen, die Überspannungen soweit herabsenken, dass sie auch für Mikroelektronikkomponenten ungefährlich sind. In den Schutz einzubeziehen sind vor allem Rechner, Endgeräte, Übertragungsleitungen, Mess- und Steuereinrichtungen und die Sicherheitselektronik.

Für Gebäude, in denen Rechenzentren oder DV-Komponenten untergebracht sind, sind entsprechende Blitzschutzanlagen vorzusehen.

15.8 Richtlinien zur Zutrittskontrolle

Essentiell gerade im Hinblick auf etwaige Zertifizierungen nach ISO 27001 oder dem IT-Grundschutz sind folgende Punkte:

Generelle Festlegung der Zutrittskontrollpolitik
Im Sicherheitskonzept wird festgelegt, welche Personengruppen (etwa Operator, RZ-Mitarbeiter, Fachabteilungsmitarbeiter, Kunden, Angehörige von Lieferfirmen etc.). Zutritt zu welchen Bereichen benötigen.

Definition eines Verantwortlichen
Dieser vergibt die Zutrittsberechtigungen an die einzelnen Personen entsprechend den Vorgaben des Sicherheitskonzeptes.

Definition von Zeitabhängigkeiten
Es ist zu klären, ob zeitliche Beschränkungen der Zutrittsrechte erforderlich sind. Solche Zeitabhängigkeiten können etwa sein: Zutritt nur während der Arbeitszeit, Zutritt einmal täglich oder befristeter Zutritt bis zu einem fixierten Datum.

Festlegung der Zutrittskontrollmedien
Es ist festzulegen, ob die Identifikation bzw. die Authentisierung durch Überwachungspersonal (persönlich oder über TV-Kontrollen) oder durch automatische Identifikations- und Authentisierungssysteme wie Karten oder biometrische Methoden erfolgen soll.

Festlegung der Beweissicherung
Hier ist zu bestimmen, welche Daten bei Zutritt zu und Verlassen von einem geschützten Bereich protokolliert werden sollen (mitbestimmungspflichtig!). Weiter sind folgende Fragen zu klären:

- Sind beim Betreten und/oder Verlassen eines geschützten Bereiches Vereinzelungsmechanismen (Drehtüren, Schleusen,…) notwendig?
- Ist das Auslösen eines *stillen Alarms* vorzusehen? Durch Eingabe einer vereinbarten Kennung, etwa einer zusätzlichen Ziffer zur üblichen PIN, wird ein Alarm an einer entfernten Überwachungsstelle (Pförtner, Polizei) ausgelöst. Eine solche Maßnahme bietet Schutz gegen jemanden, der den Zugang zu geschützten Bereichen gewaltsam erzwingen will.

Bei automatischer Personenidentifikation sind zudem die Gültigkeitsdauer für die Zutrittskontrollmedien (Schlüssel, Codes etc.) festzusetzen sowie die Sperrmöglichkeiten bei Verlust oder Duplizierung des Schlüssels und bei Austritt eines Mitarbeiters zu prüfen.

Die Zutrittskontrollpolitik sollte bereits vor der Systemauswahl so detailliert wie möglich feststehen und weitgehend stabil bleiben. Überarbeitungen werden jedoch notwendig, wenn Sicherheitsmängel festgestellt werden, bei schlechter Benutzerakzeptanz, deren Ursache etwa zu lange Wartezeiten oder psychologische Faktoren (z. B. bei biometrischen Systemen) sein können, sowie bei einer Erweiterung des sicherheitsrelevanten Bereiches.

Rechteverwaltung
Für die Rechteverwaltung im Bereich Zutrittskontrolle gelten ähnliche Vorgaben und Regeln wie im Bereich der Zugangs- und Zugriffskontrolle. Die Subjekte sind hier generell Personen, die Objekte Räume, Gebäude oder Geräte. Im Allgemeinen besteht nur eine Art von Rechtebeziehung, nämlich „ein Subjekt S *hat Zutritt zu* einem Objekt O". Allerdings sind Zutrittsberechtigungen im Allgemeinen sehr viel stärker an zeitliche Einschränkungen gebunden als Rechte im Bereich der Zugriffskontrolle.

Nullsummenprüfung
Hierbei handelt es sich um die Feststellung der Anzahl der im geschützten Bereich befindlichen Personen durch Vergleich der Zu- und Abgänge. Voraussetzung für eine Nullsummenprüfung ist die Installation von Vereinzelungsmechanismen.

15.9   Verfahren der Zutrittskontrolle

Die Identifikation bzw. Authentisierung einer Person durch eines oder mehrere der drei Grundprinzipien Wissen, Besitz oder persönliche Eigenschaften (charakteristisches Merkmal) ist im Bereich Zutrittskontrolle deutlich anders ausgeprägt als bei der Rechnerzugangs- oder -zugriffskontrolle.

Authentisierung durch Wissen
Für die Zutrittskontrolle werden im Allgemeinen Codes eingesetzt, die an einer neben der Tür angebrachten Tastatur einzugeben sind.

Da diese Codes üblicherweise nicht personenbezogen, sondern geräte- oder firmenspezifisch sind (eine Person wird also nicht als Individuum authentisiert, sondern lediglich als Angehöriger einer bestimmten Gruppe), ist das Bedrohungspotenzial bei einer unbefugten Weitergabe sehr hoch.

Solche Codes müssen daher zumindest in regelmäßigen, nicht zu großen Zeitabständen geändert werden.

Authentisierung durch Besitz
Diese Verfahren spielen in der heutigen Praxis – manchmal in Kombination mit biometrischen oder wissensbasierten Methoden – die wichtigste Rolle bei Zutrittskontrollsystemen.

Alle Arten von Kartentechnologien – ob Magnet-, Induktiv- oder Chipkarten – werden ebenso eingesetzt wie Erkennungsmarken und, in etwas weiterem Sinne, herkömmliche Schlüssel.

Neue Entwicklungen weisen in Richtung der RFID-Technologie (Radio Frequency Identity Tags). Dabei werden kleine Transponder in Stecknadelkopfgröße unter die Haut des Zugangsberechtigten implantiert und von Scannern an den kontrollierten Türen ausgelesen. Implantierte RFIDs verbinden die Authentisierungsmöglichkeiten durch Besitz mit biometrischen Verfahren.

Authentisierung: biometrische Verfahren
Biometrische Verfahren eignen sich von ihrer Natur her sehr gut für Zutrittskontrollsysteme. Die Unmöglichkeit, biometrische Parameter zu vergessen oder weiterzugeben, ist insbesondere für die Überwachung des physischen Zutritts von Vorteil.

Dennoch sind derartige Verfahren in der Praxis heute noch vorwiegend auf den Schutz von Hochsicherheitsbereichen beschränkt.

Die Erfahrung zeigt, dass Akzeptanzprobleme, der hohe technische Aufwand und die relativ langen Prüfzeiten einen sehr zögernden Einsatz biometrischer Verfahren in betrieblichen Anwendungen zur Folge haben.

Rechteprüfung
Im Sicherheitskonzept ist festzulegen,

- wo, zu welchen Zeiten und unter welchen Randbedingungen eine Rechteprüfung erfolgen muss,
- welche Aktionen bei versuchtem unerlaubten Zutritt einzuleiten sind.

Ebenso ist die Behandlung von Ausnahmesituationen zu planen. Beispielsweise ist unter anderem sicherzustellen, dass im Brandfall die Mitarbeiter schnellstmöglich die gefährdeten Zonen verlassen können.

Beweissicherung
Innerhalb dieses Themas sind die folgenden Fragen zu beantworten:

- Welche Daten sollen bei Zutritt zu bzw. Verlassen von Sicherheitszonen protokolliert werden?
- Wo werden diese Informationen aufgezeichnet?
- Wer darf unter welchen Umständen auf diese Informationen zugreifen und nach welchen Kriterien die Daten auswerten?

Bei der Diskussion dieser Fragen ist meist die Mitarbeitervertretung zu beteiligen.

Die hier vorgestellten Maßnahmen sind nicht nur aus rein technischer Sicht zu beurteilen. Vielmehr bedarf es einer sorgfältigen Abwägung zwischen den Sicherheitsinteressen des Systembetreibers und den Schutzinteressen der Privatsphäre des Einzelnen. Weiterhin ist zu berücksichtigen, dass die Protokollierung personenbezogener Daten der Zustimmungspflicht des Betriebsrates unterliegt.

Rahmenbedingungen

Die bisher behandelten Fragestellungen beziehen sich auf die *Sicherheit* von Zutrittskontrollsystemen. Für den Einsatz in der betrieblichen Praxis sind jedoch eine Reihe weiterer Kriterien von Bedeutung.

- So müssen die Kosten für die Installation, den laufenden Betrieb, die Wartung und die regelmäßige Revision des Zutrittskontrollsystems in vertretbarer Relation zum möglichen Sicherheitsrisiko stehen.
- Die Kapazität des Zutrittskontrollsystems muss der Firmengröße und -organisation angepasst sein.
- Insbesondere ist eine ausreichende Zahl von Kontrollstellen und eventuellen Vereinzelungsmechanismen vorzusehen, um Warteschlangen auch zu Stoßzeiten zu vermeiden.

Zutrittskontrollen werden von den meisten Menschen als notwendiges Übel betrachtet. Bei mangelnder Akzeptanz steigt die Gefahr, dass das System entweder generell abgelehnt wird, oder aber, dass die Mitarbeiter versuchen, das System nach Möglichkeit auszuschalten. Zu solchen Umgehungsmaßnahmen zählen etwa das Offenhalten von Türen oder die unbefugte Weitergabe von Zutrittskontrollmedien.

Es sind daher alle Maßnahmen zu treffen, um die Akzeptanz von Zutrittskontrollsystemen so hoch wie möglich zu gestalten.

Möglichkeiten dazu sind kurze Antwortzeiten, eine einfache Bedienung und gute Bedienerführung sowie der Verzicht auf Authentisierungssysteme, gegen die psychologische Barrieren zu erwarten sind.

Ganz besonders wichtig ist die Sicherstellung der Transparenz für den Benutzer, insbesondere offene Information darüber, welche Daten wie lange gespeichert und wie sie verarbeitet werden.

Literatur

1. IEEE Standards for Information Technology – Telecommunications and Information Exchange between Systems – Local and Metropolitan Area Network – Specific Requirements – Part 11: Wireless LAN Medium Access Control (MAC) and Physical Layer (PHY) Specifications, www. ieee.org
2. ISO/IEC 7816-x Identification Cards, www.iso.org

Sicherheitsmanagement – die tägliche Praxis

16

Zusammenfassung

Nach den vorbereitenden und konzeptionellen Arbeiten sowie den PDCA-Tätigkeiten, die wir im Abschn. 3.1 betrachtet haben, behandeln wir jetzt die Tätigkeiten, die nach Umsetzung aller Maßnahmen des Sicherheitskonzeptes zur täglichen Praxis des Sicherheitsmanagements gehören.

16.1 Aufrechterhaltung der Sicherheit

Hinter diesem Titel verbergen sich alle Aktivitäten, mit denen das Sicherheitsmanagement überprüft, ob die Sicherheit so gelebt wird, wie es in der Sicherheitsleitlinie und im Sicherheitskonzept (und den mitgeltenden Dokumenten) geplant worden ist. Dazu sind folgende Aktivitäten geeignet:

- Gespräche mit Mitarbeitern führen, dabei über Erfahrungen mit der Sicherheit berichten lassen
- das Vorhandensein von wichtigen Sicherheitsdokumenten am Arbeitsplatz prüfen
- Regeln und andere Vorgaben stichprobenartig auf Einhaltung prüfen
- Konfigurationen technischer Systeme mit den Vorgaben abgleichen
- die aktuellen Firewall-Regeln mit der Vorgabe vergleichen
- technische Untersuchungen, z. B. Penetrationstests durchführen (lassen)
- Kontrolle ausgefüllter Checklisten
- Prüfen von Log-Protokollen und anderen maschinellen Aufzeichnungen
- Durchführen von internen Audits
- Messen von geeigneten Indikatoren bzw. Kennzahlen für die Sicherheit

© Springer Fachmedien Wiesbaden 2015
H. Kersten, G. Klett, *Der IT Security Manager*, Edition <kes>,
DOI 10.1007/978-3-658-09974-9_16

Solche Aktivitäten sollten Sie planen, um über das Jahr verteilt genügend Zeit zu haben, alle Punkte sorgfältig abarbeiten zu können. Über jede ausgeführte Aktivität legen Sie Aufzeichnungen an. Diese bilden dann einen wesentlichen Input für die Phase *check* im PDCA-Zyklus.

Gibt es einen Anlass, das Sicherheitsverhalten eines Mitarbeiters kritisch zu hinterfragen oder eine intensive Prüfung eines Arbeitsplatzes vorzunehmen, sollten Sie die Personalvertretung vorab informieren und mit einbeziehen.

Hinsichtlich der Dokumentation können Sie überprüfen, ob bei den Mitarbeitern bestimmte Unterlagen verfügbar sind, z. B. ein Sicherheits- bzw. Notfallmerkblatt, das zentral an alle Mitarbeiter ausgegeben wurde, oder spezifische Arbeitsanweisungen. Prüfen Sie dabei, ob es sich jeweils um die aktuelle Ausgabe handelt. Sie können auch Fragen an den Arbeitsplatzinhaber stellen – z. B., ob die Sicherheitsregeln für die spezielle Tätigkeit bekannt sind, ob es besondere Vorkommnisse gab, ob Verbesserungen der Sicherheit vorgeschlagen werden.

In realen Fällen dürfte die Anzahl von Regeln und Vorgaben die Sicherheit betreffend beachtlich sein. Hier ergeben sich immer viele Möglichkeiten der Nachprüfung, ob diese Regeln und Vorgaben eingehalten werden. Ein Beispiel: In allen Rechenzentren sollte die Anweisung gelten, unnötige Brandlasten aus dem RZ zu entfernen. Solche entstehen, wenn Wartungstechniker, Lieferanten oder die eigenen Experten Systeme neu aufbauen und ausstatten und dabei Komponenten aus entsprechenden Kartons entnehmen – selbige stehen dann manchmal wochenlang im RZ, ohne dass hierfür eine Notwendigkeit besteht. Periodische Inspektionen könnten solche Sicherheitsverstöße aufdecken.

Sind für bestimmte sicherheitskritische Tätigkeiten Checklisten zum Ausfüllen vorgegeben, sollten sie auch regelmäßig auf korrektes Ausfüllen und korrekte Abarbeitung überprüft werden.

Die Konfigurationen technischer Systeme sind fast immer als sicherheitskritisch anzusehen, hierfür muss es entsprechend dokumentierte Vorgaben geben. Diese von Zeit zu Zeit mit der Realität abzugleichen, wäre eine weitere wichtige Prüfungstätigkeit; dies gilt erst recht bei so kritischen Systemen wie Firewalls.

Log-, Zugriffs- und Zutrittsprotokolle und andere maschinelle Aufzeichnungen gehören ebenfalls in diese Kategorie: Dabei gilt es, in der Planung sich kritisch zu fragen, welche Protokolle und Aufzeichnungen wirklich benötigt werden und zu welchem Zweck. Dabei sollte auch festgelegt werden, wer, wann und mit welcher Tiefe diese Aufzeichnungen überprüft. Ein solcher Plan ist dann natürlich auch einzuhalten. Anders ausgedrückt: Protokollierung ohne Auswertung macht keinen Sinn!

Technische Untersuchungen wie z. B. Penetrationstests haben im Grunde eine andere Motivation: Die Sicherheit ist stark davon abhängig, die aktuelle Bedrohungslage und die möglichen Vorgehensweisen von Angreifern zu kennen und bei der Konzeption zu berücksichtigen. Darin liegt aber auch schon das Problem, weil diese Informationen sich stetig ändern und erneuern. Ob ältere Sicherheitsmaßnahmen noch ausreichend Schutz bieten, kann dann nur durch entsprechende Tests belegt werden. Insofern sind Pen-Tests ein absolutes „muss" und in regelmäßigen Abständen durchzuführen. Dabei ist eine Frequenz von einmal pro Jahr eher die Untergrenze.

Den Fragenkreis *Audits* haben wir bereits in Abschn. 3.5 als wesentliches Prozessele-ment erkannt und behandelt.

Das Thema *Messen der Sicherheit* betrachten wir im folgenden Abschnitt.

16.2 Messen der Sicherheit

Die Sicherheit einer Organisation hängt von vielen Faktoren ab – den mehr strategischen bzw. konzeptionellen Überlegungen, aber auch von deren Umsetzung, Überwachung und Einhaltung.

Vielfach klafft nämlich zwischen Theorie und Praxis eine nicht unerhebliche Lücke. Beim Messen der Sicherheit geht es darum, anhand von erfassten und bewerteten Kenn-zahlen zu beurteilen, wie es mit den genannten Aspekten in der Praxis *tatsächlich* bestellt ist – und nicht nur anhand der Konzepte und Planungen einen *fiktiven* Status zu ermitteln.

Ziele solcher Messungen sind somit,

- Daten über die reale Wirksamkeit eines ISMS und seiner Sicherheitsmaßnahmen zu gewinnen,
- Daten über den tatsächlichen Erfüllungsgrad von Anforderungen zu erhalten,
- bisher unentdeckte oder unbekannte Sicherheitsprobleme festzustellen,
- Input für das Risikomanagement, interne ISMS Audits und Management Reviews zu erhalten,
- fundierte Unterstützung für den Nachweis der Compliance zu bekommen.

Betrachten wir dazu als Beispiel den Sicherheitsaspekt der Sensibilisierung des Personals und nehmen an, dass eine entsprechende Awareness-Planung – wie in Abschn. 3.2 be-schrieben – aufgestellt wurde und die Inhalte in Form von regelmäßigen Veranstaltungen innerhalb der Organisation vermittelt werden.

Dem Plan wird man entnehmen können, für welche Mitarbeiter solche Veranstaltungen vorgesehen sind; anhand von Teilnehmerlisten wird man feststellen, welche Mitarbeiter *tatsächlich* teilgenommen haben. Die Anzahl beider Gruppen ins Verhältnis zusetzen, führt zu einer sehr simplen Kennzahl über den Grad der Sensibilisierung des Personals. Hier wird man z. B. einen Abdeckungsgrad von mehr als 90 % erreichen wollen – kritisch wird es, wenn dieser Grad nicht erreicht wird.

Strukturieren wir dieses Beispiel etwas genauer:

- *Messgegenstand* ist die Sensibilisierung des Personals.
- Als charakteristisches *Attribut* hierfür nehmen wir den Abdeckungsgrad der durch die Veranstaltungen erreichten Mitarbeiter.

Beachten Sie dabei, dass der Abdeckungsgrad nur *ein* Attribut ist; ein anderes, vielleicht sogar aussagekräftigeres deutet die folgende Frage an: Wie hoch ist der Anteil vermittelter Informationen, die bei den Teilnehmern nach vier Wochen noch vorhanden sind? Man erkennt, dass in der Regel erst die Kombination mehrerer Attribute den Messgegenstand ausreichend charakterisiert. Doch bleiben wir bei unserem Beispiel:

- Die *Messmethode* besteht im Zählen der Mitarbeiter einerseits anhand des Awareness-Plans und andererseits anhand der Teilnehmerlisten.
- Als *Rohdaten* erhalten wir die Anzahl P der Mitarbeiter, für die eine Sensibilisierung geplant ist, sowie die Anzahl T der Mitarbeiter, die an mindestens einer Veranstaltung teilgenommen haben.
- Hieraus bestimmen wir die *abgeleitete Größe* s = Prozentualer Anteil = 100* T/ P.
- Diese Größe s verwenden wir direkt als *Indikator* und verbinden damit Entscheidungs-kriterien:
  - Für s >0,9 wird der Abdeckungsgrad als ausreichend angesehen.
  - Bei s ≤0,9 besteht ein Defizit in der Sensibilisierung, es muss eine Planung zur Ver-besserung auf- und umgesetzt werden.
Eventuell gibt es eine weitere Schwelle:
  - Falls s ≤0,5 ist, liegt eine erhebliche Schwachstelle vor, die der Leitungsebene zu berichten ist.

Betrachten wir ein zweites Beispiel – nämlich den Umgang mit bekannt gewordenen Schwachstellen, hier deren zeitnahe Behebung.

- *Messgegenstand* ist das Schwachstellenmanagement.
- Das ausgewählte *Attribut* heißt *zeitnahe Behebung* bekannt gewordener Schwachstel-len.
- Als *Messmethode* wird das Auswerten von Datum (und ggf. Uhrzeit) festgelegt.
- *Rohdaten* sind 1. Datum (und Uhrzeit) des Bekanntwerdens einer Schwachstelle, 2. Datum (und Uhrzeit) des erfolgreichen Behebens der Schwachstelle.
- Als *abgeleitete Größe* betrachten wir den Zeitbedarf zur Bewältigung einer Schwach-stelle, also die Differenz aus 2. und 1.

Nun komplizieren wir die Angelegenheit etwas, um zu berücksichtigen, dass die mit Schwachstellen verbundenen Risiken unterschiedlich hoch sein können; wir wollen er-reichen, dass hohe Risiken stärker berücksichtigt werden als niedrige.

- Als *analytisches Modell* wählen wir deshalb eine Gewichtung des jeweiligen Zeitbe-darfs nach dem mit der Schwachstelle verbundenen Risiko, wobei wir den Risikoklas-sen NIEDRIG, MITTEL bzw. HOCH Gewichtungen mit 10, 50% bzw. 100% zuordnen.
- Als *Indikator* legen wir die durchschnittliche Dauer der Schwachstellenbehebung = mittlere gewichtete Zeitbedarfe über alle (z. B. innerhalb eines Jahres) bekannt gewor-denen Schwachstellen fest.
- Unser *Entscheidungskriterium* lautet: Liegt der Wert des Indikators max. bei 1,5 Tagen, wird das als akzeptabel angesehen; ist der Wert höher, führt das zu Folgeaktionen.

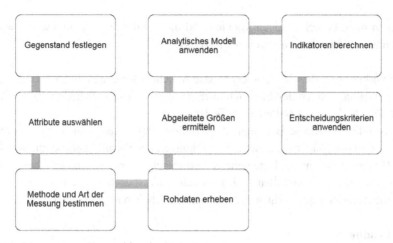

Abb. 16.1 Messung von Kennzahlen der Sicherheit

Die Zahlenwerte in unseren Beispielen sind natürlich rein fiktiv. Sie müssen an die Notwendigkeiten und Gegebenheiten in der Organisation angepasst werden.

Man erkennt an den Beispielen jedoch die prinzipielle Struktur der Messung von Kennzahlen für die Sicherheit. Sie kommt in der folgenden Abb. 16.1 zum Ausdruck, die in ähnlicher Form in der ISO 27004 zu finden ist. Dort findet man in einem Anhang viele Beispiele für mögliche Kennzahlen und Messverfahren sowie Templates zur Dokumentation solcher Messungen.

16.3 Management von Sicherheitsvorfällen

Natürlich hat man die Absicht, Sicherheitsvorfälle gar nicht erst entstehen zu lassen. Dennoch zeigt die Erfahrung auch bei perfekt geplanter Sicherheit: Der nächste Sicherheitsvorfall kommt bestimmt! Sicherheitsvorfälle kann man einteilen in Notfälle und andere (nicht so gravierende) Vorfälle:

- Als *Notfall* gilt jeder eingetretene Vorfall, der eine nicht tolerierbare Beeinträchtigung von Sicherheitszielen oder einen mindestens gravierenden Schaden mit sich bringt.
- Bei den *anderen Vorfällen* geht es um solche, bei denen die Beeinträchtigung von Sicherheitszielen temporär toleriert werden kann und die insgesamt vom Schaden her nicht so gravierend sind.

Eine andere Unterteilung ergibt sich aus folgendem Sachverhalt: Es gibt Sicherheitsvorfälle,

- die man beim Sicherheitskonzept schon als Bedrohung berücksichtigt hat (Klasse A), und solche,

- die man nicht berücksichtigen konnte, weil die Art des Vorfalls unbekannt war oder weil man schlicht etwas übersehen hat (Klasse B).

Es wird vorkommen, dass Vorfälle der Klasse A nicht ausreichend durch Maßnahmen abgefangen werden können, ihr Eintreten aber einen exorbitanten Schaden nach sich zieht. Solche Fälle der Klasse A stellen *Notfälle* dar.

Für Vorfälle der Klasse B besteht das Problem darin, dass man quasi unvorbereitet getroffen wird und unklar ist, welche Auswirkungen der Vorfall haben kann. Vorfälle der Klasse B können sich mangels geeigneter Vorkehrungen und wegen des Überraschungseffektes sehr schnell zu Notfällen hochschaukeln – schon deshalb, weil bei einem solchen Vorfall die Auswirkungen nicht sofort in allen Einzelheiten absehbar sein dürften.

Notfallhandbuch
Für Notfälle muss man sich einen Plan zurechtlegen, wie man bei ihrem Eintreten vorgeht. Genau dies ist der Inhalt des so genannten Notfallhandbuchs: Es soll eine praktikable Handlungsanleitung geben, um den jeweiligen Schaden zu begrenzen und das weitere Management des Vorfalls zu ermöglichen – verhindern[1] kann man ihn nicht mehr, denn er ist ja bereits eingetreten.

Management
Für das Management von Sicherheitsvorfällen kommt es generell darauf an,

- zunächst einen sicheren Meldeweg zu etablieren, auf dem ein vermeintlicher oder tatsächlicher Sicherheitsvorfall das Sicherheitsmanagement erreicht,
- den Vorfall zu dokumentieren und in seiner Wichtigkeit zu klassifizieren,
- bei Notfällen zunächst den Schaden zu begrenzen (wie zuvor erläutert),
- den Vorfall systematisch zu analysieren und – wenn möglich – korrektive und vorbeugende Maßnahmen vorzusehen, um weitere Fälle dieser Art auszuschließen oder ihre Auswirkung zu begrenzen,
- zu prüfen, ob es Rückwirkungen auf das Sicherheitskonzept (z. B. notwendige Anpassungen bei den Analysen und Maßnahmen) oder vielleicht sogar auf die Sicherheitsleitlinie gibt (s. Abschn. 3.1),
- zumindest bei Notfällen der Leitungsebene einen zusammenfassenden Bericht zu geben (s. Abschn. 16.4).

Meldeweg
Jeder Mitarbeiter muss über die Information verfügen, an wen er sich bei einem Sicherheitsvorfall wenden muss. Es ist nicht sinnvoll, diese Information nur elektronisch (z. B.

---

[1] Alles, was zur *Verhinderung* von Sicherheitsvorfällen vorgesehen ist, ist Bestandteil des Sicherheitskonzeptes und hat im Notfallhandbuch nichts zu suchen!

im Intranet) vorzuhalten – bei einem Sicherheitsvorfall kann diese Information nicht mehr zugänglich sein.

Je nach Größe der Organisation kann es erforderlich sein, Meldungen über Vorfälle zunächst vorfiltern zu lassen, um die Spreu vom Weizen zu trennen. Hier könnte beispielsweise ein User Help Desk sehr hilfreich sein, das erst bei Sicherheitsvorfällen im engeren Sinne eine Meldung an das Sicherheitsmanagement weiterreicht.

Klassifizierung

Zur Klassifizierung von Sicherheitsvorfällen sollte man sich ein abgestuftes Schema vorgeben, um die Wichtigkeit eines Vorfalls charakterisieren und die angemessene Reaktion festlegen zu können. In der Tab. 16.1 ist ein Beispiel mit vier Stufen dargestellt:

Es gilt die folgende Regel: Ist die Zuordnung eines Vorfalls zu einer Klasse nicht eindeutig, käme also ggf. auch eine höhere in Frage, stuft man den Vorfall grundsätzlich in diese höhere Klasse ein.

Unsere Checkliste, die bei jeder Meldung auszufüllen ist, muss eine Spalte enthalten, in der die Klassifikation des Vorfalls eingetragen wird.

Schemata mit drei oder fünf Klassen haben den Nachteil, dass man instinktiv meist in die mittlere Klasse geht. Deshalb ein Tipp: Nehmen Sie für die Praxis eine *gerade* Anzahl (z. B. 4 oder 6).

Analyse

Bei der Analyse geht es zunächst darum, den Vorfall, seine Ursachen und Auswirkungen genau zu verstehen. Aufzeichnungen der Systeme oder von Verantwortlichen bei

Tab. 16.1 Klassifikationsschema für Sicherheitsvorfälle

Klasse	Name	Beschreibung
A	Potenzielles Incident	Information erhalten über mögliche bzw. denkbare Schwachstellen/Störungen/Sicherheitsvorfälle Keine Schäden
B	Einfaches Incident (Minor Incident)	Unwesentliche Störung wichtiger Anwendungen bzw. des normalen Betriebs Sicherheitsvorfall mit geringen Auswirkungen auf die Sicherheitsziele geringfügige Schäden
C	Gravierendes Incident (Major Incident)	Beträchtliche Störung wichtiger Anwendungen bzw. des normalen Betriebs Sicherheitsvorfall mit beträchtlichen Auswirkungen auf die Sicherheitsziele beträchtliche Schäden
D	Incident vom Typ Notfall (Desaster)	Massive Störung wichtiger Anwendungen bzw. des normalen Betriebs Massives Außerkraftsetzen von Sicherheitszielen sehr hohe bis katastrophale Schäden

manuellen Vorgängen können hierbei helfen. Danach ist zu prüfen, ob dieser Vorfall im Sicherheitskonzept als Bedrohung aufgeführt ist. Wenn ja, liegt offensichtlich ein Problem mit der dazu gehörenden Maßnahme vor. Wurde eine solche Bedrohung nicht im Sicherheitskonzept betrachtet, muss diese nachträglich eingefügt und eine entsprechende Korrekturmaßnahme in Betracht gezogen werden.

Arbeitsanweisung

Für die Behandlung von Sicherheitsvorfällen (gleich welcher Klasse) brauchen wir eine Planung – andernfalls würden wir ja *planlos* vorgehen, was absolut kontraproduktiv ist. Diesen *Plan* gießen wir in eine Arbeitsanweisung für das Sicherheitsmanagement. Titel: „Behandlung von Sicherheitsvorfällen". In dieser Arbeitsanweisung wird für Notfälle auf das Notfallhandbuch verwiesen. Die Arbeitsanweisung ist durch eine Checkliste zu ergänzen, die bei jedem Sicherheitsvorfall ausgefüllt wird und zur Analyse und Dokumentation des Vorfalls dient.

Damit weist das Sicherheitsmanagement nach, welche Sicherheitsvorfälle eingetreten sind, wie sie behandelt und welche Schlussfolgerungen daraus gezogen wurden. Diese Informationen tragen auch zu den Phasen *check* und *act* im PDCA-Modell bei.

Organisationsform

In den Erläuterungen oben haben wir nicht ausdrücklich festgestellt, wer in der Organisation für die Behandlung von Sicherheitsvorfällen und Notfällen zuständig ist.

Man trifft häufig die Situation an, dass die Behandlung von Notfällen einem separaten *Notfallmanagement* unterstellt ist. Dieses besitzt eigene Konzepte für die Notfallprävention und die Reaktion auf eingetretene Notfälle und verfügt auch über eigene Ressourcen und Berichtswege.

Das Thema Notfallmanagement wird z. B. in dem Buch [1] eingehend behandelt.

Alle anderen Sicherheitsvorfälle fallen natürlich in die Zuständigkeit des IT-Sicherhmanagements. Dieses ist nicht für die Behebung bzw. Reparatur (wenn überhaupt möglich) verantwortlich – dafür sind Personen aus den jeweils betroffenen Fachbereichen zuständig; wichtig ist aber, dass das IT-Sicherheitsmanagement von jedem Vorfall unmittelbar erfährt, alle Daten erhält und eine entsprechende Bewertung des Vorfalls und seiner Folgen vornehmen kann. Möglicherweise ergeben sich Auswirkungen auf Sicherheitskonzepte und Sicherheitsmaßnahmen. Das Management dieser Folgeaktivitäten obliegt ebenfalls dem Sicherheitsmanagement.

16.4   Berichtswesen

Das Sicherheitsmanagement wird meist durch die Leitung der Organisation verpflichtet, eine Reihe von Berichten zu liefern. Standardmäßig sollte berichtet werden über

- die Abarbeitung des PDCA-Zyklus durch das Sicherheitsmanagement (s. Abschn. 3.1),
- besonders eklatante Prüfergebnisse (s. Abschn. 16.1),

- massives Unterschreiten des Akzeptanzwerts bei Kennzahlen (s. Abschn. 16.2),
- gravierende Sicherheitsvorfälle und ihre Folgen (s. Abschn. 16.3),
- die Ergebnisse interner und externer Audits (s. Abschn. 3.5).

Meist wird auch ein jährlicher Bericht zur Lage der Sicherheit der Organisation gefordert, zu dem das IT-Sicherheitsmanagement Beiträge liefert.

Wichtig ist, dass sich das Sicherheitsmanagement nicht selbst in eine Stress-Situation bringt und nur noch dazu kommt, Berichte zu schreiben und andere wichtige Tätigkeiten vernachlässigt. Insofern sei angeraten,

- für die üblichen Berichte „gute" Dokumentvorlagen verfügbar zu haben,
- die Standard-Berichte terminlich gut zu planen und über das Jahr zu verteilen,
- einen ersten Entwurf z. B. des Jahresberichtes aus den gespeicherten Aufzeichnungen quasi zu generieren.

Wenn man alle Hinweise zum Thema *Aufzeichnungen* und *Nachweise* in diesem Buch beachtet hat, stellt man fest, dass man eine Vielzahl von Informationen sammelt und im Grunde jederzeit jeden gewünschten Nachweis von Sicherheit, Aufgabenerledigung und Ordnungsmäßigkeit erbringen kann. Wichtig ist auch hier, diese Informationen geeignet zu speichern bzw. abzulegen, wozu eine entsprechende Vorplanung gehört.

Literatur

1. Klett G, Schröder K.W, Kersten H (2011) IT-Notfallmanagement mit System: Notfälle bei der Informationsverarbeitung sicher beherrschen. Vieweg + Teubner, Wiesbaden

IT Compliance 17

Zusammenfassung

Compliance, das von Organisationen nachweisbare Einhalten von Gesetzen, Standards, organisationsinternen und vertraglichen Regelungen, Richtlinien und weiteren Rahmenbedingungen ist gerade im Bereich der elektronischen Datenverarbeitung zu einem wesentlichen Bestandteil der IT-Governance-Führung der IT zur Unterstützung der Unternehmensstrategie und Erreichung der Unternehmensziele – geworden Zu den Compliance-Anforderungen in der IT gehören hauptsächlich Informationssicherheit, Verfügbarkeit, Datenaufbewahrung und Datenschutz. Ungenügende Compliance kann zu hohen Geldstrafen und Haftungsverpflichtungen führen. Compliance hat sich in den letzten Jahren durch EU-Richtlinien, internationale Konventionen, organisationsinterne Konventionen und Handelsbräuche stark erweitert.

Auch wenn viele der folgenden Ausführungen auch beliebige Organisationen anwendbar sind, gelten sie in der Praxis vor allem für *Unternehmen*, weshalb wir die Sachverhalte auch nur für Unternehmen darstellen.

17.1 Unternehmensstrategie

Jedes Unternehmen, das die Dienste einer IT-Infrastruktur für die Erfüllung seiner Geschäftsprozesse in Anspruch nimmt, verfolgt in längerfristigen Planungen und Aktivitäten die Realisierung der Vision einer für seine Belange optimalen IT.

IT-Strategie
Diese Planungen und Aktivitäten – auch als IT-Strategie bezeichnet – leiten sich grundsätzlich aus der bestehenden Geschäftsstrategie ab und lassen sich wie folgt gliedern:

© Springer Fachmedien Wiesbaden 2015
H. Kersten, G. Klett, *Der IT Security Manager*, Edition <kes>,
DOI 10.1007/978-3-658-09974-9_17

- Die IT-Strategie *berücksichtigt* einerseits *Geschäftswachstumschancen* zur Umsatz- und Ertragssteigerung eines Unternehmens.
- Andererseits enthält die IT-Strategie grundlegende *Anforderungen aus dem Geschäfts- betrieb,* nämlich die *Geschäftsprozesse* mittels Einsatz von IT effizienter zu gestalten und an den zu beachtenden und zu befolgenden Regularien und Gesetzen auszurichten.

Eine IT-Strategie besteht im Wesentlichen aus fünf Komponenten:

- Die *Infrastrukturstrategie* betrachtet die drei IT-Basistechnologien: Hardware, Be- triebssysteme und Netzwerke. Ziel der Infrastrukturstrategie ist es, mit möglichst ge- ringen Kosten eine hohe Rechenleistung, Performance und Bandbreite in einem Unter- nehmen zur Verfügung zu stellen.
- Die *Applikationsstrategie* befasst sich mit dem Einsatz von Software zur Unterstützung von Geschäftsprozessen. Mit der Applikationsstrategie können zwei Ziele verfolgt wer- den: Einerseits der Einsatz von Software zur Ertragssteigerung, andererseits Software zum effizienteren Geschäftsbetrieb.
- Die *Innovationsstrategie* beschäftigt sich mit IT-Innovationen. Ziel der Innovations- strategie ist es, neue Technologien vorausschauend für den Einsatz in einem Unterneh- men zu bewerten.
- Die *Sourcingstrategie* setzt sich mit der IT-Wertschöpfungskette in einem Unterneh- men auseinander. Ziel der Sourcingstrategie ist es, festzulegen, welche IT-Leistungen durch das Unternehmen selbst erstellt und welche eingekauft werden.
- Die *Qualitätssicherungsstrategie* betrachtet die Entscheidungen zur Qualitätssicherung in der IT eines Unternehmens, abgeleitet aus den Einzelstrategien Infrastrukturstrate- gie, Applikationsstrategie, Innovationsstrategie und Sourcingstrategie. Ziel ist es, die Vorgehensweise festzulegen, mit der vorgegebene Ziele möglichst effizient erfüllt wer- den können.

Wie wir gleich sehen werden, ist die so genannte *Compliance* ein wesentlicher Bestandteil der Qualitätssicherungsstrategie. Die wirtschaftlich sinnvolle Erfüllung der Compliance ist in der Regel komplex und erfordert eine sorgfältige Planung.

Bei vielen Aspekten der Compliance sind eine realistische, nachvollziehbare Einschät- zung der IT-Risiken innerhalb des betrachteten Bereiches und ein adäquater Umgang mit ihnen gefordert.

In diesem Kapitel wollen wir den Zusammenhang der IT-Strategie und der IT-Risiko- management-Strategie aufzeigen und die wichtigsten Details vertiefen.

17.2 Compliance als essentieller Bestandteil der IT-Strategie

Compliance bedeutet in unserem Kontext die nachweisliche Einhaltung von Regeln und gesetzlichen Vorschriften durch das Management. Neben der Gesetzeskonformität handelt es sich hierbei um die Einhaltung guter Grundsätze zur Unternehmensführung durch die

Schaffung adäquater Rahmenbedingungen für bestmögliche Managemententscheidungen sowie die lückenlose Dokumentation der Geschäftsabläufe in Verbindung mit dem Hard- und Software-Einsatz.

Welche Gesetze und Regelungen sind wesentlich für die Compliance? Hier eine kurze Auswahl:

SOX

Zurzeit weitet sich auch die europäische Gesetzgebung zur Regelung der Unternehmens-berichterstellung weiter aus. Die Europäische Union hat in Anlehnung an SOX (Sarbanes-Oxley Act) 2006 eine Bilanzabschlussprüfrichtlinie (8. EU Richtlinie) formuliert[1], in der viel detaillierter als bisher festgelegte Verhaltensregeln in Verbindung mit dem IT-Einsatz auf Einhaltung überprüft werden müssen. Diese EU-Richtlinie wurde in Deutschland unter anderem durch das Gesetz zur Modernisierung des Bilanzrechts (Bilanzrechts-Moder-nisierungsgesetz/BilMoG) umgesetzt, welches seit 29. Mai 2009 in Kraft ist.

Sarbanes-Oxley Act ist ein US-Gesetz zur Regelung der Unternehmensberichterstat-tung, welches als Reaktion auf eine Folge von Bilanzskandalen von Unternehmen wie Enron oder Worldcom erlassen wurde und von jedem an der NYSE (New York Stock Exchange) gehandelten Unternehmen, gleich welcher Nationalität, zu befolgen ist.

Ziel dieses Gesetzes ist, das Vertrauen der Anleger in die Richtigkeit der veröffentlich-ten Bilanzdaten von Unternehmen wiederherzustellen.

Aus diesem Grund müssen in der Section 302 von SOX die Entscheidungsträger des berichterstattenden Unternehmens mit ihrer Unterschrift versichern, dass

> ...keine unwahren und irreführenden Informationen in dem Abschluss enthalten sind, Kont-rollen zum Schutz vor diesen Falschaussagen implementiert sind und sie sich von der Wirk-samkeit dieser Kontrollen persönlich überzeugt haben....

Die Section 404 von SOX sieht die Einrichtung eines funktionsfähigen internen Kon-trollsystems und dessen Dokumentation vor. Dies gilt für alle internen Kontrollen, die im Zusammenhang mit der Rechnungslegung stehen. Der Dokumentation dieses internen Kontrollsystems kommt eine erhebliche Bedeutung zu.

ITIL

In diesem Zusammenhang ist auch [1] eine wichtige Vorgabe, die herstellerunabhängig detaillierte Richtlinien und Verfahren von IT-Serviceleistungen beschreibt und einen Stan-dard beispielsweise für die Einhaltung von Service Level Management (SLM) und hoher Qualität vorgibt.

Identitätsmanagement

Weiter ist aus rechtlicher Sicht über den gesamten Lebenszyklus bei den bilanzrelevan-ten IT-Infrastrukturen und Applikationen die Integrität und Nachvollziehbarkeit lückenlos

---

[1] http://eur-lex.europa.eu/LexUriServ/LexUriServ.do?uri=OJ:L:2006:157:0087:0107:DE:PDF.

nachzuweisen. Eine Vielzahl von Vorschriften sowie Anweisungen aus dem Datenschutz-, Arbeits- und Telekommunikationsrecht und auch Vereinbarungen mit Unternehmenspartnern sind zu beachten.

Sämtliche Anwendungen müssen durch Identitätsmanagement geschützt werden.

Identitätsmanagement hat zum Ziel, die Identität eines Benutzers zweifelsfrei nachzuweisen, egal wo der Benutzer sich befindet, was er tut und mit welchem Endgerät er Zugang zur IT-Infrastruktur des Unternehmens erhält.

Weiterhin müssen die Unternehmen belegen können, wie sie ihre Informationssicherheit in Bezug auf Datenschutz, Zugriffskontrollen und Benutzerverwaltung durchsetzen oder die Auswirkungen von Ereignissen – beispielsweise gravierende technische Störungen – auf ihre Geschäftsprozesse verhindern.

Was häufig übersehen wird: Auch das Management von Software-Lizenzen und die Beachtung von Copyright-Bestimmungen gehört zur Compliance eines Unternehmens!

Je stärker ein Unternehmen von rechnergestützter Informationsverarbeitung abhängig ist, desto wichtiger sind Instrumente zum Schutz vor Datenverlust, Datenkorruption und unerlaubten Datenzugriffen. Zum nachhaltigen Schutz von Daten und Dokumenten jeglicher Art sollten sämtliche Sicherungs-, Controlling- und Initiativmaßnahmen in die Unternehmensorganisation integriert werden.

Neben dem Sarbanes-Oxley Act (SOX) und der 8. EU-Auditrichtlinie gibt es weitere Regelwerke, die sich auch auf diesen Themenkreis beziehen: das Transparenz- und Publizitätsgesetz (TransPuG), das Aktiengesetz in der Fassung vom 27.04.2001, das Anlagenschutzverbesserungsgesetz (AnSVG) vom 30.10.2004, die GoBD[2] (Grundsätze zur ordnungsmäßigen Führung und Aufbewahrung von Büchern, Aufzeichnungen und Unterlagen in elektronischer Form sowie zum Datenzugriff) und das Basel II Rating zur Kreditvergabe.

Sie sehen, es gibt viele Regelungen und Gesetze, deren effiziente Erfüllung unter wirtschaftlichen Aspekten ein wichtiges strategisches Ziel ist. Ein beträchtlicher Schaden kann entstehen, wenn Regelungen und Gesetze nicht eingehalten werden – dazu reicht schon ein mit einer bestimmten Wahrscheinlichkeit eintretendes technisches oder menschliches Versagen. Es entstehen dadurch Risiken im Zusammenhang mit der Compliance, mit denen adäquat umzugehen ist. Diesen Zusammenhang wollen wir uns im nächsten Abschn. 17.3 näher ansehen.

17.3   Compliance und Risikomanagement

Wie wir gesehen haben, kann die Nichtbeachtung oder nur teilweise Erfüllung von Compliance-Zielen mit empfindlichen Strafen und indirekten Schäden wie Imageverlust, Wettbewerbsnachteilen, Abwanderung von Kunden etc. behaftet sein.

---

[2] ersetzen mit Wirkung zum 01.01.2015 die GoBS (Grundsätze ordnungsgemäßer DV-gestützter Buchführungssysteme) und die GDPdU (Grundsätze zum Datenzugriff und Prüfbarkeit digitaler Unterlagen).

Nun hat jede IT-Infrastruktur Schwachstellen technischer und organisatorischer Art. Technik ist oft fehleranfällig und unzureichend, Menschen sind keine Automaten und können sich unangemessen und falsch verhalten, was häufig unter dem Begriff *menschlicher Faktor* zusammengefasst wird.

Nun wissen wir ja bereits, dass ein möglicher, zu erwartender Schaden als Risiko bezeichnet wird. Zu einer sinnvollen IT-Strategie gehört es, diese Risiken im Vorfeld abzuschätzen und den Umgang mit ihnen festzulegen. In der Regel werden Aktionen festgelegt, die zum Ziel haben, das Restrisiko (dazu später mehr), das immer existieren wird, auf einen akzeptablen Wert zu reduzieren.

Welche Aktionen nun genau vorzunehmen sind und wie das Restrisiko definiert ist, wird zuvor in der mit den Unternehmenszielen harmonisierten Risikostrategie festgelegt. Beispielsweise kann es Strategie eines Unternehmens sein, Risiken, die eine Bedrohung der Vertraulichkeit von Informationen beinhalten, besonders stark zu minimieren, während Risiken für die Verfügbarkeit von Teilen der IT-Infrastruktur toleranter behandelt werden. Risikoanalyse, Risikobehandlung und Adaption der Maßnahmen zur Reduzierung des Restrisikos an die sich ständig ändernde IT-Infrastruktur sind die wesentlichen Inhalte des Risikomanagements.

Selbsteinschätzung

Wir haben eine so genannte Selbsteinschätzung (Self Assessment) der Effektivität unserer Schutzmaßnahmen[3] durchzuführen.

Diese Selbsteinschätzung wird von einigen Gesetzen und Regularien explizit gefordert, beispielsweise vom Sarbanes-Oxley Act und von der ISO 27001[4]. Diese Selbsteinschätzung stellt ein offizielles Statement der Geschäftsleitung dar und wird von Auditoren oder Prüfern auf Vollständigkeit, Korrektheit und Gültigkeit überprüft, bei den Tests festgestellte Abweichungen werden als *Issues* dokumentiert. Es wird je nach Größe der Abweichung zwischen kleineren (*Minor Issues*) und größeren Abweichungen (*Major Issues*) unterschieden. Je nach Gesetz oder Regularium, für das eine Selbsteinschätzung durchgeführt wird, bedeutet eine größere Abweichung (ggf. auch mehrere kleinere Abweichungen) bereits, dass die Compliance nicht mehr gegeben ist.

Literatur

1   Information Technology Infrastructure Library, z. B. Informationen unter www.itsmf.de

---

[3] Vorgaben für Schutz- oder Sicherheitsmaßnahmen werden im Englischen als *Control Measurements* oder auch kurz als *Controls* bezeichnet und sind oft einfach als *Maßnahmen* ins Deutsche übernommen worden, was nicht ganz korrekt ist.

[4] dort als Management-Bewertung bezeichnet, welche sich u. a. auf interne Audits stützt.

Zum Schluss…   18

Zusammenfassung

Sie haben in diesem Buch eine Reihe vom Methoden und Verfahren sowie Maßnahmen zum Thema Informationssicherheit kennen gelernt. Wie schon im Vorwort gesagt, sind eine begrifflich stabile Grundlage und eine klare Vorgehensweise bei den verschiedenen Analysen unerlässlich für ein gutes Sicherheitskonzept. Bei der Auswahl von Maßnahmen benötigt man zumindest einen Überblick über die verschiedenen Maßnahmenklassen und die Validierung einzelner Maßnahmen.

Wie geht es nun weiter? Was gibt es sonst noch?

ISO 27000

Falls Sie intensiver in die ISO 27000 Normenreihe und ihre Umsetzung in Ihrer Organisation einsteigen wollen, gibt es mit dem *ISO 27000 Security Home*[1] eine sehr nützliche Ressource mit vielen Hilfsmitteln und Informationen. Inzwischen sind auch im deutschsprachigen Raum einige Bücher zur Umsetzung der Normenreihe erschienen, z. B. [1] und [2].

Notfallmanagement

Das Thema Notfallmanagement ist nicht nur wegen seiner Bedeutung für die Unternehmen von Interesse; es hat auch methodisch einige interessante Aspekte zu bieten wie die Kritikalitätsanalyse und die Notfallplanung. Falls die Einrichtung eines solchen Notfallmanagements ansteht, können [3] und [4] Unterstützung bieten.

Produkteigenschaften

Sicherlich sind Sie für Ihre tägliche Praxis an Aussagen über die Sicherheitseigenschaften konkreter IT-Produkte interessiert. Solche Aussagen haben wir aus nahe liegenden

---

[1] www.iso27001security.com.

© Springer Fachmedien Wiesbaden 2015

H. Kersten, G. Klett, *Der IT Security Manager*, Edition <kes>,

DOI 10.1007/978-3-658-09974-9_18

Gründen hier nicht getroffen, sondern verweisen auf Aussagen der Hersteller, bewertende Aussagen in Fachzeitschriften und auf Internet-Seiten sowie auf entsprechende Zertifizierungsreports.

Für die Sicherheitszertifizierung von IT-Produkten ist das BSI (www.bsi.de) eine gute Anlaufstelle. Dort finden Sie Zertifizierungsreports zum Download sowie in den Broschüren 7148 und 7149 Links zu anderen Zertifizierungsstellen im In- und Ausland mit weiteren Informationen. Sie werden überrascht sein, wie viele IT-Produkte aus allen Bereichen evaluiert und zertifiziert worden sind. Falls Sie solche Produkte einsetzen wollen, denken Sie daran, die Zertifizierungsreporte eingehend zu studieren und etwaige Vorgaben z. B. an die Einsatzumgebung präzise einzuhalten.

Wie man an aktuelle Informationen zu Schwachstellen von Produkten, Systemen und Sicherheitsmaßnahmen kommt, haben wir in Abschn. 5.2 behandelt.

Informationen über Infrastruktursicherheit und geeignete Produkte finden Sie insbesondere auf den Web-Seiten[2] des Verbands der Sachversicherer (VdS).

Normung

Das Thema Informationssicherheit hat einen erheblichen Einfluss auf die nationale und internationale Normung. Wenn Sie spezielle Normen suchen, können Sie erste Informationen bei den Normungsgebern wie DIN, ETSI, IEEE und ISO finden. Anlaufstelle für – fast immer nur gegen Gebühr – zu beschaffende Normen in Deutschland ist der Beuth-Verlag (www.beuth.de).

Internet-Sicherheit

Aus Gründen des Umfangs haben wir das Thema Internet-Sicherheit nicht in aller Ausführlichkeit ansprechen können. Hierzu existiert eine große Zahl von Fachbüchern – es sei aber zum Einstieg auf eine ältere Studie des BSI verwiesen, die kostenlos zum Download[3] bereit steht und einen guten Überblick über das Thema bietet.

Elektronische Signatur

Für alles, was im Zusammenhang mit der elektronischen Signatur steht, ist die Bundesnetzagentur[4] erste Anlaufstelle, sodann die von ihr zugelassenen Prüf- und Bestätigungsstellen, die auf den genannten Web-Seiten der Bundesnetzagentur (Stichwort Elektronische Signatur) aufgeführt sind.

Der TeleTrusT Deutschland e. V. (www.teletrust.de) bietet interessante Informationen zur Vertrauenswürdigkeit von Informations- und Kommunikationstechnik, z. B. über Kryptografie, Biometrie und die elektronische Signatur.

---

[2] www.vds.de, unter *Zertifizierungen* und *VDS-anerkannte Produkte*.

[3] unter www.bsi.de, unter *Publikationen*, in der Tabelle: *Firewall-Studie*.

[4] www.bundesnetzagentur.de, unter *Qualifizierte Elektronische Signatur*.

ISMS Zertifizierung

Viele Organisationen gehen den Weg, ihre Sicherheit regelmäßig auditieren zu lassen – und zwar zumindest durch eigene (interne) Audits. Als Nachweis für Aufsichtsbehörden, Banken (im Zusammenhang mit Basel II) und letztlich auch für Kunden hat sich die externe Auditierung und Zertifizierung als sinnvoll herausgestellt; sie wird in zunehmenden Maße nachgefragt.

Als mögliche Vorgabe kommt dafür die ISO 27001 – in Deutschland ggf. in Verbindung mit dem IT-Grundschutz – in Frage.

Falls Sie solche Auditierungen anstreben, wird empfohlen, mit einschlägigen Auditoren und Zertifizierungsstellen in Kontakt zu treten. Hierbei hilfreich sind die entsprechenden Listen der Akkreditierungsgeber. Das sind die Deutsche Akkreditierungsstelle (www.dakks.de) und das BSI (www.bsi.de). Dort finden Sie die Namen von akkreditierten Zertifizierungsstellen bzw. lizenzierten Auditoren.

Zusätzlich zu den genannten Normen haben einige Zertifizierungsstellen[5] eigene Vorgaben und Verfahren entwickelt, die kundenspezifisch angepasst oder zur Zertifizierung der Sicherheit von Geschäftsprozessen angewendet werden können.

Aus- und Fortbildung

Werfen wir noch einen Blick auf das eingangs behandelte PDCA-Modell und die Aktivitäten Plan1 und Plan2, die die Sensibilisierung und Schulung des Sicherheitsmanagements zum Gegenstand haben. Das gängige Medium wird hier der Besuch von Sicherheitstagungen und Seminaren sein, die nicht nur unter dem Gesichtspunkt Weiterbildung, sondern vor allem wegen des möglichen Erfahrungsaustauschs unter Sicherheitsverantwortlichen dringend empfohlen werden. Eine regelmäßige Teilnahme an solchen Veranstaltungen ist deshalb für Sicherheitsverantwortliche ein „muss".

Sicherheitsberater

Es soll nicht unerwähnt bleiben, dass sich gerade im Gebiet der Informationssicherheit eine große Zahl von Sicherheitsberatern betätigt, die Organisationen beim Aufbau und Betrieb ihres Sicherheitsmanagements unterstützen können. Wesentlich ist hier der Aspekt, im Bedarfsfall Berater auszuwählen, die eine Neutralität gegenüber Herstellern und deren Produkten wahren und somit eine unabhängige Beratung leisten können. Man erkennt dies z. B. daran, dass für bestimmte Fragestellungen Lösungen verschiedener Hersteller vorgeschlagen werden, oder daran, dass es sich um Institutionen handelt, die durch eine Akkreditierung eine formelle (durch Dritte überwachte) Neutralität nachweisen können.

Als letztes...

Sicherheit in dem hier gemeinten Sinne ist nichts, was gleich beim ersten Mal in einem großen Wurf gelingt, sondern einige Zeit – eher Jahre als Monate – benötigt, bevor man eine Art stabile Lage erreicht. Wichtig ist dabei, sich immer an der Idee der kontinuier-

---

[5] s. beispielsweise www.tuvit.de.

lichen Verbesserung (das Anliegen des PDCA-Modells) zu orientieren und schrittweise vorzugehen.

Literatur

1. Kersten H, Schröder K.-W, Reuter J (2013) IT-Sicherheitsmanagement nach ISO 27001 und Grundschutz: Der Weg zur Zertifizierung. 4. Auflage, Springer Vieweg, Wiesbaden
2. Klipper S (2011) Information Security Risk Management: Risikomanagement mit ISO/IEC 27001, 27005 und 31010. Vieweg-Teubner, Wiesbaden
3. BSI 100-4: Notfallmanagement, www.bsi.de, unter: IT-Grundschutz
4. Klett G, Schröder K.W, Kersten H (2011) IT-Notfallmanagement mit System: Notfälle bei der Informationsverarbeitung sicher beherrschen. Vieweg + Teubner, Wiesbaden

Fachbegriffe englisch./. deutsch

Access Control Zutritts-, Zugriffs-, Zugangskontrolle

Assets (Value~, Information~) (Informations-)Werte auch: Schutzobjekte

Authentication Authentisierung

Availability Verfügbarkeit

Awareness (Security~) (Sicherheits~) Bewusstsein

Change Management Änderungsmanagement

Compliance Einhaltung von Vorgaben

Confidentiality Vertraulichkeit

Control Objectives Maßnahmenziele

Controls Anforderungen (an Maßnahmen)

Decryption Entschlüsselung

Discretionary Access Control benutzerbestimmbare Zugriffskontrolle

Emergency Notfall

Encryption Verschlüsselung

Exploitation Ausnutzbarkeit (z. B. von Schwachstellen)

Frequency Häufigkeit

Identification Identifizierung

Incident (Security~) (Sicherheits-)Vorfall

Integrity Integrität

Intrusion Eindringen, Eindring-

© Springer Fachmedien Wiesbaden 2015
H. Kersten, G. Klett, *Der IT Security Manager*, Edition <kes>,
DOI 10.1007/978-3-658-09974-9

IT Security Manager IT-Sicherheitsbeauftragte(r)

Likelihood (Eintritts-)Wahrscheinlichkeit

Management Review Management-Bewertung

Mandatory Access Control vorgeschriebene Zugriffskontrolle

Non Repudiation Nicht-Abstreitbarkeit

Policy (Security ~) Regelwerk (Sicherheitsleitlinie)

Privacy Privatsphäre (dazu gehörend: die personenbezogenen Informationen)

Protection Effect Schutzwirkung

Quality Management Qualitätsmanagement

Replay Attack Angriff durch Wiedereinspielen von abgehörten Daten

Reporting Berichtswesen

Requirements (Security~) Anforderungen (Sicherheits~)

Residual Risk Restrisiko bzw. verbleibendes Risiko

Risk Analysis Risikoanalyse

Risk Assessment Risikoeinschätzung

Risk Estimation Risikoabschätzung

Risk Evaluation Risikobewertung

Risk Identification Risiko-Identifizierung

Safeguards Sicherungs-, Schutzmaßnahmen

Scope Anwendungsbereich

Scorecard (Be)Wertungsliste

Security Policy Sicherheitsleitlinie

Self-Assessment Selbsteinschätzung

Statement of Applicability Erklärung zur Anwendbarkeit bzw. zur Eignung

Threat Bedrohung

Vulnerability Verletzlichkeit, (ausnutzbare) Schwachstelle

Weakness Schwachstelle

Worst Case denkbar ungünstigster Fall

Sachwortverzeichnis

A

Abhörsicherheit, 256
Access Control Lists, 205
Access Point, 257
Accounting, 78, 240
AES, 215
Aktenschränke, 33
Aktenvernichter, 33
Akzeptanz, 130, 265
Alarm, stiller, 262
Algorithmus, 211
analytisches Modell, 270
Anbieter-Akkreditierung, 224
Änderungsmanagement, 4
Anforderungsanalyse, 60, 88
Angemessenheit, 94, 131
Angriff, 94
    Plausibilität, 97
Angriffspotenzial, 87, 95
Anonymisierungsproxy, 251
Anwendungen
    IT-Grundschutz, 3, 80
Anwendungsbereich, 7, 42, 150
    Leitlinie, 119, 120
    Sicherheitskonzept, 136
Application Gateway, 249
Application Hosting, 161
Applikationsstrategie, 278
Arbeitsanweisungen, 13, 28, 53, 169, 274
Arbeitsplatz, 169
Arbeitsvertrag, 69, 156, 174, 182,
Archivierung, 67, 169
    Signatur, 159
Assets, 11
    Information Assets, 12
    ISO 27001, 108
    Manager, 11
    Owner, 26
Auditbericht, 56, 58, 60
Auditor, 58
    extern bestellt, 58
Audits, 3, 241, 275
    externe, 285
    interne, 57, 102
    Planung, 57
    veranlassen, 48
Aufbauorganisation, 11
Aufbewahrungsfristen, 121, 160
Auftragsdatenverarbeitung, 162
Aufzeichnungen, 78, 268
    Anforderungen, 56
    Aufbewahrungsfristen, 57
    Besprechungen, 44
    Beweiskraft, 78
    Daten(gruppen), 31
    Geschäftsprozess, 21
    Infrastruktur, 38
    IT-Anwendung, 24
    IT-System, 34
    Lenkung, 17
    Pflichten, 169
    Prüfaktivitäten, 48
    Sicherheitsverstöße, 163
    Steuerung, 4, 56
    Telefongespräche, 164
    Vernichtung, 57
Ausnutzbarkeit, 106
Ausweiskontrolle, 201

© Springer Fachmedien Wiesbaden 2015
H. Kersten, G. Klett, *Der IT Security Manager*, Edition <kes>,
DOI 10.1007/978-3-658-09974-9

Printed in the United States
By Bookmasters